Das römische Reich unter Nero

Aestier

Goten

Kostoboken

Aesties

Aestier

m

Aestier

Bosporanisches
Reich

zygen

rnium

Dacia

Roxolanen
(Geten)

Troesmis

Tomis

Durostorum

Pontus Euxinus

Iberien

Colchis

minacium

Naïssus

Oescus

Danuvius

Novae

Artaxata

Moesia

Serdica

Thracia

Sinope

Bithynia

Pontus

Armenia

Macedonia

Byzantium

Heraclea

Amasia

Satala

Thessalonice

Nicomedia

Zela

Nicopolis

Rhandeia

Sophene

Tigranocerta

Epirus

Mare
Aegaeum

Ancyra

Melitene

Tigris

Assyria

Actium

Pergamum

Caesarea

MESOPOTAMIA

Corinthus

Athenae

Asia

Apamea

Galatia

Cappadocia

Comm.

Achaia

Ephesus

Miletus

Pamphylia

Cilicia

Tarsus

Antiochia

Cyrrhus

Osroëne

Euphrat

Lycia

Rhodos

Apamea

Cnossus

Creta

Cyprus

Phoenice

SYRIA

Damascus

Tyrus

ternum

Judaea

emais

Cyrene

Berenice

Gaza

Hierosolyma

CYRENE

Alexandria

ARABIA

Memphis

Babylon Fossatum

AEGYPTUS

Nabatäer

Rotes Meer

NERO

Gerhard H. Waldherr

NERO

EINE BIOGRAFIE

Verlag Friedrich Pustet
Regensburg

Bibliografische Information der Deutschen Bibliothek

Die Deutsche Bibliothek verzeichnet diese Publikation
in der Deutschen Nationalbibliografie; detaillierte bibliografische
Angaben sind im Internet über http://dnb.ddb.de abrufbar.

www.pustet.de

ISBN 3-7917-1947-5
© 2005 by Verlag Friedrich Pustet, Regensburg
Gesamtherstellung: Friedrich Pustet, Regensburg
Printed in Germany 2005

Inhalt

DER FALSCHE NERO?

Nero war etwa mittelgroß, sein Körper mit Flecken bedeckt und übel-riechend, das Haar hellblond, sein Gesicht eher schön als liebenswür-dig, die Augen blau und sehr schwach, der Nacken übermäßig fett, der Bauch stark hervortretend, die Beine sehr dünn.

Mit diesen wenig schmeichelhaften Worten skizziert der römische Geschichtsschreiber Sueton[1] ziemlich am Ende seiner Biografie Neros[2] das äußere Erscheinungsbild des Kaisers. Es ist auch die einzige Be-schreibung dieses Nachfahren des Augustus, der von 54 bis 68 n.Chr. die Geschicke des römischen Weltreiches lenkte, die uns überliefert ist. Wir kennen von Nero noch etliche als realistisch einzuschätzende Porträts auf Münzen, die zumindest ab dem Jahre 60 ein Gesicht mit fleischigen Backen, wulstartig nach vorn gewölbter Stirn, die von dicht gelocktem Haar bedeckt wird, dicken Lippen und kurzer, gerader, an der Spitze kantiger Nase zeigen. Charakteristisch ist das stark ausgeprägte, sackende Doppelkinn auf einem muskulösen, eher feisten Hals.

Kann man sich aufgrund dieser Informationen wirklich ein Bild vom Äußeren unseres Protagonisten machen? Oder muss man nicht bereits bei der Frage, wie hat er denn eigentlich ausgesehen, weitgehend passen beziehungsweise mit einem zwar ausweichend klingenden, aber dafür ehrlichen ,So genau wissen wir das nicht' antworten? Wir wissen es wirklich nicht besser, denn unsere antiken Informationen sind spärlich und geben einfach nicht mehr her. Selbst bei der kurzen Beschreibung Suetons sind noch Zweifel angebracht: Ging es dem nur wenige Jahr-zehnte nach dem Tod Neros schreibenden Biografen denn wirklich darum, seinem Publikum ein realistisches Bild vom Äußeren Neros zu bieten? Wir dürfen nicht vergessen, dass in der Antike die Anschauung vorherrschte, die Gestalt und das Aussehen eines Menschen ließen auf sein Inneres, seinen Charakter schließen und umgekehrt. Ein schlechter Mensch kann nicht schön sein, so könnte man in aller Kürze formulie-ren. Und Nero war für Sueton weitgehend ein schlechter Mensch, ein Scheusal, ein Tyrann. Nicht nur für Sueton, nein, beinahe alles, was wir an literarischer Überlieferung besitzen, belegt diesen Kaiser mit allen nur erdenklichen negativen Eigenschaften. Plinius d.Ä., ein gelehrter

Mann, der seine Wissensbegierde im Jahre 79 n. Chr. beim Ausbruch des Vulkans Vesuv mit dem Leben bezahlte, nennt ihn eine *Geißel des menschlichen Geschlechts*[3] beziehungsweise *Gift der Welt*[4].

Auch Cornelius Tacitus, neben Sueton unser ausführlichster und auch zuverlässigster Gewährsmann, schildert Nero als einen grausamen Tyrannen, der sich schamlos allen Ausschweifungen hingab und über seinen Leidenschaften jegliche politische Verantwortung weitgehend vergaß. Andererseits wird aus vereinzelten Bemerkungen, etwa bei Flavius Josephus, einem jüdischen Historiker, der sogar gegen Neros Soldaten in Judaea kämpfte[5], oder bei später schreibenden Schriftstellern erkennbar, dass zumindest zu Lebzeiten des Kaisers durchaus eine andere, positive Sichtweise der neronischen Herrschaft existierte und auch schriftlich festgehalten wurde. War das alles nur Schmeichelei, einseitig, um die Gunst des Herrschers und vielleicht auch Brotgebers buhlend, nur den eigenen Vorteil sehend? Oder konnte man dem Wirken Neros wenigstens in manchen Bereichen Positives abgewinnen?

Die ersten Autoren, deren erhaltenen Schriften wir Aussagekräftiges zu Nero verdanken, schrieben in der Zeit der Flavier, also der Nachfolgedynastie auf dem Kaiserthron, oder etwas später, wie Tacitus, der erst zu Beginn des 2. Jahrhunderts seine Werke abfasste. Damals galt als die offizielle, von oben vorgegebene Sichtweise, Nero wäre der Herrscher gewesen, der Augustus und die gesamte nachfolgende iulisch-claudische Herrscherriege entehrt hatte. Folgte man also dieser Sprachregelung, so durfte man am Wirken des letzten Iulo-Claudiers kein gutes Haar lassen. Außerdem war die Geschichtsschreibung fest in Hand der gebildeten Oberschicht, die Schriftsteller gehörten also weitgehend dem Senatorenstand an beziehungsweise standen ihm zumindest nahe. Gerade diese Gesellschaftsschicht hatte aber während des letzten Dezenniums Neros bis zu seinem Tod im Jahre 68 besonders unter der Willkür des Kaisers gelitten und einen hohen Blutzoll entrichten müssen. Dass diese Seite Nero nicht besonders wohl gesonnen war, ist leicht nachvollziehbar.

Die späteren Historiker übernahmen die Einschätzungen ihrer zeitgenössischen beziehungsweise zeitnahen Vorgänger weitgehend. Und so gehörte Nero, der Ururenkel des Augustus, für die heidnisch-römische Geschichtsschreibung sehr bald zur kanonischen Reihe von Tyrannen-Kaisern zusammen mit Caligula, Domitian und anderen.

Auch ein zweiter Überlieferungsstrang, der für das Nero-Bild von großer Bedeutung ist, findet nichts Gutes an diesem Kaiser. In ihm wird vor allem die blutrünstige Grausamkeit und bis zur Perversion getriebene Unmenschlichkeit des Ungeheuers Nero in immer neuen Farben und

Facetten vorgeführt. Gemeint ist die Tradition der christlichen antiken Autoren. Von ihnen wurde Nero immer mehr als der erste Christenverfolger dargestellt, ein Bild, das wir seit dem ausgehenden 1. Jahrhundert n. Chr. skizziert finden, als sich die Tradition herausbildete, das Martyrium der beiden Apostel Petrus und Paulus dem Wüten des Kaisers Nero zuzuschreiben. Dezidiert an die erste Stelle der heidnischen Kaiser, die die Christen verfolgen ließen, wird Nero jedoch erst von dem afrikanischen Kirchenvater Tertullian[6] am Ende des 2. Jahrhunderts gestellt. Bereits in der Apokalypse des Johannes, die unter Kaiser Domitian (81–96 n. Chr.) niedergeschrieben wurde, taucht das Bild vom Ungeheuer auf, das zurückkehrt und die Stadt Rom in Brand steckt.[7] Einiges spricht dafür, darin eine Widerspiegelung Neros zu erkennen. Übernommen wurde diese Vorstellung wohl von den jüdischen Sibyllinischen Orakelsprüchen; Teile davon sind nicht lange nach der Zerstörung des jüdischen Tempels in Jerusalem im Jahre 70 n. Chr. entstanden. Hier wird Nero als der aus Rom verbannte, große, aber verbrecherische König beschrieben, der zu den Parthern geflohen war und von dort über den Euphrat mit mehreren zehntausend Streitern zurückkommen wird, um Rom und die ganze Welt zu zerstören.[8]

Die spätantiken Kirchenväter und andere christliche Schriftsteller entwickeln diese Bilder weiter und sehen in Nero dann immer mehr den Antichrist, der einst am Jüngsten Tag erscheinen wird. Diese Vorstellung wird das gesamte Mittelalter hindurch in verschiedenen Facetten weiter ausformuliert, wobei von der Kirche negativ gewertete Kaiser gerne als Reinkarnation Neros diffamiert werden.

Auch in der Neuzeit bleibt für breite Kreise das Nero-Bild auf zwei Tendenzen reduziert, nämlich einerseits auf die gerade angeführte Schiene: Nero als der erste Christenverfolger und Brandstifter Roms, blutrünstig und grausam, der genauso skrupellos Tausende von unschuldigen Christen abschlachten ließ, wie er schon zuvor seinen Bruder und sogar seine Mutter ermordete. Andererseits wird er als der Prototyp des wollüstigen ‚Sexmaniac‘ charakterisiert, der alle Obszönitäten bis hin zur Inzucht schamlos auslebt. Egal, ob bei Shakespeare oder bei Marquis de Sade, immer wieder werden grenzenlose Grausamkeit, perverse Libido, moralische Minderwertigkeit und dekadente Schwelgerei als typisch neronische Eigenschaften herausgestellt.

Es sind diese Charakterzüge, die noch heute das allgemeine, von der Grundtendenz immer noch stark negativ gefärbte Nero-Bild bestimmen. Hier hakte auch Henryk Sienkiewicz 1896 mit seinem Roman ‚Quo vadis‘ ein und fand sofort den Beifall des Publikums. Der Schauspieler

Peter Ustinov ergänzte dieses Persönlichkeitsgemälde in der 1951 entstandenen Romanverfilmung (Abb. S. 172) noch um ein paar Striche, die den auf der Leier dilettierenden, vom kommenden Wahnsinn gezeichneten larmoyanten Herrscher formten, der von seiner eigentlichen Aufgabe hoffnungslos überfordert in eine Welt der Kunst floh. Während er im Beifall der Menge Zuflucht suchte, überhörte er das Gelächter des Publikums über ihn weitgehend beziehungsweise glaubte er, sich mit gelegentlich-willkürlichen Gewaltexzessen den ihm gebührenden Respekt verschaffen zu können.

Aber war das der wahre Nero? War er wirklich dieses von jeglicher menschlicher Moral losgelöste Monster oder der wahnsinnige Künstler, fern jeglicher Realität? Fassen wir mit diesen eindimensionalen Beschreibungen wirklich die Persönlichkeit des letzten Herrschers aus der Augustus-Familie? Oder sollten wir uns nicht bemühen, einen etwas differenzierteren Zugang zur Persönlichkeit Neros zu bekommen, falls dies möglich ist? Zumindest sollten wir die Probleme erkennen, die diejenigen Informationen beinhalten, die uns heute zur Verfügung stehen. Wir sind also angehalten, die Quellen kritisch zu hinterfragen und nicht gutgläubig buchstabengetreu das, was uns vordergründig als neronisch gezeigt wird, zu übernehmen. Dazu ist es notwendig, zusätzlich zu der literarischen Überlieferung noch anderes Material in unsere Betrachtung einzubeziehen. Erst in der Gesamtschau aller Quellen, zu denen auch Münzen, Inschriften oder schriftliche Aufzeichnungen des Alltagslebens gehören, kann es gelingen, eine objektivere, weniger tendenziöse Vorstellung einer historischen Persönlichkeit zu gewinnen. Unser Bild wird dann etwas facettenreicher und vielgestaltiger. Allerdings werden wir wahrscheinlich auch zugeben müssen, dass uns etliche Seiten Neros fremd bleiben, da die notwendigen Informationen darüber einfach fehlen. Aber der Versuch lohnt, herauszufinden, wie aus dem nach römischer Sitte und traditionellen Moralkodex erzogenen Adelssprössling der keinerlei Grenzen akzeptierende Despot wurde, dessen grausame Exzesse keineswegs wegdiskutiert beziehungsweise verniedlicht werden sollten. Vielleicht erscheint uns dann die Einschätzung des griechischen Reiseschriftstellers Pausanias gar nicht so abwegig, der in der zweiten Hälfte des 2. Jahrhunderts n. Chr. schrieb: *Wenn ich die Handlungsweise des Nero betrachte, so scheint mir Platon, der Sohn des Ariston, ganz richtig festgestellt zu haben, dass Unrecht dieser Größenordnung und Kühnheit nicht von gewöhnlichen Menschen ausgeht, sondern von einer edlen Seele, die durch eine missratene Erziehung verdorben ist.*[9]

DIE FAMILIE

Wer war nun dieser Nero, von dem bereits unmittelbar nach der Geburt sein Vater nur Erschreckendes zu äußern wusste? Als ihm Freunde und Bekannte Glückwünsche zur Vaterschaft aussprechen wollten, soll er sarkastisch geantwortet haben: Aus der Verbindung zwischen ihm und Agrippina habe zwangsläufig nur etwas Abscheuliches und für den Staat Verderben Bringendes entstehen können.[1]

Geboren wurde Nero am 15. Dezember des Jahres 37 zur Stunde des Sonnenaufgangs, wie der Kaiserbiograf Sueton schreibt.[2] Ihm, Gaius Tranquillus Suetonius, verdanken wir die neben den Ausführungen des etwa zeitgleichen Publius Cornelius Tacitus ausführlichste Darstellung des Lebens unseres Protagonisten. Neben Plutarch[3] zählt der ca. 70 n. Chr. geborene Sueton, der möglicherweise aus Nordafrika stammte, zu den bedeutendsten Biografen seiner Zeit. Als er im Jahre 130 n. Chr. verstarb, hatte er neben anderen Lebensbeschreibungen eine Sammlung von zwölf Kaiserbiografien angefertigt, die von Caesar bis zu Domitian (81–96 n. Chr.) reichten. Sueton, der, wie er selbst sagt, auf Aktenmaterial der kaiserlichen Kanzlei zurückgreifen konnte, berücksichtigte bei seinen Darstellungen sowohl die politische Wirkung der Herrscher wie auch ihre private Lebensführung. Wenngleich man manchmal den Eindruck hat, der Schriftsteller schreckte auch vor Klatsch und Gerüchten nicht zurück, so gelang es ihm doch weitgehend, kritische Distanz zu wahren und sowohl die positiven wie auch die negativen Seiten der jeweiligen Herrscher vorzuführen. Ohne seine häufig sehr detaillierten Informationen wüssten wir bedeutend weniger über die ersten eineinhalb Jahrhunderte der römischen Monarchie. Selbstverständlich durfte in seiner Biografiensammlung, die beispielgebend für eine ganze Literaturgattung wurde, auch das Leben des Kaisers Nero nicht fehlen und Gott sei Dank ist dessen Lebensbeschreibung bis auf uns überliefert worden.

Nun aber zu unserem Helden, Lucius Domitius Ahenobarbus, der in den Jahren 54–68 mit dem Namen *Nero Claudius Caesar Augustus Germanicus* über das römische Weltreich herrschen sollte.

Seine Eltern waren der zum römischen Hochadel zählende Gnaeus Domitius Ahenobarbus und Agrippina d. Jüngere. Das Licht der Welt erblickte der spätere Weltherrscher in der kleinen Stadt Antium. Die ehemals volscische Stadt an der Küste Latiums, heute Porto d'Anzio, war nach einer ihrer Gründungsagen von keinem Geringeren als von Ascanius gegründet worden. Dieser Sohn des Aeneas und der Trojerin Kreusa trägt in der Überlieferung auch den Namen Iulus. Der Sage nach erreichte er zusammen mit seinem Vater nach der Flucht aus dem brennenden Troja die italische Küste und wurde dort zum legendären Stammvater der *gens Iulia*, einer der Wurzeln des iulisch-claudischen Herrschergeschlechts. Lässt sich der Geburtsort des Knaben mit seiner so bedeutungsschwangeren Gründungssage nicht bereits als ein Zeichen auf seine spätere Berufung verstehen? Diese Frage stellten zumindest die Zeitgenossen des Herrschers und sie wurde sicherlich vom Kaiser selbst eher mit Wohlgefallen gesehen.

Zur Zeit von Neros Geburt galt Antium schon lange als beliebte Sommerfrische der römischen Nobilität, und zahlreiche prächtige Villenanlagen säumten die Küste. Seit Augustus (27 v. – 14 n. Chr.) verbrachten dort nahezu alle Herrscher des ersten Jahrhunderts einen Teil des Jahres auf einem großzügigen kaiserlichen Besitz – vornehmlich natürlich die Sommermonate, in denen die heiße Schwüle drückend auf der Hauptstadt Rom lastete und der Aufenthalt dort ungesund und kaum zu ertragen war, während die Küstenregion mit der ständig wehenden Meeresbrise nicht nur im Sommer angenehme Kühle und Erfrischung, sondern ganzjährig ein gesundes, dem Körper Erholung spendendes Klima bot. Es war also kein Zufall, dass sich auch die Damen des Herrscherhauses, wenn das Ende der Schwangerschaft nahte und der Körper zu einer immer schwerer zu ertragenden Belastung wurde, gerne an einen solchen Ort zurückzogen, um dort in entspannter Atmosphäre der Niederkunft entgegenzusehen. Bereits der Vorvorgänger und Onkel Neros, Caligula, war deswegen in Antium zur Welt gekommen.

Gab es nun außer dem Geburtsort noch andere Anzeichen dafür, dass es sich bei dem neugeborenen Lucius um einen zukünftigen Herrscher Roms handeln könnte? Selbst wenn die Geschichte des Prinzipats seit Augustus noch nicht allzu lange währte, so war doch bereits eines klar geworden: Wenn man überhaupt irgendwie zum Kreis der Thronanwärter zählen wollte, dann musste zumindest eine Bedingung erfüllt sein: Eine Verbindung mit der Herrscherfamilie der Iulio-Claudier durch familiäre Bande. Und gerade diesbezüglich standen die Aktien des Neugeborenen gar nicht so schlecht. Er erfüllte gleich mehrfach und zwar sowohl väterlicher- wie auch mütterlicherseits diese conditio sine qua non.

Familienbande

Neros Vater, Gnaeus Domitius Ahenobarbus, hatte im Jahre 32 das Konsulat erreicht und gehörte der alten Nobilitätsfamilie der Domitii Ahenobarbi an. Seit mehr als zwei Jahrhunderten besaßen die Ahenobarbi konsulare Würde und sie hatten das politische Geschehen in der ausgehenden römischen Republik nicht unwesentlich mitbestimmt. Ihren Beinamen ‚Ahenobarbus‘ (= Erzbart) soll dieser Zweig der *gens Domitia* vom legendären Gründer der Familie, Lucius Domitius, bekommen haben. Der Sage nach waren ihm, als er einmal von der Feldarbeit nach Hause heimkehrte, zwei Jünglinge begegnet, Zwillinge von übermenschlicher Gestalt, wie Sueton schreibt und dabei zweifelsohne auf das Dioskurenpaar Kastor und Pollux anspielt. Sie befahlen ihm, er solle dem Senat einen Sieg melden, dessen Kunde bislang noch nicht nach Rom gedrungen war. Zum Zeichen ihrer Göttlichkeit berührten sie seine Wangen leicht und färbten ihm dadurch seinen bisher schwarzen Bart rötlich wie Erz.[4]

Mit dieser mythenhaften Erzählung, die sicherlich der Familientradition entstammt, verknüpft der Familienzweig der Ahenobarbi seine Abstammung mit der frühen römischen Republik und dem machtpolitischen Aufstieg Roms. Denn nach der Tradition sollen die Römer im Zuge ihrer expansiven Politik innerhalb Latiums kurz nach 500 v. Chr.[5] einen Sieg über die Latiner erfochten haben. Das entscheidende Treffen fand angeblich am *lacus Regillus*, dem heute ausgetrockneten Vulkansee Pantano Secco nahe Frascati, statt. Wesentlichen Anteil am siegreichen Ausgang für Rom hatte das göttliche Zwillingspaar. Im Anschluss daran hätten Kastor und Pollux dann ihre Pferde in der Quelle der Iuturna auf dem Forum in Rom getränkt. Das angeblich infolge des Sieges geschlossene Bündnis mit den Latinergemeinden (*foedus Cassianum*) war ein wichtiger Markstein auf dem Weg Roms zur hegemonialen Macht in Latium.

Charakteristisch für die Abfolge der männlichen Mitglieder innerhalb der Familie der Ahenobarbi ist die Beschränkung auf nur zwei Vornamen, nämlich Lucius und Gnaeus, die wir durch die Jahrhunderte hindurch entweder wechselweise oder auch mehrmals hintereinander verwendet finden, was die Zuordnung und Identifizierung der einzelnen Familienmitglieder nicht gerade erleichtert.

Die herrscherliche Attitude der Familie tritt bereits mit Gnaeus Domitius hervor, der im Jahre 122/121 v. Chr. die keltischen Allobroger und Arverner im transalpinen Gallien nördlich der Cevennen besiegte.

Im Anschluss an seinen militärischen Erfolg ließ er die nach ihm benannte *via Domitia* nach Südgallien bis zum Pyrenäen-Kamm verlängern. Dass er nach dem Sieg das neu gewonnene Territorium auf einem Elefanten durchzogen haben soll, wobei ihm seine Soldaten wie bei einem Triumphzug folgten, wie Sueton notierte[6], gehört wohl eher in den Bereich der Fabel, zeigt uns aber die Mitwirkung von Furcht einflößenden Elefanten bei den kriegerischen Unternehmungen der Römer in dieser Zeit. 118/117 v. Chr. konnte Gnaeus Domitius dann seinen offiziellen Triumph über die gallischen Stämme feiern. Von diesem Domitius sagte der Redner Licinius Crassus, es sei kein Wunder, dass er einen erzenen Bart habe, da sein Mund aus Eisen und sein Herz aus Blei sei. Sein Enkel, Lucius Domitius Ahenobarbus, Konsul im Jahre 54 v. Chr. und einer der schärfsten Gegner Caesars, fiel im Jahre 48 v. Chr. in der Schlacht von Pharsalos auf Seiten der Pompeius-Anhänger, nachdem er es angeblich nicht fertig gebracht hatte, angesichts der sich abzeichnenden Niederlage Selbstmord zu begehen.

Bald danach wechselte die Familie jedoch die Seiten, arrangierte sich mit Augustus, dem Erben und Nachfolger Caesars, und spielte damit weiterhin im politischen Geschehen mit. Es war der Großvater unseres Protagonisten, der durch seine Heirat eine familiäre Beziehung zu Augustus herstellte: Im Jahre 37 v. Chr. verlobte man den damals sicherlich noch im Knabenalter stehenden Lucius Ahenobarbus mit der erst zweijährigen Antonia. Wir kennen sie mit dem Beinamen ‚die Ältere‘ beziehungsweise als Antonia maior. Als Tochter von Marcus Antonius und der Augustus-Schwester Octavia war sie eine Nichte des ersten Princeps. Lucius' Vater stand zum Zeitpunkt der Verlobung des Sohnes noch auf Seiten Marc Antons, sodass diesem Eheversprechen auch eine politische Botschaft innewohnte: Die Verlobung sollte wohl indirekt die Beziehung zwischen Augustus und Marcus Antonius stärken und nach außen dokumentieren. Zur Heirat von Lucius und Antonia kam es erst einige Jahre später, bereits nach dem Tod des Marcus Antonius. Der Vater unseres Lucius war kurz vor der Schlacht von Actium (31 v. Chr.), die er nur einige Tage überleben sollte, zu Octavian übergetreten. Lucius wurde bald danach von Augustus in die höchste soziale Klasse der römischen Gesellschaft, das Patriziat, aufgenommen. Er sollte sich relativ schnell als Feldherr und führender Militär des neuen Herrschers vor allem in Germanien einen Namen machen und sich damit weiterhin die Gunst des ersten römischen Kaisers sichern. Als Augustus im Jahre 13 n. Chr. sein Testament errichtete, setzte er Lucius als einen der Testamentsvollstrecker ein.

14

Die Beurteilung der Persönlichkeit Lucius' Ahenobarbus schwankt bei den Schriftstellern zwischen zwei Extremen. Einerseits wird er wegen seiner herausragenden und edlen Einfachheit gerühmt, andererseits lesen wir den Vorwurf, er sei *arrogans* und *profusus*, hochmütig und unmäßig gewesen.[7] Sehr drastisch wird uns hier die Spannweite charakterlicher Bewertungen in unseren literarischen Quellen vor Augen geführt. Lucius tat sich als junger Mann als todesmutiger Wagenlenker bei den Spielen hervor und soll später als Konsul einen derart mörderischen und blutrünstigen Gladiatorenkampf veranstaltet haben, dass er von Augustus deswegen sogar durch ein Edikt gemaßregelt wurde. Den Zensor Lucius Plancus zwang Lucius Ahenobarbus, obwohl selbst erst Aedil und damit rangmäßig weit unter Plancus stehend, ihm auf der Straße auszuweichen. Hierin schon Charakterzüge seines Enkels, Nero, erkennen zu wollen, erscheint zwar verlockend, ist aber wohl doch sehr konstruiert.

Mit der familiären Bindung an Augustus hatte ihm und vor allem seinen Nachkommen das Schicksal, oder besser gesagt die wohl überlegte Heiratspolitik der römischen Adelskreise, eine wichtige Trumpfkarte im Spiel um und mit der Macht in die Hand gegeben.

Die Verbindung mit der Herrscherfamilie wurde noch intensiviert, als im Jahre 28 n. Chr. der Sohn des Lucius und Vater des späteren Kaisers, Cn. Domitius Ahenobarbus, mit Iulia Agrippina (= Agrippina d. Jüngere) verheiratet wurde und zwar auf Geheiß des Kaisers Tiberius (14–37 n. Chr.), der der Stiefgroßvater der jungen Ehefrau war. Auch um den Vater Neros ranken sich etliche Geschichten, die ihn als aufbrausend, anmaßend und durchgehend schlechten Menschen erscheinen lassen. So soll er als Begleiter des jungen Augustus-Enkels Gaius Caesar (Sohn der Iulia und des Agrippa) in den Orient einen Freigelassenen umbringen haben lassen, als der sich weigerte, bei irgendwelchen feuchtfröhlichen Trinkspielchen soviel zu trinken, wie ihm Domitius befohlen hatte. In einem Dorf an der *Via Appia* überfuhr er angeblich absichtlich ein Kind, indem er plötzlich mit seinem Gespann los galoppierte, und als weiteren Beweis seiner Gewalttätigkeit schlug er einem römischen Ritter, mit dem er auf dem Forum in Streit geraten war, ein Auge aus.[8] Gegen Ende der Regierung des Tiberius geriet er in den Strudel der politischen Affären und wurde wegen Majestätsverbrechen, mehrfachen Ehebruchs und einer angeblichen inzestuösen Beziehung mit seiner Schwester Domitia Lepida, die uns noch als Erzieherin Neros begegnen wird, angeklagt. Nur der Tod des Tiberius im Jahre 37 n. Chr. rettete ihn vor der Verurteilung. Ohne nochmals politisch in Erscheinung zu treten starb er drei Jahre später in Pyrgi (Santa Severa, Etrurien) an Wassersucht, das heißt an einer Herz- und Lungeninsuffizienz aufgrund schweren Bronchialasthmas.

Agrippina war zum Zeitpunkt der Eheschließung gerade 13 Jahre alt und damit mindestens 16 Jahre jünger als ihr Ehemann. Sie musste für jeden römischen Aristokraten eine höchst willkommene Heiratspartnerin darstellen, entstammte sie doch sowohl väterlicher- wie mütterlicherseits dem Herrscherhaus der Iulo-Claudier. Sie war die Tochter des höchst populären Prinzen des Herrscherhauses, Claudius Drusus mit dem Beinamen Germanicus. Dessen Vater, Drusus, war der Stiefsohn des Augustus, leiblicher Sohn von Livia Drusilla, die mit ihm gerade schwanger war, als sie sich im Jahre 38 v. Chr. völlig überraschend von ihrem Mann, Tiberius Claudius Nero, trennte und den späteren Princeps heiratete. Drei Monate nach der Hochzeit brachte sie das Kind zur Welt. Augustus, der auf keine eigenen männlichen Nachkommen bauen konnte, hatte ein sehr enges Verhältnis zu Drusus und übertrug ihm im Jahre 12 v. Chr. die Kriegsführung im Norden gegen die Germanen.

Das Wohlwollen des Herrschers zeigte sich auch – wie bereits dargelegt – in der Verheiratung seines Stiefsohnes Drusus mit Antonia minor, einer jüngeren Tochter der Augustus-Schwester Octavia. Der Sohn beider, Germanicus, war damit Großneffe des Augustus und auf doppeltem Wege mit ihm verwandt. Die Fürsorge und Anerkennung, die Augustus Drusus entgegengebracht hatte, übertrug er nach dessen Tod auf den Sohn, Germanicus. Wohl im Jahre 5 n. Chr. wurde dieser mit Agrippina der Älteren verheiratet. Agrippina war eine von fünf Töchtern, die Iulia, die Tochter des Augustus, ihrem zweiten Gemahl, Marcus Vipsanius Agrippa, geboren hatte. Sie war also die leibliche Enkelin des ersten Princeps und gleichzeitig noch Tochter seines engsten Freundes und Vertrauten Agrippa, der bis zu seinem Tod im Jahre 12 v. Chr. die zweite Stelle nach Augustus eingenommen hatte. Aus der Ehe Agrippinas (maior) mit Germanicus entsprossen insgesamt sechs Kinder, drei Söhne: Nero (gest. 31), Drusus III. (gest. 33) und Gaius, genannt Caligula, der spätere Kaiser, sowie drei Töchter: Iulia Drusilla, Iulia Agrippina (d. Jüngere) und Iulia Livilla. Agrippina d. Jüngere, die Mutter Neros, war somit zum Zeitpunkt der Geburt ihres Sohnes nicht nur als Urenkelin des ersten Princeps eng mit dem Kaiserhaus an sich liiert, sondern stand als Schwester auch in nächster Verbundenheit zum regierenden Kaiser Caligula (37–41 n. Chr.).

Aber warum sind diese genealogischen Zusammenhänge überhaupt wichtig? Sie lassen deutlich werden, dass Agrippina d. J. sobald sie altersmäßig dazu in der Lage war, sozusagen aus sich selbst heraus und automatisch eine wichtige Rolle im dynastischen Spiel spielen würde. Auch wenn die Frauen in Rom politisch nicht aktiv sein durften, so waren die weiblichen Mitglieder der Oberschicht doch aufgrund ihrer Abstammung Träger von hohem Sozialprestige und wurden daher häufig zu Bindegliedern innerhalb von Allianzen verschiedener Familien untereinander. Da die Kindersterblichkeit sehr hoch und die Geburtenrate in der Aristokratie relativ niedrig waren, fehlten nicht selten männliche Nachkommen, sodass den Töchtern – bedingt durch ihre Erbfähigkeit – dann auch der Erhalt und die Weitergabe der ökonomischen Ressourcen in den bedeutenden Geschlechtern zukam. Richtig, das heißt kalkuliert geschlossene Ehen potenzierten sowohl die politischen wie die ökonomischen Möglichkeiten der beteiligten Familien. Waren sich die beiden Partner noch dazu sympathisch, entwickelte sich gar so etwas wie Liebe, so stellte das eine glückliche Ergänzung dar; aber ausschlaggebend ließ man die emotionale Komponente in der Regel nicht werden.

Die Betrachtung der verwandtschaftlichen Beziehungen Agrippinas lässt aber auch offensichtlich werden, wie eng nach zwei Generationen das Netz der Blutsbande innerhalb der iulisch-claudischen Familie geflochten war. Dies entsprach durchaus den Gepflogenheiten, da in Rom die Familien der Nobilität schon immer und auch über politische Gräben hinweg personelle Netzwerke gebildet hatten, was mit zur Konflikteindämmung beziehungsweise zur Vermeidung von Eskalationen beitrug und als ein wesentliches Unterpfand für die *concordia ordinum*, die Eintracht der führenden Familien galt – eine Tugend, die die Republik stützte, wenn nicht sogar aufrechterhielt. Erst als dieser Kitt sich auflöste, verlor auch die republikanische Staatsform an Kontur und Festigkeit. Sie wurde zur hohlen Form, die schließlich von Augustus nur mehr dem Namen nach beibehalten, in Wirklichkeit jedoch mit völlig neuen Inhalten gefüllt werden konnte. Im aktuellen Fall der Herrscherfamilie stachelten jedoch die engen verwandtschaftlichen Verflechtungen eher die innerfamiläre Rivalität an und zwar dadurch, das mehrere Prätendenten mit ähnlichen Legitimitätsansprüchen gegenseitig um die erste Stelle im Staat konkurrierten, eine Situation, die im Zuge einer skrupellosen Politik des Machterhalts in letzter Konsequenz auch zu zahlreichen grausamen Verwandtenmorden führte.

Die Mutter

Neros Mutter, Agrippina d. J., die sich ja für die Machtübernahme ihres Sohnes noch als die große Weichenstellerin entpuppen und letztlich dabei die ganz entscheidende Rolle spielen sollte, erfuhr schon in ihrer Kindheit die ganze Zwiespältigkeit ihrer vornehmen Herkunft. Als Tochter eines Feldherren, der sich im Jahre 15 n. Chr. weit im Norden, im rauen Germanien, im Kriegseinsatz befand, wurde sie im *oppidum Ubiorum* geboren, das sie später nach ihr in *Colonia Claudia Agrippinensium* (heute Köln) umbenennen lassen sollte. Bereits mit vier Jahren verlor sie ihren Vater, Germanicus, der im Alter von 34 Jahren am 10. Oktober 19 n. Chr. unter mysteriösen Umständen im Osten des Reiches starb. Sofort keimte der Verdacht, es habe sich dabei um einen Giftmord gehandelt, der auf Veranlassung seines Adoptivvaters Tiberius und dessen Mutter Livia, von Gnaeus Calpurnius Piso, Statthalter von Syrien, ausgeführt worden sei. In einem Gerichtsverfahren gegen Piso konnte allerdings dieser Vorwurf nicht erhärtet werden, trotzdem hielt Agrippina d. Ä., die Ehefrau des Verstorbenen, hartnäckig und verbittert an dieser Schuldzuschreibung fest und vermittelte sie so auch ihrer Tochter. Dem kleinen Mädchen wird sicherlich tief im Gedächtnis haften geblieben sein, wie ihre Mutter mit den beiden jüngsten Geschwistern, die Urne mit der Asche des Vaters in den Händen haltend, nach Rom zurückkehrte. Monatelang dauerte die öffentliche Trauer in der Stadt, bis dann schließlich im Frühling des Jahres 20 n. Chr. die Beisetzung des Germanicus im Mausoleum des Augustus auf dem Marsfeld erfolgte. Wenngleich der Fünfjährigen von dem Prozess gegen Piso, der am 10. Dezember 20 n. Chr. vor dem Senat entschieden wurde, wohl nur rudimentäre Erinnerungen geblieben sein dürften, realisierte sie aber vielleicht doch das politische Ränkespiel und spürte auch die Macht, die persönlichen Beziehungen zukam. Ebenso hafteten wahrscheinlich die spontanen Sympathiekundgebungen der römischen *plebs* für ihren verstorbenen Vater und ihre trauernde Mutter im Gedächtnis des Kindes.

Nachdem wir wissen, dass Agrippinas Vater im Jahre 17 Rom zusammen mit seiner Frau und dem jüngsten Sohn Caligula Rom in Richtung Osten verließ, können wir annehmen, dass Agrippina wie ihre drei anderen Geschwister während der Abwesenheit ihrer Eltern im Hause ihrer Urgroßmutter Livia erzogen wurde. Das junge Mädchen erhielt dort sicherlich eine seiner gesellschaftlichen Stellung angemessene Bildung mit Lese- und Schreibunterricht, dem Erlernen der griechischen Sprache sowie einer grundlegenden Einführung in die griechische und lateinische Literatur. Die Quellen berichten uns jedoch leider nichts darüber. Als Heranwachsende nahm sie dann in zunehmendem Maße die immer härter werdenden Auseinandersetzungen zwischen ihrer Mutter und Tiberius wahr. Agrippina d. Ä. beschuldigte wie gesagt nach wie vor ihren Schwiegervater Tiberius des Mordes an ihrem Gatten und unterstellte ihm und seinem übermächtigen Helfer, dem Prätorianerpräfekten Seianus, dass beide auch ihr und ihren Kindern nach dem Leben trachteten. Die Vorwürfe waren nicht ganz aus der Luft gegriffen, denn das Streben Seians nach der Herrschaft war augenfällig und wurde immer dreister. Da er aber nicht der Herrscherfamilie angehörte, mussten – wollte er sich überhaupt irgendeine Chance ausrechnen – für eine Machtübernahme nach dem Tod des Tiberius die natürlichen Thronaspiranten kaltgestellt werden. Dies hieß für Drusus d. J., leiblicher Sohn des Tiberius, und dessen Söhne, aber auch für die Nachkommen des Germanicus und der Agrippina, also die Enkel des Tiberius, dass ihr Leben in akuter Gefahr war. Bei einem Gastmahl, das Tiberius veranstaltete, weigerte sich Agrippina d. Ä. in aller Öffentlichkeit, das gereichte Essen zu sich zu nehmen. Angeblich war sie gewarnt worden, man wolle sie vergiften. Es war jedem klar, dass diese brüske Zurückweisung der Speisen, die ihr Tiberius persönlich anbot, von ihm als offene Provokation gewertet wurde.

Die vor Hass fast blindwütige Agrippina d. Ä. ließ sich zunehmend zu unvorsichtigen politischen Äußerungen gegen Tiberius und Seianus hinreißen. Ihre durchaus nachvollziehbaren Bemühungen, das Leben ihrer Kinder und ihr eigenes zu schützen, aber auch ihre immer aggressiveren Versuche, die Ansprüche ihrer Nachkommen zu sichern, führten letztendlich dazu, dass sie im Jahre 27 Rom verlassen musste und zwei Jahre später von Tiberius auf die unwirtliche Insel Pandateria (Ventotene, nordwestlich von Ischia) verbannt wurde. Auf diesem kargen Eiland, gottverlassener Stützpunkt für Marinesoldaten und einst schon Exil der unbotmäßigen Augustus-Tochter Iulia, wählte sie dann selbst den Hungertod. Der Umstand, dass Tiberius sie auch noch nach ihrem Tod in gehässiger Weise verfolgte und ihren Geburtstag unter die Unglückstage einreihte, ließ die Gerüchte sprießen. Hinter vorgehaltener Hand erzählte man sich in den Straßen Roms, sie sei möglicherweise von Helfern des Kaisers ermordet worden.

Die Strafmaßnahmen des Tiberius hatten sich nicht nur auf Agrippina d. Ä. beschränkt, auch ihr ältester Sohn, Nero, war angeklagt und auf die Insel Pontia verbannt worden. Dort beging er im Jahre 31 Selbstmord, zu dem man ihn wohl gezwungen hatte. Sein Bruder, Drusus Iulius Caesar, fristete mehrere Jahre in einem Verlies irgendwo in den kaiserlichen Gebäuden auf dem Palatin ein Leben als Gefangener, bevor er im Jahre 33 den Hungertod starb.

Auf schmerzliche Weise hatte so Agrippina d. J. bis zu ihrem Erwachsenwerden die politische Exponiertheit ihrer Familie erleben müssen; es werden ihr Lehrjahre gewesen sein. Bei den Machtspielen hatte sie Vater, Mutter und zwei Brüder verloren. Man muss kein Psychologe sein, um sich vorstellen zu können, welche Folgen dies für die charakterliche Ausbildung der Heranwachsenden haben musste. Rücksichtslosigkeit, Verschlagenheit und brutaler Einsatz aller Mittel waren ihr im politischen Überlebenskampf vorgeführt worden. Es dürfte ihr außerdem klar geworden sein, welche Bedeutung sie selbst durch ihre Abstammung für den Machterhalt im Kaiserhaus besaß. Wissen, das sich zur Wahrung eigener Vorteile sehr gut einsetzen ließ, Erlebnisse aber auch, die ihren Charakter prägten und ihre eigene Härte förderten. Man hatte ihr gezeigt, dass sie, wollte sie der Gefahr, zum Spielball der Mächtigen zu werden, entgehen, das Heft selbst in die Hand nehmen, selbst gestalterisch aktiv werden musste. All dies lässt ihre spätere Skrupellosigkeit verständlicher werden und erklärt die Unbedingtheit bis zur Selbstaufgabe in der Durchsetzung ihrer eigenen und familiären Interessen.

Zunächst sollte jedoch das Leben für Agrippina d. J. sehr positiv aussehen, als nach dem Tod des verhassten Tiberius 37 n. Chr. ihr Bruder Caligula den Kaiserthron erbte. Das entsprach zwar nicht so ganz dem Willen des verstorbenen Princeps. Nach dem, was uns Sueton berichtet, hatte nämlich dieser in seinem im Vestatempel hinterlegten Testament eine andere Nachfolgeregelung getroffen: *In diesem Testament setzte er seine Enkel, Gaius (Caligula), Sohn des Germanicus, und Tiberius (Gemellus), Sohn des Drusus, zu gleichen Teilen als Erben ein, mit dem Recht der gegenseitigen Nachfolge.*[9] Doch bereits unmittelbar nach dem Tod des Tiberius sorgte der Präfekt der Prätorianergarde, Macro, dafür, dass die Senatoren den letzten Willen des Kaisers für null und nichtig erklärten und nur Caligula als neuen Princeps bestätigten. Der 25-Jährige befand sich in Misenum, dem Todesort des Tiberius, und brach von dort in einem Trauerzug nach Rom auf, um den Leichnam seines Vorgängers in die Hauptstadt zu überführen. Der Leichenzug glich mehr einem Triumphzug, Tausende standen an den Straßenrändern und wollten den Sohn des immer noch hoch verehrten Germanicus sehen. Der ganze Weg war *mit Altären, Opfertieren und brennenden Fackeln gesäumt und eine dicht gedrängte Schar fröhlicher Menschen strömte ihm*

[Caligula] entgegen und rief ihm alle möglichen Glückwünsche zu. Sie nannten ihn bald „Stern", bald „Hähnchen", bald „Püppchen", bald „Schoßkind".[10]

Überzeugt von Caligulas Wohlwollen und seiner Bescheidenheit gegenüber dem Gremium der ‚Väter'[11] übertrugen ihm die Senatoren bereits beim ersten Treffen alle Macht im Staate. Sozusagen im Gegenzug adoptierte Caligula den Tiberius Gemellus, der eigentlich sein Mitregent hätte sein sollen, als seinen Sohn an dem Tag, an dem dieser die Männertoga anlegte. Gleichzeitig zeichnete er ihn mit dem Ehrentitel eines *princeps iuventutis* (Führers der Jugend) aus, was ihm gewisse Hoffnungen auf eine mögliche Thronfolge ließ. Caligula zeigte sich zu Beginn seiner Herrschaft geradezu als Musterbeispiel für einen guten Kaiser. Weder den Senatoren noch seiner Familie gegenüber ließ er es an Beispielen für Großzügigkeit, Harmoniestreben und Sorge für das Allgemeinwohl fehlen. Er überführte persönlich die sterblichen Überreste seiner Mutter und seiner Brüder nach Rom und bestattete sie wie auch seinen Vorgänger feierlich im Mausoleum des Augustus. Im Anschluss daran ließ er als weiteres Zeichen der Rehabilitierung Münzen mit dem Porträt seiner verstorbenen Mutter prägen. Seine Großmutter, Antonia d. J., ehrte er mit dem Namen Augusta, allerdings soll er sie später, als sie an seinem Verhalten Kritik übte, gezwungen haben, sich selbst umzubringen. Aber das war noch dunkle Zukunft, zunächst glänzte die Gegenwart.

Der neue Herrscher erließ eine allgemeine Amnestie für politische Verbrecher, holte die Verbannten zurück und beendete das Unwesen der Majestätsprozesse. Dies alles wurde aber noch übertroffen von den Ehrenbezeugungen gegenüber seinen Schwestern. Alle drei, Livilla, Drusilla und eben auch Agrippina, bekamen Privilegien zugestanden, die man bisher in Rom keiner lebenden Frau hatte angedeihen lassen. Sie erhielten die Rechte von Vestalischen Jungfrauen, das heißt sie wurden wie jeder freie männliche Römer eigenständige, mündige Rechtspersonen, die sich vor Gericht selbst vertreten, ein Testament setzen und auch Erbschaften annehmen konnten und keinem männlichen Tutor unterstanden. Aber dem noch nicht genug, die Namen der Schwestern wurden in die Gelübde der Soldaten und Magistrate neben dem Kaisernamen aufgenommen. Allen Eidesformeln mussten die Worte hinzugefügt werden: „Auch will ich mich selbst und meine Kinder nicht lieber haben, als ich den Gaius und seine Schwestern liebe." Die Konsuln begannen nun ihre Vorträge mit der Einleitungsformel „Segen und Heil dem Gaius und seinen Schwestern". Der Staat und seine Vertreter verpflichteten sich also nicht nur dem Kaiser gegenüber, sondern auch seinen Schwestern – Frauen, die in Rom eigentlich gar nicht als vollwertige Menschen galten – geradezu unerhört! Seit man denken konnte, hatte es so etwas höchstens ansatzweise einmal gegeben, nämlich bei der Frau des ersten Princeps, Livia. Gelübde hatte man bisher nur auf den Senat, das römische Volk und den Herrscher selbst ausgebracht. Sie waren bisher die alleinigen Garanten für die *salus publica*, das öffentliche Wohl. Nun schwor man nicht nur bei den vergöttlichten Ahnen des Herrschers, sondern auch bei seinen Schwestern, lebenden Frauen, die pikanterweise den leiblichen Genüssen durchaus nicht abgeneigt waren, wie man sich auf den Straßen tuschelnd erzählte. Hier musste auch der Letzte erkennen, der noch mit Wehmut an die gute alte Zeit der Republik dachte, dass eine neue Epoche angebrochen war.

Das Neue wird auch augenfällig auf einem noch im Jahre 37 herausgegebenen Sesterz, der auf der Vorderseite den Kopf des jungen Kaisers aufweist, während auf der Rückseite der Münze die drei Schwestern in Gestalt der römischen Göttinnen der *Securitas*, *Fortuna* und *Concordia* (Sicherheit, Glück und Eintracht) dem Volk präsentiert werden. Eindeutig an der Namensunterschrift erkennbar, propagierte der Herrscher die Hochschätzung für seine Geschwister, die Füllhorn, Steuerruder und Schüssel als Attribute in den Händen haltend den Wohlstand, die Sicherheit und die Eintracht des Staates gewährleisteten (Abb. S. 162). Bei allen feierlichen und festlichen Anlässen traten die vier Geschwister gemeinsam auf, was schnell dazu führte, dass die Gerüchteküche dem Kaiser sexuelle Beziehungen zu seinen Schwestern andichtete. Drusilla soll er sogar entjungfert haben, als er noch ein Knabe war. Beweisen lassen sich diese Nachreden nicht, aber auch nicht widerlegen. Immerhin ist nicht zu verleugnen, dass Caligula seine Lieblingsschwester Drusilla einige Zeit auch in der Öffentlichkeit als seine Gemahlin behandelte, bevor er sie dann mit Aemilius Lepidus verheiratete, der uns noch begegnen wird und der ebenfalls Teil des verwandtschaftlichen Netzwerks der Herrscherfamilie war. Und als Caligula im Jahre 37 schwer erkrankte, setzte er Drusilla – so zumindest Sueton – sogar als Erbin seines Vermögens und seiner Herrschaft ein.[12] Vor allem Letzteres war eine Ungeheuerlichkeit; soweit war bisher noch niemand in Rom gegangen und die Konsequenzen wären sicherlich interessant gewesen. Allerdings starb Drusilla im folgenden Jahr, also noch vor ihrem Bruder, sodass der skandalöse Erbfall nicht Realität wurde.

Die Geburt Neros

Sicherlich genossen die Schwestern das Luxusleben an der Seite ihres herrschenden Bruders zumindest so lange, bis dieser – möglicherweise durch eine schwere Hirnhautentzündung wirklich psychisch geschädigt – immer mehr abnormale, ja geradezu wahnsinnige Züge zeigte und in seinem Wesen auch seinen nächsten Verwandten fremd und unberechenbar wurde. Agrippina d. J. mag vielleicht die Veränderung ihres Bruders zunächst nicht so deutlich wahrgenommen haben, denn aufgrund ihrer voranschreitenden Schwangerschaft dürfte sie sich im Laufe des Jahres 37 immer mehr aus dem öffentlichen Leben zurückgezogen haben. Irgendwann im November begab sie sich dann nach Antium in die kaiserliche Villa. Dort, wo schon ihr Bruder, Caligula, das Licht der Welt erblickt hatte, wollte auch sie ihr Kind gebären. Die letzten Tage vor der Geburt waren sicherlich auch bei ihr angefüllt mit den üblichen Verrichtungen, wie man sie einer Schwangeren angedeihen ließ, um die Geburt zu erleichtern: Spaziergänge, Massagen, häufiges Baden, Schwimmen in warmem Wasser. Die Hebammen unterstützten dies noch mit Schwitzbädern, bei denen man den Sud aus wehentreibenden Pflanzen verdampfte, sowie einer Schwangerschaftsdiät, zu der übrigens auch ein tägliches Quantum Wein gehörte.

Trotzdem auf dem Hausaltar die Flamme zu Ehren der Hauptgeburtsgöttinnen Juno Lucina und Diana brannte und schon seit längerem die vorgeschriebenen Opfer mit großer Sorgfalt dargebracht wurden, war den kundigen Frauen klar, als am 13. oder 14. Dezember bei Agrippina die Wehen einsetzten, dass die Geburt für Mutter und Kind eine große Gefahr darstellte. Das Leben der Mutter hatte eindeutig Vorrang und so gehörten zu den Instrumenten, die bei einer Geburt bereitlagen, neben dem Speculum und Zangen zur Dehnung der Scheide auch Werkzeuge, mit denen man notfalls das Kind noch im Mutterleib töten und zerstückeln konnte. Das Risiko, das jede Geburt sowieso schon beinhaltete, potenzierte sich bei Agrippina noch dadurch, dass das Baby wie es heißt ‚mit den Füßen zuerst‘ auf die Welt kam,[13] also eine Steißlage im Mutterleib eingenommen hatte. Für das Leben der Mutter wie auch für das des Kindes bestand damit höchste Gefahr. Umso größer dürfte die Freude gewesen sein, als Agrippina am 15. Dezember 37 einen gesunden Knaben zur Welt brachte und selbst die Geburt unbeschadet überstand. Unmittelbar nach der Niederkunft wickelte man den Neugeborenen in feste Tücher, um damit einen späteren ebenmäßigen Wuchs zu gewährleisten und einer möglichen Verkrümmung der Gliedmaßen vorzubeugen. Eine Amme übernahm die Ernährung des Kleinen – vornehme römische Damen waren in der Regel nicht bereit, ihre Kinder selbst zu stillen, das hätte die Brüste schlaff werden lassen und damit der Schönheit der Figur geschadet.

Mag Agrippina d. J. nach dem Geburtsstress körperlich auch noch schlapp, müde und erholungsbedürftig gewesen sein, ihr Wille und ihr Geist waren ungebrochen. Stolz, das war wohl das in ihr vorherrschende Gefühl, Stolz darauf, dass sie zu diesem Zeitpunkt als einzige der Nachkommen des Germanicus einen männlichen Nachwuchs vorweisen konnte, der als möglicher Thronprätendent damit keineswegs schlechte Karten hatte. Nur so und in der Tradition des Machtstrebens ihrer Mutter ist ihre Reaktion auf die Prophezeiung eines Astrologen zu verstehen, der nach der Geburt Neros verkündete, dass das Kind herrschen, aber seine Mutter töten werde. „Soll er mich töten, wenn er nur herrscht", soll sie geantwortet haben.[14]

Verschwörung und Verbannung

Knapp zwei Jahre später.

Im September 39 war Caligula ohne große Vorbereitung plötzlich zu einem Kriegszug gegen Germanen und Britannier nach Norden aufgebrochen. Begleitet von einem Tross aus Angehörigen der Prätorianergarde, aber auch einer bunten Gruppe von Schauspielern, Gladiatoren und Prostituierten hatte er Rom verlassen und war zunächst nach Mevania, eine Stadt in Umbrien an der Via Flaminia, gezogen. Dort, rund 100 km nördlich der Hauptstadt, befand sich ein kaiserlicher Landsitz, auf dem sich gerade Agrippina, ihre Schwester Livilla und ihr Schwager Lepidus, der ehemalige Ehemann von Drusilla – inzwischen angeblich zum Liebhaber von Caligula avanciert – aufhielten. Alle drei erhielten anscheinend den Befehl, sich dem Zug anzuschließen. Am 27. Oktober erfuhr man dann in Rom, dass der Kaiser in Germanien eine Verschwörung gegen sich aufgedeckt hätte. Haupt der Verschwörer war angeblich der Befehlshaber der obergermanischen Legionen, Cornelius Lentulus Gaetulicus. Ihn hatte man gleich vor Ort zum Tode verurteilt und das Urteil auch unverzüglich vollstreckt. Mittäter waren nach Aussagen des Kaisers aber außerdem sein Schwager sowie seine beiden Schwestern Agrippina und Livilla.

Gab es diese Verschwörung wirklich? Oder war sie nur vorgeschoben? Letzte Sicherheit erhalten wir in dieser Frage nicht, aber ganz unwahr-

24

scheinlich ist die Annahme eines Komplotts gegen Caligula keineswegs. Denn sein zunehmender Wahnsinn offenbarte sich in immer größerer Selbstüberschätzung, in extravaganten Kapriolen, aber auch in brutalen Willkürakten gegen Personen in seinem Umfeld, die für zahlreiche Mitglieder der Senatorenschicht einen tödlichen Ausgang hatten. Immer mehr schien der Kaiser davon überzeugt, dass er keinerlei Regeln und Konventionen mehr unterworfen war. So soll er die Absicht gehabt haben, sein geliebtes Rennpferd Incitatus, dem er bereits einen Stall aus Marmor bauen hatte lassen, zum Konsul zu machen.[15] Götterstatuen ließ er Marmorköpfe mit seinen Gesichtszügen aufsetzen. Die Statuen wurden dann täglich mit Kleidern bedeckt, wie sie der Kaiser an diesem Tag trug.

Auch seinen Schwestern konnte die Wandlung ihres Bruders nicht verborgen bleiben, sie genossen zwar noch weiterhin die gemeinsamen Auftritte mit ihm in der Öffentlichkeit, aber vor allem seit dem Tod von Drusilla wurde der Umgang mit ihrem Bruder immer prekärer und heikler. Denn gleichzeitig mit dem eigenen Größenwahn nahm auch das Misstrauen des Kaisers gegenüber seiner Umgebung immer mehr zu. Überall witterte er Gefahr. Vor allem die Truppenkommandeure in den stark militarisierten Provinzen im Osten und im germanischen Norden, die über mehrere Legionen und damit ein ihnen treu ergebenes Soldatenpotenzial verfügten, beäugte er argwöhnisch. Sie konnten ihres Lebens nicht mehr sicher sein. Lucius Vitellius[16], der im Osten seit mehreren Jahren eine machtvolle Stellung einnahm und dem in Syrien vier Legionen unterstanden, hatte noch Glück, er wurde nur entlassen und kam mit dem Leben davon. Allerdings auch nur deswegen, so wurde zumindest in Rom kolportiert, weil er dem Kaiser göttliche Ehrbezeugung erwies, ihm nur mit verhülltem Haupt entgegentrat und sich vor ihm mit untertänigen Gesten auf den Boden warf.

Der Statthalter von Oberpannonien dagegen musste genauso sein Leben lassen wie seine Gattin. Noch gefährlicher erschienen Caligula allerdings die Verhältnisse im linksrheinischen Germanien. In diesem, in die Heeresbezirke Nieder- und Obergermanien gegliederten Bereich teilten sich Cn. Cornelius Lentulus Gaetulicus, ein alter soldatischer Haudegen, der bei seinen Truppen sehr beliebt war, und dessen Schwiegervater seit mehr als einem Jahrzehnt die Militärmacht. Wenn sich irgendwo eine Gefährdung der kaiserlichen Macht zusammenbrauen sollte, dann stand Germanien, wo immerhin acht Legionen konzentriert waren, ganz oben auf der Liste.

Die kaum zu übersehenden Veränderungen im Charakter Caligulas könnten also der Auslöser dafür gewesen sein, dass einflussreiche Kreise in Rom und auch die nächste Umgebung des Kaisers im Jahre 39 schließlich nicht mehr länger abwarten wollten und planten, der Schreckensherrschaft ein Ende zu machen. Dass man Agrippina, ihre Schwester und den Schwager da mit hineinzuziehen versuchte, dafür spricht, dass ihre Beteiligung für die Verschwörer einen enormen Zuwachs an Legitimität ihres Vorgehens und einen größeren Rückhalt bei Kreisen, die dem Kaiserhaus treu bleiben wollten, etwa der Prätorianergarde, bedeutet hätte. Agrippina selbst könnte zu dem Entschluss, sich an einer Verschwörung zu beteiligen, auch dadurch getrieben worden sein, dass sie just zu dieser Zeit erfuhr, dass die Geliebte des Kaisers, Milonia Caesonia, schwanger geworden war und Caligula sie deshalb als seine vierte Frau ehelichen wollte. Sollte das zu erwartende Kind ein Junge sein, so wären alle Träume hinsichtlich der Thronfolge ihres eigenen Sohnes ausgeträumt gewesen. Und selbst wenn Milonia jetzt ein Mädchen zur Welt bringen sollte – wie es dann auch geschah – musste man damit rechnen, dass sie vielleicht noch einem weiteren, dann männlichen Nachkommen Caligulas das Leben schenken könnte. Leider ist der Zusammenhang zwischen der Schwangerschaft der Milonia und der Verschwörung gegen Caligula nicht eindeutig herzustellen, da die uns zur Verfügung stehenden Nachrichten keine entsprechend exakte Chronologie hergeben.

Während Cornelius Lentulus, der Militär, sofort wegen Hochverrats verurteilt und hingerichtet worden war, wandte der Kaiser gegen die eigene Verwandtschaft zunächst eine andere Waffe an. Die Anklage gegen Lepidus und seine Schwägerinnen lautete nämlich zuerst auf sexuelle Ausschweifungen. Man bezichtigte Lepidus, mit den beiden Schwestern seiner verstorbenen Frau Drusilla ein Verhältnis gehabt zu haben. Zumindest für Agrippina implizierte dies automatisch den Vorwurf des Ehebruchs, denn ihr Gatte lebte ja noch. Um die Verdorbenheit der beiden Damen noch zu erhöhen und den Wahrheitsgehalt der Vorwürfe nach außen zu untermauern, wurden ihnen neben Lepidus noch weitere Liebhaber untergeschoben und präsentiert. Darunter ein gewisser Ofonius Tigellinus, später Prätorianerpräfekt und Vertrauter Neros[17], sowie – man mag es kaum glauben – Seneca, damals schon ein stadtbekannter Literat und Philosoph. Letzterer musste daraufhin in die Verbannung gehen.

Inwieweit die angebliche Beziehung Agrippinas zu Lentulus der Wahrheit entsprach, ist nicht zu beweisen. Ganz abwegig scheint sie jedoch nicht, denn Agrippinas Ehemann war um diese Zeit wohl bereits sehr krank. Lepidus, verwitweter Ehemann ihrer Schwester Drusilla, dem Caligula solange er mit seiner Lieblingsschwester verheiratet war, durchaus Avancen auf eine mögliche Nachfolge gemacht hatte, schien da ein durchaus lohnenswerter Liebhaber. Sollte eine Beziehung zwischen beiden wirklich existent gewesen sein, dann können wir mit einiger Sicherheit annehmen, dass die Frau, deren Willensstärke und Machtgespür wir schon kennen gelernt haben, das Risiko, mit ihrem Schwager beim Ehebruch erwischt zu werden, nicht deswegen einging, um ihr körperliches Verlangen zu befriedigen, dazu gab es sicherlich weniger gefährliche Möglichkeiten. Vielmehr müssen wir ins Kalkül ziehen, dass sie durch die Liaison mit einem ehrgeizigen, dem engeren Kreis um den Kaiser zuzurechnenden Mann beabsichtigte, über den Tod des sowieso politisch anscheinend nicht ambitionierten Ehemannes hinaus, die Ansprüche ihres Sohnes zu untermauern beziehungsweise zu stärken. Lepidus hätte den kleinen Nero adoptieren und damit zu seinem legitimen Sohn machen können.

Misstrauisch, was den Wahrheitsgehalt des Verschwörungsvorwurfs betrifft, sollte uns allerdings die Tatsache werden lassen, dass die Bezichtigung sexueller Ausschweifungen gegen unliebsame mögliche Rivalen bereits einige Praxis hatte. Diese Anschuldigung war sehr beliebt und bequem, da die Betroffenen kaum ihre Unschuld beweisen konnten, solange sich jemand fand, der bereit war, die Anklage zu bezeugen. Außerdem können wir davon ausgehen, dass der zunehmende Verfolgungswahn des Kaisers diese nächsten Familienmitglieder als immer bedrohlichere Konkurrenz erscheinen ließ, eine Konkurrenz, die es gerade im Hinblick auf den nun in greifbare Nähe gerückten eigenen Nachwuchs um jeden Preis auszuschalten galt.

Lepidus, Agrippina und Livilla sowie weitere Familienmitglieder wurden im Zuge der ganzen Affäre schließlich auch noch des Hochverrats beschuldigt. Lepidus wurde daraufhin zum Tode verurteilt, ein prätorianischer Tribun schnitt ihm auf Befehl des Kaisers die Kehle durch. Agrippina und ihre Schwester kamen zwar mit dem Leben davon, mussten allerdings wie schon ihre Mutter und ihre Brüder in die Verbannung. Zuvor zwang Caligula Agrippina noch, die Asche ihres „Geliebten", Lepidus, in einer Urne von Mevania nach Rom zu tragen – zynische Reminiszenz an ihre Mutter, die die verbrannten Überreste ihres Ehemannes Germanicus zwei Dezennien vorher eigenhändig von Syrien in die Hauptstadt gebracht hatte. Bei dieser Gelegenheit tritt uns auch ein ehrgeiziger Prätor namens T. Flavius Vespasianus erstmals vor Augen, er sollte im Jahre 68/69 nach dem Tod des Agrippina-Sohnes aus der Auseinandersetzung um den Thron als Sieger hervorgehen und selbst Kaiser werden. Um sich die Gunst Caligulas zu sichern, schlug er nämlich vor, die Asche des Lepidus zu verstreuen, um ihm so eine ordentliche Bestattung zu verweigern.

Von Rom aus wurden die beiden jungen Damen, Agrippina und Livilla, auf die pontinischen Inseln gebracht und dort unter Aufsicht gestellt. Ihr beweglicher Besitz und ihre Sklaven wurden versteigert, ihr Vermögen eingezogen.[18] Livilla kam auf die Insel Pandateria, auf der schon ihre Mutter ihre letzten Lebensjahre gefristet hatte. Für Agrippina hatte Caligula Pontia ausersehen.[19] Dort hatte im Jahre 31 ihr ältester Bruder, Nero Caesar, Selbstmord begangen oder war einem Mord zum Opfer gefallen. Der Verbannungsort Agrippinas, eine Insel, die 110 km westlich vor Neapel im Meer liegt, war immerhin bewohnt und hatte ein kleines Theater sowie zumindest zwei größere Landsitze. Agrippina stand eine umfängliche Dienerschaft zur Verfügung, sodass sie damit wohl auf einen gewissen Luxus nicht zu verzichten brauchte. Viel schlimmer wird für die ehrgeizige Frau die Unsicherheit bezüglich ihrer eigenen Zukunft und vor allem der ihres Sohnes gewesen sein. Die Ähnlichkeit mit der Situation ihrer Mutter ist augenfällig. Um der Einsamkeit und der Angst wenigstens ein wenig Herr zu werden, begann Agrippina wahrscheinlich damals mit der Aufzeichnung ihrer Memoiren, in denen sie anscheinend auch ausdrücklich die Parallelen zum Leben ihrer Mutter thematisierte. Leider ist diese Lebensgeschichte nicht erhalten geblieben. Sie wäre für uns als authentisches Zeugnis von höchstem Wert und würde unser Wissen und unsere Einschätzung über die Zeit und die Umstände enorm erweitern.

Im Jahr nach ihrer Verbannung verlor Agrippina dann wie oben erwähnt ihren Ehemann Gnaeus Domitius Ahenobarbus, der, schon einmal Opfer politischer Verfolgung, wohl sofort nach Bekanntwerden der Anschuldigungen gegen seine Frau mit seinem Sohn Rom verlassen hatte. In seinem Testament war er gezwungen worden, den kaiserlichen Schwager als Haupterben einzusetzen. Caligula sollte zwei Drittel des nicht unerheblichen Vermögens und Besitzes der Ahenobarbi erhalten. Als Domitius gestorben war, eignete sich der Kaiser, mit den erpressten Anteilen anscheinend noch nicht zufrieden, jedoch auch das letzte Drittel an, sodass die Witwe und ihr Sohn leer ausgingen.

Der kleine, inzwischen dreijährige Lucius Domitius, der spätere Nero, stand nun völlig mittellos da. Da sein Vater tot war und seine Mutter ihr Leben in der Verbannung fristete, wurde er in die Obhut seiner Tante

Domitia Lepida, der älteren Schwester seines Vaters, gegeben. Ihr eilte der Ruf voraus, geizig zu sein, und Lucius wuchs anscheinend unter ärmlichen Bedingungen auf. Sueton berichtet abfällig, dass sich die Tante zur Erziehung und Ausbildung ihres Pflegekindes nur einen vormaligen syrischen Tänzer und einen griechischen Friseur leistete. Andererseits war sie eine liebevolle Ersatzmutter, die dem Kleinen durchaus Fürsorge und positive Gefühle entgegenbrachte – etwas, was ihr sowohl Nero als auch dessen leibliche Mutter Agrippina später überhaupt nicht vergalten. Agrippina ließ ihre Schwägerin im Jahre 54 umbringen, denn als Großmutter des Britannicus, des Konkurrenten ihres Sohnes Nero, schien sie ihr gefährlich. Der ehemalige Pflegesohn selbst war mit dem Mord einverstanden.

Agrippinas Aufstieg

Das zum Zeitpunkt der Verbannung so triste Schicksalsblatt Agrippinas, deren Leben akut bedroht war, sollte sich allerdings nochmals drehen. Zwei Jahre musste sie noch warten, bis ihr Bruder Caligula am 24. Januar 41 einer wirklichen Verschwörung zum Opfer fiel und zusammen mit seiner Frau und dem kleinen Töchterchen ermordet wurde. Noch bevor sich der Senat seiner Chance richtig bewusst wurde, nun selbst einen neuen Herrscher bestimmen zu können, da ein direkter männlicher Nachkomme des Caligula, wie wir ja wissen, fehlte – in einigen Köpfen mag sogar der Plan herumgespukt haben, wieder zur Republik zurückkehren zu können –, hatten die Prätorianer bereits den Onkel des verstorbenen Herrschers und der Agrippina, Claudius, ,aus dem Hut' beziehungsweise nach Sueton „hinter dem Vorhang"[20] hervorgezaubert und zum Kaiser ausgerufen. Dem verdutzten Senat, der in völliger Verkennung der wirklichen Gegebenheiten gerade über die Wiedereinführung der Republik verhandelt haben soll, blieb nichts anderes übrig, als zustimmend die Entscheidung der Militärs abzunicken. Dass Claudius wirklich von der Entwicklung so überrascht war, wie dies in unseren Quellen aufscheint, kann man kaum glauben, wahrscheinlicher ist, dass der schon lange politisch kaltgestellte Sonderling hinter den Kulissen aktiver gewesen war als seine ganze Familie ihm zutraute. In einer durchaus klugen und weitblickenden Einschätzung der Sachlage hatte er wahrscheinlich Verbindungen zu den Kreisen aufgebaut hatte, deren Unterstützung er sich als jüngerer Bruder des Germanicus sicher sein konnte, nämlich zur militärischen Kraft in der Hauptstadt, der Prätorianergarde. Sie standen loyal zum iulo-claudischen Herrscherhaus, wobei Claudius diese Treue durch das Versprechen eines entsprechenden *donativum*, also eines Geldgeschenks, noch verstärkte. Wie die Geschehnisse zeigten, besaß dieser Partner zudem auch das Machtpotenzial, um die Herrscherträume des Claudius Realität werden zu lassen. Nimmt man diese Variante der Entwicklung als gegeben, scheint doch das geradezu drehbuchmäßig ablaufende Geschehen nach der Ermordung Caligulas mit den Hauptstationen: Auffinden Claudius' im Palast hinter einem Vorhang – Geleit ins Lager der Prätorianer – Versprechen des Donativs – Akklamation durch die Soldaten sehr viel plausibler.

Der neue Princeps, *Tiberius Claudius Nero Germanicus*, rief seine beiden Nichten, Agrippina und Livilla, unverzüglich aus der Verbannung zurück und ließ ihr Vermögen restituieren. Wir wissen leider nichts über das vorherige Verhältnis der beiden Damen zu ihrem Onkel, der ja in der Familie keineswegs angesehen war, vielmehr als seltsamer Kauz und Sonderling galt, den man nicht ernst zu nehmen brauchte. Jetzt jedenfalls rettete er ihr Leben. Um in der Gesellschaft Roms wieder Fuß fassen zu können, galt es für Agrippina, verwitwete Mutter eines nun vierjährigen Knaben, vorrangig, sich um einen adäquaten Heiratspartner umzusehen. Es ging dabei nicht um irgendjemand. Der Zukünftige sollte, nein musste schon aus einer der bedeutenden Familien stammen und ein reicher, einflussreicher Senator mit konsularem Rang sein. Sein Alter spielte dabei keine Rolle. Das heißt ein etwas älterer, dafür aber politisch umso schwer gewichtiger Mann war einem jungen hübschen, aber unerfahrenen jedenfalls vorzuziehen, wenn Agrippina den politischen Kampf für ihren Sohn wieder aufnehmen wollte. Und sie wollte, das zeigen schon die diesbezüglichen Versuche der Eheanbahnung. Zunächst näherte sie sich dem reichen Patrizier Sulpicius Galba, Konsul bereits im Jahre 33; der war allerdings noch verheiratet und entschied sich, bei seiner Frau zu bleiben. Um dem ausgeworfenen amourösen Netz zu entkommen, verließ er Rom. Er diente dem Kaiser jedoch weiterhin als Statthalter in Britannien, Africa und schließlich in Spanien. Von Juni 68 bis Januar 69 sollte er dann selbst als kurzzeitiger Nachfolger Neros das Szepter führen.[21]

Dass die Vertreterinnen der vornehmen römischen Adelsgesellschaft keineswegs besonders zimperlich im gegenseitigen Umgang waren, zeigt uns die folgende hierzugehörige Klatschgeschichte: Die Schwiegermutter Galbas soll angeblich über das ungenierte Werben Agrippinas um den Gatten ihrer Tochter so erbost gewesen sein, dass sie die schamlose Nebenbuhlerin bei einer Damengesellschaft nicht nur verbal hart attackierte, sondern handgreiflich wurde und die unverschämte Werberin mit Schlägen traktierte. Agrippina gab nicht auf; bereits damals schien sie als nächstes Ziel ihren Onkel auserkoren zu haben; der schon etwas bejahrte Kaiser war für seine Frauenliebe stadtbekannt. Den Bemühungen Agrippinas stellte sich allerdings seine damalige Gemahlin Messalina, auch nicht gerade als besonders skrupulös bekannt, entgegen. Also nahm man – noch – vom Onkel Abstand.

Beim dritten Anlauf erfolgreich, heiratete Agrippina schließlich noch im Jahre 41 den höchst einflussreichen und äußerst vermögenden Konsular C. Sallustius Crispus Passienus. Er war für sie kein Fremder, schließlich hatte er ja vorher ihre Schwägerin, die Pflegemutter ihres Sohnes, Domitia Lepida, geehelicht. Ohne Genaueres zu wissen nehmen wir an, dass um diese Zeit diese Ehe bereits nicht mehr bestand.

Kurz nach der Hochzeit begleitete Agrippina ihren neuen Ehemann in die Provinz Asia, der er im Rang eines Prokonsuls in den Jahren 41–43 vorstand. Von den Provinzialen wurde sie im Asklepiostempel auf der Insel Kos mit einer Statue geehrt, wobei auf der zugehörigen Inschrift ausdrücklich darauf hingewiesen wird, dass sie die Tochter des Germanicus sei, der demzufolge anscheinend immer noch in hohem Ansehen stand. Vielleicht hatte die kluge und mit großem Machtinstinkt ausgestattete Agrippina bei dieser Gelegenheit auch ganz bewusst darauf gepocht, ihre Verwandtschaft zu betonen. Denn mit diesem Pfund konnte sie wuchern, durch diese Abstammung stand keiner der noch lebenden Angehörigen der iulisch-claudischen Familie dem Dynastiegründer Augustus näher, Entsprechendes galt auch für ihren Sohn. Er war der Enkel des geliebten Germanicus, viele hätten ihn gerne schon jetzt auf dem Kaiserthron gesehen, jedenfalls lieber als diesen zumindest der allgemeinen Meinung nach etwas vertrottelten Claudius. Der aber war zwar im Jahre 41 nicht mehr ganz jung, aber doch gerade erst 50 Jahre, und hatte erst kürzlich die dreißig Jahre jüngere und ehrgeizige Valeria Messalina geheiratet, Tochter seines Vetters Barbatus Messalla und der uns schon bekannten Domitia Lepida. Seine junge und schöne Frau gebar ihm eine Tochter, Claudia Octavia, und im Jahre 41 einen Sohn, Britannicus. Bestanden da überhaupt noch Chancen für den eigenen Nachwuchs Agrippinas? Nun, groß waren sie wohl nicht. Bis Claudius eines natürlichen Alterstodes sterben würde, konnte es noch Jahrzehnte dauern, bis dahin wäre Britannicus erwachsen und könnte problemlos die Nachfolge antreten. Aber sollte man wirklich schon aufgeben, bei all den Wechselfällen des Lebens, die man ja auch schon am eigenen Leib erlebt hatte?

Zunächst lebte man einmal etwas ruhiger an der Seite des mächtigen Konsulars, vergaß allerdings dabei nicht, sich um seinen Onkel, den Kaiser zu kümmern. Dieser gestattete es seiner Nichte Agrippina – deren Schwester Livilla inzwischen als Konkurrentin der Kaisergattin aus dem Weg geräumt worden war –, zusammen mit ihrem Sohn auch eine öffentliche Rolle gemäß ihrer Stellung innerhalb der Kaiserfamilie zu spielen. Dabei ließ Agrippina keine Gelegenheit aus, ihren Sohn in der Öffentlichkeit zu präsentieren, so z. B. während des Säkularfestes im Jahre 47. Der noch nicht 10 Jahre alte Nero stach bei seinem sorgfältig vorbereiteten Auftritt als Anführer der aristokratischen Jugend beim Troja-Spiel den drei Jahre jüngeren, noch sehr kindlichen Britannicus klar aus und er erhielt lauten Beifall vom Volk – eindeutig stärkeren als der leibliche Kaisersohn.[22] Diese Stimmung musste man fördern. Messalina und ihren Sprössling dagegen galt es zu diskriminieren, wo es nur gerade ging, allerdings immer mit gewisser Vorsicht, damit das Wohlwollen des Onkels, der, wie man sich zuflüsterte, von seiner Frau abhängig war, sich nicht ins Gegenteil verkehrte. Es war ein höchst gefährlicher Weg, denn auch Messalina war äußerst sensibilisiert, wenn es um den eigenen Nachwuchs ging. Bereits der Vorfall beim Troiaspiel soll sie so wütend gemacht haben, dass sie beinahe gegen ihre Konkurrentin vorgegangen wäre. Nach unseren Quellen hat angeblich nur ein beginnendes amouröses Abenteuer mit einem hübschen römischen Aristokraten Messalina davon abgehalten. In Wirklichkeit dürften es andere, politisch motivierte Gründe gewesen sein, die ein Sich-Zurückhalten zu diesem Zeitpunkt noch opportun haben erscheinen lassen.

Es sollte allerdings nicht allzu lange dauern, bis die ehrgeizige Messalina, die sich schon als Kaisermutter sah, diese Zurückhaltung aufgab, sich dabei aber selbst endgültig ins Abseits stellte. Ihre zahllosen Liebschaften und ihre sexuellen Gelüste hatten ihr schnell den Ruf einer Nymphomanin eingebracht; viel gefährlicher als ihre sexuellen Ausschweifungen waren jedoch ihre Intrigen, denen wahllos Mitglieder der Aristokratie zum Opfer fielen, die aus irgendeinem Grund ihr Missfallen erregt hatten. Die sehr einseitigen Darstellungen in unseren Hauptquellen, die vor allem die sexuelle Zügellosigkeit Messalinas betonen, lassen einen schnell Gefahr laufen, in Messalina nur einen von seinen Lüsten getriebenen ‚beschränkten Vamp' zu sehen. Hier gilt es vorsichtig zu sein, denn es ist davon auszugehen, dass sich in Wirklichkeit hinter der augenscheinlichen Männerbesessenheit skrupelloses Machtstreben und zielgerichtet kalkulierte politische Ränkespiele verbargen.

Weite Teile des engen Kreises der Höflinge um Claudius, vorrangig Freigelassene, die eine enorme Machtfülle erreicht hatten, trugen schwere Bedenken gegen die Kaisergattin. Einerseits fürchtete man um das eigene Leben, andererseits hatte man Angst um den Herrscher, sicherlich weniger aus Menschenliebe als wegen der drohenden Ungewissheit der eigenen Position, sollte Claudius etwas zustoßen. Daher versuchte man immer wieder den Kaiser über die ‚wahre Natur' seiner Gattin aufzuklären. Trotz mehrfachen Insistierens wollte der Kaiser jedoch weder vom unsittlichen Lebenswandel noch den politischen Absichten seiner Ehefrau etwas wissen. Warnsignale jeglicher Art wurden missachtet. Erst als Messalina im Oktober 48, alle Grenzen der Konventionen sprengte und, obwohl ja noch mit Claudius verheiratet, eine offizielle Ehe mit dem jungen Senator Gaius Silius, angeblich dem Schönsten aller Römer, einging, während ihr Mann in Ostia Opferrituale vollzog, war das Fass zum Überlaufen voll.[23] Durch diese als Provokation kaum mehr zu überbietende Mesalliance hatte sich Messalina selbst völlig desavouiert.

Man darf jedoch sicher sein, dass hinter diesem moralischen Eklat eine handfeste Verschwörung gegen Claudius und wohl auch gegen die immer größeren Einfluss gewinnende Agrippina mit ihrem Sohn Nero steckte. Messalina musste Angst haben, dass Claudius dem Werben seiner Nichte erliegen würde und deren Sohn gegenüber ihrem eigenen Sprössling, Britannicus, bevorzugen würde. Der Kaiser selbst war nicht der Gesündeste und ein plötzlicher Tod lag durchaus im Bereich dessen, was man erwarten konnte. Und wer konnte wissen, was dann passierte? War es da nicht besser, die Sache selbst in die Hand zu nehmen und sie damit steuerbar zu machen. Man musste nur den unsicheren Kandidaten Claudius aus dem Weg räumen, bevor er noch Entscheidendes zugunsten dieses verhassten Germanicus-Enkels unternehmen konnte.

Der Unterstützung eines großen Teils der Senatorenschaft für diesen Plan konnte sich Messalina sicher sein, denn die Mitglieder des ehemals so angesehenen höchsten politischen Entscheidungsgremiums in Rom waren gegenüber dem Herrscher äußerst aufgebracht. Zu sehr hatte dieser zu ihren Lasten eigenmächtig in die Rechtsprechung eingegriffen, sie weitgehend aus der Reichsadministration ausgeschaltet und durch in ihren Augen sozial deklassierte Freigelassene ersetzt. Aus diesem Ärger hatte sich eine durchaus ernst zu nehmende Opposition entwickelt.

Wahrscheinlich gehörte der einflussreiche Silius zu den führenden senatorischen Persönlichkeiten der Anti-Claudius-Gruppierung. Bei aller Abneigung gegen die Vertreter der Herrscherfamilie, musste ihm aber klar sein, dass eine Usurpation nur dann überhaupt eine Chance hatte, dauerhaft zu bestehen, wenn es ihm gelang, irgendwie eine verwandtschaftliche Verbindung mit dem iulisch-claudischen Haus aufzubauen. Eine Heirat mit Messalina, der leiblichen Mutter des einzigen Claudius-Sohnes, und daran anschließend die Adoption dieses natürlichen Fortsetzers der Dynastie hätten eine vorstellbare Lösung dieses Problems geboten und einer beabsichtigten Usurpation zumindest ein gewisses Maß an Legitimation gegeben. Für Messalina hätte die Eheverbindung mit dem politisch einflussreichen Senator, dessen Versuch einer Herrschaftsübernahme durchaus Chancen auf Erfolg versprach, die Möglichkeit geboten, die Rolle ihres Sohnes als zukünftiger Kaiser Roms abzusichern, eine Aussicht, die durch das Wohlwollen, das Claudius zunehmend für Nero an den Tag legte, zu diesem Zeitpunkt ins Wanken geraten zu sein schien.

Trotz dieser für Claudius politisch äußerst prekären und ihn persönlich bloßstellenden Situation, deren Grund eindeutig mit Messalina benannt werden konnte, war es noch schwer genug für Narcissus, den Leiter der kaiserlichen Kanzlei, seinen Herrn davon zu überzeugen, dass nun eine endgültige Lösung nicht mehr zu vermeiden sei.

Es war ganz im Sinne der kaiserlichen Freigelassenen, gegen jede Verschwörung von senatorischer Seite zu intervenieren. Sie hätte eine politische Kehrtwendung eingeleitet, und zwar zuungunsten der nun bereits seit etlichen Jahren an ihre Macht gewöhnten und ihren Einfluss und ihren Luxus genießenden Emporkömmlinge.

Erst als Narcissus dem Kaiser ein langes Verzeichnis aller Liebhaber Messalinas präsentierte, gab ihm der gehörnte Ehemann, der angeblich von alldem nichts gewusst hatte, freie Hand. Narcissus brachte daraufhin den anscheinend ob der Wahrheit völlig paralysierten Kaiser in das Lager der Prätorianer, sozusagen aus der Schusslinie. Dann ließ er die in der Lesart der literarischen Überlieferung an den Orgien, in Wirklichkeit an der Verschwörung Beteiligten, darunter etliche hochrangige Funktionsträger aus dem Ritterstand, verhaften und ihrer Verurteilung zuführen. Zum Abschluss der Säuberungsaktion sorgte Narcissus dafür, dass Messalina selbst in den kaiserlichen Gärten durch einen Tribun ermordet wurde, ohne vorher nochmals Gelegenheit zu bekommen, Claudius durch ihr Flehen und Bitten umstimmen zu können. Name und Bilder Messalinas wurden auf Beschluss des Senats wie bei einem

Hochverräter überall entfernt, ihr Geburtstag zu einem Unglückstag erklärt.[24]

Für Agrippina, die wohl auch einiges dazu beigetragen hatte, ihre Rivalin am Kaiserhof in einem möglichst schlechten Licht erscheinen zu lassen, und die keine Gelegenheit verstreichen ließ, die ‚Lebens- und Liebeslust' der Kaisergattin als skandalös und unmöglich anzuprangern, schienen nun plötzlich viele Wege wieder offen. Nur wenige Jahre vorher war sie nämlich *„provisu deum vidua"*, wie durch die weise Voraussicht der Götter, wie Tacitus doppeldeutig formuliert, wieder Witwe geworden, ob auf natürlichem Wege oder durch ihr tatkräftiges Nachhelfen bleibt im Dunkel der Geschichte verborgen. Ihren Reichtum und den ihres Sohnes hatte sie jedenfalls durch die Erbschaft des riesigen Vermögens ihres vormaligen Ehemannes, Crispus Passienus, noch kräftig vermehrt.

Agrippina und Kaiser Claudius – Nichte heiratet Onkel

Claudius war ebenfalls wieder ‚Single'. Zwar bestand für den Herrscher keine Notwendigkeit einer erneuten Eheschließung, schließlich gab es ja einen legitimen Erben, Britannicus, und zur Stillung der persönlichen Bedürfnisse war in Rom keine ordentliche Ehe vonnöten. Im Gegenteil, es war üblich, das man sein körperliches und auch emotionales Verlangen eher durch Konkubinen, nicht selten Sklavinnen, denen man die Freilassung gewährte, als durch die eigene Ehefrau zufrieden stellte. Gerade Claudius war, was seine Vorlieben Frauen gegenüber betraf, noch nie besonders wählerisch gewesen und hatte auch während seiner bisherigen Ehen alles andere als monogam gelebt. Sicherlich mag an der Aussage Tacitus', Claudius habe nicht allein sein können, sondern der Dominanz einer Gattin bedurft[25], ein Körnchen Wahrheit gewesen sein, allerdings dürften einflussreiche Hofkreise dem Kaiser das Verlangen nach einer erneuten Heirat mehr von außen suggeriert haben. Man wusste um die Schwäche des Kaisers, der sich den Einflüsterungen seines weiblichen Umfeldes kaum entziehen konnte. Ging man geschickt vor, so ließ sich dies gut zum eigenen Vorteil ausnützen. Jedenfalls hatten die drei mächtigsten Höflinge jeweils eigene Kandidatinnen. Konnte man seine Begünstigte dem Kaiser zuführen, so war das eigene Vorwärtskommen für die nächste Zeit gesichert. Tacitus gelingt es treffend, die ‚Konkurrenz der Schönen' zu charakterisieren: *Und von nicht minderem Bewerbungseifer war dann auch die Frauenwelt entbrannt. Jede trat mit ihrem Adel, ihrer Schönheit, ihrem Reichtum in die Schranken... Am meisten jedoch schwankte man zwischen Lollia Paulina, der Tochter des Konsularen Marcus Lollius, und Julia Agrippina, der Tochter des Germanicus. Diese hatte Pallas, jene Callistus zum Gönner. Narcissus dagegen begünstigte Aelia Paetina aus der Familie der Tuberonen.*[26] Letztere war bereits einmal mit Claudius verehelicht gewesen, aus dieser Ehe stammte eine Tochter, Antonia[27]. Und wirklich, der Kaiser war hin und her gerissen. Er rief eine Art Kabinettssitzung zusammen, bei der er sich von seinen engsten Vertrauten deren Vorschläge erörtern ließ. Schon dadurch wird deutlich, dass es natürlich um mehr ging, als eine angenehme Ehepartnerin für einen älteren, nicht selten etwas lüstern dargestellten Mann auszuwählen. Es ging um nicht weniger als eine zumindest teilweise Neuformierung der politischen Kräfteverhältnisse um den Kaiser. Stellt man in Rechnung, dass das Nachfolgerpotenzial innerhalb der iulisch-claudischen Familie inzwischen doch überschaubar geworden war, so beinhaltete dies auch und nicht zuletzt eine eminente Zukunftsperspektive für andere einflussreiche *gentes* in Rom. Die Familie der Frau, die das Rennen machen würde, konnte sehr schnell zum Dreh- und Angelpunkt bei der Frage nach den zukünftigen Thronanwärtern avancieren.

Die damals 33-jährige Agrippina hatte bei dem ganzen Concours sicherlich von Anfang an die besten Karten, da sie als Nichte des Kaisers über die günstigsten Zugangsmöglichkeiten zu ihm verfügte, sodass sie ihren Charme auch am nachdrücklichsten einsetzen konnte. Außerdem gelang es Pallas wohl, den Kaiser davon zu überzeugen, dass es unter allen Umständen zu verhindern war, dass die Tochter des Germanicus mit ihrem heranwachsenden Sohn, der näher noch als sein leibliches Kind mit dem Dynastiegründer verwandt war, in eine andere Familie einheiratete. Ein nicht der iulisch-claudischen Familie angehörender Vormund für den Germanicus-Enkel hätte zweifellos eine brisante Erweiterung gefährlicher Begehrlichkeiten und Ansprüche zur Folge. Dem Herrscher nicht gewogene Kreise könnten hier sehr schnell und leicht ein Identifikationssymbol finden, das noch dazu die Verehrung und die Liebe der breiten Masse auf seiner Seite hatte.

Egal ob es letztlich mehr die Reize der 33-jährigen Nichte waren oder politisches Kalkül, vielleicht auch beides, jedenfalls schlug Agrippina alle ihre Konkurrentinnen aus dem Feld und gewann die Neigung des Onkels. Nun galt es, die vierte Ehe des Claudius vorzubereiten. Nach außen war es jedenfalls besser, die Heirat nicht nur als ein persönliches Interesse des ältlichen Herrschers erscheinen zu lassen, sondern sie als eine für den Staat nützliche Verbindung zu propagieren. Andererseits stand einer offiziellen Verheiratung noch das rechtliche wie auch moralische Verbot der Ehe zwischen Onkel und Nichte entgegen. Sehr schnell hatte man für beide Belange eine pragmatische Lösungen zur Hand: Lucius Vitellius, der von Caligula geschasste Feldherr, war unter Claudius wieder zu großen Ehren gekommen und nahm inzwischen eine führende Stellung im Senat ein. Er brachte nach einer kurzen Frist in diesem Gremium den Antrag ein, man solle diese neuerliche Ehe im Sinne des Staatswohls nicht nur erlauben, sondern den Kaiser, der es als selbstverständlich ansehe, seinen eigen Willen der Wohlfahrt des Staates unterzuordnen, sogar mit aller Kraft von der Notwendigkeit dieser Verbindung überzeugen. Der Senat stimmte dem Vorschlag des Vitellius nicht nur zu, sondern es traten genügend auf den Plan, die sich erboten, sollte der Princeps sich weigern, ihn sogar mit Gewalt zu der Verbindung zwingen zu wollen.

Um die Heirat nicht allzu offen als Privileg eines Einzelnen erscheinen zu lassen, erlaubte man Ehen zwischen Onkel und Nichte allgemein. Und es fand sich sogar ein römischer Ritter, der von dem neuen Recht sogleich Gebrauch machte, möglicherweise nicht ganz freiwillig, sondern mit gewisser Nachhilfe der Kreise um Agrippina. Trotz dieser Camouflage, war jedermann klar, was sich hinter der gesetzlichen Neuregelung eigentlich verbarg, noch dazu, weil Ehen zwischen Tante und Neffen weiterhin verboten blieben. *Die Tochter des Bruders zu heiraten ist erlaubt, und dies kam auf, als der göttliche Claudius Agrippina, die Tochter seines Bruders ehelichte; die Tochter der Schwester zu heiraten, ist jedoch nicht erlaubt,* so dokumentiert der Jurist Gaius mehr als ein Jahrhundert später die Existenz und Gültigkeit der zum Gesetz gemachten kaiserlichen Ausnahmegenehmigung, die erst im Jahre 342 abgeschafft wurde.[28]

Anfang 49 erfolgte die Eheschließung. Schon davor hatte Agrippina jedoch begonnen, politische Weichenstellungen hinsichtlich ihres eigentlichen Zieles vorzunehmen. Und das war kein geringeres als die Herrschaft für ihren Sohn. Seine Position galt es nun eindeutig abzustecken und unwiderruflich zu festigen. Dazu waren einige Aktionen vonnöten, es mussten Verbindungen genützt, neue Fäden gezogen und das eigene mit großer Energie aufgebaute Netzwerk aktiviert und gestärkt werden.

Dies ist eine sehr gute Gelegenheit, hier einen Einschnitt zu machen und den Blickwinkel neu zu justieren – etwas weg von Agrippina, hin auf den eigentlichen Protagonisten – Nero.

KINDHEIT UND JUGEND NEROS
(BIS ZUM JAHRE 54)

Trotz der engen Beziehung zur iulisch-claudischen Familie und damit der starken Affinität zur Herrschaft war es dem Sohn der Agrippina iunior und des Cn. Domitius Ahenobarbus keineswegs zweifelsfrei in die Wiege gelegt, einmal an der Spitze des römischen Weltreiches zu stehen. Das sah wohl auch sein Onkel mütterlicherseits, der regierende Princeps Caligula, so. Am neunten Tag nach der Geburt, dem Lustraltag (Tag des Reinigungsopfers), bat die Mutter des Knaben im Rahmen der feierlichen Zeremonie ihren Bruder, dem Kind einen Namen zu geben. Zweifellos war auch Caligula klar, was sich in der römischen Stadtbevölkerung wie ein Lauffeuer herumgesprochen haben dürfte: Der mit großer Inbrunst verehrte, zu früh verstorbene Kriegsheld Germanicus lebte fort in einem männlichen Spross, einem Knaben, seinem Enkel, der zu einem thronfähigen jungen Mann heranwachsen würde. Dementsprechend rankten sich auch sofort nach seiner Geburt Wundererzählungen um ihn: seine Wiege sei stets von Drachen umgeben gewesen, die den Knaben beschützten; eine Schlange habe sich in seinem Bettchen gehäutet; noch bevor das Neugeborene auf die Erde gelegt werden konnte, um dann von seinem Vater, indem er es aufhob, anerkannt zu werden, sei es von den Strahlen der Morgensonne bereits berührt und somit ‚anerkannt‘ worden und derlei Dinge mehr.

All das dürfte auch Caligula zu Ohren gekommen sein, und er wusste um die Bedeutung dieser Fabeln, daher war er über die Geburt dieses Knaben, den man sehr wohl als potenziellen Kandidaten für den Thron auf der Rechnung haben musste, sicherlich nicht sehr erfreut. Und so verwies er bei der Frage nach dem Namen auf seinen Onkel Claudius.[1] Dessen Namen – unklar ist, ob er damit den Vornamen Tiberius oder den Beinamen Nero meinte – sollte das Kind tragen. Da Caligulas Zynismus bekannt war, wusste jedermann, wie diese Antwort gemeint war: Genauso wie der als skurril, lebensfremd und tölpelhaft geltende, hinkende und stotternde Sonderling Claudius zwar zur Familie gehörte, dennoch aber von allen Machtrochaden fern gehalten wurde, so würde auch der Agrippina-Sprössling kaltgestellt werden. Weder er noch – vielleicht nahe liegender – seine Mutter brauchten sich auch nur irgendeinen Funken Hoffnung auf die Herrschaft zu machen. Entsprechend provokativ dürfte auch die Reaktion der Mutter gewesen sein, die anscheinend den Vorschlag ihres Bruders verwarf und das Kind mit dem Vornamen Lucius in die väterliche Familientradition stellte. Lucius Domitius Ahenobarbus, so lautete also der offizielle Name des ersten und einzigen Sohnes, den Agrippina nach 10-jähriger Ehe ihrem Gatten schenkte.

Kindheit

Als Kleinkind musste er zunächst die Trennung von seiner Mutter erleben, die bei ihrem Bruder Caligula in Ungnade fiel und in die Verbannung geschickt wurde. Der Junge blieb in der Obhut seines Vaters, er wurde sicherlich, wie in den aristokratischen Familien üblich, von einer Amme betreut und aufgezogen. Da es in der römischen Oberschicht die Regel war, dass eine Amme das Stillen des Säuglings besorgte, war die Bindung zwischen Mutter und Kleinkind nicht besonders eng, die Erziehung der Söhne übernahm in einem relativ umfangreichen Ausmaß der Vater und bei einer Trennung der Familie blieben die männlichen Kinder häufig im Haushalt des Vaters. Als sein wohl schon seit längerer Zeit von Krankheit gezeichneter Vater 40 n. Chr. starb, kam der nun dreijährige Nero in die Hände seiner Tante väterlicherseits, Domitia Lepida. Vorher hatte sich sein Onkel mütterlicherseits, Caligula, noch sein Erbe angeeignet. Es stand damals nicht besonders gut um den Germanicus-Enkel, denn jedermann war überzeugt, dass er seine Mutter niemals wiedersehen würde. Und seines Vermögens beraubt, als Pflegekind in der Hand der zwar mit großem Reichtum, aber ebenso großem Geiz ausgestatteten Tante schien ihm keine rosige Zukunft beschieden.

Der Ruf Domitia Lepidas schien nicht der beste, die Schriftsteller schildern sie übereinstimmend als reich, intrigant und skrupellos, ähnlich ihrem Bruder, Neros Vater, mit dem sie auch mehrfach verglichen wird. Anscheinend bestand zwischen beiden wirklich eine enge Beziehung. Dies würde auch erklären, dass Kaiser Tiberius den Vorwurf erheben konnte, Bruder und Schwester hätten eine sexuelle Beziehung, um so Gnaeus Domitius Ahenobarbus diskreditieren und anklagen zu können.[2]

Zu dem Zeitpunkt, zu dem der Junge zu ihr in Pflege gegeben wurde, war die Tante bereits in dritter Ehe mit C. Appius Iunius Silanus verheiratet. Die Ehe war auf Befehl des Claudius geschlossen worden. Die beiden vorherigen Ehemänner, Valerius Messalla Barbatus, von dem sie die Tochter Messalina hatte, und Faustus Cornelius Sulla, Konsul im Jahre 31, stammten ebenfalls aus den höchsten Aristokratenkreisen. Beide Heiraten hatten das Vermögen Domitias sicherlich enorm vergrößert. Ihr dritter Ehemann wurde im Jahre 42 infolge einer Intrige Messalinas, also seiner eigenen Stieftochter, auf Anordnung Claudius' hingerichtet. Wahrscheinlich hatte die junge Kaisergattin in dem vornehmen Adeligen, der von Claudius in außerordentlicher Weise protegiert worden war, eine unliebsame Konkurrenz gesehen. Die Gerüchteküche lieferte jedoch als Hinrichtungsgrund die Weigerung Silanus', seiner nymphomanen Schwiegertochter zu Willen zu sein. Auch Domitia selbst sollte einige Jahre später ein vergleichbares Ende nehmen. Auf Betreiben Agrippinas, ihrer Schwägerin, wurde sie im Jahre 54 angeklagt und mit Billigung ihres Ziehsohns Nero, der sogar gegen sie als Zeuge auftrat, zum Tode verurteilt. Der Vorwurf lautete, sie habe das Leben Agrippinas mit magischen Praktiken bedroht. Domitias Latifundien in Calabrien waren so riesig, dass man sie darüber hinaus bezichtigen konnte, sie habe ihre Sklavenmassen zu wenig im Griff und würde damit die Sicherheit Italiens zu bedrohen.[3]

Grell tritt uns hier die langjährige Feindschaft mit ihrer Schwägerin Agrippina vor Augen, die wohl durch die Ermordung ihrer Tochter Messalina zum unversöhnlichen Hass anwuchs. Domitia dürfte dafür auch Agrippina mitverantwortlich gemacht haben. Die Konkurrenzstellung zwischen der Kaisergattin Messalina und ihrer angeheirateten Tante Agrippina, die gerne selber deren Stellung eingenommen hätte, wurde schon angesprochen und sie wird uns noch weiter begegnen. Agrippina wiederum sah in Domitia zunehmend eine Mitbewerberin im Kampf um die Gunst ihres Sohnes. Nicht umsonst schreibt Tacitus zu den Umständen, die zu Domitias Ende führten: *Den heftigsten Kampf verursachte aber, ob die Tante oder die Mutter bei Nero den Vorrang hätten. Denn Lepida fesselte durch Schmeicheleien und Geschenke das Herz des Jünglings, wogegen sich Agrippina finster und drohend zeigte ...*[4] Was die taciteische Wertschätzung beider Damen betrifft, so wirft er sie beide in einen Topf und charakterisiert sie nicht nur an Alter, Reichtum und Schönheit gleich, sondern auch in ähnlicher Weise unzüchtig, ehrlos und lasterhaft.

Die Zeit bei der Tante währte für den kleinen Nero höchstens ein paar Monate. Denn sein Vater war wohl erst Ende des Jahre 40 verstorben und bereits zu Beginn des Jahres 41, unmittelbar nach der Ermordung Caligulas im Januar und der Thronbesteigung Claudius', wurde Agrippina rehabilitiert und nahm den gerade erst drei gewordenen Sohn wieder selbst unter ihre mütterlichen Fittiche. Es galt, ihre eigene Stellung als Mutter des Germanicus-Enkels und direktesten männlichen Augustus-Verwandten auch in der Öffentlichkeit zu demonstrieren. Sollte die Mutter die von der Tante bestellten und von Sueton naserümpfend als Tänzer und Friseur charakterisierten Erzieher, wie anzunehmen ist, nicht übernommen haben, so konnten sie den Jungen also sicherlich nicht tief gehend geprägt haben. Agrippina hatte Großes mit ihrem Sohn vor, wie wir wissen.

Mit Sicherheit genoss der Heranwachsende im Hause des neuen Ehemanns seiner Mutter, des reichen und traditionsbewussten Gaius Sallustius Passienus – selbst ein begabter Redner und enger Freund Senecas –, die bestmögliche Erziehung. Dazu gehörte in Rom ab dem sechsten Lebensjahr der Elementarunterricht (*ludus litterarius*) in Schreiben und Lesen sowie in den vornehmen Kreisen das Erlernen des Griechischen neben der lateinischen Muttersprache selbstverständlich dazu. Zwar gab es öffentliche Elementarschulen, deren Ruf jedoch vor allem wegen der nicht beziehungsweise schlecht ausgebildeten Lehrer, häufig ehemalige Militärs mit entsprechendem rauem Ton, nicht der beste war. Daher war es für die Söhne und auch Töchter des Adels üblich, bei gebildeten Sklaven Privatunterricht zu bekommen. Zwei griechische Freigelassene, Anicetus und Beryllus, übernahmen nach der Rückkehr Agrippinas aus dem Exil in der Rolle der Pädagogen, der ‚Führer des Kindes', den ersten Abschnitt im Bildungsweg Neros. Die sittlich-moralische Erziehung, strikt konservativ ausgerichtet an den *mores maiorum*, den Sitten der Vorfahren, erfolgte häufig durch die Mutter beziehungsweise eine ältere weibliche Verwandte. Es ist anzunehmen, dass Agrippina hier selbst mit bekanntermaßen starker und strenger Hand das Regiment führte. Mit Sicherheit legte Agrippina von Anfang an großen Wert auf eine solide, seiner Stellung angemessene Ausbildung ihres Sohnes, schließlich verfolgte sie ja ganz bewusst das Ziel, den Knaben als Rivalen des drei Jahre jüngeren Kaisersohnes Britannicus aufzubauen. Dies gelang ihr auch und brachte ihr den Hass Messalinas ein.

Augenfällig wurde dies im Jahre 47. Damals präsentierten sich beide Knaben der Öffentlichkeit bei dem farbenprächtig und feierlich inszenierten Troia-Spiel (*ludus Troiae*) der adeligen Jugend im Rahmen der pompösen ‚Jahrhundert-Feiern' im April anlässlich des 800. Geburtstags der Stadt Rom. Es ist leicht nachvollziehbar, dass der mit seinen neun Jahren doch schon jungenhaften Charme ausstrahlende, halb-wüchsige Nero, den drei Jahre jüngeren Britannicus, der als gerade Sechs-jähriger doch sicherlich noch sehr kindlich und tollpatschig wirkte, in der Gunst der Menge übertrumpfte. Galt es doch bei diesem Debütan-ten-Auftritt der Knaben aus vornehmen Familien, sein Geschick mit Pferd und Waffen umzugehen, bei komplizierten Reiterspielen und einer festlichen Parade im Circus Maximus zu beweisen. Drei Jahre Unter-schied machen in dieser Altersstufe sehr viel aus und manchem Vetera-nen mag beim Anblick des jungen Nero der Vergleich mit dem geliebten Kriegshelden Germanicus, seinem Großvater, augenfällig ins Gedächt-nis gekommen sein. Die Massen jubelten daher Nero mehr zu als Bri-tannnicus, dem Kaisersohn, eine Tatsache, die auch in den Straßen Roms als Vorzeichen für die spätere Entwicklung kolportiert wurde. – Ein Um-stand, der ganz der Intention Agrippinas entsprochen haben dürfte.

Ende des Jahres 48, unmittelbar vor ihrer Hochzeit mit Claudius, ge-lang der ehrgeizigen Mutter ein erster Coup auf dem Weg, ihren Spröss-ling enger mit dem regierenden Princeps zu verbinden und damit mehr ins Spiel um die potenzielle Nachfolge zu bringen. Sie setzte seine Verlobung mit der Kaisertochter Octavia durch. Und das, obwohl das Mädchen – damals gerade zehn Jahre alt – eigentlich bereits einem an-deren versprochen war: Lucius Iunius Silanus, mit dem man sie bereits als Zweijährige verlobt hatte, war Ururenkel des Augustus und gerade dabei, eine selbst für einen Angehörigen einer angesehenen Nobili-tätsfamilie steile Karriere zu durchlaufen. Im Jahre 44 hatte der junge Aristokrat als ca. 20-Jähriger am Britannienfeldzug des Kaisers teilge-nommen. Dabei war er mit den *ornamenta triumphalia* ausgezeichnet worden, Ehrenabzeichen, die anstelle des wirklichen Triumphes, der nur mehr dem Kaiser zustand, verliehen wurden und den Geehrten als Quasi-Triumphator erscheinen ließen. Er bekam eine Ehrenstatue auf dem Augustus-Forum in Rom und war damit sichtbar in die Reihe der Großen Männer Roms aufgenommen. Dass die besondere Gunst des Kaisers auf Iunius Silanus ruhte, war auch klar geworden als dieser im Jahre 45 bei der Verteilung von Geldspenden an das Volk den Kaiser ver-treten hatte. Drei Jahre später war der junge Mann, etliche Zeit bevor er das dafür vorgesehene Normalalter erreicht hatte, in den Rang eines Prätors gehievt worden und hatte damit auch den Eintritt in den Senat geschafft. Dies alles waren eindeutige Zeichen kaiserlicher Protektion und machten jedem klar, der die Gepflogenheiten in Rom auch nur einigermaßen kannte: Der Verlobte der Kaisertochter spielte in den Zukunftsplänen des Herrschers eine wichtige Rolle.

Damit aber war Silanus ein Dorn im Auge Agrippinas. Sie ließ ihre Verbindungen spielen und konnte den ihr ergebenen Lucius Vitellius, der ihr auch bei ihren Heiratsplänen im Senat äußerst zu Diensten war, für ihre Zwecke einspannen. Vitellius wurde von Claudius sehr geschätzt und war eigentlich ein enger Vertrauter des Kaisers. Im Jahre 47/48 fungierte er sogar zusammen mit dem Herrscher als Zensor. Zu den Aufgaben des Zensors gehörte es auch, die Lebensführung der Senatoren auf moralisch verwerfliche Vorfälle zu untersuchen und darüber zu befinden, ob sie weiterhin im Senat bleiben durften. Allerdings scheint moralische Standhaftigkeit bei ihm selbst nicht unbedingt die hervorstechende Eigenschaft gewesen zu sein. Der hochrangige Militär und Vater des späteren Kaisers Aulus Vitellius, der bereits dem dritten Kaiser diente, hatte schon mehrfach sein Mäntelchen nach dem Wind gehängt[5], um politisch zu überleben.

Unmittelbar nach der Ermordung Messalinas erkannte Vitellius nun wohl in Agrippina den aufsteigenden Stern und wurde zu einem ihrer eifrigsten Parteigänger, der ihre Karriere, da er ein offenes Ohr bei Claudius sowie großen Einfluss im Senat besaß, ganz entscheidend mit fördern sollte. Bei der Beseitigung des für die neue zukünftige Kaisergattin störenden Claudius-Schwiegersohns ‚in spe' Silanus tritt er uns erstmals als aktiver Helfer Agrippinas vor Augen. Obwohl Silanus' Amtsjahr schon fast zu Ende war, schloss Vitellius den Silanus aus dem Senat aus, und zwar mit Hilfe eines uns schon gut bekannten Vorwurfs: Er unterstellte Silanus, er habe eine sexuelle Beziehung zu seiner Schwester Iunia Calvina. Vitellius schreckte dabei nicht einmal davor zurück, in diese Sache sogar seinen Sohn Lucius mit hineinzuziehen, mit dem die junge Frau verheiratet gewesen war. Die Ehe war jedoch gescheitert und bereits geschieden worden. Jetzt gab der Vater an, sein Sohn habe sich von Calvina getrennt, weil sie mit Silanus eine blutschänderische Beziehung unterhalten hätte. Silanus musste noch an seinem letzten Amtstag, dem 31. Dezember 48, sein Amt als Prätor aufgeben. Damit war er politisch erledigt. Der Kaiser löste die Verlobung und Octavia wurde Nero versprochen. Mit der Neu-Verlobung Octavias mit Nero hatte Agrippina gleich zwei Fliegen mit einer Klappe geschlagen. Der junge Silanus wurde nicht nur als zukünftiger Ehemann der Kaisertochter abserviert, er musste außerdem auch all seine politischen Zukunftspläne begraben. Der politisch wie gesellschaftlich Desavouierte beging am Neujahrstag 49, dem Hochzeitstag des neuen Kaiserpaares, Selbstmord. Er wollte sich wohl nicht einer gerichtlichen Verurteilung beugen müssen, deren Zustandekommen zwar durchschaubar war, die aber gleichzeitig auch noch den Verlust des Familienvermögens durch Konfiskation nach sich gezogen hätte. Seine beschuldigte Schwester, immerhin die Schwiegertochter des Anklägers, wurde auf eine Insel im Mittelmeer verbannt.

Es entbehrte nicht einer gewissen Pikanterie, dass Claudius, der gerade dabei war, seine eigene Nichte zu heiraten, über die Bestrafung Calvinas hinaus auch noch befahl, besondere Sühne- und Reinigungsriten durchzuführen, um die Blutschande zwischen Silanus und seiner Schwester wieder wett zu machen. Spott und Häme darüber waren in den Straßen Roms hörbar.

Seneca

Dass Agrippina neben dem Streben nach kurzfristigem Prestigegewinn für sich und ihren Sohn und über puren Machtinstinkt hinaus durchaus auch politischen Weitblick besaß und wirklich das Beste für ihren Sohn wollte, zeigt ihr nächster Schachzug. Kurz nach ihrer Hochzeit berief die Kaisergattin nämlich keinen Geringeren als den Senator und bekannten Schriftsteller Lucius Annaeus Seneca zum Tutor ihres Sohnes, der nunmehr dem Elementarschulalter entwachsen war, und am Beginn der antiken zweiten Bildungsstufe, der Grammatikschule, stand. Sie gab seine Erziehung und Ausbildung damit in die bestmöglichen Hände. Der aus Corduba in Spanien stammende Philosoph Seneca hatte allen Grund, Agrippina große Dankbarkeit entgegenzubringen. Auf ihre Initiative hin hatte ihn Claudius erst kurz vorher von seinem langjährigen Exil auf Korsika erlöst. Seneca konnte endlich wieder nach Rom zurückkehren. Acht Jahre vorher, im Jahre 41, war er gleich zu Beginn der Herrschaft des Claudius in eine Intrige geraten und als angeblicher Geliebter der Kaiserschwester Iulia Livilla nur knapp der Todesstrafe entronnen. Das Urteil: Relegation, Ausweisung nach Korsika war jedoch hart genug; zwar beließ die Relegation im Gegensatz zur Deportation dem Bestraften sein Bürgerrecht, brachte also keine Veränderung des Personenstandes mit sich, und auch das Vermögen wurde in der Regel nicht eingezogen, jedoch bedeutete auch sie normalerweise eine lebenslange Verbannung, die nur durch einen kaiserlichen Gnadenakt wieder aufgehoben werden konnte. Die Affäre, die die Bestrafung nach sich gezogen hatte – allem Anschein nach eher ein Verfahren wegen Verschwörung gegen den Kaiser als ein gewöhnlicher Ehebruchsvorwurf –, scheint von Messalina, der damaligen Frau des Claudius, angezettelt worden zu sein, um die Caligula-Schwester, die ja erst kurz vorher aus der Verbannung zurückgekehrt war, auszuschalten. Man munkelte, der Kaiser sei von ihrer Schönheit nicht ganz unberührt geblieben. Messalina erreichte die erneute Verbannung Livillas, die dann kurze Zeit danach in ihrem Exil ermordet wurde. Dass sich gerade der junge, begabte Redner Seneca in die ganze Angelegenheit verstrickt fand, war alles andere als Zufall. Bereits unter Caligula war er nur knapp der Verfolgung entgangen, wohl nicht in erster Linie, weil ihn der Kaiser um seine Rednergabe beneidet haben soll, wie es in den Quellen heißt, sondern da er dem engeren Kreis um Agrippina angehört hatte. Mit Seneca traf man also auch Agrippina. Messalina versuchte demnach als unmittelbare Reaktion darauf, dass beide Caligula-Schwestern gerade damit begannen, sich wieder eine Position in der römischen Gesellschaft und vor allem bei ihrem Onkel, dem Kaiser, aufzubauen, ihre potenziellen Rivalinnen ins Abseits zu stellen.

Von Asthma und chronischer Bronchitis geplagt, hatte Seneca fast ein Dezennium auf der Mittelmeerinsel ein Leben ohne die geistigen und gesellschaftlichen Anreize der Hauptstadt fristen müssen. Mehrere Versuche, nach dem Tod des Caligulas und dem Herrschaftsantritt des neuen Princeps eine Begnadigung zu erreichen, waren erfolglos geblieben, obwohl Seneca kein Mittel unversucht ließ und sogar nicht davor zurückgeschreckt war, dem eigentlichen Urheber seines Unglücks als hervorstechendsten Charakterzug *clementia*, Milde, zu unterstellen und ihn devot um Gnade anzuflehen: *Er möge Germanien befrieden, Britannien erschließen, er möge Triumphe feiern sowohl wie sein Vater als auch aus eignem Anlass. Dass auch ich als Zuschauer dabei sein werde, verbürgt seine Milde, die unter seinen Tugenden die erste Stelle einnimmt.* Um den Kotau noch perfekt zu machen, verwandelte Seneca seine Verbannung in einen Gnadenakt des Claudius: *Nicht nämlich hat er mich so niedergeworfen, dass er mich nicht wieder aufrichten will, nein, er hat mich nicht einmal niedergeworfen, sondern als ich vom Schicksal getroffen war und fiel, fing er mich auf, und als ich schon am Abgrund stand, hat er mich mit göttlicher Hand geschont und in Sicherheit gebracht. Fürbitte hat er für mich vor dem Senat geleistet und das Leben mir nicht nur geschenkt, sondern sogar erbeten.*[6]

Die Verurteilung Senecas erfolgte seinem Stand entsprechend vor einem Senatorengericht, der Kaiser hat hier anscheinend, nehmen wir Senecas devote Worte als Wahrheit, das geforderte Todesurteil zum Exil – vergleichbar mit einer modernen Gefängnisstrafe – gemildert.

Auch diese lobhudlerische Schmeichelei, die Seneca in einer Trostschrift formuliert, die er dem Kanzleisekretär Polybios widmete, dem gerade ein Sohn gestorben war – wohlgemerkt einem Freigelassenen –, zeigte nicht die erhoffte Wirkung, lässt aber erahnen, wie sich der ambitionierte Anfangsvierziger auf seinem Karriereweg gebremst fühlte und wie sehr er unter der gesellschaftlichen Abseitsstellung litt, die er als ‚lebendig Begrabensein‘ einschätzte. Der Philosoph hat diese Demütigung nie verwunden und sie dem Verursacher auch nie verziehen. Kurz nach dem Tod des Claudius ließ Seneca eine von ihm verfasste beißende Satire auf den Kaiser kursieren, die in den meisten Handschriften unter dem Titel ‚*Ludus Senecae de morte Claudii Neronis*‘ (Belustigung Senecas über den Tod des Claudius Nero) überliefert ist, die aber der Historiker Cassius Dio ‚*Apokolokyntosis*‘ nennt[7], ein Wort, das sonst nirgends begegnet und, da es von Kolokynte abgeleitet ist, mit ‚Verkürbissung‘ übersetzt werden muss. In dieser ‚Verkürbissung des Claudius‘ zieht der Philosoph Seneca die Vergöttlichung des Kaisers ins Lächerliche. Zwar wird der verstorbene Herrscher nicht in einen Kürbis verwandelt, aber seine vom Senat beschlossene Konsekration misslingt, sodass der Dichter dann in einem Wortspiel aus der ‚Apotheosis‘ (Vergöttlichung) die ‚Apokolokynthosis‘ werden lässt. In diesem witzigen Pamphlet, das Seneca literarisch sehr ansprechend in Form einer menippeischen Satire[8] verfasste, einer Gattung, in der sich Prosa- und Verspartien gegenseitig ablösen, werden die zahlreichen Verfehlungen des Claudius, seine als spleenig angesehene Richterwut, aber auch seine körperlichen Behinderungen schonungslos zur Sprache gebracht. Dies alles führt dann dazu, dass seine Aufnahme in die Reihen der Überirdischen abgelehnt wird: *Den wollt ihr jetzt zum Gott machen? Seht sein Äußeres, von den Göttern im Zorn erschaffen! Kurz und gut, drei Worte sage er ohne Stocken auf – dann darf er mich als seinen Sklaven mitnehmen. Wer wird denn diesen Typ als Gott verehren? Wer wird an ihn glauben? Solange ihr solche Gestalten zu Göttern macht, wird kein Mensch glauben, dass ihr selbst Götter seid.*[9] Mit diesem Verdikt verhindert der vergöttlichte Augustus schließlich den Eintritt seines Nachfahren und Nachfolgers Claudius in die Sphären der Überirdischen und lässt ihn einer gerechten Strafe, andauerndes Würfeln mit einem Becher ohne Boden – auch das eine Anspielung auf Claudius‘ Spielleidenschaft –, zuführen.

Aber zurück zu Seneca.

Nach ewig lang scheinendem Aufenthalt auf Korsika durfte er nun also endlich in die Metropole zurückkehren und wurde sogar noch mit einer städtischen Magistratur, der Prätur, ausgezeichnet. Agrippina konnte sich seiner Ergebenheit sicher sein; ihm konnte sie beruhigt ihren Sohn anvertrauen, er würde aus ihm einen gewandten Rhetor machen und ihn damit auf seine zukünftige Position als Kandidat für die Thronfolge vorbereiten. Auch für die gesellschaftliche Reputation Neros war dies sehr gut, denn Seneca gehörte zweifellos zur intellektuellen Spitzengruppe des damaligen Rom, die Öffentlichkeit sah in ihm einen umfassend gebildeten Denker, dessen Ruhm als Redner inzwischen weit gedrungen war. Für Agrippina war er der Beste, und der Beste war gerade gut genug für ihren Sohn, den zukünftigen Kaiser.

Adoption Neros durch Kaiser Claudius

Agrippinas Interesse an einer tadellosen Ausbildung ihres Sohnes ging eindeutig zulasten des sozusagen natürlichen Thronfolgers. Gleich nach der Heirat mit Claudius hatte Agrippina auch die Erziehung des Claudius-Sohnes Britannicus an sich gerissen, dem Prinzen gegenüber loyale Erzieher wurden entfernt und durch Günstlinge der neuen Stiefmutter ersetzt.

Der zunächst letzte und sicher schwerwiegendste und folgenreichste Schritt auf dem Weg Neros in eine herrscherliche Zukunft war jedoch die Adoption des Domitier-Sprösslings durch Claudius, die am 25. Februar des Jahres 50 durch ein Gesetz des römischen Volkes vollzogen wurde. Jetzt war der junge Nero mit dem regierenden römischen Herrscher nicht nur über seine Tochter, sondern auch als eigener Sohn verbunden und trug von nun an den Namen Nero Claudius Caesar Drusus Germanicus. Der Name, der in der Geschichte haften bleiben sollte, Nero, war ein in der *gens Claudia* üblicher Vorname und bedeutete in der sabinischen Sprache, der Sprache der ursprünglichen Heimat der Claudier, so viel wie ,tapfer', ,tüchtig'.

Rechtlich gesehen gab es damit keinen Unterschied mehr zum leiblichen Nachkommen des Claudius, Britannicus. Ganz im Gegenteil: Nero war der Ältere, und das zählte in der römischen Wirklichkeit. In den Kreisen der Aristokratie haftete der Adoption von männlichen Erben, die man für fähig und würdig hielt, Familientraditionen weiterzuführen, keineswegs etwas Außergewöhnliches an, im Gegenteil, sie war an der Tagesordnung und konnte geradezu als besondere Auszeichnung des Adoptierten verstanden werden. Denn damit überließ man es nicht dem Zufall der natürlichen Geburt, wie Familientradition, Ansehen, Autorität aber auch die Pflege des Besitzes in der nächsten Generation fortgesetzt wurden, sondern suchte sich in einem Akt der bewussten Selbstbestimmung aus der breiten Palette der untereinander eng verwobenen Nobilitätsfamilien denjenigen männlichen Nachfolger aus, den man aufgrund seiner charakterlichen Eigenschaften, seiner Willensstärke und körperlichen Gesundheit, aber auch – und das dürfen wir nicht vergessen – mit Sicht auf eine weitere Anhäufung und Vergrößerung der finanziellen Potenz der eigenen Familie, als am besten dafür geeignet ansah. Die Adoption war also sozusagen willentlich gesteuerte, künstliche Nachwuchserzeugung und damit Familienpolitik par excellence.

Obwohl die Geschichtsschreiber die Abhängigkeit, ja Hörigkeit des Claudius von Frauen allgemein immer wieder betonen und dabei natürlich vor allem auf seine Ehegattinnen schielen, muss man doch fragen, ob der Schachzug der Adoption Neros nur der weiblichen Überzeugungskunst Agrippinas beziehungsweise den Einflüsterungen ihrer Getreuen in der kaiserlichen Umgebung, allen voran dem Freigelassenen Pallas, der als *a rationibus* die Kontrolle der gesamten Finanzen unter sich hatte, zuzuschreiben war oder ob Claudius eventuell nicht doch eigener politischer Einsicht und Planung folgte. Sicherlich war es ein lang gehegtes Ziel Agrippinas, ihren Sohn an die Stelle zu bringen, die ihm und seiner Familie ihrer Meinung nach zukam, keine andere als die Position des Herrschers nämlich. Pallas und etliche andere aus der näheren Umgebung des Kaisers wiederum hatten ihrerseits sehr begründetes Interesse, Britannicus, den Sohn der Messallina, möglichst kaltzustellen. Auf ihr Betreiben hin war seine Mutter hingerichtet worden, sie fürchteten seine Rache, sollte er dazu die Gelegenheit bekommen.

Dies ist sozusagen die eine Seite. Versuchen wir aber auch einmal anders zu argumentieren: Es entbehrt nicht einer gewissen Wahrscheinlichkeit, dass Claudius, nachdem man ihm über das Treiben der Messalina die Augen geöffnet hatte und wenn er die mehrfachen Versuche, ihn zu beseitigen, in Rechnung stellte, ins Nachdenken geriet. Er selbst kam nun schon in sein 60. Lebensjahr, wollte er die Herrschaft des iulisch-claudischen Hauses sichern, so musste er sie für den Fall eines plötzlichen und unerwarteten Eintretens der Nachfolge-Frage auf eine breitere Basis stellen. Sein eigener Sohn, Britannicus, war zu diesem Zeitpunkt eindeutig noch zu jung. Vielleicht zeigten sich damals auch schon die ersten Anzeichen seiner Krankheit, die wir zumindest nach der Beschreibung der Quellen als Epilepsie identifizieren können. Die Gunst, die dagegen der Germanicus-Sprössling beim Volk genoss und die Claudius bei jedem öffentlichen Auftritt Neros miterleben konnte, mag seine Gedanken in diese Richtung gelenkt und den Entschluss erleichtert haben, Nero aktiv in die Nachfolgepolitik mit einzubeziehen.

Beim Abwägen unterschiedlicher Impulse für die claudische Entscheidung zur Adoption fällt ein letztes Urteil nicht leicht. Eine spätere Begebenheit spricht jedoch mehr dafür, dass sich der frisch gebackene Ehemann Claudius von seiner schönen und jungen Frau bezirzen ließ und es später bereute, seinen leiblichen Sohn Britannicus durch die Adoption Neros hintangestellt zu haben. Als er sich nämlich einige Jahre später mit der Absicht trug, Britannicus für volljährig zu erklären, wozu es dann allerdings nicht mehr kam, soll er gesagt haben: *Damit das römische Volk endlich den wahren Kronprinzen bekommt.*[10]

Es hat den Anschein, als sei dies erst eine spätere Einsicht gewesen, denn zunächst deutete alles darauf hin, dass Nero von Claudius als Thronfolger eher in Betracht gezogen wurde, als sein eigener Sohn Britannicus. Bereits im Jahr nach der Adoption durfte nämlich der neue Sohn die sichtbaren Zeichen des Knabenalters ablegen. Dazu gehörte die *bulla*, ein Amulett, das bei den Kindern der Senatoren und Ritter als Schmuckstück in Gold gefasst war. Die Knaben trugen es an einer Kette um den Hals. Zum Eintritt in die Alterstufe der Erwachsenen wurde die *bulla* in einer feierlichen Zeremonie beim Fest der *Liberalia* am 17. März den Hausgöttern (Laren) geweiht und im heimischen *lararium* (Hausheiligtum) aufgehängt. Anschließend legte der nunmehrige *iuvenis* anstelle der *toga praetexta*, also der Toga mit dem Purpurstreifen, die *toga virilis*, das schlicht weiße, aus ungefärbter Wolle bestehende Bekleidungsstück des freien römischen Bürgers an. In diesem rituellen Akt manifestierte sich das Erreichen der *pubertas*, des Heiratsalters, und der Geschäftsfähigkeit. Der Jüngling wurde daraufhin auf das Forum, das Symbol des politischen Roms, geführt, war in der Volksversammlung stimmberechtigt und hatte das wehrfähige Alter erreicht.

Nero erhielt damit bereits mit dreizehn Jahren, und damit mindestens ein Jahr früher als üblich, die Volljährigkeit. Ein Akt, der den Massen Roms nicht zuletzt durch eine allgemeine Getreidespende (*congiarium*) im Namen des neuen Vollbürgers im Gedächtnis geblieben sein dürfte. Aus dieser Zeit besitzen wir auch die ersten Abbildungen Neros und zwar in Form von Statuen, die den Heranwachsenden noch mit der *bulla* um den Hals zeigen (Abb. S. 165). Leider kennen wir keine Beschreibung des jungen Nero, die sich mit der in Stein gemeißelten Gestalt kombinieren ließe.

Schritt für Schritt begann man nun, Nero dem Volk als denjenigen zu präsentieren, der die Dynastie weiterführen sollte. So wurde er bald darauf von der Ritterschaft mit Zustimmung des Senats zum *princeps iuventutis* akklamiert und erhielt Lanze und Schild aus Silber. Diese Führerschaft der – ritterlichen – römischen Jugend war, seitdem Augustus seine Enkel Gaius und Lucius Iulius Caesar in den Jahren 5 und 2 v. Chr. dermaßen ausgezeichnet hatte, ein deutliches Zeichen für die präsumptive Nachfolge. In die gleiche Reihe der herausragenden Ehrungen mit vorausweisendem Charakter gehörte auch seine Aufnahme in die vier großen und altehrwürdigen Priesterkollegien (*pontifices, augures, quindecemviri sacris faciundis, septemviri epulonum*), die ebenfalls noch im Jahre 51 zustande kam. Münzen, die uns auf der Vorderseite das Abbild Neros zeigen, weisen auf der Rückseite die Symbole der vier höchsten Priesterkollegien auf. Die Umschrift unterrichtete reichsweit davon, dass die Kooption auf Beschluss des Senats – in Wirklichkeit natürlich auf Anweisung des Claudius – und, was die Ehre noch erhöht, *supra numerum*, also über die ordentliche Anzahl der Priesterkollegen hinaus erfolgt sei. Nero war zu diesem Zeitpunkt wohl schon *sodalis augustalis*, er gehörte also der Bruderschaft der Priester des vergöttlichten Augustus an, und außerdem Mitglied in der ehrwürdigen zwölfköpfigen Gemeinschaft der *fratres arvales*, die sich um Gelübde und Opfer für den Kaiser und um den Kult der Fruchtbarkeitsgöttin Dea Dia kümmerten.

Aber gerade die Aufnahme in die vier *amplissima collegia*, noch dazu eine außerordentliche, hatte eindeutigen vorausweisenden Charakter. Bisher war es nur dem amtierenden Herrscher vorbehalten gewesen, die Mitgliedschaft in allen vier wichtigen Priesterschaften bei sich kumulieren zu dürfen. Sie kennzeichneten geradezu die umfassende sakrale Funktion des Kaisers. Erstmals wurde dies nun einer Person zugestanden, die die Kaiserherrschaft noch nicht ausübte. Dies war ein unmissverständliches Zeichen dafür, dass Claudius diesen jungen Mann zu seinem Nachfolger auserkoren hatte. Ja, er stellte ihn damit in einer sehr wichtigen Funktion, nämlich der sakralen Rolle des römischen Herrschers, fast auf die gleiche Stufe, die er selbst einnahm. Nur mehr das Oberpontifikat, die Würde des *pontifex maximus*, hob den Regierenden von seinem potenziellen Nachfolger ab. Der Kaiser wurde damit auch angreifbar, er verlor etwas von seiner sakralen, sakrosankten Aura, eine Tatsache, die einige Jahre später erst virulent werden sollte, als Agrippina und ihre Helfershelfer über eine Beseitigung Claudius nachdachten und sie schließlich auch in die Realität umsetzten. Etwaige religiöse Bedenken waren hierbei nicht mehr so hoch anzusetzen. Das Beispiel Neros sollte Schule machen, in Zukunft wurden alle designierten Kaisernachfolger mit der Ehre der vier Priesterämter ausgewiesen.

Als eindeutiger Hinweis auf eine bereits getroffene Nachfolgeregelung zugunsten Neros ist auch seine am 4. März 51 vollzogene, vorgezogene Designation zum Konsul zu werten. Als *consul designatus* stand er sozusagen in den Startlöchern, um das eigentliche Amt dann im Jahre 57, wenn er das für die Ausübung einer Magistratur vorgeschriebene Mindestalter von 20 Jahren erreicht hatte, antreten zu können. Die Ereignisse sollten sich allerdings so entwickeln, dass Nero sein erstes Konsulat bereits am 1. März 55 antrat. Konsul wurde man in der Regel frühestens mit 32 Jahren nach Durchlaufen einer umfänglichen Ämterlaufbahn. Man hatte Nero also nicht nur alle niederen Magistraturen erlassen, sondern ihm bereits etliche Jahre vor der Zeit das höchste Amt im Staate angetragen und ihm damit sozusagen schon im Vorgriff als Jüngling die Würde, dieses Amt ausfüllen zu können, zugestanden. Schließlich übertrug ihm der Senat sogar diejenige Vollmacht, die als unmissverständliches Zeichen der Nachfolgedesignation galt, das so genannte *imperium proconsulare*, eine nicht näher bestimmte, allgemeine Befehlsgewalt außerhalb der Stadt.

Gleichzeitig mit der immer stärkeren Einbindung Neros in die kaiserlichen Aufgaben verschwand Britannicus auf Betreiben Agrippinas und ihrer Helfer von der öffentlichen Bühne, sodass der Volksmund schon fragte, ob er denn überhaupt noch lebe. Um ihn außerhalb des Palastes noch mehr zu diskreditieren, ließ seine Stiefmutter Gerüchte ausstreuen, er sei geisteskrank und leide an Epilepsie, wobei Letzteres wohl der Wahrheit entsprach. Wenn ihn die Öffentlichkeit überhaupt einmal zu sehen bekam, so nur bei Gelegenheiten, bei denen der Unterschied zu Nero betont wurde und jedem ins Auge stechen musste. So zeigte sich Nero bei Zirkusspielen, die zu seinen Ehren gegeben wurden im Triumphalkleid, präsidierte in feierlichem Ornat der Prätorianergarde bei Paraden, während Britannicus noch mit seinen *insignia pueritia*, den Kinderabzeichen, bekleidet daran teilnehmen musste.

Konsequent ergriff Agrippina jede Gelegenheit, um ihren Sohn beim römischen Volk populär zu machen, und was eignete sich dafür besser als ‚Brot und Spiele': Kaum erkrankte Claudius, versprach Nero, sollte der Kaiser wieder genesen, Pferderennen, die bei der Masse sehr beliebt waren. Damals scheint es auch zu einem Engpass in der Getreide- beziehungsweise Brotversorgung in der Hauptstadt gekommen zu sein, ein Vorfall, der allgemein sehr schnell den Unmut der Massen erregte, diesmal war die Angst noch größer, da man den Kaiser krank wusste.

Um die Leute zu beruhigen, ließ Claudius angeblich öffentlich bekannt machen, dass Nero sein Nachfolger sei und sie sich keinerlei Sorgen zu machen bräuchten.[11]

Der Bevölkerung in Rom wurde also bei verschiedenen Anlässen vermittelt, wer nach Claudius das Szepter in der Hand halten sollte; für die Öffentlichkeit außerhalb der Hauptstadt erfüllten die Münzen, die in diesen Jahren geschlagen wurden, diese Aufgabe. Sie zeigten den jungen Thronanwärter im Porträt, nicht selten im Verein mit seiner Mutter Agrippina (Abb. S. 167). Zwar finden sich auf Geldstücken aus dem Osten, den Donauprovinzen und Africa auch noch Nero u n d Britannicus als Zeichen der Loyalität zur claudischen Familie abgebildet, doch auf den stadtrömischen Prägungen, also dem aktuellen und sozusagen die offizielle Lesart wiedergebendem Medium der Propaganda, sucht man Britannicus vergebens, lediglich eine wenig wertvolle Bronzeemission macht hier eine Ausnahme.

Parallel zur Förderung Neros und seiner Stilisierung als künftiger Herrscher verlief die zunehmende Ehrung seiner Mutter Agrippina. Im Zusammenhang mit der Adoption ihres Sohnes im Jahre 50 wurde ihr durch Senatsbeschluss der ehrende Name Augusta zuerkannt – eine Auszeichnung, die sie als erste Frau noch zu Lebzeiten ihres Gatten erhielt und die vor ihr überhaupt nur der Stammmutter des iulisch-claudischen Hauses, Livia, sowie der zweiten Grande Dame der Iulio-Claudier, Antonia d. J., zugestanden worden war. Livia hatte die Ehrung erst nach ihrem Tod bekommen, Antonia wurde die Bezeichnung zwar noch zu ihren Lebzeiten verliehen, jedoch soll sie die Führung des Ehrentitels abgelehnt haben. Die Zuerkennung der Benennung „Augusta" bedeutete ein Stück Gleichberechtigung mit dem Herrscher, war aber noch kein Titel, sondern ein Namensbestandteil und zu diesem Zeitpunkt, wie gesagt, noch keineswegs selbstverständlich. Erst in der Folge wird „Augusta" sich immer mehr zum Titel und zum heraushebenden Kennzeichen der Kaisergattin, vor allem auch der Mutter des Thronfolgers entwickeln.

Iulia Agrippina Augusta, wie sie nun offiziell hieß, machte auch durch ihr Auftreten in der Öffentlichkeit den Aufstieg ihres Sohnes und ihr eigenes Selbstverständnis unmissverständlich deutlich. *Auch die Hoheit ihrer eigenen Stellung wusste Agrippina noch zu erhöhen; sie ließ sich (in einem goldenen Wagen) zum Kapitol hinauffahren, was seit alters her nur für die vestalischen Jungfrauen, also Priesterinnen, und die Bildnisse von Göttern zulässig gewesen war. Hierdurch stieg die Würde dieser Frau noch höher*, so schreibt Tacitus.[12] Sie erhielt das Ehrenrecht eigener häuslicher Empfänge, und ihre Audienzen fanden sogar im kaiserlichen Tagesjournal, das regelmäßig veröffentlicht wurde, Erwähnung. Auch ihre Geburtstagsfeiern zelebrierte man als öffentliches Ereignis. Darüber hinaus gewährte ihr Claudius eine Abteilung der Prätorianer als Ehrenwache, ein Recht, das bisher nur den Herrscher auszeichnete.

Überall, wo Claudius in der Öffentlichkeit auftrat, war seine Frau an seiner Seite. Nicht nur durch ihr selbstbewusstes Auftreten und durch prunkvolle goldene und purpurgefärbte Gewänder sowie entsprechenden Haarschmuck stach sie alle ihre Standesgenossinnen aus. Auch ihr Verhalten im öffentlich-politischen Raum sprengte die bisher geltenden Normen. Bei öffentlichen Veranstaltungen und den Spielen saß sie genauso selbstverständlich auf erhöhtem Sitz nahe bei ihrem Gatten wie beim diplomatischen Empfang fremder Fürsten und Gesandtschaften – geradezu unerhört in einer Gesellschaft, in deren Vorstellung die Frau im politischen Leben gar nicht vorkam.[13]

Sicherlich wurde sie damit zum beneideten Vorbild für viele Frauen – vor allem der Oberschicht, denen das traditionelle Rollenverhalten, nach dem die römische Frau vor allem das Haus zu hüten hatte und ihre Freizeit mit Wolle spinnen und Weben verbringen sollte, schon lange nicht mehr genügte.

Wie sehr Agrippina damit in einer aristokratischen Männerwelt aneckte, deren Selbstverständnis und Selbstidentifikation in ganz starkem Maße auf den *mores maiorum*, den althergebrachten Sitten der Vorfahren, gründete und für die die männliche Dominanz beziehungsweise Monopolstellung im Staatlich-Politischen einen Grundpfeiler des Römertums bedeutete, vermag uns wiederum Tacitus zu vermitteln. Eindrucksvoll schildert der Geschichtsschreiber, wie der gefangene britannische Stammeskönig Caratacus im Jahre 51 vor Kaiser und Volk wie in einem Triumphzug in der Hauptstadt vorgeführt wird und sich dabei relativ selbstbewusst vor dem Herrscher präsentiert, dann fährt Tacitus fort: *Hierauf begnadigte der Kaiser ihn nebst seiner Gattin und seinen Brüdern, und sie brachten auch Agrippina, die nicht fern auf einer anderen Erhöhung thronte, mit gleichem Preis und Dank wie dem Fürsten ihre Huldigung dar. Neu war es in der Tat und den Sitten der Alten fremd, dass ein Weib bei den römischen Feldzeichen den Vorsitz führte. Sie aber zeigte sich als Genossin der von ihren Voreltern erworbenen Herrschaft.*[14]

Dass Agrippina sich selbst wirklich ihre Einschätzung als Teilhaberin an der kaiserlichen Führung verstand und dies auch real umsetzte, zeigte sich etwa auch in dem Bemühen, ihrer Geburtsstadt am Rhein, dem *oppidum Ubiorum*, den Rang einer römischen Kolonie zukommen zu lassen, in deren Namen sie sich verewigte – *colonia Claudia Ara Agrippinensium*. Hören wir dazu nochmals Tacitus: *Doch Agrippina wollte ihre Macht auch den verbündeten Völkern zeigen. Deshalb setzte sie es durch, dass in der Stadt der Ubier, in der sie geboren war, eine Veteranenkolonie gegründet wurde, die nach ihrem eigenen Namen benannt wurde.*[15]

Nicht nur im Verkehr mit auswärtigen Mächten präsentierte sich die Kaisergattin als ebenbürtige Partnerin. Bei einem Großfeuer in Rom eilte sie zusammen mit ihrem Gatten an den Brandherd, damit durch die herrscherliche Präsenz den Notleidenden Trost widerfahre. Diese Fürsorge gehörte eindeutig zu den Tugenden des Kaisers, der als Schutzherr aller Bewohner des Reiches, als *pater patriae*, sowohl Garant für das öffentliche Wohl, die *salus publica*, wie auch das Schicksal jedes Einzelnen war und entsprechende Verantwortung zu tragen hatte.

Dennoch müssen wir klar festhalten: Mag auch die Wirklichkeit noch so ausgesehen haben, eine rechtliche Kompetenz, eine institutionelle Macht konnte Agrippina trotz aller Bemühungen nicht zuwachsen, das war im römischen System einfach nicht vorgesehen. Dementsprechend blieb auf den stadtrömischen Münzen ihr Porträt auch auf die Rückseite des Geldstückes beschränkt, und die Namensumschrift im Dativ drückte aus, dass die Münze zwar ihr zu Ehren, aber nicht von ihr geprägt worden war. In den östlichen Provinzen dagegen findet sich ihr Kopf sogar auf den ehrenvolleren und eigentlich dem Münzherren vorbehaltenen Vorderseiten, eingerahmt von ihrem Namenszug im Nominativ. Aber auch damit ist wohl nicht real das Münzrecht ausgedrückt, dennoch hat sie damit eine weitere Stufe in der Annäherung an den Herrschergemahl erklommen, jedenfalls nach Einschätzung der Provinzbevölkerung. Vieles, was in Rom und überhaupt im Westen als unerhört und sozusagen tabu galt, war im Osten aufgrund andersartiger kultureller Prägung vorstellbar und sogar gängig. In diesem Kontext muss wohl auch ein Relief aus der kleinasiatischen Stadt Aphrodisias (heute Geyre, südwestliche Türkei) gesehen werden. Hier wird Agrippina neben Claudius stehend dargestellt. Das Ehepaar reicht sich die jeweils rechte Hand (Abb. S. 164). Diese *dextrarum iunctio* kann zwar als Zeichen der Eintracht gelesen werden, galt aber auch als Ausdruck der Gleichwertigkeit.

Wir müssen uns immer wieder den Unterschied vor Augen führen: Während in Rom der Einfluss Agrippinas zwar machtpolitisch-faktisch

sicherlich zu spüren war, man jedoch ihre Dominanz argwöhnisch beobachtete und in der offiziellen Repräsentation sehr wohl darauf bedacht war, dass die Unterschiede zwischen Kaisergattin und Kaiser erkennbar blieben, verwischte sich die Differenz in den Provinzen immer
mehr. Vor allem im Osten des Reiches ehrte man Agrippina durch
Statuen und Inschriften, ja man bezog sie in die kultischen Handlungen
zu Ehren des Kaiserhauses mit ein. Und das gibt wohl mehr die Einschätzung der breiten Menge wieder als die rechtlich absolut korrekten
hierarchischen Spitzfindigkeiten, die vom tatsächlichen Auftreten der
machthungrigen und machtbewussten Kaiserin ständig konterkariert
wurden.

Agrippina tat in den Jahren nach 50 weiterhin alles, um ihren Sohn
sowohl in der Öffentlichkeit wie auch am Hof zu protegieren. Fixiert auf
ihr Ziel und mit kühler Planung und Strategie versuchte sie mit allen
Mitteln, ihren Einfluss auf die Hofkreise auszubauen, und knüpfte dazu
ein engmaschiges Netz von Kontakten, Seilschaften, Verpflichtungen
und Beziehungen. An allen wichtigen und einflussreichen Positionen
installierte sie ihre eigenen Leute. Hierzu gehörten in der nächsten Umgebung des Herrschers neben dem mächtigen und einflussreichen Senator Lucius Vitellius, der uns schon begegnete, auch der Sekretär der kaiserlichen Kanzlei (*a rationibus*) Pallas sowie Claudius' Leibarzt Gaius
Stertinius Xenophon. Sodann ließ Agrippina verschiedene Offiziere der
Prätorianergarde, deren Gunst dem Britannicus zu gehören schien,
durch ihr geneigte Militärs ersetzen. Welch entscheidende Stellung die
Prätorianergarde bei der Kür eines neuen Herrschers spielen konnte, war
spätestens seit der Thronbesteigung des Claudius klar. Hier galt es für
eindeutige Verhältnisse zu sorgen. Im Jahre 51 konnte Agrippina ihren
Ehemann sogar davon überzeugen, die beiden Gardepräfekten, denen
sie misstraute, abzusetzen und diesen sehr sensiblen und machtvollen
Posten mit nur einer Person – selbstverständlich einer ihres Vertrauens
– zu ergänzen. Ihre Wahl war auf Sextus Afranius Burrus gefallen, ein
Angehöriger des Ritterstandes, der aus der Provinz Gallia Narbonensis
stammte. Wahrscheinlich war die Familie dort schon seit der späten
Republik heimisch und hatte das Bürgerrecht unter Pompeius bekom-
men. Burrus' Geburtsort könnte Vasio Vocontiorum, das moderne
Vaison la Romaine in der Haute Provence, gewesen sein. Bereits von der
Regierung des Tiberius an war Burrus lange Jahre in der kaiserlichen
Finanz- und Domänenverwaltung tätig gewesen. Trotz seiner – soweit
wir wissen – nur kurzen militärischen Laufbahn scheint er bei den Soldaten besonders angesehen gewesen zu sein. Nun, nach seiner Beförde-

rung, wurde er zu einem der treuesten Helfer bei der Realisierung der Machtträume Agrippinas.

Langsam aber sicher erreichte es die ehrgeizige Mutter durch skrupelloses Vorgehen, Intrigen und Verleumdungen die Spitzenpositionen im administrativen wie auch militärisch-sicherheitstechnischen Bereich weitgehend mit einer Gruppe von Leuten zu besetzen, die genau wussten, wem sie diesen Karrieresprung verdankten und deren eigene Zukunft auf das Engste mit dem Durchsetzen der Thronanwartschaft Neros verknüpft war. Wenn dabei senatorischer Ethos auf der Strecke blieb, so als etwa der Freigelassene Pallas die Ehrenzeichen eines Prätors, also eines Senators, verliehen bekam, wenn traditionelle Laufbahnen einfach nicht berücksichtigt wurden, dann wusste jeder, dass die energische Kaisergattin ihre Hand im Spiel hatte, obgleich offiziell die entsprechenden Senatsbeschlüsse auf Drängen des Kaisers gefasst wurden. *Umgewandelt war seitdem die Stadt und alles gehorchte einer Frau … straff und gleichsam männlich zog sie die Zügel der Sklaverei an. In der Öffentlichkeit zeigte sie Strenge und häufig Hochmut. In ihrem Haus gab es keine Sittenlosigkeit, außer wenn es ihrer Herrschaft diente.*[16] So beschreibt Tacitus eindrücklich den Erfolg der systematischen Erweiterung der Macht Agrippinas.

Sieht man sich die Karrieren und das Geschick der Mitglieder führender aristokratischer Familien der Zeit genauer an, beobachtet man auch das Personalkarussell am Hof, soweit es für uns nachvollziehbar ist, so kann man aber auch erkennen, dass das Wirken Agrippinas keineswegs ohne Widerstand und Gegenwind ablief. Wir können zumindest zwei Kreise unterscheiden, die im direkten Umfeld Claudius' ihre Eigeninteressen durchzusetzen und zu erweitern suchten. Da ist einmal die Clique um Agrippina mit dem Freigelassenen Pallas und sodann die Gruppe ihrer Gegner, die noch aus der Zeit Messalinas übrig geblieben waren und weiterhin auf Britannicus setzten; ihr machtvoller Vertreter am Hof war sicherlich der Freigelassene Narcissus, Leiter des kaiserlichen Briefverkehrs und damit für die Vermittlung herrscherlicher Befehle nach außen zuständig.

Wenn wir uns ins Gedächtnis rufen, welche harten Erfahrungen Agrippina in ihrer Jugend selbst hatte machen müssen, wenn wir ihren nun schon mehrere Jahrzehnte dauernden Kampf um ihr und ihres Sohnes Überleben und möglichst günstige Positionierung berücksichtigen, dann braucht uns die jetzt immer wieder hervortretende Skrupellosigkeit nicht zu verwundern. Mit brutaler Durchsetzungskraft wurden diejenigen aus dem Weg geräumt, die der Verwirklichung der eigenen Ziele gefährlich zu sein schienen. Besonders klar tritt uns das im Falle von Neros Tante und Ziehmutter Domitia Lepida vor Augen. Sie war die Mutter Messalinas und damit auch die Großmutter des Britannicus; dessen eingedenk weckten ihre Versuche, Einfluss auf Nero zu behalten beziehungsweise zu gewinnen wohl den Argwohn Agrippinas, was schließlich zu einer intriganten Anklage gegen Domitia und in Folge davon zu ihrer Hinrichtung führte.[17] Die Tatsache, dass Nero selbst bei dem angestrengten Verfahren gegen seine Tante aussagte, wirft ein bezeichnendes Licht darauf, wie sehr der junge Mann unter dem unbeugsamen Einfluss seiner Mutter stand und wie wenig selbstbestimmt er letztlich in diesen Jahren agierte.

Inzwischen hatte er sich unter dem Wirken Senecas zu einem gewandten Redner entwickelt und diese Fähigkeit, aber auch die Abhängigkeit von seinem Lehrer, schon mehrmals in der Öffentlichkeit unter Beweis gestellt. So hatte er sich wohl gleich nach den ersten Ehrungen mit einer Rede im Senat bedankt, bei der man unschwer die Formung durch den Philosophen Seneca erkennen konnte. Ganz in der Tradition seiner Vorgänger, etwa Tiberius, trat er in den nächsten Jahren immer wieder als Wahrer und eloquenter Verfechter von Interessen auswärtiger Völker, Städte usw. im Gremium der ,Väter' hervor. In einer kunstvollen Rede in griechischer Sprache führte er etwa den Senatoren die mythischen Beziehung zwischen Troja, der Heimat des Aeneas, und Rom, der von den Nachkommen dieses Helden gegründeten Stadt, vor und erreichte damit die Befreiung des zeitgenössischen Troja-Nachfolger Illion von allen Abgaben. Beispiele dieser Art gab es noch mehrere, egal ob nach einer Rede des jungen Nero die Stadt Bononia (Bologna), die von einem Großbrand verwüstet worden war, finanzielle Unterstützung in Höhe von zehn Millionen Sesterzen erhielt, Apamaeia in Syrien nach einem Erdbeben für fünf Jahre die Steuerlast gestundet wurde oder Rhodos seine Rechte als Freihafen zurückbekam, all diese Wohltaten stärkten das Ansehen des Prinzen auch in den betroffenen Städten und Regionen, gehörten aber auch zum Bild, das man sich von einem guten Herrscher erwartete.

Aber wir brauchen uns nichts vorzumachen: Nicht die Redekunst des jungen Nero gab den Ausschlag für die Entscheidungen des Senats, sondern die Würfel waren bereits vor den flammenden Plädoyers als kaiserliche Entscheidungen gefallen. Die Senatoren hätten sich gehütet, gegen den Willen des Herrschers die Finger zu heben. Die Zeiten, als man im Senat noch politische Entscheidungen ausdebattierte, waren schon lange vorbei.

Im Jahre 53 hatte Nero Hochzeit mit der ihm ja schon seit geraumer Zeit anverlobten Octavia gefeiert. Dazu war es notwendig, dass die Kaisertochter vorher noch ihre Familienzugehörigkeit wechselte, denn seit seiner eigenen Adoption durch Claudius stand Nero ja zu seiner Verlobten im Verhältnis Bruder-Schwester. Eine Geschwisterheirat, wie wir sie etwa von den ägyptischen Pharaonen her kennen, war nun selbst bei aller Unterwürfigkeit gegenüber dem Kaiserhaus, die inzwischen gang und gäbe geworden war, mit den moralischen Vorstellungen der Römer nicht vereinbar und wohl auch nicht angedacht. Man löste dieses Problem, indem die Braut pro forma von einer anderen Familie adoptiert wurde. Dafür ausersehen wurde die angesehene stadtrömische Aristokratenfamilie der Octavier, der auch Augustus entstammte. Da die römischen Mädchen als Namen neben einer Individualbezeichnung immer die weibliche Form des Gentilnamens (Familiennamens) führten, wandelte sich das Mädchen, dessen ursprünglicher Name wohl Claudia gelautet haben dürfte, jetzt erst in eine Octavia, eine 13-Jährige, die rechtlich nicht mehr mit dem Herrscherhaus und damit mit Nero verwandt war. Dies war ja nur ein Durchgangsstadium, denn mit der Heirat wurde die junge Gattin bereits wieder aus der Gewalt ihrer eigenen Familie herausgenommen und der Obhut ihres (neuen) Ehemanns übergeben. Der Verlauf der Ehe sollte aber zeigen, dass weder Octavia noch Nero mit dieser Verbindung glücklich wurden und somit die Bezeichnung Zweck-Heirat in ihrer schlechtesten Bedeutung wahr wurde.

Nicht nur Nero wurde älter, auch Britannicus, seinen Nebenbuhler ließen die zunehmenden Jahre seine eigene Position immer deutlicher erkennen. Immer bewusster fühlte er sich zurückgesetzt und um das eigentlich ihm zustehende Erbe gebracht. Jeder gefeierte Empfang Neros durch das römische Volk führte ihm das vor Augen. Das Verhältnis zwischen den beiden Söhnen des Claudius wurde zunehmend angespannter und streitbarer. Endgültig zog sich Britannicus den Zorn Neros und Agrippinas aber zu, als er – sicherlich provokativ – seinen älteren Bruder bei einem Gastmahl mehr als ein Jahr nach der Adoption noch mit seinem eigentlichen Namen Domitius ansprach. Der leibliche Kaisersohn wurde für die Realisierung der Pläne Agrippinas immer gefährlicher, noch dazu geriet Claudius, als er sah, dass sein eigener Sohn durchaus in absehbarer Zeit so weit wäre, die Herrschaft selbst in die Hand zu nehmen, offensichtlich ins Schwanken und schien seine frühe Entscheidung zugunsten Neros allmählich zu bereuen. Agrippina und ihrer Anhängerschaft war klar: Der Tag, an dem auch dem im Jahre 41 geborenen Britannicus die Volljährigkeit zuerkannt werden konnte, würde einen ganz entscheidenden Moment auf dem Lebensweg Neros bedeuten. Die Vermutungen konzentrierten sich dabei auf den 15. März des Jahres 55. Das Datum rückte näher, die Beziehungen zu Britannicus hatten sich dramatisch verschlechtert, die Gefahr, dass Claudius trotz der Einflüsterungen seiner Frau und deren Claque noch umfiel und dann die Blutsbande die Zuneigung des Volkes doch zuungunsten Neros beeinflussten, war groß. Außerdem, und das dürfen wir nicht vergessen, gab es sicherlich am Hof noch etliche Leute, denen der Aufstieg des jungen Germanicus-Enkels und die Führerschaft der Agrippina hörigen Gruppe missfiel. Sie setzten auf Britannicus und versuchten sicherlich, den Kaiser entsprechend umzustimmen. Eine wichtige Rolle spielte dabei Narcissus, der Claudius immer wieder drängte, seinen Sohn stärker in die Nachfolgefrage einzubeziehen. Schon mehrten sich die Anzeichen, dass Claudius diesem Drängen durchaus etwas abzugewinnen schien und eventuell bereit war, seine bisherige Haltung zu ändern. Die kaiserliche Münze in Rom prägte ein Geldstück – allerdings blieb es das einzige –, das auf der Rückseite das Porträt des Britannicus trug. Agrippina war wütend, aber auch entschlossen. Es musste gehandelt werden! Und es wurde gehandelt!

Imperator Augustus

Am Mittag des 13. Oktobers 54 war Claudius tot. Die antike Tradition weist die Schuld am Tod des Claudius fast einmütig seiner Gattin zu. Sie soll eine berüchtigte Giftmischerin namens Locusta, die bereits wegen einschlägiger Verbrechen angeklagt war, dazu gezwungen haben, ihre Künste in ihren Dienst zu stellen. Wie die geplante Vergiftung dann im Einzelnen durchgeführt wurde, war schon den Zeitgenossen nicht ganz klar. Nach der einen Version soll ein kaiserlicher Vorkoster Claudius das Gift beim Festmahl eines Priesterkollegiums ins Essen gemischt haben. Sueton, Martial und Iuvenal berichten, dass es ihm von Agrippina selbst in einem Pilzgericht, seinem Lieblingsessen, verabreicht worden sei. Wegen der Trunkenheit des Claudius und weil er das Gegessene wieder erbrochen habe, sei die Wirkung des Giftes zunächst nicht ausreichend gewesen. Daraufhin ließ Agrippina jegliche Maske fallen und ordnete offen schnelles und endgültiges Handeln an. Der Leibarzt des Kaisers, Stertinius Xenophon von der Insel Kos, gab dann vor, dem Kaiser helfen und ihm mit einer Pfauenfeder Erleichterung verschaffen zu wollen. Allerdings war die Feder mit einem schnell wirkenden Gift bestrichen, das beim Einführen derselben in den Hals sofort den Tod des Herrschers herbeiführte.

Später soll Nero einmal gesagt haben, dass Pilze wirklich ein göttliches Gericht seien, schließlich hätten sie auch seinen Vater zu einem Gott gemacht.[18]

Wann der Tod des Kaisers wirklich eintrat, ist nicht klar. Wahrscheinlich hielten Agrippina und ihre Helfer dessen Ableben noch einige Zeit geheim, zumindest solange, bis sie die notwendigsten Vorkehrungen für das, was nun zu tun war, getroffen hatten. Selbst wenn die Beschreibungen des Kaisermordes in den Quellen nicht ganz der Wahrheit entsprechen sollten, so wird sich doch der Todeskampf einige Stunden hingezogen haben. Das ‚Unwohlsein‘ des Herrschers dürfte seinen Priesterkollegen bereits während des Mahles aufgefallen sein. Agrippina wird dafür gesorgt haben, dass ihr Gatte, sobald sich die ersten Anzeichen für ein Erkranken zeigten, umgehend von der Tafel entfernt und in den kaiserlichen Gemächern total von der Öffentlichkeit wie auch seinen Kindern und Getreuen abgeschirmt wurde. Es war ganz von Vorteil, dass Narcissus, der Claudius unverrückbar treu ergeben war, gerade nicht im Palast präsent war.

Die angesehenen römischen Nobilitäten, die am Mahl teilgenommen hatten, waren aufgeregt nach Hause geeilt, um dort sofort die Geschehnisse zu berichten. Wie ein Lauffeuer wird sich das Gemisch aus Wahrem und Gerüchten von verschiedenen Zentren aus in der Stadt verbreitet haben. Angeblich veranlasste der Senat unverzüglich Gelübde an die Götter, die die Genesung des Herrschers befördern sollten. Als aus der kaiserlichen Residenz auf dem Palatin verlautbart wurde, es ginge Claudius bereits wieder besser, werden sich die Gemüter wieder etwas beruhigt haben. Schließlich kannte man ja die Exzesse des Kaisers in puncto Essen und Trinken. Inzwischen blieb den Attentätern genug Zeit, alle verräterische Spuren verwischen, mögliche Gegner bereits im Vorfeld kaltstellen und alles für die Herrschaftsübernahme Neros – und darum, und um nichts anderes ging es ja – vorbereiten zu können. Vor allem durfte unter keinen Umständen Britannicus, der leibliche Claudius-Sohn, in der Öffentlichkeit erscheinen. Agrippina wird selbst dafür gesorgt zu haben, dass er unter Hausarrest gestellt wurde und die kaiserlichen Räume nicht verlassen konnte.

Auch den Schicksalsmächten galt es Tribut zu zollen und so wartete man für die Präsentation des neuen Herrschers eine Stunde ab, in der die Sterne nach Ausweis der Astrologen günstig ständen und die Zeichendeuter positive Auspizien voraussagten. Wie gesagt, um die Mittagszeit des 13. Oktobers öffneten sich die Türen des Kaiserpalastes und in Begleitung des Prätorianerpräfekten Burrus trat Nero heraus. Vielleicht mag bei der Wahl der Zeit nicht nur der Stand der Sterne eine Rolle gespielt haben, sondern auch die Überlegung, dass mittags die Straßen der Stadt weniger belebt waren, als zu anderen Tageszeiten und man damit nicht gleich beim Verlassen des Palastes mit großen Menschenmengen zu rechnen hatte. Die Nero-Verfechter konnten somit das Geschehen noch etwas unter der Decke halten, bis die Weichen für die Zukunft unwiderruflich gestellt waren und die Herrschaftsübernahme nicht mehr rückgängig zu machen war.

Vorbereitet von ihrem Befehlshaber begrüßte die wachhabende Gardeeinheit Nero mit Jubelrufen. Worauf der Jüngling dann in einer Sänfte ins Lager der kaiserlichen Garde (castra Praetoria) auf dem Viminal-Hügel gebracht wurde. Nach einer Ansprache, wohl in der Zwischenzeit von Seneca vorbereitet, akklamierten die Elitesoldaten Nero zum Imperator, was so viel heißt wie zum neuen Herrscher Roms. Wieder waren es also die Prätorianer, wie schon im Falle von Claudius, die als Kaisermacher fungierten. Erst danach, dies betont Tacitus ganz deutlich, kam die Zustimmung von Seiten des Senats, der dem Claudius-Nachfolger die entsprechenden Machtbefugnisse sowie Ehren anscheinend ohne größere Debatte en bloc übertrug. Unmissverständlich sehen wir hier, wer bereits um diese Zeit den/die Kaiser in Rom kreierte: Die Soldaten, und die waren sich ihrer Machtstellung sehr wohl bewusst und ließen sie sich teuer bezahlen. Ebenfalls vergleichbar mit dem Herrschaftsantritt seines Vorgängers und Vaters Claudius, musste Nero noch in der Kaserne der Garde den Prätorianern ein üppiges Handgeld, ein donativum, versprechen, um als der ‚richtige' Kaiser zu gelten. Er offerierte jedem Einzelnen 15 000 Sesterzen, was immerhin fünf Jahresgehältern entsprach – leicht einzusehen, dass damit auch der letzte Zweifler davon überzeugt werden konnte, das Richtige zu tun. Auch die übrigen Soldaten des römischen Heeres zog man durch großzügige Schenkungen sowie ein Ansiedlungsprogramm für Veteranen auf die Seite des neuen Herrschers.

Die Tatsache, dass es keinen oder wenn überhaupt nur geringen Widerstand im Senat gegen diese Thronfolge gab, zeigt uns, dass das konsequente Bemühen Agrippinas, ihre eigenen Leute in wichtige Positionen zu bringen, erfolgreich gewesen war. Zahlreiche Mitglieder des hohen Hauses hatten sich bereits in vorauseilendem Gehorsam dem zukünftigen Herrscher und dessen Mutter verpflichtet beziehungsweise verdankten ihre Position ihrer Unterstützung der Kaisergattin. Bei den wenigen, die in den letzten Jahren nicht in eine Abhängigkeit zu Agrippina geraten waren, hatte sich Claudius zunehmend unbeliebter gemacht, sodass man sogar das Regiment der machtbesessenen Frau mit ihrem siebzehnjährigen Sohn als das kleinere Übel hinzunehmen bereit war. Claudius hatte sich gegen Ende seiner Regierung durch ein Willkür-Regime, das zwischen unberechenbarer Grausamkeit und gelehrtenhafter Zerstreutheit schwankte, auch die letzten Sympathien im Kreis der Senatoren verdorben. Großer Beliebtheit dürfte er sich in diesem Gremium sowieso niemals erfreut haben. Für die einen mischte er sich in zu viele Dinge, z. B. die Rechtsprechung, ein beziehungsweise war durch sein ehrlich gemeintes Bemühen um vor allem administrative Reformen unbequem, für die anderen stellte er aufgrund seiner charakterlichen Schwächen – denken wir nur an seine Hörigkeit allem Weiblichen gegenüber – wie auch seines Äußeren alles andere als das Wunsch- oder Traumbild eines römischen Kaisers dar. Nervöses Zucken seiner Hände, unkoordinierte Schüttelbewegungen seines Kopfes, Stottern, ein hässlicher Wackelgang – so zeichnet der Kaiserbiograf Sueton ihn als ein Zerrbild eines römischen Imperators, der wohl allem Anschein nach an der Parkinsonschen Krankheit litt. Und wenn ihm dann der Speichel unaufhörlich aus dem Mund tropfte, ihm bei seinen cholerischen Zornesausbrüchen der Schaum vor den Mund trat und völlig abrupt sein ordinäres Lachen durch den Palast drang, dann wirkte diese Figur eher lächerlich beziehungsweise abschreckend denn herrscherlich oder vielleicht sogar übermenschlich. Da bot der junge, dynamisch aussehende Germanicus-Enkel, mit rötlich-blonden Locken, hellem Teint und blauen Augen, dessen durchaus anmutige Gesichtszüge von den Münzporträts bereits vertraut waren, schon ein ganz anderes Bild.

Agrippina war am Ziel ihrer Wünsche angelangt, ihr Sohn, der das Erbe des Dynastiegründers Augustus in sich trug, stand an dem Platz, an dem sie ihn seit dem Tag seiner Geburt sehen wollte, an der Spitze des römischen Weltreiches. Und wem hatte er das alles zu verdanken? – Alleine ihr, seiner besten Mutter.

So lautete dann auch die erste Losung, die der neue Herrscher seiner Garde gab: *Optima mater* – beste Mutter. Der Jüngling war sich also sehr wohl darüber im Klaren, wem er seinen Aufstieg zuzurechnen hatte.

Nun galt es jedoch, die neu erworbene Stellung weiter abzusichern und sich gleich von Anfang an allen Seiten als der richtige Kaiser zu beweisen.

QUINQUENNIUM NERONIS

Der überlegt inszenierte Machtwechsel klappte zumindest nach dem, was wir wissen, ganz ohne Friktionen und Komplikationen.

Das über lange Jahre konsequent aufgebaute, personelle Netzwerk in Senat und stadtrömischem Militär bewies seine Tragfähigkeit, das Prinzipat an sich auch bei der vierten Herrschaftsübertragung seine Stabilität. Eine grundsätzliche Infragestellung des monarchischen Systems ist von keiner Seite zu erkennen. Auch die Frage nach dem <u>richtigen</u> Thronfolger scheint zumindest nicht offen gestellt worden zu sein. Der Senat, das Gremium, das eine entsprechende Diskussion hätte führen können, war weitgehend gleichgeschaltet beziehungsweise waren seine Mitglieder über das Ende der claudischen Herrschaft so erleichtert, dass ihnen jede andere Lösung besser erschien. Und der Öffentlichkeit war ja lange genug dieser Jüngling als berechtigter Nachfolger auf dem Kaiserthron präsentiert und soufliert worden. Ausreichende Legitimation für die Thronübernahme bot die Verwandtschaft mit dem Dynastiegründer Augustus, sie hatte schon beim Vorgänger Claudius den Ausschlag gebracht. Im Falle Neros war sie sogar noch durch weitere Kriterien gestärkt, denken wir an all die Ehrungen, Würden und Amtsgewalten, die er in den vorausgegangenen Jahren verliehen bekommen hatte. Sollten da noch Zweifel aufkeimen?

Trotzdem galt es für die ‚Nero-Partei‘ vorsichtig zu sein. Am sichersten war es, alle auch nur denkbaren Ansatzpunkte für Unzufriedenheit gleich im Vorfeld im Keim zu ersticken. Keinesfalls durfte der Eindruck entstehen, die jetzt Wirklichkeit gewordene Nachfolgeregelung habe nicht dem Willen des Vorgängers entsprochen. Wahrscheinlich unterband man vor allem deswegen die öffentliche Verlesung der testamentarischen Verfügungen von Claudius. Möglicherweise hatte dieser ja in seinen letzten Tagen sein Testament noch zugunsten seines leiblichen Sohnes abgeändert.

Diesen Sohn galt es sowieso streng im Auge zu behalten. Britannicus wurde daher weiterhin sorgsam von der Öffentlichkeit abgeschirmt, sodass er keinesfalls zum Identifikationspunkt Unzufriedener und vielleicht gar zum Kristallisationskern eines Widerstandes werden konnte.

Es gab aber auch noch weiteres Gefährdungspotenzial. Nachdem jedem klar war, welche eminent wichtige Rolle die dynastische Verbindung zu Augustus bei der Frage der Herrschaftsberechtigung spielte, galt es dafür zu sorgen, dass sie für Nero zu einem Monopol wurde. Agrippina dürfte hier schon vorgearbeitet und ihre Häscher instruiert haben, denn beinahe unmittelbar nach der Herrschaftsübernahme wurde der Senator M. Iunius Silanus, der damals Prokonsul in der Provinz Asia war, durch Gift ermordet. Handlanger für diese Schandtat waren zwei kaiserliche Finanzbeamte der Provinz, der Ritter Publius Celer und der Freigelassene Helius. Den Grund für die Ermordung dieses ansonsten politisch völlig konturlosen Aristokraten formuliert Tacitus[1] prägnant und sicherlich richtig: Silanus war ebenfalls – wie Nero – Ururenkel des Augustus, stand damit gleichrangig mit dem neuen Throninhaber zum ersten Princeps.

Eine weitere latente Gefahr für die neue Herrschaft formte auch der nähere Beraterkreis um Claudius. Hier gab es immer noch einige, die sich eine andere Lösung gewünscht und sie auch beim Kaiser mit aller Kraft gefördert hatten. Narcissus, derjenige aus der Riege der claudischen Vertrauten, der sich am dezidiertesten zunächst gegen Agrippina und dann auch gegen ihren Sohn ausgesprochen hatte, wurde demzufolge auch sehr schnell ein Opfer der Säuberungskampagne.

Nun kann man sich natürlich fragen, konnte denn die Herrschaft über ein Weltreich mit einem mehr oder weniger unerfahrenen knapp Siebzehnjährigen, der bisher trotz seiner öffentlichen Auftritte keineswegs so besonders große Ambitionen oder auch herausragende Befähigung zur Regierung gezeigt hatte, überhaupt funktionieren? Die Antwort gab die unmittelbare Realität: De facto ja, denn einerseits hing zwar das politische Handeln in Rom in einem hohen Ausmaß vom Engagement des Herrschers ab, handelte er nicht, so trat sehr schnell politischer Stillstand ein. Allerdings konnten herrscherliche Aktivitäten faktisch auch durch andere geplant und in Gang gesetzt werden. Solange sie im Namen des Kaisers und ohne dessen eindeutigen Widerspruch erfolgten, führte dies zu keinerlei systemsprengenden Reibungen oder Brüchen.

Andererseits war zumindest die Reichsadministration inzwischen soweit organisiert und stabilisiert, dass sie zumindest im ‚Tagesgeschäft‘ als Selbstläufer ohne ständige Einwirkung von ganz oben funktionierte. Das war im Übrigen nicht zuletzt ein Verdienst des Claudius, der gerade auf administrativ-organisatorischem Gebiet dem Reich in seinem Inneren eine neue strukturelle Prägung gegeben hatte.

Agrippina – Seneca – Burrus

Unsere antiken Hauptquellen sind sich weitgehend einig, dass der heranwachsende Nero weder im Stande noch Willens war, die ihm zugefallene Aufgabe persönlich auszufüllen. Sie stimmen auch – obzwar mit unterschiedlicher Nuancierung – darin überein, dass dies an seiner Stelle drei Leute übernahmen: Agrippina und neben ihr die beiden Erzieher Seneca und der mit ihm etwa gleichaltrige Prätorianerpräfekt Afranius Burrus. Folgen wir der Meinung von Sueton, Tacitus und Cassius Dio, so kam Agrippina einwandfrei die Hauptrolle in diesem Trio zu. Der Ansicht der antiken Autoren nach hatte die Mutter die Inthronisation ihres Sohnes vorrangig mit aller Kraft betrieben, um so die Möglichkeit zu bekommen, wenigstens mittelbar selbst ihren Machtgelüsten frönen zu können.

Ganz aus der Luft gegriffen ist diese Annahme sicherlich nicht. Sonst hätte Nero später, als er die Ermordung seiner Mutter zu rechtfertigen suchte, nicht einfach behaupten können, sie habe nach dem Tod des Claudius im Jahre 54 mit dem Gedanken gespielt, selbst vor die Prätorianer zu treten, gemeint ist damit, selbst die Herrschaft anzutreten[2] – natürlich versucht Nero hier, die Ungeheuerlichkeit, die Unvorstellbarkeit für einen Römer, eine Frau könnte in Rom die Macht an sich reißen, für sich zu nutzen. Andererseits kannten die Römer den über Leichen gehenden Ehrgeiz, die Machtbesessenheit Agrippinas, daher konnte dieses ‚Undenkbare‘ durchaus als Schreckgespenst mit hohem Drohpotenzial instrumentalisiert werden. Ob Agrippina sich je wirklich mit dem Gedanken abgegeben hatte, die Herrschaft zu übernehmen, muss ungeklärt bleiben, aber dass sie sich jetzt am Höhepunkt ihrer Macht angekommen sah, das entspricht sicherlich ihrer eigenen Einschätzung und tritt uns auch aus den entsprechenden Aktivitäten offen entgegen.

Das Wirken der beiden anderen Personen, Burrus und Seneca, können wir höchstens im Hintergrund, sozusagen indirekt, feststellen; besser gelingt uns dies noch bei Seneca, dessen Handschrift sowohl stilistisch wie auch inhaltlich bei den öffentlichen Äußerungen des Princeps auch für die Zeitgenossen klar zu erkennen war.

Beide werden in den Quellen als Gegengewichte zu Agrippina gezeichnet. Sie versuchten, das brutale Vorgehen der skrupellosen Frau zu bremsen und abzumildern, beide konnten und wollten sich wohl auch von ihrer Erziehung und Lebenseinstellung her die wirkliche Herrschaft einer Frau in Rom nicht vorstellen. Sie wirkten mäßigend und ausgleichend auf den jungen Herrscher, indem sie ihm einen Weg zwischen seinen persönlichen Vorlieben und der Regierungsverantwortung zu bahnen suchten.

Nach unseren Quellen war sowohl bei der Rede, mit der Nero das Andenken an seinen verstorbenen Vater hymnisch ehrte, wie auch bei der ersten Ansprache, die der junge Kaiser bald nach Regierungsantritt an den Senat richtete, die Urheberschaft Senecas nicht zu verleugnen. Seine Handschrift hat die rhetorische Gestalt und den Inhalt unverkennbar geprägt. Trauerreden, *laudationes funebres*, hatten in Rom traditionell die Funktion, neben der ehrenden und lobenden Charakterisierung des aktuell Verstorbenen eine Art Familienchronik zu bieten, in der die Altehrwüdigkeit des Geschlechts, seine daraus abgeleitete Bedeutung und sein Ansehen in der Gegenwart vorgeführt und in die allgemeine Erinnerung gebracht wurden. In dieser Tradition stehend sprach auch Nero in seiner panegyrischen Trauerrede von der Geschichte der claudischen Familie, von den zahlreichen Triumphen und Konsulaten, die die berühmten Vorfahren angehäuft hatten, bevor er dann seinen Vater selbst, dessen wissenschaftliche Aktivitäten aber auch seine politischen Erfolge pries. Nach Tacitus sei dies alles von den Zuhörern, den Senatoren gut aufgenommen worden. Erst als Nero auf die Voraussicht und Weisheit des Claudius zu sprechen kam, *konnte sich niemand das Lachen verbeißen, obwohl die von Seneca aufgesetzte Rede in einem sehr gepflegten Stil abgefasst war.*[3]

Herrschaft nach dem Vorbild des Augustus

Nachdem Nero seinem Vater ehrendes Andenken erwiesen hatte, formulierte der neue Princeps in einer programmatischen Rede vor dem Senat die Grundsätze seiner neuen Regierung, deren Ziel demnach in einer guten Kooperation zwischen Kaiser und Senat mit klarer Kompetenzabgrenzung zu liegen schien. Tacitus erkennt die zukunftsweisende Tendenz dieser Rede durchaus an, wenn er schreibt, Nero habe hier die *forma futuri principatus*, die Gestalt des zukünftigen Kaisertums entworfen. Der junge Herrscher distanzierte sich in seiner Ansprache wesentlich vom Regierungsstil seines Vaters. Vor allem aus dem Bereich der Rechtsprechung wolle er sich in gebührender Weise wieder zurückziehen, ganz im Gegensatz zu seinem Vater, der die Jurisdiktion geliebt und sich gerne und oft in laufende Verfahren eingemischt hatte, ein Verhalten, das vielen Senatoren schon lange ein Dorn im Auge gewesen war und das Verhältnis zum Princeps nicht unerheblich getrübt hatte. Der

Senat sollte außerdem eine ganze Reihe von alten Befugnissen zurückbekommen und wieder für Italien und für bestimmte Provinzen, nämlich die, die dem römischen Volk unterstanden, zuständig sein. Er selbst wolle sich nur um die Soldaten, also die außenpolitisch-militärische Komponente der Herrschaft kümmern, so Nero. Korruption und Intrigen sollten eingedämmt und wieder eine klare Unterscheidung zwischen dem persönlichen Besitz und Vermögen der Herrscherfamilie und dem Staatseigentum getroffen werden können. Er wolle ‚nach den Grundsätzen des Augustus regieren'.[4]

Diese Worte waren natürlich Balsam in den Ohren der Senatoren, die ihr Prestige als erster Stand im Staat zwar immer noch in aller Deutlichkeit zur Schau trugen, jedoch politisch in den letzten Jahren immer rücksichtsloser zurückgedrängt worden waren. Bereits über eine Generation lang war der Versammlung die faktische Macht als politisches Entscheidungsgremium weitgehend abgenommen, sie war zu einem Gremium kaiserlicher Claqueure degradiert worden, nicht immer schuldlos und auch kaum mit Widerstand. Nun aber wollte ein neuer Herrscher dafür sorgen, dass der Senat auch in der allgemeinen Verwaltung wieder ein gewichtigeres Wörtchen mitzureden hätte; der von den Senatoren voller Grimm gesehene Einfluss anmaßender Höflinge, sollte – endlich – wieder auf das zurückgeschraubt werden, was angemessen war. Freigelassene, die sich inzwischen wie reiche Aristokraten gebärdeten, in Luxus schwelgten und nur mehr mit großem Gefolge reisten, sollten wieder den Platz in der Gesellschaftsordnung einnehmen, der ihnen sozusagen von Natur aus zustand. Dies wird man in Senatskreisen gerne gehört und vielleicht auch umso lieber geglaubt haben, da es dem eigenen Selbstverständnis doch so sehr schmeichelte. Zwar hatten auch Caligula und Claudius zu Beginn ihrer jeweiligen Regierungszeit Ähnliches verlauten lassen, aber wusste man nicht mit Seneca einen Vertreter des eigenen Standes und einer grundsätzlich gemäßigten Vorstellung von Monarchie am Ohr des Herrschers?

Entsprechend groß dürften auch der Applaus und die Zustimmung für den neuen und – im wörtlichen Sinne – viel versprechenden Herrscher gewesen sein.

Die Realität schien dem Optimismus auch die ersten Jahre hindurch Recht zu geben.

Selbst wenn sich die Forschung über das wirkliche Ausmaß nicht einig ist, so muss man doch jedenfalls erkennen, dass der Senat wieder mehr Kompetenzen bekam, den sich bietenden Handlungsspielraum auch ausnützte und im juristisch-administrativen Geschehen durchaus wieder eine größere Rolle spielte. Andererseits wäre es aber auch übertrieben, von einer echten Teilung der Herrschaftsgewalt zu sprechen. In seiner Antrittsrede hatte Nero zwar dem Senat wieder die Macht über bestimmte Provinzen versprochen, in der Realität mussten die Senatoren mit einer partiellen Beteiligung an der Provinzverwaltung mehr als zufrieden sein. Seit Augustus gab es eine Reihe von Verwaltungsdistrikten, in denen die Statthalter (*propraetores, proconsules*) weiterhin vom Senat bestimmt wurden, dies waren in der Regel diejenigen Provinzen, die im Inneren des Reiches lagen, in denen die Verhältnisse ruhig waren und daher keine permanente Stationierung von Militär notwendig war. Sie wurden als senatorische Provinzen oder – richtiger wohl – als Provinzen des römischen Volkes bezeichnet. Die Statthalter der gefährdeteren Außenprovinzen, die an unabhängige Staaten beziehungsweise das Barbaricum grenzten, wurden dagegen vom Kaiser ernannt.

Praktisch ausschließlich in diesen Verwaltungssprengeln waren auch die römischen Legionen verteilt, über die der Kaiser als Oberbefehlshaber verfügen konnte. Die römische Reichsverteidigung war im Laufe der Zeit zu einer reinen Grenzverteidigung geworden. Die Soldaten waren an den Rändern des Imperiums und nur dort stationiert. Dies gaukelte im Binnenland einen weitgehend entmilitarisierten Frieden vor, während sich an der Außengrenze die Militärlager wie an einer Perlenschnur reihten. Die Gefahr dabei: war erst mal die äußere Barriere überwunden, dann konnte sich eine feindliche Flut ungehindert über weite Teile des Reiches ergießen. Allerdings sollte es doch ca. 100 Jahre dauern bis diese Strategie der reinen Außenverteidigung schonungslos ihre Schwächen offenbarte. Im 3. Jahrhundert wird sie zu schweren Gefährdungen weiter Reichsteile führen, bevor sie in einem sich über Jahrzehnte hinziehenden Prozess grundlegend geändert und den von außen aufoktroyierten Bedingungen angepasst wird.

Auch wenn laut Neros Ankündigung der Senat in den Binnenprovinzen wieder der offizielle Herr sein sollte, so hatten die vom Kaiser erlassenen Edikte doch weiter in gleicher Weise in den so genannten senatorischen wie den kaiserlichen Provinzen Geltung.[5]

Der ‚richtige‘ Herrscher?

Wenn wir dies in Rechnung stellen und auch einmal versuchen, die weitere Entwicklung etwas unvoreingenommen und losgelöst vom traditionellen Nerobild zu sehen, dann muss man sich fragen, ob nicht dem jungen Herrscher doch ein wesentlich größerer persönlicher Anteil an der Gestaltung seiner Herrschaft zukommt als dies unsere antiken Gewährsleute mit ihren eindeutig negativen Tendenzen gegenüber Nero zugeben wollen. Fast greifbar scheint hier der Geist Senecas zu wirken, dessen Einfluss auf den Heranwachsenden sicherlich nicht zu gering eingeschätzt werden sollte. Spürbar ist aber auch der Elan und Schwung eines jungen Menschen, der nun die Gelegenheit erkennt, selbst schöpferisch und gestalterisch wirken zu können, mit Ideen, die man ihm vorgab – ob in guter oder auch schlechter Absicht – mit Plänen, die in ihm gereift waren und nicht zuletzt auch mit dem Gedanken, jetzt die Möglichkeit zu haben, sich wenigstens etwas von seiner übermächtigen Mutter lösen zu können. Auch wenn er sich deren Einfluss zu jedem Augenblick bewusst war.

Es ist allerdings möglich, ja sogar wahrscheinlich, dass die uns vorliegende Überlieferung hier in sehr starkem Maß den Blick auf die Realität verstellt und uns ein Bild zeigt, das weitgehend ex post bestimmt ist, ein Bild, wie es die Senatoren nach den hässlichen Erfahrungen der späteren Jahre neronischer Herrschaft entwickelten, ein Bild, das Nero fratzenhaft verzerrt, ihn als das Ungeheuer eines römischen Autokraten ohne Grenzen und Schranken ausmalt. Der Blick hinter die Kulissen – soweit möglich –, lässt zumindest in den Anfangsjahren einen anderen Nero erkennbar werden, einen Herrscher mit durchaus positiven Ansätzen und den Ideen einer gemäßigten Monarchie.

Nicht nur im Umgang mit dem Senat zeigte sich Nero nämlich als der ‚richtige' Herrscher, auch seinem Vorgänger erwies er die gehörige Reverenz, indem er bereits ca. vier Wochen nach Regierungsantritt dafür sorgte, dass Claudius ein Staatsbegräbnis bekam und ein Senator bezeugte, er habe die Seele des Verblichenen in den Himmel auffahren sehen. Wie es sich gehörte, war der verstorbene Kaiser damit zu den Göttern aufgestiegen, war selbst zu einem Gott, einem *divus* geworden. Es wäre allerdings zu blauäugig, würde man das alles nur als Respekterweis dem kaiserlichen Vater gegenüber deuten. Man muss hier sicherlich in Rechnung stellen, dass Nero selbst damit zum Sohn eines Gottes (*divi filius*) avancierte und dadurch eine Aura bekam, die wesentlich zum Verständnis des römischen Kaisers gehörte. Caligula hatte sich bereits zu Lebzeiten auch in Rom als Gott verehren lassen, und zumindest im privaten beziehungsweise halboffiziellen Umgang war das Wort ‚göttlich' immer häufiger als Attribut der kaiserlichen Person oder seiner Entscheidungen, Taten usw. anzutreffen. Vorschub für diese Entwicklung leisteten entsprechende Ehrungen und Lobpreisungen in den – vor allem östlichen – Provinzen, wo die göttliche Verehrung noch Lebender schon lange zur kulturellen Tradition gehörte. Es verwundert nicht, dass die Thronbesteigung Neros in Ägypten, wo der jeweilige römische Kaiser seit Augustus die Pharaonen-Stelle einnahm, als Ankunft eines neuen Gottes beziehungsweise eines neuen Zeitalters gefeiert wurde. In Alexandria charakterisierte man Nero als Beglücker und Beschützer der Welt, als Förderer der Fruchtbarkeit, der die Samen wachsen lässt, die Ernte bringt und den Nil steigen macht. Der Kaiser wurde auf Inschriften als die „Erwartung und Hoffnung der Welt, als der gute Gott der Welt und Anfang aller guten Dinge" gefeiert. Dies färbte allmählich auf das Bewusstsein der Menschen in Italien und den westlichen Provinzen ab, und langsam setzte sich die Vorstellung von der Göttlichkeit des Herrschers auch in den Köpfen der Römer fest. Bereits nach Neros Adoption scheint in Pompeji ein eigener Priester für seine Verehrung zuständig gewesen zu sein, zumindest ist inschriftlich ein *flamen* für Nero Caesar, Kaiser Claudius' Sohn, überliefert. Dies würde bedeuten, dass dort explizit an Nero gerichtete Kulthandlungen ausgeführt wurden, wahrscheinlich geschah dies im Rahmen des Kultes für die divinisierten Mitglieder der iulisch-claudischen Familie.

Zur Vergöttlichung eines verstorbenen Herrschers gehörte nämlich immer die Einführung eines Kultes mit Priesterschaft und Ritus. Man opferte den vergöttlichten Verstorbenen des Kaiserhauses, um damit die *salus publica*, das öffentliche Wohl, sicherzustellen. Zum Zeitpunkt des Todes von Claudius zählten bereits Augustus, seine Frau Livia sowie Drusilla, die Schwester Caligulas, zur Riege der Staatsgötter. Dem Tiberius und Caligula war diese Ehrung vom Senat verweigert worden. Nun stellte man auch die Büste des Claudius in den Tempeln des Kaiserkultes auf. Nun bekam auch er in Rom und überall im Reich eine Priesterschaft, die für die gebührenden kultischen Ehren zu sorgen hatte, der Nachfolger war ,richtig' umgegangen mit seinem Vorgänger, und er war damit auch als der ,richtige' Nachfolger legitimiert. Denn die Sorge um den verstorbenen Vorgänger, ein angemessenes Begräbnis, die Pflege des Andenkens, das alles war bereits in den Kulturen des alten Orients geradezu typisch für denjenigen, der sich als der rechtmäßige Nachfolger profilieren wollte.

Nero – Agrippina

Ganz diesem Selbstverständnis und dem Tugendkanon verpflichtet, der sich seit Augustus als kaiserlich herauszubilden begonnen hatte, zeigte Nero überall die Milde und Großzügigkeit, die einem guten Herrscher angemessen waren. Großzügig gewährte er verarmten Senatoren die Geldsummen, die nötig waren, um die Standeszugehörigkeit aufrechterhalten zu können. Er reduzierte Steuern und Abgaben in den Provinzen, manche erließ er zum Entsetzen seiner Verwaltungsbeamten sogar ganz. Er setzte sich für eine allgemeine Verbesserung der Effizienz des Finanzwesens ein und sorgte – dies überzeugte vor allem den kleinen Mann in Rom – für eine ausreichende Lebensmittelversorgung, ja es gab sogar Geldspenden und für die Prätorianer kostenlose Getreiderationen.

Da fiel es kaum auf, dass sozusagen neben dieser ganzen Fassade des guten Herrschers das pure Machtstreben einer Frau immer unverhohlener zutage trat – dies lässt sich auch bei einer positiveren, weil aktiveren Sicht der neronischen Regierung nicht verleugnen. Offener als je zuvor lebte Agrippina nun ihre Machtträume aus.

So findet sich auf der Vorderseite der noch im Dezember 54 in Rom geprägten Münzen das Porträt der Herrschermutter dem ihres Sohnes gegenübergestellt (Abb. S. 167). Und noch enthüllender ist die Umschrift, auf der Agrippina im Nominativ genannt wird. *Agrippina Augusta* lesen wir, Gattin des vergöttlichten Claudius und Mutter Neros. Der Kaiser erscheint als *Nero Caesar* nur im Genitiv, als Sohn. Ihm ist der Namensbestandteil Caesar beigegeben, der später als Titel den Thronfolger bezeichnen sollte. Erst die Rückseite trägt nur das Kaiserporträt, jedoch steht in der Umschrift: **Für** *Nero Claudius Caesar Augustus Germanicus*, den Sohn des vergöttlichten (Claudius), dem Imperator und Träger der Amtsgewalt eines Volkstribunen. Die Münze implizierte also nichts anderes, als dass Agrippina die Prägung in Auftrag gegeben hatte, eine Funktion, die seit Augustus in Rom nur mehr dem Herrscher selbst zukam.

Die Dominanz Agrippinas über ihren Sohn war hier in einem wichtigen, vielleicht sogar dem wichtigsten Propagandamedium manifest geworden. Sie wurde in der Realität noch durch weitere Ehrungen für die Kaisermutter unterstrichen. So bekam Agrippina als erste Frau überhaupt das Recht verliehen, dass ihr bei öffentlichen Auftritten zwei Liktoren vorausschritten, wenn überhaupt vergleichbar, dann nur mit der *virgo Vestalis maxima*, der obersten Vestapriesterin, der aber nur ein Liktor zustand. Ansonsten galten die Träger der Rutenbündel mit dem

Beil bisher als das alleinige Charakteristikum von Magistraten. Sowohl Tacitus wie auch Sueton berichten, dass Nero seiner Mutter nach der Übernahme der Herrschaft eine Abteilung seiner germanischen Leibwache zuwies, was ihre Repräsentation nach außen hin noch mehr der des Princeps anglich.[6] Die hoch gewachsenen Germanen hatten sich neben ihrer Bedeutung als kaiserliche Sicherheitskräfte seit Augustus zu einem Symbol der monarchischen Herrschaft entwickelt. Außerdem war die Kaiserwitwe nach der Vergöttlichung ihres Gemahls zu seiner ersten Priesterin eingesetzt worden, eine Auszeichnung, die sie wiederum Livia, der Frau des Augustus und Antonia d.J., also den beiden weiblichen Führungsgestalten der iulisch-claudischen Dynastie, gleichstellte. In all dem offenbart sich für uns die Selbsteinschätzung, aber auch die reale Macht dieser Frau, die nicht nur faktisch Herrschaft ausübte, sondern es auch durchzusetzen vermochte, dass ihre Macht durch entsprechende Attribut vor den Augen der Öffentlichkeit visualisiert wurde. Es könnte also durchaus der Wahrheit entsprochen haben, wenn wir in unseren Quellen lesen, dass der Senat damals häufig in den kaiserlichen Gemächern tagte, damit es Agrippina möglich war, hinter einem Vorhang sitzend den Beratungen und Abstimmungen zuzuhören.[7]

In diese Richtung passt auch der geradezu skandalöse Vorfall, von dem Tacitus berichtet[8]: Zu Beginn einer Audienz, die der Kaiser einer armenischen Gesandtschaft gewährte, hatte sich demnach Agrippina in aller Öffentlichkeit dem erhöhten Platz, auf dem Nero saß, genähert und war im Begriff gewesen, auf dem Tribunal direkt neben dem Kaiser Platz zu nehmen. Sie beabsichtigte also, diesem Staatsakt als gleichberechtigte Mitherrscherin zu präsidieren und die auswärtigen Gäste zu empfangen. Seneca war es, der den diplomatischen Fauxpas gerade noch abwehren hatte können. Geistesgegenwärtig forderte er Nero auf, sich zu erheben, der Mutter entgegenzueilen und sie nach der Begrüßung an einen angemessenen Platz im Hintergrund zu führen. Der Vorfall zeigt die Machtlüsternheit der Mutter, er zeigt aber zudem, wie wenig Agrippina auch jetzt bereit war aufzuhören, um diese Macht an sich zu kämpfen und darum, diese Macht endlich sichtbar vor allen, öffentlich und offen ausleben zu können. Ebenso unverhüllt tritt uns in dieser Szene das gespannte Verhältnis zwischen Mutter und Sohn, das pure Ringen beider um Machtanteile entgegen. Ein permanenter Kampf zweier Personen, die untrennbar ineinander verwoben waren, ein Kampf, der sich in der Folgezeit immer mehr auflud und dabei an Härte und Aggression zunahm.

Es war sicherlich nicht nur die private, persönliche Entwicklung ihres Sohnes, auf die gleich noch zu sprechen zu kommen sein wird, die Agrippina zunehmend argwöhnischer machte, es war das Gespür dafür, dass Nero begann, sich auch politisch zu emanzipieren, ihr damit zu entgleiten drohte, und sie, trotz momentan noch anderem Anschein nach außen, über kurz oder lang unweigerlich herbe Verluste an Einfluss und Lenkungsmöglichkeiten hinnehmen werden müsse.

Unzweifelhaft war ihr auch klar, auf was beziehungsweise besser gesagt, auf wen diese Entwicklung zurückzuführen sei. Sie musste sich vorgekommen sein wie der Zauberlehrling: Die Geister, die sie selbst gerufen hatte, wurde sie jetzt nicht mehr los. Die beiden Prinzenerzieher, Burrus und Seneca, entwickelten sich immer mehr zu ihren Gegenspielern, vor allem der Philosoph, der ihr so viel zu verdanken hatte, wurde stetig ein stärkerer Widerpart. Jeder, der den bisherigen Lebensweg Agrippinas auch nur ungefähr kannte und verfolgt hatte, wird sich sofort darüber im Klaren gewesen sein, dass diese Frau mit der ihr eigenen Persönlichkeitsprägung keinen Gedanken darauf verschwendete, diese für sie negative Entwicklung einfach ohne Gegenwehr hinzunehmen. Bereits der kleinste Argwohn wird ausgereicht haben, um eine Gegenreaktion zu provozieren. Schon mehrmals in ihrem Leben hatte Agrippina die Fronten wechseln müssen, ohne die grundsätzliche Stoßrichtung, die da hieß Ausbau der persönlichen Macht, aus dem Auge zu verlieren. Hatten sich willige Werkzeuge als nicht mehr ausreichend, als verbraucht, unzuverlässig oder zu eigenwillig erwiesen, waren sie im günstigsten Fall fallen gelassen, in der Regel aber beseitigt worden. Man durfte sich keine Schwäche anmerken lassen, es galt stark und entschieden zu reagieren. Und so begann Agrippina, sobald sie auch nur das leise Gefühl hatte, ihr Sohn begänne, ihrer Hand zu entgleiten, damit, Unterstützung im bisher gegnerischen Lager zu suchen.

Noch lebte der leibliche Sohn des Claudius, noch hatte er Freunde und Unterstützer am Hof. Noch dazu war das Datum seiner Volljährigkeit keine leere Drohung mehr, die irgendwann in der Zukunft vielleicht evident werden könnte, sondern real und gegenwärtig. Damit ließ sich Druck aufbauen. Auch Britannicus selbst schien diese Chance zu wittern, vielleicht hatte man ihn bereits vorsorglich etwas geködert. Jedenfalls provozierte er ziemlich offen einen Eklat, als er bei einem Gelage während der Saturnalien vom Kaiser aufgefordert wurde, ein Lied vorzutragen. Anstatt der erwarteten Blamage und des Spotts, die Nero als Ergebnis des Auftritts des unerfahrenen und wohl auch etwas unbeholfenen Jünglings fest eingerechnet hatte, musste der Kaiser mit anhören, wie Britannicus mit gut entwickelter und wohlklingender Stimme kunstfertig über einen Prinzen improvisierte, der um seine Herrschaft betrogen worden sei, also sein eigenes Schicksal thematisierte und dafür beim Publikum großen Beifall für den Vortrag und Mitleid ob seines Geschicks erfuhr.

Nun, Nero stand seiner Mutter hinsichtlich des Machtinstinkts wohl nicht sehr weit nach. Wie ein wildes Tier merkte er sofort, wenn sich eine Situation aufzubauen begann, die ihm gefährlich werden konnte, und ebenfalls wie bei einem wilden Tier waren seine Gegenmaßnahmen unmittelbar, hart und auf eine finale Lösung ausgerichtet. Der offene Eklat, der von vielen Beteiligten miterlebt worden war und bald Tagesgespräch in der Highsociety Roms wie auch bei der *plebs urbana* gewesen sein dürfte, war sicherlich ein gewichtiger Punkt für den kurz darauf folgenden Untergang des Britannicus, den alleinigen Grund stellte er allerdings keineswegs dar. Bereits vorher hatte Agrippina, maßlos und unbeherrscht in ihrem Zorn wie ihre Mutter, mehrmals betont, nun sei Britannicus erwachsen und er sei der wahre und würdige Nachkomme, um seines Vaters Herrschaft zu übernehmen, die derzeit von einem eingeschobenen und nur auf Drängen seiner Mutter adoptierten Unwürdigen okkupiert sei. Sie sei froh darüber, dass die Götter es so hätten kommen lassen, dass der wahre Thronfolger noch am Leben sei; selbst wenn alle ihre eigenen Schandtaten ans Tageslicht kämen, würde sie nun einen Herrschaftswechsel zum Richtigen unterstützen. Ihr, Tochter des Germanicus, würde man ja wohl glauben und nicht einem verkrüppelten Offizier und einem ehrgeizigen intellektuellen Schwätzer. Damit meinte sie Burrus und Seneca, ihre einstigen Günstlinge.

Mit diesen sehr undiplomatischen und nicht nur Nero, sondern auch seine beiden einflussreichen, ebenso stolzen wie empfindlichen Berater verletzenden Reden sollte die vor Wut blinde Kaisermutter ihren eigenen Untergang wie auch den ihres Stiefsohnes Britannicus einläuten. Noch bevor der junge Claudius-Sprössling seine Volljährigkeit erreichen konnte, starb er im Jahre 55 eines plötzlichen Todes. Bei einem Gastmahl des Kaisers soll er zunächst in krampfartige Zuckungen und dann in Ohnmacht gefallen sein. Nero beruhigte die Anwesenden damit, dass es sich nur um einen der bekannten epileptischen Anfälle seines Stiefbruders handle, bevor man den Kranken in einen anderen Raum brachte, wo er dann verstarb. Die Überlieferung ist sich einig, dass für den Tod des Britannicus der Kaiser selbst verantwortlich war. Er habe seinen Nebenbuhler in altbewährter Manier durch Gift, das erneut die bereits einschlägig erfahrene Locusta zusammenmischen musste, beiseiteschaffen lassen. Nachdem zunächst ein von seinen Erziehern verabreichtes Gebräu bei Britannicus nur zu Übelkeit und Erbrechen geführt hatte, zwang der Kaiser Locusta, ein stärker wirkendes Gift herzustellen, ansonsten würde sie hingerichtet. Der neu gekochte Saft sei dann Britannicus bei einem Gastmahl, das der Kaiser ausrichtete, in ein Getränk gemischt worden. Den Vorkoster, der eigentlich zum Schutz des Britannicus alle Speisen und Getränke des Prinzen zu probieren hatte, umging man dadurch, dass das man das Getränk zunächst zu heiß servierte und nachdem Britannicus es deswegen zurückwies, kaltes Wasser, das durch das Gift kontaminiert war, zugab. Bereits nach dem ersten Schluck versagte die Atmung des Claudius-Sohnes und er brach mit krampfartigen Zuckungen zusammen.

Letztendlich ist wie bereits bei seinem Vater auch für Britannicus der Giftanschlag nicht eindeutig zu beweisen, aber bereits die damalige öffentliche Meinung war von dem geschilderten Tathergang überzeugt, wobei etwaige Zweifel an einer schuldhaften Verstrickung Neros durch ein heimliches und schnelles Begräbnis des Britannicus noch geschwächt wurden. Angeblich sei die Haut des toten Britannicus ganz blau angelaufen gewesen, seine Augen hervorgequollen und der Mund offengestanden, alles Anzeichen eines Erstickungstodes. Nero habe den Körper des toten Stiefbruders mit Gips weiß schminken lassen, damit bei der kurzen Leichenprozession über das Forum diese Blaufärbung nicht auffalle, so schreibt Cassius Dio.[9]

Agrippina hatte sich inzwischen noch weiter jeglicher Deckung beraubt. Wiederum waren es ihre Gier und ihr Jähzorn, die ihr zum Verhängnis werden sollten, denn als ihr Nero ein großzügiges Geschenk – wertvollen Schmuck und kostbare Kleidungsstücke – aus dem kaiserlichen Fundus hatte überbringen lassen, um sie wieder etwas zu versöhnen, soll sie rasend vor Wut getobt haben, sie erhalte nun als Almosen das, was ihr sowieso zustünde und er, Nero, nur ihr zu verdanken habe. Der eigentliche Anlass für das Versöhnungsgeschenk war mehr im privaten Bereich Neros zu suchen gewesen. Wie wir ja wissen, war der junge Kaiser seit dem Jahre 53 mit der nur wenig jüngeren Claudius-Tochter Octavia verheiratet. Diese Verbindung war von Anfang an machtpolitisch motiviert gewesen und scheint auch wirklich nur diesen Zweck gedient zu haben; immer wieder brachte Nero seine Abneigung gegen seine junge Frau offen zum Ausdruck. Eheverbindungen ohne emotionale Komponente waren in der römischen Oberschicht nichts Seltenes und für den Gefühlsausgleich sorgten dann meist außereheliche Kontakte. Nun hatte sich der junge Kaiser aber kurz nach seiner

Thronbesteigung unsterblich in eine junge griechische Freigelassene namens Acte verliebt. Diese Tatsache hätte das Umfeld des Kaisers und auch Agrippina noch nicht weiter beunruhigt. Allerdings scheint Nero mit Acte wirklich ernsthafte Pläne gehabt und sogar mit dem Gedanken gespielt zu haben, sich von Octavia scheiden zu lassen. Jedenfalls hatten sich bereits Angehörige der Senatsaristokratie gefunden – zu ihnen zählte auch Marcus Otho, der im Jahre 69 kurzzeitig selbst das Kaiserszepter führen sollte[10] –, die in vorauseilendem Gehorsam und kriecherischem Speichelleckertum der kaiserlichen Geliebten eine königliche Abkunft bescheinigten. Agrippina sah daher in der jungen Griechin, die wir als willensstark und sehr selbstbewusst einschätzen dürfen, eine Rivalin und glaubte – was sicherlich noch mehr zählte – durch sie die Geburt eines legitimen Thronfolgers und damit letztendlich die Fortsetzung der Herrschaft der iulisch-claudischen Dynastie ernsthaft gefährdet. Vor allem letztere Überlegung dürfte Agrippina gegen Acte aufgebracht haben. Der Kaiser, dem an seiner jungen und schönen Freundin wirklich etwas gelegen zu haben scheint, versuchte zunächst den Ärger seiner Mutter zu besänftigen und sie vielmehr für ihre Schwiegertochter in spe zu gewinnen. Jedoch wird er bald die Hoffnungslosigkeit seines Vorgehens eingesehen haben.

Es ist nicht zu entscheiden, welchen Anteil an der weiteren Entwicklung die Eifersucht der Mutter auf die Geliebte ihres Sohnes beziehungsweise ihre immer unverhohleneren Drohungen gegen Nero hatten. Nach dem Tod des Britannicus schlug sich nämlich Agrippina ganz offen auf die Seite der Claudius-Tochter, hielt Verbindungen zu oppositionellen Adeligen und suchte immer mehr – was wohl als markantestes Alarmzeichen zu werten war – die Nähe der ihr als Leibwache zugeteilten Prätorianer und Germanen. Es werden wahrscheinlich in größerem Maße diese politischen Warnzeichen gewesen sein, die Seneca und Burrus dem Kaiser mit zunehmender Dringlichkeit ins Ohr flüsterten, um ihn dazu zu bringen, sich mehr und mehr von seiner Mutter zu distanzieren. Bald war die Machterosion Agrippinas nach der Ermordung des Britannicus nicht mehr zu übersehen.

Machterosion

Zunächst musste die Kaisermutter ihren angestammten Wohnbereich auf dem Palatin verlassen, Nero wies ihr als neuen Wohnort die Villa ihrer Großmutter Antonia an. Die dadurch geschaffene räumliche

Distanz zwischen sich und damit den offiziellen Staatsgeschäften und der Mutter war offensichtlicher Ausdruck einer politischen Trennung. Sehr bald wurden Agrippina auch ihre Leibwache aus Soldaten der Prätorianergarde sowie die ihr als Germanicus-Tochter immer noch besonders zugeneigte Truppe germanischer Wächter entzogen. Dies war nicht nur der Verlust eines Statussymbols, sondern ein weiteres für alle sichtbares Zeichen, dass die Kaisermutter nicht mehr zum Zentrum der Macht zählte. Darüber hinaus war damit bereits jeglicher Anflug eines Gedankens an einen militärischen Putsch im Keim erstickt.

Ein weiterer schwerer Schlag gegen Agrippina war auch die Entlassung des Freigelassenen Pallas, der als *a rationibus* bisher für die gesamten kaiserlichen Finanzen zuständig gewesen war. Mit ihm verlor Agrippina einen ihrer engsten und zugleich mächtigsten Verbündeten, der ihren ungehinderten Zugang zu ungeheuren Finanzressourcen gewährleistet hatte.

Die Präsenz Agrippinas in der politischen Öffentlichkeit reduzierte sich stark und da ihre Schwächung auch für Außenstehende klar erkennbar war, nahm die Zahl ihrer Audienzen schnell ab. Nur Nero machte ihr regelmäßig seine Aufwartung. Die Besuche erschöpften sich allerdings in dem, was die ‚Liebe‘ des Sohnes gegenüber seiner Mutter erforderte. Nach sehr kurzem und kühlem Geplaudere soll er sich jeweils möglichst bald wieder verabschiedet haben. Diese *pietas*, das rechte Verhalten gegenüber den Vorfahren wie auch gegenüber den Göttern, gehörte zur Reihe der Kardinaltugenden, die die Sitten der Altvorderen, die *mores maiorum*, verlangten und die gerade vom Herrscher in vorbildlicher Weise zu erfüllen waren.

All das konnte und wollte aber den realen Machtverlust Agrippinas in keiner Weise verdecken. Er setzte nach der Chronologie bei Tacitus noch im Jahre 55 ein und wird auch dadurch erkennbar, dass Agrippina auf den Münzen, die im letzten Jahresdrittel geprägt wurden, nicht mehr präsentiert wird.

Proportional zum Schwund der Freunde Agrippinas dürfte die Zunahme der Zahl ihrer Feinde gewesen sein, die nun immer mehr ihre Deckung verließen, da sie glaubten, sie nicht mehr fürchten zu müssen. Die Kaisermutter hatte sich durch ihr arrogantes und anmaßendes Verhalten, durch ihre unverhohlene Bevorzugung ihr Gewogener und der entsprechenden Abschiebung anderer natürlich eine ganze Reihe von Adelsfamilien zum Feind gemacht. Dazu zählten im Besonderen Familien, die in irgendeiner verwandtschaftlichen Verbindung zum Kaiserhaus standen und die sie als mögliche Rivalen ins Abseits gestellt und aktiv benachteiligen hatte lassen, wo es nur ging. Vor allem die weiblichen Mitglieder dieser *gentes* hatten schon lange mit großem Missfallen, hinter dem sich nicht selten blanker Neid verborgen haben dürfte, den Machtausbau Agrippinas mit angesehen. Nun keimte die Schadenfreude und schnell aktivierte man die eigenen familienpolitischen Netzwerke. Verstärkt suchten die Kräfte, die im Spiel um die Macht in letzter Zeit auf der Verliererseite gestanden hatten, das jetzt für Anwürfe gegen die eigene Mutter offene Ohr des Princeps, und wie es scheint, fanden sie es auch.

Es häuften sich die Gerüchte, Agrippina hege hochverräterische Absichten, Gerüchte, die sicherlich von entsprechenden kaiserlichen Beratern – denken wir nur an Burrus und Seneca – bereitwillig und schnell dem Herrscher zugetragen wurden. Schließlich war es Iunia Silana, deren Familie unter den Machtumtrieben Agrippinas schwer hatte leiden müssen und die von der Kaisermutter persönlich beleidigt worden war – unter anderem hatte Agrippina eine Heirat Silanas mit dem reichen Senator Sextius Africanus verhindert –, die dafür sorgte, dass Nero die Anschuldigung hinterbracht wurde, Agrippina plane zusammen mit einem jüngeren Mann namens Rubellius Plautus, den sie ehelichen wolle, den Sturz des Kaisers. Die Verbindung Agrippinas mit Rubellius wäre deswegen nicht ungefährlich gewesen, weil Letzterer zwar nicht direkt von Augustus abstammte, aber immerhin die Schwester des ersten Princeps, Octavia, zu seinen Ahnen zählte. Man lancierte den Vorwurf so, dass er Nero zu später Stunde, als der Kaiser bei einem Gelage dem Wein schon stark zugesprochen hatte, zu Ohren kam. Silana, durch den Anwurf Agrippinas, sie versuche ihr zunehmendes Alter durch unzüchtiges Benehmen wettzumachen, tödlich beleidigt, hatte sich Domitia, die Schwester der erst kurz vorher auf Betreiben der Kaisermutter zum Tode verurteilten Domitia Lepida und damit ebenfalls Tante Neros, zur Mitverschwörerin gemacht. Zu ihren Freigelassenen zählte auch der von Nero heiß geliebte und verehrte Schauspieler Paris, ihm wurde die Geheimbotschaft zunächst zugespielt und er wiederum malte sie in schwärzesten Farben dem Kaiser aus.

Nero dürfte sowieso schon für Derartiges sensibilisiert gewesen sein und seine momentane Verfassung verstärkte wohl eher noch die Bereitschaft, den Vorwürfen Glauben zu schenken. Manche berichteten später, dass Burrus von den Informanten ebenfalls beschuldigt wurde, er schien wohl nach außen noch immer zu sehr mit Agrippina verbunden und daher gefährlich. Wie es die Ankläger erhofft hatten, reagierte der Kaiser mit Panik und hätte – zitternd vor Angst und Wut – am liebsten seine Mutter sofort hinrichten lassen. Der Prätorianerpräfekt sollte unverzüglich seines Postens entbunden werden. Nun aber griff Seneca, der mit dem Wirken Agrippinas durchaus nicht einverstanden war und sich sicherlich schon kritisch über sie beim Kaiser geäußert hatte, besänftigend ein. Mögen es die Gedanken daran gewesen sein, was er ihr alles zu verdanken hatte, mag die Überlegung eine Rolle gespielt haben, dass die Germanicus-Tochter bei den Prätorianern immer noch großen Rückhalt besaß. Vielleicht sah der Kaiserberater auch bei einem radikalen Schnitt seine eigene Position gefährdet. Wenn man Seneca positiv gegenübersteht, kann man auch einfach die grundsätzliche Auffassung des Philosophen von einer gerechten, jeglicher Willkür abholden Alleinherrschaft für ausschlaggebend ansehen. Jedenfalls konnte er seinen Zögling so weit beruhigen, dass dieser zugestand, Burrus sollte zumindest zunächst im Amt bleiben und Agrippina am nächsten Morgen zu den Vorwürfen gehört werden. Sollten sich die Anschuldigungen allerdings bewahrheiten, würde man auf das Härteste gegen Agrippina und ihr Umfeld vorgehen.

Die Bezichtigungen, die wohl tatsächlich völlig aus der Luft gegriffen waren, fielen wie ein Kartenhaus in sich zusammen. Agrippina verstand es geschickt, die zornige Beleidigte zu spielen, sich zu verteidigen und die ungerechtfertigte Anklage in einen Vorteil für sich umzukehren. Sie erreichte eine Audienz beim Kaiser, die Zurücknahme der Vorwürfe und sozusagen als Entschuldigung beziehungsweise Wiedergutmachung die Beförderung einiger ihr gewogener Ritter und Senatoren in besonders herausgehobene Ämter, wie etwa die Aufsicht über die Getreideversorgung in Rom, mit der Faenius Rufus betraut wurde, oder die Statthalterschaft in Ägypten. Letzterer äußerst einflussreicher Posten wurde Gaius Balbillus zugeschanzt. Vielleicht stand auch die Besetzung des militärisch äußerst gewichtigen Kommandeurspostens in Obergermanien durch L. Antistius Vetus auf der Wunschliste Agrippinas. Die Anklagevertreter wurden dagegen verbannt oder zum Tode verurteilt. Agrippinas Einfluss war also keineswegs völlig gebrochen, im Gegenteil, der Angriff auf sie hatte ihre immer noch vorhandenen Möglichkeiten aufgezeigt und ihr zu einem zumindest augenblicklichen Triumph verholfen. Insgesamt jedoch war ihre Position ins Wanken gebracht, auch wenn sich für die nächsten Jahre zumindest nach außen hin eine Art ruhiges Gleichgewicht zu entwickeln schien.

Betrachtet man die folgende Entwicklung bis zum Jahre 59, dem Jahr der Ermordung der Kaisermutter, genauer, so kann man erkennen, dass dieses Komplott das gesamte von Agrippina aufgebaute Gebäude der neronischen Regierung, das auf den drei Schultern von Agrippina, Seneca und Burrus ruhte, zumindest erschüttert hatte, alle waren angreifbar geworden. Beim Kaiser selbst dagegen begann die Rebellion gegen seine Bevormundung augenfälliger zu werden und auch das Misstrauen seiner nächsten Umgebung gegenüber schien gewachsen. Dies alles gärte jedoch noch weitgehend im Inneren.

Trotz ihrer offensichtlichen machtpolitischen Kaltstellung blieb Agrippina im öffentlichen Leben weiterhin präsent. Schließlich war sie immer noch die Mutter des regierenden Herrschers. Immer noch stand ihr für die Fahrten von Rom in ihre Ferienvillen nach Antium oder Tusculum ein Dreiruderer mit Flottensoldaten zur Verfügung. Für die Jahre 57 und 58 verzeichnen die Akten der Arvalpriesterschaft den Hinweis auf die öffentliche Feier ihres Geburtstags und am 15. Dezember 58, dem Geburtstag des Kaisers, wird der Kaisermutter mit einem Opfer für Concordia, der Göttin der Eintracht, zusammen mit ihrem Sohn die Ehre erwiesen. Auch außerhalb der Hauptstadt setzten sich die Ehrungen für die mächtige Frau fort. In Neapel veranstalteten im Jahre 56 die *augustales*, eine städtische Priesterschaft, die vorrangig den Kult für das Kaiserhaus besorgte, Festspiele, mit denen nicht nur Nero, sondern auch Agrippina Augusta gefeiert wurde. Aber sie war eben nur mehr *mater Caesaris*, die Mutter des Herrschers, eine zwar wichtige und einflussreiche Rolle, die aber dieser machtbesessenen Frau sicherlich nicht genügt haben dürfte.

Ruhe vor dem Sturm

Tacitus, der zum Verhältnis zwischen Agrippina und Nero für die Jahre 57 und 58 nichts zu berichten weiß, vermittelt uns das Bild einer Art Ruhe vor dem Sturm. Unter der Oberfläche schien jedoch der Ärger Neros über seine Mutter weiter zu schwären. Sueton berichtet, dass der Sohn sie auf ihrem Landsitz an der Küste durch bestellte Störer schikanieren ließ und ihr die immer seltener werdenden Aufenthalte in der Hauptstadt durch Rechtsstreitigkeiten vergällte.[11]

Die Entfremdung zwischen Sohn und Mutter nahm immer mehr zu. Das mag auch damit zusammenhängen, dass der nun 21-jährige Nero sein Korsett, in das man ihn gezwungen hatte, mehr und mehr als beengend und störend empfand und verstärkt damit begann, sich dagegen zu wehren. Sein privates Verhalten wurde immer unkonventioneller. Seine Rebellion gegen das System äußerte sich in zahllosen nächtlichen

Kneipenbesuchen beziehungsweise dem ‚Hobby', nachts zusammen mit befreundeten Kumpanen verkleidet durch die zwielichtigen Straßen der Hauptstadt zu ziehen, dabei Passanten anzupöbeln und keiner Rauferei aus dem Weg zu gehen, vielmehr Schlägereien zu provozieren und anzuzetteln. Gerne machte der Kaiser zusammen mit seinen Gefährten dabei auch Ausflüge zur milvischen Brücke, wo sich nachts die Liebespaare trafen und Prostitution sowie sonstige Ausschweifungen blühten. Sueton unterstellt sogar, dass der Kaiser mit seinen Freunden vor kleineren Einbrüchen in Läden nicht zurückschreckte und die dabei erbeuteten Waren von angeworbenen Hehlern verkaufen ließ.[12]

Das Aufbegehren gegen die streng konservativen Verhaltensregeln der römischen Aristokratie gehörte nun zwar durchaus zu den üblichen Initiations-Riten männlicher Heranwachsender, jedoch stand es zumindest in dieser Offenheit einem herrschenden Kaiser sicherlich nicht an. Außerdem bekam das nonkonforme Verhalten durch die Person des Kaisers eine ganz andere, vor allem für die Betroffenen manchmal lebensgefährliche Dimension. So bezahlte der römischer Senator Iulius Montanus sein zufälliges nächtliches Zusammentreffen mit dem in Sklaventracht verkleideten Herrscher mit dem Leben. Unwissend, um wen es sich handelte, hätte er Nero im Zuge einer handgreiflichen Auseinandersetzung beinahe erschlagen. Als er später erkannte, wen er da zwischen seinen Fäusten gehabt hatte und sich für seine heftige Selbstverteidigung entschuldigen wollte, wurde er gezwungen sich umzubringen.

Immer offener frönte Nero nun auch einer weiteren Leidenschaft, die bereits als Kind zu seinen Lastern gezählt hatte und die ebenfalls grundsätzlich bei der römischen ‚Jeunesse dorée' durchaus in hohem Ansehen stand, dem Wagenrennen. Bei der Anfeuerung seiner Favoriten kannte er keine Grenzen, und auch selbst tat er sich immer häufiger als Wagenlenker hervor. Diese gefährliche und sehr kostenaufwändige Sportart war in vornehmen Kreisen durchaus angesagt und der gesamte Betrieb lässt sich sehr wohl hinsichtlich ‚Fankult', Umfeld usw. mit dem Rummel vergleichen, der sich heute um den Autorennsport entwickelt hat. Aber wie gesagt, Nero war eben nicht irgendein etwas ausgeflippter Adeliger, dem man sein Über-die-Stränge-schlagen verzieh und von dem man wusste, dass er, einmal in die Verantwortung genommen, auch wieder zum rechten Maß der Dinge zurückfinden und seine Grenzen einsehen würde.

Zu dieser jugendlichen Revolte des Kaisers gehörte sicherlich auch seine Liebschaft zu Acte, die jedoch für ihn die aufgezwungene, politisch motivierte und vor allem von der Mutter favorisierte und weiter

als notwendig angesehene Ehe mit seiner Stiefschwester Octavia noch mehr zu einer persönlichen Tortur machte. Es ist leicht nachvollziehbar, dass der um die Entwicklung einer eigenständigen Persönlichkeit ringende Heranwachsende die Schuld für alles, was ihn belastete, ihn gängelte genauso wie dafür, dass er seine eigenen Neigungen nicht ausleben konnte wie er wollte, seiner Mutter zuschob, sie zum Sündenbock und dadurch immer mehr zur hassenswerten Gestalt in seinem Leben machte.

Seneca, der Neros Entwicklungsprozess in seiner Gefährlichkeit anscheinend erkannte, versuchte durch gelenktes, wohl dosiertes Zulassen der Eigenwilligkeiten des jungen Herrschers, die verderblichen Kräfte beherrschbar zu machen. Er sorgte dafür, dass die Opfer der nächtlichen Streifzüge entschädigt wurden, der Kaiser bis zu einem gewissen Maße seinen Willen bekam, wenn er sich nur grundsätzlich seines Kaisertums bewusst blieb. Vielleicht war der Glaube, Nero beherrschen und seine charakterliche Entwicklung steuern zu können, die entscheidende Fehleinschätzung in Senecas Leben. Jedenfalls wurde der Kaiser immer zügelloser in seinem Verhalten und gleichzeitig wohl auch immer unzufriedener und frustrierter. Wahrscheinlich werden auch die wohlmeinenden Ratschläge, Mahnungen, ja drohenden Vorhaltungen der energischen Mutter trotz ihrer Zurückstellung nicht aufgehört, vielleicht sogar gerade deswegen noch zugenommen haben. Jedenfalls soll Nero sogar mit seiner Abkehr von Rom und seinem Rückzug ins Privatleben auf die Insel Rhodos gedroht haben. Der kundige Leser denkt dabei sicherlich sofort an die vergleichbare Drohung des mit seinem Stiefvater Augustus und seiner eigenen Situation unzufriedenen Tiberius.

Poppaea Sabina

Letztendlich mag aber dann eine neue Liebschaft, diesmal zur stadtbekannten Schönheit Poppaea Sabina, den Ausschlag gegeben haben, dass Nero im Jahre 59 den grässlichen Plan fasste, seine Mutter töten zu lassen. Glaubt man der Überlieferung, so war auch das keine völlig neue Idee, dreimal soll der Sohn schon vorher versucht haben, seine Mutter mit Gift aus der Welt zu schaffen. Die Versuche seien aber alle gescheitert, da sich die mit allen Wassern gewaschene und aufgrund der eigenen kriminellen Energien misstrauische Frau gegen derartige Anschläge durch die Einnahme von Gegenmitteln beziehungsweise die Immuni-

sierung durch die stetige Zuführung von kleineren Giftdosierungen ge-
feit hatte. Unklar war bereits für die Zeitgenossen, warum gerade im
Frühjahr 59 die Situation so eskalierte, dass Nero nun die Beseitigung
seiner Mutter offen ins Werk setzte. Daher wird vor allem Poppaea
Sabina für die letzte Entscheidung verantwortlich gemacht.

Die mindestens sechs Jahre ältere, äußerst attraktive und sich ihrer
körperlichen Reize wohl auch sehr bewusste Poppaea war, als sie Nero
im Jahre 58 kennen lernte, gerade mit dem Senator Marcus Salvius
Otho, Gefährte Neros auf seinen nächtlichen Streifzügen und Mitglied
in der engeren Korona des Kaisers, verheiratet. Es war ihre zweite Ehe.
Otho hatte sie nämlich ihrem ersten Gatten, Rufrius Crispinus, Präfekt
der Prätorianer unter Claudius, weggenommen. Während ihrer Verheiratung mit dem Prätorianeroberst hatte sie auch zumindest indirekt
bereits die Macht Agrippinas zu spüren bekommen. Denn diese hatte im
Jahre 51 beim Kaiser die Ablösung des Crispinus als Chef der Prätorianer betrieben, der dann durch den Agrippina-Günstling Burrus ersetzt
worden war. Poppaeas Herkunft war nicht ohne dunklen Schatten. Ihr
Vater, T. Ollius, gehörte nicht einmal dem Senatorenstand an und hatte
gerade erst den Rang eines Quästors erreicht, als er im Jahre 31 als Anhänger Seians ums Leben kam. Nur über ihre Mutter konnte sie auf eine
senatorische Herkunft verweisen. Daher hatte sie auch den Namen des
Großvaters mütterlicherseits angenommen. Der Konsular und Inhaber
der Triumphalinsignien C. Poppaeus Sabinus hatte großes Ansehen genossen. Er starb als Statthalter von Moesia, einer militärisch sehr wichtigen Donauprovinz, der er 25 Jahre lang vorgestanden hatte.

Das hervorstechende Äußere Poppaeas war wohl Erbe ihrer gleich-
namigen Mutter.[13] Poppaea die Ältere war anerkanntermaßen die herausragende Schönheit ihrer Zeit, was ihr allerdings kein Glück eingebracht hatte. Im Jahre 48 war sie der Eifersucht Messalinas zum Opfer
gefallen und zum Selbstmord getrieben worden.

Es waren das gute Aussehen genauso wie die Extravaganz Poppaeas,
die schon bei den antiken Schriftstellern die meiste Aufmerksamkeit er-
regten. Plinius d. Ä. bemerkt, dass Nero ihre elfenbeinfarbenen Haare
hingebungsvoll rühmte, was einen entsprechenden Modetrend in den
Kreisen der weiblichen Aristokratie auslöste, und dass die Maulesel, die
ihren Wagen zogen, mit goldenen Hufeisen beschlagen waren. Täglich
habe Poppaea angeblich in der Milch von 500 trächtigen Eselinnen ge-
badet, damit ihre Haut straff und geschmeidig bleibe und nicht altere.
Da sie sogar auf ihren Reisen nicht darauf verzichten wollte, wurde der
Esel-Tross überallhin mitgeführt.[14] Neben der körperlichen Schönheit

und ihrem exaltierten Gehabe soll die junge Aristokratin aber auch über eine hervorragende Konversationsgabe und exzellenten Geschmack verfügt haben. Sie interessierte sich für viele Dinge, den Quellen nach stellte sie sogar selbst Kosmetika her.[15] Intellektuell gebildet, wie viele der römischen Aristokratinnen, war sie nicht nur in den Damenzirkeln eine anregende Gesprächspartnerin, die mit ihrem aufgeweckten Verstand ihre Zeitgenossen beeindruckte. Man vermutet, dass sie mit der Religion der Juden sympathisierte. Zumindest war im Jahre 63 der jüdische Historiker Flavius Josephus in diplomatischer Mission bei ihr und sah in ihr eine Förderin jüdischer Belange. Es ist wohl ihrer Fürsprache zu verdanken, dass die Petition des Josephus, einige festgenommene jüdische Priester freizulassen, von Erfolg beschieden war. Zweifellos war sie dabei aber auch eine sehr ehrgeizige und vornehmlich auf ihren eigenen Vorteil bedachte Frau, die von der mütterlichen Seite auch über ein größeres Vermögen verfügte. So zeigen Inschriften, dass die *gens Poppaea* in Pompeji, ihrer Heimatstadt, mindestens fünf Stadthäuser besaß. Poppaea selbst gehörten anscheinend eine Ziegelfabrik im Umland von Pompeji sowie eine Villa bei Oplontis. Die ebenfalls inschriftlich belegten *ludi Poppaeenses* in Pompeji lassen erkennen, dass ihre Familie zu den führenden Geschlechtern in der campanischen Stadt zählte.

Möglicherweise hatte sich Poppaea nicht ganz uneigennützig von ihrem Gemahl Otho beim Kaiser einführen lassen. Wenn die Folgeentwicklung wirklich geplant und beabsichtigt war, dann kann man die Durchführung als mindestens so raffiniert wie gelungen bezeichnen. Der Kaiser war sehr schnell von der in der Blüte ihres Frauseins stehenden Schönheit fasziniert, und sie verstand es, ihn an sich zu binden, indem sie sich wechselweise durchaus aufgeschlossen für sein Werben zeigte, ihn dann aber wieder, die treue und moralisch untadelige Ehegattin vorspielend, galant zurückwies. Letztendlich entflammte sie ihn damit aber nur noch mehr für sich und widerstand wohl auch nicht allzu lange seinen Annäherungsversuchen. Der Kaiser machte sie zu seiner Geliebten. Ihr Gemahl, ehedem Freund und Spießgeselle Neros, verlor dessen Gunst und musste sich scheiden lassen.

In unseren Quellen spiegelt sich auch noch ein Gerücht wider, dass damals die Runde machte. Demnach sei die ganze Affäre Othos mit Poppaea von Anfang an von Nero eingefädelt gewesen. Er habe sich bereits in Poppaea verliebt gehabt, als diese noch mit ihrem ersten Mann verheiratet war. Um die Liebschaft unter der Decke zu halten und dem Kaiser trotzdem eine Möglichkeit, mit Poppaea zu verkehren, zu eröffnen, habe sich sein Kumpan Otho breitschlagen lassen, nach der Trennung Poppaeas von ihrem Mann mit ihr eine Scheinehe einzugehen. Dabei jedoch sei er selbst von den Reizen der Dame entflammt worden und deswegen mit dem Kaiser in Streit geraten. Selbst wenn diese Version der ‚Affäre Poppaea' doch eher einer Liebeskomödie entnommen zu sein scheint als der Wirklichkeit, so lässt sie doch erahnen, wie sehr das Liebesabenteuer mit Poppaea damals Tagesgespräch in der Stadt war. Otho konnte jedenfalls – egal wie die Sache eingefädelt worden war – nicht länger in der direkten Nähe des Herrschers bleiben. Um ihn vom Hof zu entfernen, wurde ihm der Statthalterposten im spanischen Lusitanien angetragen. Von dort sollte er Anfang des Jahres 69 während des auf den Tod Neros folgenden Wirrwarrs um die Kaiserwürde auch für vier Monate Nachfolger seines Nebenbuhlers werden.

Geliebte des Kaisers, Nebenfrau, machtlos und ungesichert im Schatten einer legalen Gemahlin stehend, das war sicherlich nicht das endgültige Ziel Poppaeas. Sie ließ sich nicht wie die Freigelassene Acte von Nero nur als Liebschaft benutzen, ohne Aussicht darauf, irgendwann einmal zur Ehefrau aufsteigen zu können. Sie wollte öffentlich als legitime Gemahlin des römischen Herrschers auftreten. Dem standen allerdings noch einige Hindernisse entgegen.

Der, was den Einsatz weiblicher Waffen betraf, aufs Stärkste sensibilisierten Agrippina war das zielgerichtete Streben dieser jungen Frau wohl von Anfang an klar und musste ihr ein Dorn im Auge sein. Die Gefahr, die sich hier zusammenbraute, war von einer ganz anderen Dimension als die Verliebtheit ihres Sohnes in die ehemalige Sklavin Acte. Eine eheliche Verbindung Neros mit Poppaea hätte alle Bemühungen konterkariert, die iulisch-claudische Dynastie zur allein möglichen Herrscherfamilie zu formen. Wie viel Anstrengung, wie viel Ehrgeiz und schließlich auch wie viel Blut waren über die Jahrzehnte hinweg in diese Idee schon gesteckt worden! Gegenläufige Entwicklungen galt es daher mit allen Mitteln möglichst schon im Keim zu ersticken.

Poppaea ihrerseits war sich der Feindschaft ihrer Schwiegermutter in spe durchaus bewusst. Deren Skrupellosigkeit bei der Durchsetzung eigener Interessen hatte sie ja schon selbst erfahren. Ihr musste klar sein, dass diese Frau einer Legalisierung ihres Verhältnisses zum Kaiser niemals zustimmen würde. Daher war sie noch mehr als die Gattin Neros, Octavia, das entscheidende Hindernis für ihre Pläne. Unablässig soll Poppaea daher Nero mit ihren Sticheleien und spitzen Bemerkungen über seine Abhängigkeit von der Mutter gequält und damit gedroht haben, wieder zu ihrem Ehemann Otho zurückzukehren.

Nero, der die ewige Kontrolle und Überwachung durch seine Mutter, ihre ständigen Nörgeleien an allem, was er tat und was ihm Spaß machte, sowieso schon lange bis oben hin satt hatte, war sicherlich wütend darüber, dass nun auch seine zweite Liebesbeziehung von ihr kaputtgemacht zu werden drohte. Er war ja wirklich sein ganzes bisheriges Leben von dieser Frau abhängig gewesen, sie hatte über ihn verfügt, sie hatte ihn zu formen versucht und nach ihren Plänen und Wünschen eingesetzt.

War es nicht an der Zeit, dem selbst bestimmt Einhalt zu gebieten? War er nicht der unumschränkte Herrscher über ein Weltreich, Herr über Leben und Tod? Genügte sonst nicht ein Fingerschnippen, um seine Pläne Wirklichkeit werden zu lassen?

Bei der Frage, ob Poppaea wirklich für den Entschluss Neros ausschlaggebend war, seine Mutter ermorden zu lassen, bleiben allerdings einige Zweifel, weil der Kaiser sie ja keineswegs unmittelbar nach dem Muttermord ehelichte, sondern noch drei Jahre vergingen, bis Poppaea das Ziel ihrer Wünsche erreichte. Dies dürfte wahrscheinlich vor allem auf das Einwirken Burrus' zurückzuführen sein, der Octavia sehr gewogen war und heftigst gegen eine Scheidung Neros von der leiblichen Tochter des Claudius intervenierte.

Ermordung Agrippinas

Ohne dass daher ein wirklich entscheidender Anlass für uns und wohl auch schon für die Zeitgenossen erkennbar wäre, scheint Nero im Frühjahr des Jahres 59 den Plan gefasst zu haben, sich seiner Mutter zu entledigen. Die Frage schien nur noch, wie die Sache vonstatten gehen sollte. Gift wäre das Naheliegendste gewesen, schied aber aus den bereits angeführten Gründen aus. Wie also sollte man es bewerkstelligen? Nero dürfte klar gewesen sein, dass er mit seinem furchtbaren Plan bei seinen beiden Ratgebern, Seneca und Burrus, kaum auf Gegenliebe stoßen würde, zu entsetzlich, jede moralische Konvention sprengend schien die Tat. Er wandte sich daher an einen alten Vertrauten, der anscheinend Agrippina nicht freundlich gesinnt war, seinen Lehrer aus Kindertagen, Anicetus. Der war inzwischen zum Admiral der Kriegsflotte avanciert, die in Misenum stationiert war. Nero hatte mit ihm wohl die richtige Wahl getroffen, jedenfalls scheint Anicetus sofort dem Willen des Kaisers entsprochen zu haben, und eifrigst bemüht konnte er auch bald mit einer Idee aufwarten. Er schlug vor, ein Schiff zu konstruieren, das mit einem Mechanismus versehen sein sollte, der es auf hoher See auseinanderklappen ließ. Entweder würde die verhasste Mutter dabei in die Tiefe des Meeres stürzen oder von herabfallenden Holzteilen erschlagen werden. Wir wissen nicht, was Anicetus gegenüber Agrippina so aufgebracht hatte, dass er sich zu einer solch perfiden Schandtat missbrauchen ließ. Vielleicht lag sein Groll gegen die Kaisermutter darin begründet, dass er seine Stellung zugunsten von Seneca und Burrus hatte aufgeben müssen beziehungsweise dass sein Einfluss auf den jungen Nero durch die Agrippina-Günstlinge zumindest gemindert worden war. Vielleicht versprach er sich für seine absolute Botmäßigkeit dem Kaiser gegenüber noch mehr an Einfluss auf den Throninhaber beziehungsweise ein Mehr an Ehren und Gunsterweisungen? Vielleicht war aber seine Mitwirkung und Innovationskraft auch gar nicht so freiwillig, wie Tacitus uns das glauben lassen will. Wer konnte es sich denn wirklich leisten, Nein zu sagen, wenn Nero sich etwas in den Kopf gesetzt hatte?

Nun galt es also, noch das Umfeld für den Anschlag zu bereiten. Die Prätorianer konnte Nero kaum für die Ermordung seiner Mutter einsetzen, ihre Loyalität der Germanicus-Tochter gegenüber war noch zu groß, ihrer konnte man sich bei diesem Auftrag nicht sicher sein. Dass diese Einschätzung richtig war, sollte sich nach dem Scheitern des ersten Mordversuchs noch erweisen. Als mögliche militärische Kraft blieb daher nur die Flotte, und war nicht Agrippina oft genug mit ihrem Dreiruderer auf dem Meer vor Rom unterwegs?

Günstig für die Ausführung der Schandtat schienen die Quinquatrien, das fünftägige Fest für Minerva im März, zu sein. In letzte Zeit hatte sich Nero betont von seiner Mutter fern gehalten, angeblich nachdem sich ihm diese, um ihn wieder enger an sich zu binden und seiner neuen Liebe zu entfremden, in schamloser Art und Weise inzestuös angeboten hatte. Wir sollten diese Unterstellung aber mehr einer übelwollenden Gerüchteküche beziehungsweise Historiografie post mortem zurechnen – manche machten sogar Nero selbst zum Protagonisten derartiger Ausschweifungen –, als ihr als reale Perversion Glaubhaftigkeit zuzumessen.

Das anstehende Fest bot jedenfalls für Nero eine willkommene Gelegenheit, seiner Mutter unverfänglich einen Versöhnungsbesuch zu offerieren. Im Rahmen dieses Zusammentreffens sollte dann die Mordtat inszeniert werden. Eine letzte moralische Schranke ließ den Sohn anscheinend davor zurückschrecken, mit seiner Mutter vor der von ihm inszenierten Ermordung nochmals in seinem Palast in Rom zusammenzutreffen. Er lud sie daher in eine seiner Villen im mondänen Badeort Baia an der campanischen Küste nahe Kap Misenum. Dort arrangierte er eine festliche Abendveranstaltung zu ihren Ehren. Nero feierte mit der Todgeweihten bis in die tiefe Nacht. Nachdem ihre liburnische Yacht, mit der sie von Antium her angekommen war, wie durch eine zufällige Havarie beschädigt worden war – der Kaiser hatte den entsprechenden Auftrag gegeben –, brachte er seine, wie es heißt über die Versöhnung sehr erfreute Mutter zu einem eigens für sie bereitgestellten Schiff, das sie über den Golf von Neapel zu ihrem Landsitz zurückbringen sollte. Dabei handelte es sich um das wie geplant präparierte Fahrzeug. Zum Abschied soll er sie nochmals innigst geküsst und betrachtet haben.

Kaum hatte man das offene Meer erreicht – Agrippinas Kammerzofe Acceronia schwärmte gerade vom gelungenen Verlauf des Abends –, da stürzte auch schon das mit Blei beschwerte Kajütendach des Schiffes herab, das die beiden Frauen unter sich begraben sollte. Allerdings funktionierte die Sache nicht ganz so wie vorgesehen: Anstatt von den herabfallenden Holzbalken erschlagen zu werden, rettete der baldachinartige Überbau des Ruhebettes, auf das sich beide Damen gelegt hatten, deren Leben. Nach Tacitus versuchte daraufhin der Teil der Besatzung, der in den Plan eingeweiht war, das Schiff zu versenken, dabei stürzten Agrippina und ihre Zofe ins nächtliche Meer.[16] Acerronia rief, in der Meinung ihr Leben dadurch retten zu können, den Flottensoldaten, die nach den beiden suchten, zu, sie sei die Kaisermutter. Aber anstatt dadurch ihr Leben zu erhalten, erreichte sie genau das Gegenteil, sie wurde von den um den Mordplan Wissenden, die ihr Missgeschick noch gutmachen und damit ihr eigenes Leben retten wollten, mit hölzernen Rudern erschlagen. Agrippina selbst, die wohl schon durch Verräter vor einem Anschlag gewarnt worden war und das Attentat hinter dem Unfall sofort erkannte, hielt sich zunächst im Wasser ganz ruhig. Mit Entsetzen musste sie mit ansehen, wie diejenige, die sich für sie ausgab, ihr Leben lassen musste. Sie selbst schwamm daraufhin Richtung Ufer. Inzwischen war das Unglück wohl auch am Festland wahrgenommen worden und mehrere Schiffe liefen zur Rettung der Schiffbrüchigen aus. Eines davon nahm die Schwimmende in Strandnähe an Bord. Und als man erkannte, wen man vor sich habe, brachte man die Kaisermutter zu einer ihren Villen an der Küste.

Agrippina musste klar sein, was der ganze Vorfall für sie zu bedeuten hatte. Es konnte keinen Zweifel daran geben, wer der Auftraggeber für diesen Attentatsversuch gewesen war. Gab es für sie noch einen Ausweg? Hatte sie überhaupt noch eine Chance, ihr Leben zu retten? Wenn,

dann nur dadurch, dass sie keinerlei Beschuldigungen gegen Nero vorbrachte, sondern sozusagen die Einfältige spielte und das Ganze als Unfall darstellte, den sie glücklicherweise durch eine Fügung der Götter überlebt hatte. So schickte sie bald danach einen Boten zu ihrem Sohn, um ihn, der sicherlich schon von dem Unglück gehört habe und nun in großer Sorge um seine Mutter sei, von dem günstigen Ausgang des Vorfalls zu unterrichten.

Wechseln wir die Perspektive und richten wir unser Augenmerk auf Nero. Wenngleich der Zorn und Hass gegen seine Mutter groß war und er sich schon lange mit den Mordgedanken getragen hatte, so dürfte der letzte Schritt, unwiderrufbar wie Nero denken musste, den Sohn doch emotional äußerst aufgewühlt haben. Entsprechend rastlos, wahrscheinlich durch übermäßigen Alkoholgenuss bereits fahrig und noch mehr als sonst seinen Affekten ausgeliefert, harrte er voller Furcht, aber auch voller Erwartung in seiner Strandvilla der Vollzugsmeldung. Doch statt der Todesnachricht drang kurz nach Mitternacht die Kunde zu ihm, seine Mutter sei einer großen Gefahr entronnen, sie habe einen Schiffsunfall wie durch ein Wunder nur mit einer leichten Schulterverletzung überlebt. Wie ein Lauffeuer hatte sich diese Nachricht von der Errettung der Kaisermutter herumgesprochen. Inzwischen waren Menschenmengen mit Fackeln und freudigst gestimmt auf dem Weg, um der Geretteten vor ihrem Landsitz zu huldigen und ihre Treue gegenüber der Kaiserfamilie zu bekunden. Für Nero war die Meldung ein Schock, er verfiel in Panik und war der festen Überzeugung, seine Mutter, wissend über den Urheber des Mordversuchs, würde nun ihrerseits einen Aufstand gegen ihn inszenieren. Er schickte nach Burrus und Seneca, die anscheinend bis zu diesem Zeitpunkt wirklich noch völlig ahnungslos gewesen waren. Beide erkannten sofort die prekäre Situation, die ein schnelles und endgültiges Handeln erzwang, wollte man nicht in Gefahr laufen, dass es wirklich zu einem Aufstand komme. Ihnen war sicherlich auch bewusst, inwieweit sie selbst bei der ganzen Sache in Gefahr waren. Wer sollte ihnen glauben, dass sie von den Absichten des Kaisers nichts gewusst hatten? Würden die Prätorianer den Angriff auf die von ihnen immer noch verehrte Agrippina so ohne weiteres hinnehmen oder sich vielleicht sogar gegen ihren Präfekten wenden? War man dem Zorn und unkontrolliertem Wüten des Princeps nicht ausgeliefert, wenn man jetzt keine unwiderruflichen Entscheidungen traf? Man musste handeln, wollte man nicht als Spielball unberechenbarer Entwicklungen selbst unter die Räder kommen.

Jedenfalls war es wohl Seneca, der vor allem dazu riet, jetzt, nachdem

die Sache schon so weit gediehen sei, keinen Rückzieher mehr zu machen, sondern die Dinge zu ihrem angedachten Ende zu treiben. Das Ansinnen, die Prätorianer nun zu Agrippinas Mörder werden zu lassen, wies Burrus mit dem Hinweis auf deren lange und tiefe Verbundenheit mit der Tochter des legendären Germanicus kategorisch zurück. Anicetus möge doch vollenden, was er angefangen und auch versprochen habe. Bevor aber noch das grausige Werk vollbracht werden konnte, galt es jetzt sofort ein Szenario zu erfinden, das den Muttermord für die Öffentlichkeit plausibel, zwangsläufig und faktisch notwendig erscheinen ließ. Den immer furchteinflößenden Naturgewalten, sprich den unberechenbaren Meeresfluten konnte man ja die Schuld am Tod der Kaisermutter nicht mehr zuschieben. Bei der folgenden Inszenierung dürften wohl Burrus und auch Seneca eine nicht zu geringe Rolle gespielt haben.

Während der Beraterstab des Herrschers noch über das weitere Vorgehen nachdachte, traf der Freigelassene Agerimus, der von Agrippina damit beauftragt worden war, dem Sohn die Meldung ihrer göttergewollten, glücklichen Errettung zu überbringen, am Hof ein. Er, eigentlich als Glücksbote gedacht, kam wie gerufen. Als er zum Kaiser vorgelassen wurde, schob man ihm eine Waffe unter und bezichtigte ihn eines Attentatsversuchs auf Nero. Der Dolch sei der Beweis, er habe versucht, Nero zu ermorden. Auf frischer Tat ertappt, wurde er überwältigt und umgehend festgenommen. Natürlich habe er ihm Auftrag gehandelt. Und es gab keinen Zweifel, in welchem. Als Freigelassener der Agrippina sei er ja lebendes Beweismittel dafür, dass niemand anderer als die Mutter hinter dem Mordkomplott stehe. Sie habe versucht, ihren Sohn, den römischen Kaiser, beseitigen zu lassen – eine Situation, die unverzügliches Handeln unabdingbar werden ließ. Nur kurze Zeit später machte sich ein Trupp, bestehend aus Flottensoldaten des Anicetus, auf den Weg, der Agrippina zum Selbstmord zwingen sollte. Die Häscher, die in den frühen Morgenstunden vor der Villa Agrippinas ankamen, mussten zunächst die Menge der Schaulustigen und Jubelnden zerstreuen, die sich inzwischen dort versammelt hatte. Als die Matrosen dann gewaltsam in das Haus eindrangen, floh die gesamte Dienerschaft.

Agrippina war sicherlich zu diesem Zeitpunkt klar, was von ihr erwartet wurde. Sie tötete sich jedoch nicht selbst. Allein in ihrem Schlafgemach empfing sie ihre Mörder mit großer Gefasstheit. Was sie denn wollten, möchte sie wissen. Wenn sie sich nach ihrem Befinden erkundigen sollten, so könnten sie melden, sie sei wiederhergestellt. Wenn sie in üblen Absichten gekommen wären, so könne sie sich eigentlich gar nicht vorstellen, wer ihnen den Auftrag gegeben habe. Ihr Sohn habe

sicherlich keinen Muttermord befohlen, ließ sie die gedungenen Mörder wissen. Diese stellten sich um ihr Bett auf und hieben und stachen auf die Wehrlose ein. Als ihr ein Zenturio mit seinem Schwert den Todesstoß geben wollte, soll sie ihm ihren Unterleib hingestreckt und ihn aufgefordert haben, doch hier hin zu stoßen – *ventrem feri* (triff den Bauch).[17] Es sollte damit die Stelle geschändet werden, die einst der Ursprung allen Übels gewesen war. Vielleicht dachte Agrippina in diesem Augenblick noch an den Spruch eines Wahrsagers, der ihr prophezeit hatte, ihr Sohn werde herrschen, aber sie töten. Damals hatte sie geantwortet: *Möge er mich töten, wenn er nur herrsche.*[18] Schließlich brach sie unter zahlreichen Verletzungen tot zusammen.

Der Tag war noch nicht angebrochen. Ähnlich schnell wie Britannicus wurde Agrippina auf einem provisorisch aufgeschichteten Scheiterhaufen verbrannt. Bald machte das Gerücht die Runde, Nero, der herbeigeeilt war, habe seine Mutter vorher noch wie im Delirium beschaut, ihre Glieder betastet und ihr gutes Aussehen gelobt, wobei er dazwischen immer weiter Wein getrunken haben soll.[19] Nach einer einfachen Zeremonie setzte man die Asche ganz ohne weitere Ehrerweisungen bei. Dass mit diesem Mord nicht das Leben einer grausamen Tyrannin ohne jegliche Skrupel zu Ende gebracht worden war, sondern Agrippina bei aller Rücksichtslosigkeit von denjenigen, die von ihr abhängig waren, auch geliebt wurde, darauf mag vielleicht folgende Episode hinweisen, die Tacitus im Zusammenhang mit dem Mord erwähnt: Als der Scheiterhaufen angezündet war, habe sich einer ihrer Freigelassenen namens Mnester selbst mit dem Schwert umgebracht.[20] In die gleiche Richtung deutet auch die Tatsache, dass es, wie angedeutet, ihre Dienerschaft war, die der Toten die letzte Ehre erwies und ihr nach Ablauf einiger Zeit an der misenischen Straße neben der Villa Caesars hoch über dem Golf von Neapel einen bescheidenen Grabstein errichtete.

Nach der Tat

Nero, der geglaubt hatte, sich von seiner übermächtigen und ihn völlig vereinnahmenden Mutter nur durch einen Mord lösen zu können, war nach der Tat jedoch alles andere als befreit. Von den Furien, den schrecklichen Rachegöttinnen, die aus dem Blute des Uranos entstanden waren, gehetzt, schien er einem Nervenzusammenbruch nahe. Kaum verfiel er in Schreckensstarre, überwältigte ihn schon wieder die Trauer um seine Mutter. Im gleichen Augenblick ließ ihn die Verzweiflung sein eigenes

Überleben verfluchen. Erst langsam kam ihm das Ausmaß seines Verbrechens zu Bewusstsein. Rom, die Stadt, in der er solange mit seiner Mutter zusammengelebt hatte, wagte er nicht zu betreten, allerdings war dafür wohl nicht nur die Furcht vor der Erinnerung verantwortlich, sondern auch die Ungewissheit, wie sich die Prätorianer und auch das Volk der Metropole zu dieser frevelhaften Tat verhalten würden. Bis sich hier die Dinge geklärt hatten, hielt sich der Muttermörder zunächst in Neapel verborgen. Dass Neros Bedenken nicht ganz aus der Luft gegriffen waren, dies ließen etliche Graffiti erkennen, die an den Wänden von Tempeln und Häusern in der Stadt auftauchten. Auf ihnen fand sich Nero mit Orest oder Alkmeon in eine Reihe gestellt, also mit mythologischen Personen, die ebenfalls ihre Mutter umgebracht hatten. Denunzianten erstatteten Anzeigen, weil der Kaiser in den Schenken und Märkten offen des Muttermords bezichtigt wurde.

Auch Burrus und Seneca waren sich darüber im Klaren, dass angesichts des grässlichen Mordes die Stimmung in der Öffentlichkeit äußerst labil war und sehr schnell gegen ihren Schützling umschlagen konnte. Es galt, die Reaktionen sowohl der Soldaten wie auch der Plebs bereits im Vorfeld zu steuern. Kippte die Garde, dann war es bis zum Aufstand nicht mehr weit. Dies würde auch ihren Untergang bedeuten, zu tief waren sie zugunsten Neros in die Angelegenheit verstrickt. Es galt, einen klaren Kopf zu behalten und geeignete Maßnahmen zu ergreifen. Schnell ließt der Gardepräfekt die Offiziere der Prätorianer beim Kaiser antreten. Sie überbrachten ihm Glückwünsche zu seinem Überleben und seiner Tatkraft. Bereits ihnen dürfte die Version des Geschehens aufgetischt worden sein, nach der die Kaisermutter Selbstmord begangen hatte, als sie erfuhr, dass ihr Mordplan aufgeflogen war. Besonders Eilfertige aus der Korona des Kaisers brachten in einem nahen Tempel Dankopfer für die glückliche Errettung des Herrschers dar. Sehr schnell ließ man das Gerücht vom glücklich verhinderten Attentat auch in der Öffentlichkeit verbreiten. War es die unkritische Leichtgläubigkeit der Menschen, die sich ein solches Verbrechen gar nicht vorstellen wollten, oder hauptsächlich kriecherisches Schmeichlertum? Wir wissen es nicht. Jedenfalls scheint das Gehörte zumindest nach außen hin nur zu gerne geglaubt worden zu sein und aus den umliegenden Gemeinden kamen alsbald Gesandtschaften zum Kaiser, die überschwänglich ihre Freude über die glückliche Rettung ausdrückten. Selbstverständlich galt es auch, den Senat und damit die Aristokratie auf Linie zu bringen. Boten übermittelten ein Sendschreiben, das davon in Kenntnis setzte, dass der Attentäter Agerimus, vertrauter Freigelassener der

Agrippina, kurz vor der Ausführung seines Mordplans mit einem Schwert ertappt worden sei. Die Anstifterin, Agrippina, habe, als sie davon erfuhr, Selbstmord begangen. Seneca, der bereits von den Zeitgenossen als Autor dieser Lügengeschichte identifiziert wurde, fasste in dem Schreiben nochmals alle Vorwürfe, die über die Jahre hinweg gegen die Kaisermutter vorgebracht worden waren, zusammen, um die Verruchtheit der Person herauszustreichen und neben dem Notwehrcharakter der Untat auch gleichzeitig die Befreiung von einem großen Übel zu propagieren.

Die meisten Senatoren dürften schon vor der offiziellen Meldung bestens informiert gewesen sein und sich kaum Illusionen über den wahren Ablauf des Geschehens gemacht haben. Zweifellos muss ihnen die ungeheuerliche Täuschung, mit der sie hier hinters Licht geführt wurden, klar vor Augen gestanden haben. Dass sie sich trotzdem auf dieses würdelose Spiel einließen, ja nicht davor zurückscheuten, sich gegenseitig in devoten Freudenbeweisen zu überbieten, zeigt, wie umfassend und erfolgreich die Säuberungsaktionen in diesem altehrwürdigen Gremium gewesen waren. Der Senat war bereits weitgehend gleichgeschaltet und zu einem Kreis kaiserlicher Claqueure verkommen. Nur ein einziger unter den 600 Senatoren bewies Rückgrat und rettete damit das Ansehen des gesamten Gremiums: Publius Clodius Thrasea Paetus, der bisher seinen Unmut über Nero vor allem durch Schweigen zum Ausdruck gebracht hatte, verließ während der Verlesung des kaiserlichen Schreibens demonstrativ und unmissverständlich den Senat. Er war ein *homo novus*, ein sozialer Aufsteiger und gerade deshalb in besonders ausgeprägter Art den konservativen senatorischen Idealen verpflichtet. Wahrscheinlich war er von den Versprechungen Neros zu Beginn von dessen Regierungszeit begeistert gewesen. Bald dürfte er jedoch die charakterlichen Schwächen des jungen Herrschers in aller Deutlichkeit erkannt haben. Sie müssen ihm genauso zuwider gewesen sein wie devoten Bücklinge und verbalen Selbsterniedrigungen seiner senatorischen Kollegen. Vermutlich war es mehr das Verhalten seiner Standesgenossen, das ihn abstieß, als etwa Freundschaft mit Agrippina, was ihn zu seiner Reaktion bewegte. Dafür spricht, dass Thrasea in der Folgezeit immer mehr passiven Widerstand an den Tag legte, wenn der Senat sich wieder einmal besonders unterwürfig dem Kaiser gegenüber zeigte. Er distanzierte sich zunehmend von diesem Gremium und blieb ostentativ zu Hause. Schließlich sollte ihm seine aufrechte Haltung im Jahre 66 sein Leben kosten.[21]

Thraseas Verhalten blieb zum jetzigen Zeitpunkt allerdings ohne Nachahmer, im Gegenteil, die anderen Senatoren beschlossen Dank-

feste in allen Tempeln. Außerdem sollten der verhinderte Mordversuch an Nero und die Rettung des Herrschers durch jährliche Spiele während der Quinquatrien gefeiert, der Geburtstag Agrippinas dagegen zu den Unglückstagen gerechnet werden. Ihr Name wurde von den Inschriften getilgt und ihre Statuen umgestürzt beziehungsweise man wechselte in Wirklichkeit nur die Köpfe aus. Um an der ergebenen Haltung des Senats auch keinerlei Zweifel aufkommen zu lassen, schickten die ‚Väter' Grußadressen an den Kaiser, worin sie ihn baten, doch bald wieder nach Rom zurückzukehren. All diese positiven Reaktionen und dazu das überzeugende Zureden Senecas und Burrus beruhigten Nero so weit, dass er sich entschloss, wieder in seine Hauptstadt zu reisen. Senat und Volk bereiteten ihm einen triumphalen Einzug.

Der Kaiser genoss die Schmeicheleien und Ehrungen und zeigte seine Milde. Verbannten wurde erlaubt, in die Heimat zurückzukehren, anderen Verurteilten Straferlass gewährt. In der Stadt angekommen, eilte der Herrscher sofort auf das Kapitol und verrichtete dort ein Dankopfer. Es scheint, als ob er erleichtert auf der Woge von Freude und Ehrungen schwebte, die ihm überall entgegenschlug. Sich selbst täuschend wollte er nicht erkennen, in welchem Maße sich dahinter Angst vor Verfolgung bei auch nur ansatzweiser Opposition, mehr aber noch opportunistisches Kriechertum und gunstheischendes Anbiedern verbargen. Kann man für dieses Verhalten bei der Masse der ums tägliche Überleben Kämpfenden noch Verständnis empfinden, so wird der Hautgout beim Blick auf die Vertreter der Oberschicht doch ziemlich stark.

Die Beseitigung des politischen Gegners durch Gewalttat, die Ermordung von Rivalen auch innerhalb der eigenen Familie, all das stand schon lange auf der Tagesordnung im Kampf um die Herrschaft und wurde auch von der Gesellschaft hingenommen. Der befohlene Muttermord hatte jedoch die Grenze des moralisch Erträglichen nochmals ein Stück nach vorne gerückt. Um die Ungeheuerlichkeit der Tat zu unterstreichen und gleichzeitig das zur Katastrophe treibende Schicksal in seinem schrecklichen Verlauf vorauszudeuten, lässt Tacitus seine Beschreibung des realen Geschehens von furchtbaren Wunderzeichen kommentieren: Eine Frau brachte eine Schlange zur Welt, eine andere wurde während des Liebesaktes vom Blitz getötet. Die Sonne verfinsterte sich und ein schreckliches Gewitter tobte über der Hauptstadt.[22] Hier wird eindrucksvoll deutlich, wie eng der antike Mensch den Zusammenhang zwischen irdischem Geschehen und überirdischen, kosmischen Gewalten sah, denn nur letztere konnten für derart abnormale Phänomene, wie die aufgezählten, verantwortlich sein. Ließen

sich schon viele Zeitgenossen von der ganzen Inszenierung nicht täuschen, um wie viel eher mussten die Götter den verruchten Schwindel durchschauen. Die Naturgewalten und wundersamen Erscheinungen waren ihre Zeichen, jeder, der wollte, konnte sie lesen und nur hoffen, das Übel möge bald vorübergehen.

Quinquennium Neronis

Fünf Jahre waren seit dem Regierungsantritt Neros – im Übrigen war auch dieses Ereignis mit einem schrecklichen Mord verbunden gewesen – vergangen. Dieses Jahrfünft wird in der Forschung gerne als der positive Abschnitt der neronischen Epoche verstanden und daher als *quinquennium Neronis* (*quinque anni* = 5 Jahre) bezeichnet – damit ist nun auch der Titel dieses Kapitels erklärt.

Man nimmt mit diesem Ausdruck Bezug auf ein Zitat des spätantiken Autors Sextus Aurelius Victor[23]. Dieser aus Nordafrika stammende *scriptor historicus*[24] verfasste als kaiserlicher Beamter in der zweiten Hälfte des 4. Jahrhunderts ein *Liber de Caesaribus*. Es handelt sich dabei ganz den Gepflogenheiten seiner Zeit entsprechend um eine kurz gefasste Darstellung der Kaiser von Augustus bis Constantius II. (gest. 361). Bei seiner Darstellung Neros spricht nun Aurelius Victor davon, dass Trajan (röm. Kaiser von 98–117) öfters fünf Jahre der Regierungszeit Neros als besonders positiv gerühmt haben soll, ein *quinquennium*, dem alle anderen Kaiser nachstanden. Wenn wir die Zeit von 54 bis 59 mit dieser Bezeichnung belegen, so gilt es zunächst einmal kritisch festzuhalten, dass aus der genannten Stelle bei Aurelius Victor nicht zweifelsfrei geschlossen werden kann, Trajan habe mit dem *quinquennium Neronis* wirklich die ersten fünf Jahre der Herrschaft Neros bezeichnet. Die Zweifel werden vor allem dadurch genährt, dass sich der Ausdruck in Verbindung mit der sehr regen Bautätigkeit des Kaisers zur Verschönerung Roms findet. Auf diese Bauaktivitäten treffen wir aber viel mehr in einem fortgeschrittenem Stadium der neronischen Herrschaft, weniger zu deren Beginn. Zweifellos ist allerdings, dass unsere Quellen, allen voran Tacitus, wenn sie überhaupt an der Herrschaft Neros etwas Positives anerkennen, dann dies in dem Intervall bis zur Ermordung Agrippinas tun. Vielleicht aber auch nur deshalb, um die anschließende Entwicklung umso schlimmer und schrecklicher ausmalen zu können.

Fragen müssen wir uns auch noch, ob denn die Ermordung der Mutter wirklich einen Einschnitt im Verhalten Neros auslöste, ob die fünf vorausgegangenen Jahre also auch vom historischen Prozess her eine abgeschlossene Periode darstellen.

Nun lassen sich zwar vor allem im persönlichen Verhalten des Herrschers nach dem Tod der Mutter durchaus einige Veränderungen feststellen, die wir uns noch ansehen werden, andererseits zeigt sich aber, dass der Prozess der Loslösung von den Kräften, die seit Beginn seiner Herrschaft ein ganz wichtiges Wort bei der realen Ausübung der Macht mitzusprechen hatten, keineswegs abgeschlossen war.

Bisher bestimmte weitgehend als innerster Kreis die Dreiheit Agrippina, Seneca und Burrus die politischen Aktivitäten des jugendlichen Machthabers, so weit, dass es durchaus erlaubt ist zu fragen, ob denn nicht diese Gruppe als das eigentliche Machtzentrum anzusprechen ist. Ergänzt und unterstützt wurde dieser Kreis noch durch etliche kaiserliche Freigelassene, deren Einfluss und Macht noch in claudischer Zeit fußten. Einige davon waren dem Wechsel im Mächtespiel zum Opfer gefallen, andere hatten sich behaupten können, sie bildeten sozusagen Konstanten und Traditionslinien, die noch über die Anfänge neronischer Herrschaft zurückreichten und daher auch relativ eng mit Agrippina verbunden waren. Wie in einem komplexen System war jeder auf jeden angewiesen und stand mit ihm in Beziehung. Begann einer zu wackeln, so geriet das gesamte Gefüge in Bewegung.

Unzweifelhaft war nun mit dem Wegfall Agrippinas ein wesentlicher, vielleicht sogar der entscheidende Stein aus diesem komplexen Machtgebäude herausgebrochen. Logischerweise sollte dies denn auch eine schnell wirkende Erosion der Gesamtstruktur zur Folge haben. Zunächst aber hatten die beiden verbleibenden Hauptfiguren jedoch durch ihr umsichtiges und promptes Reagieren auf die völlige Konfusion des Herrschers nach der Mordtat ihren Einfluss zumindest bewahren, ja kurzfristig wahrscheinlich sogar ausbauen können. Als Beispiel dafür mag etwa gelten, dass Nero keineswegs unmittelbar nach der Ermordung der Mutter, die ja als die Hauptwidersacherin gegen eine offizielle Verbindung mit Poppaea Sabina galt, seine Geliebte heiratete, was die Lösung der Ehe mit Octavia zur Voraussetzung gehabt hätte. Es wird Burrus gewesen sein, der hier weiterhin seinen Einfluss so stark geltend machen konnte, dass Octavia, der er sich wohl verpflichtet glaubte, zumindest offiziell weiterhin Kaisergemahlin blieb. Burrus, der alte Haudegen, galt als Garant für das loyale Verhalten der Prätorianer, er war nicht so einfach zu negieren beziehungsweise abzuservieren. Erst als er im Jahre 62 verstarb – manche munkelten, es sei Gift im Spiel gewesen[25], glaubte Nero, es sich leisten zu können, Octavia zu verstoßen und in der Folge dann seine langjährige Geliebte zu ehelichen.

Von Octavia zu Poppaea

In Hofkreisen wurde die Auflösung der Ehe nicht zuletzt mit der angeblichen Unfruchtbarkeit Octavias gerechtfertigt. Trotz der langen Ehe war noch kein männlicher Stammhalter zur Welt gekommen, ja überhaupt kein Nachwuchs geboren worden. Ob es wirklich daran lag, dass Octavia keine Kinder bekam oder vielleicht auch daran, dass Nero sie so verabscheute, dass er keinen Geschlechtsverkehr mit ihr hatte, muss dahingestellt bleiben. Jedenfalls scheint das Verhältnis zwischen beiden Ehegatten wohl von Anfang an von Lieblosigkeit geprägt gewesen zu sein. Darauf angesprochen, soll Nero bereits kurz nach der Heirat erwidert haben, dass Octavia damit zufrieden sein müsse, die Zeichen einer Ehefrau – *ornamenta uxoria* – zu tragen, mehr könne sie nicht erwarten. Zu diesen *ornamenta* gehörte es, dass die Kaiserin in der Öffentlichkeit mit den ihr zukommenden Ehrungen bedacht wurde, dass man ihre Statuen auf den Plätzen präsentierte und sie in das Opfer einbezog, das die ehrwürdige Priesterschaft der Arvalbrüder am Jahresbeginn (3. Januar) zum Wohl des Herrschers (*pro salute Neronis ... et Octaviae coniugis eius*) darbrachte. Es verstand sich von selbst, dass die Ehefrau des Kaisers über einen eigenen Hofstaat verfügte.

Die mangelnde persönliche Beziehung zwischen Nero und seiner angetrauten Halbschwester wird für uns unter anderem dadurch deutlich, dass Octavia nie den Ehrennamen Augusta verliehen bekam, während ihre Nachfolgerin Poppaea diese Bezeichnung unmittelbar nach der Geburt der Tochter Claudia im Jahre 63 vom Kaiser erhielt. Nero dürfte also schon bald nach der Verheiratung überlegt haben, wie er diese ungeliebte Gattin wieder loswerden könne. Doch wie die Hochzeit ein Politikum gewesen war, so war sich der Kaiser sicherlich im Klaren, dass eine Trennung ebenfalls bedeutende politische Konsequenzen nach sich ziehen würde.

Um die Folgen wenigstens etwas abzumildern beziehungsweise in Grenzen zu halten, bedurfte es schon eines gut nach außen vermittelbaren und von der Öffentlichkeit akzeptierten Grundes für eine Scheidung. Das offensichtliche Fehlen des kaiserlichen Nachwuchses ließ sich da sehr gut gegen Octavia instrumentalisieren. Darüber hinaus dichtete man ihr in althergebrachter Manier auch noch ein ehebrecherisches Verhältnis mit einem ägyptischen Flötenspieler an. Dadurch sollte ihr Renommee beim Volk gemindert werden.

Allerdings war unübersehbar, dass Octavia einen ganz enormen Anteil an der Legitimität der Herrschaft Neros hatte. Schließlich war sie die leibliche Tochter des Claudius und, wir erinnern uns noch, welch eminente Bedeutung etwa Agrippina der ehelichen Verbindung ihres Sohnes mit der Claudius-Tochter zugemessen hatte. Neben der Adoption war diese Ehe die engste Verknüpfung Neros mit der Herrscherdynastie der Claudier. Ohne Übertreibung kann man sie damit als konstitutives Element der Herrschaftsnachfolge sehen. Wie wichtig Octavia war, und wie gefährlich es daher für Nero war, sich von ihr zu trennen, zeigt ihr weiteres Schicksal. Nicht nur die Gunst der Massen und ihre Popularität sollten Octavia zum Verhängnis werden. Ihr Untergang war vielmehr besiegelt, sobald sich Nero der Gefahr bewusst wurde, zu der eine geschiedene, allein stehende Octavia für seine Herrschaft zu werden drohte. Wie leicht konnte sie als legitime Vertreterin der claudischen Familie zum Kristallisationskern einer oppositionellen Bewegung werden, wie leicht konnte sie durch eine Wiederverheiratung machthungrige Prätenden mit ihrem Claudiertum zu potenziellen Thronanwärtern aufwerten. Die Nachfolgeregelung stand zwar noch nicht drängend an, aber da bisher kein direkter Erbe Neros vorhanden war, hätten vielleicht beim einen oder anderen machthungrigen Aristokratensohn neue Begehrlichkeiten geweckt werden können. Durch die Scheidung war zumindest theoretisch wieder alles offener geworden. Dass dies keineswegs nur moderne Gedankenspiele sind, sondern durchaus bereits die antiken Zeitgenossen Überlegungen in diese Richtungen anstellten, zeigt sich schon daran, dass bald nach der Scheidung von Octavia Umsturzgerüchte aufkamen. Sie wurden an zwei jungen Männern, Rubellius Plautus und Faustus Sulla, festgemacht, die beide verwandtschaftliche Verbindungen zum Dynastiegründer Augustus hatten. Bereits im Jahre 60 zogen sich dunkle Wolken über dem Senator Rubellius Plautus zusammen. Plautus, Anfang Zwanzig, war ein Urenkel des Kaisers Tiberius, und damit von Augustus ebenso viele Verwandtschaftsgrade entfernt wie Nero. Dies reichte aus, um ihn auf jeden Fall als gefährlich einzustufen. Bereits nach dem Tod des Britannicus war er schon einmal als möglicher Konkurrent zum regierenden Herrscher ins Spiel gebracht worden, Agrippina-Gegner hatten ihm ein Verhältnis mit der Kaisermutter und ein Komplott gegen Nero unterstellt. Man kann kaum glauben, dass es nur Zufall war, dass gerade jetzt in der *plebs* das Gerücht auftauchte, Nero sei gestürzt worden, und als Nachfolger eben jener

Rubellius Plautus kolportiert wurde. Sehr ausführlich und geradezu als Modellfall schildert uns Tacitus, wie das Gerücht in der römischen Öffentlichkeit aufkeimte, guten Nährboden fand und der Kaiser sehr sensibel darauf reagierte. Hier zeigt sich aber auch, wie es unter den Bewohnern der Hauptstadt rumorte, wie die Unzufriedenheit der Leute mit diesem muttermordenden Herrscher, der jetzt auch noch – wir werden gleich davon hören – seine Frau, eine legitime Angehörige des claudischen Geschlechts zu Tode gebracht hatte, brodelte, und die geschehenen Untaten Übles erwarten ließen. Hören wir Tacitus:

Währenddessen glänzte ein Komet, von welchem das Volk glaubt, er verkünde einen Regierungswechsel. So wurde denn, als wäre Nero schon gestürzt, hin und her gefragt, wer wohl gewählt werden möchte. In aller Munde wurde Rubellius Plautus gefeiert, der durch seine Mutter den Adel des iulischen Geschlechts hatte. Er selbst befolgte die Grundsätze der Vorfahren durch strenge Haltung, züchtiges und zurückgezogenes Familienwesen; und je mehr er sich aus Furcht verborgen hielt, desto mehr gewann er an Ruf.[26] Das Gerücht wurde sodann durch ein weiteres, Schrecken erregendes Naturzeichen noch gestärkt. In Rom hatte sich nämlich herumgesprochen, dass in der Nähe von Tibur ein Blitz eingeschlagen war. Tibur war nun aber die Heimatstadt der Plautii Rubelli. Galt der Komet nur als eine allgemeine Vorankündigung eines Herrscherwechsels, so deutete der Blitz als Wink der Götter unmissverständlich auf den kommenden Nachfolger. Komet und Blitz, beides sind zunächst einmal voneinander unabhängige Naturphänomene, die durchaus gemeinsam auftreten konnten, vor allem da der Komet über mehrere Monate hinweg zu sehen gewesen sein muss. Nicht der Zufall, sondern eine an der entsprechenden Botschaft interessierte Parteiung dürfte die beiden Zeichen mit ihrer Bedeutung gefüllt und zu einem Doppel kombiniert haben. Erst dadurch gewann das Gerücht an Kontur und Glaubhaftigkeit.

Wahrscheinlich existierte bereits damals eine Opposition in Senatorenkreisen, die Plautus zu ihrem Mann erklärt hatte. Durch die Götterzeichen als der Richtige ausgewiesen, scheint er auch sehr bald über eine wachsende Anhängerschaft verfügt zu haben. Die Gefährlichkeit dieses Mannes war damit nicht länger nur abstrakt, sondern begann also ganz konkret zu werden. Entsprechend reagierte Nero. Zunächst verwies er Plautus mit dem Hinweis auf die öffentliche Ruhe und Ordnung aus Rom. Er hatte sich zusammen mit seiner Gattin auf seine Besitzungen in Asia zurückzuziehen, *auf welchen er eine sichere und ungestörte Jugendzeit genießen könne*, so nach Tacitus die sarkastische Direktive

Neros. Als es zwei Jahre später mehrmals zwischen Nero und der hauptstädtischen *Plebs* zu Zusammenstößen gekommen war, flackerte erneut das Gerücht auf, Rubellius Plautus strebe nach der Herrschaft. Diesmal habe er sich angeblich mit dem Befehlshaber der orientalischen Legionen, Domitius Corbulo, zusammengetan, dessen Truppen bereits gegen Rom marschieren würden. Das war offene Usurpation. Der inzwischen sehr mächtig und einflussreich gewordenen Prätorianerpräfekt und Vertraute des Kaisers, Ofonius Tigellinus, überzeugte Nero von der drohenden Gefahr und dieser reagierte – wie wir das bereits von anderen ähnlichen Krisensituationen kennen – überaus rigoros: Er ließ den 25-jährigen Verbannten in seinem Exil ermorden.

Faustus Cornelius Sulla Felix, Konsul im Jahre 51, war der Halbbruder von Messalina und mit der zweiten Claudius-Tochter, Antonia – sie stammte aus der Ehe mit Aelia Paetia –, verheiratet. Auch er war um das Jahr 60 mit Umsturzgerüchten in Zusammenhang gebracht worden. Wie Plautus wurde er daher ebenfalls aus dem Zentrum der Macht an die Peripherie, in seinem Falle auf seine Familienbesitzungen nahe Massilia (Marseille) in der Gallia Narbonensis, verbannt worden. Die Parallelität beider Schicksale sollte bis zum Tode weiterführen. Tigellinus ließ nämlich auch Sulla im Exil ermorden. Angeblich wurde sein Haupt Nero überbracht, der sich höhnisch über das allzu früh ergraute Haar mokiert haben soll. Das Verhalten der Senatoren angesichts dieser offensichtlichen Morde zeigt, wie wir weite Teile der Aristokratie inzwischen einzuschätzen haben. Die ehrwürdigen Hüter der *mores maiorum* verrichteten Dankgebete und stießen die beiden einstmals angesehenen Aristokraten, die sich nichts zuschulden hatten kommen lassen, post mortem aus dem Senat aus. Als dann im Jahre 64 auch noch Decimus Iunius Silanus Torquatus, Ururenkel des Augustus, zum Selbstmord gezwungen worden war, hatte auch der letzte männliche Nachfahre des ersten Princeps sein Leben verloren.

Glücklicher Ehemann – trauriger Vater

Die wesentliche Präventivmaßnahme Neros im Jahre 62 bestand jedoch darin, dass er Octavia, die zunächst aus Rom entfernt und dann auf die uns bereits bekannte Insel Pandateria verbannt worden war, dort noch im Juni 62 töten ließ. Man arrangierte dies so, dass es wie Selbstmord aussah. Da anscheinend die Affäre mit dem Flötenspieler nicht ausgereicht hatte, um Octavia der Gunst des Volkes zu entfremden, wurde

sie vorher noch des Ehebruchs mit dem für derartige Affären schon bekannten Anicetus, Flottenadmiral und ergebenes Werkzeug Neros für
alle Schlechtigkeiten, bezichtigt. Man unterstellte ihr jetzt sogar – obwohl sie ja mit der Begründung der Unfruchtbarkeit verstoßen worden
war – eine Abtreibung. Hier wird deutlich, wie wenig es eigentlich noch
um die Glaubwürdigkeit und Stimmigkeit der Vorwürfe ging. Haupt-
sache, man konnte die öffentliche Meinung mit abscheulichen Gerüchten instrumentalisieren. Ehebruch, mit wem auch immer, am besten
mit mehreren, Abtreibung, unsittliches Verhalten waren als offizielle
Gründe für die Verstoßung und die Verbannung der Kaisergemahlin vorgeschoben und ausgestreut worden, nachdem es zu Unruhen zugunsten
der beim römischen Volk hoch angesehenen Claudius-Tochter gekommen war. Anicetus, der sich anscheinend bereit erklärte, auch diese
Übeltat auf sich zu nehmen, wurde sozusagen pro forma zu einer kom-
fortablen Verbannung auf Sardinien verurteilt.

Da wir den exakten zeitlichen Ablauf der Geschehnisse im Detail
nicht kennen, muss offen bleiben, ob die Schwangerschaft Poppaeas Anteil daran hatte. Am 21. Januar 63 gebar sie Nero eine Tochter, es musste
also spätestens im Mai 62 bekannt gewesen sein, dass sie schwanger
war. Ob Nero seine Frau erst verstieß, nachdem er erfahren hatte, dass
seine Geliebte ein Kind erwartete oder bereits zuvor, wissen wir nicht,
genauso wenig ob die Heirat mit Poppaea erst nach dem Tod Octavias
erfolgte, jedenfalls fand die Hochzeit noch im Jahre 62 statt. Nero
scheint völlig glücklich gewesen zu sein und war bemüht, seiner Frau
jeden Wunsch von den Augen abzulesen. Diese nützte ihren Einfluss
auch entsprechend, wie schon ihre Fürsprache für die Anliegen des jüdischen Schriftstellers Josephus Flavius deutlich werden lässt.[27] Auch für
ihre Heimatstadt Pompeji sollte sich die enge Verbindung zur Kaisergemahlin bald auszahlen. Im Jahre 59 war es in Pompeji im Umfeld von
Gladiatorenwettkämpfen zu größeren Unruhen und Straßenschlachten
zwischen den Pompejanern und Zuschauern gekommen, die aus dem
nahen Nuceria angereist waren (Abb. S. 171). Beide Städte pflegten eine
rivalisierende Feindschaft, die sich immer wieder mal in Pöbeleien und
Raufereien entlud. Die jetzigen Zusammenstöße waren jedoch so gra-
vierend gewesen, dass der römische Senat immerhin für die Dauer von
zehn Jahren ein Verbot von Gladiatorenkämpfen in Pompeji ausgesprochen hatte – eine durchaus schmerzliche und harte Strafmaßnahme, die
empfindliche wirtschaftliche Einbußen für die Stadt bedeutete. Es ist
mit großer Sicherheit auf das Einwirken Poppaeas zurückzuführen, dass
Nero dieses Verbot nach der Heirat mit Poppaea bald wieder revidierte

und damit deutlich in die Befugnisse des Senats eingriff. In Pompeji wird man Poppaea mehr als dankbar dafür gewesen sein, dass sie sich so sehr zugunsten ihrer Mutterstadt engagiert hatte.

Das Glück des frisch vermählten Nero steigerte sich noch, als ihm Poppaea eine Tochter schenkte. Nero war vor Freude über die Geburt von Claudia völlig außer sich. Er verlieh seiner Frau unmittelbar darauf den Beinamen Augusta, ebenso dem Säugling. Umso größer war der Schmerz, als das Baby bereits nach wenigen Monaten verstarb. Claudia wurde offiziell unter die Götter aufgenommen und bekam als *diva Claudia* einen eigenen staatlichen Kult.

Burrus und Seneca – Das Ende eines großen Zweierteams

Blicken wir aber noch einmal in den Bereich der Politik.

Mit dem Tod des Burrus im Jahre 62 war der sehr machtvolle Posten des Prätorianerpräfekten vakant geworden. Die Prätorianergarde stellte das wichtigste, ja eigentlich auch das einzige militärische Potenzial in Rom dar. Seit Caligula umfasste sie ca. 6000 Mann, eingeteilt in 12 *cohortes*. Welch enormen Einfluss sie auf die Wahl und die Anerkennung eines Herrschers ausüben konnten, hatte Nero bei seiner Thronbesteigung am eigenen Leib erfahren und war auch schon vorher bei der Kür seines Adoptivvaters deutlich geworden. Beide Male war die Anerkennung des neuen Herrschers durch den Senat erst als Folge der Bestätigung durch die Prätorianer nachrangig erfolgt, eine Tatsache, in der sich die realen Machtverhältnisse durchaus richtig widerspiegelten. Faktisch waren die Prätorianer bereits die ‚Kaisermacher‘ geworden. Ohne ihre Zustimmung und ihre Loyalität konnte niemand mehr zum Herrscher Roms avancieren beziehungsweise sich in dieser Position halten. Man brauchte kein besonders kluger Kopf zu sein, um daraus erschließen zu können, über welches sensible Machtinstrument damit ein entschlossener und zielstrebiger Gardechef verfügte und welche Machtfülle er in seiner Person monopolisierte. Burrus hatte es vorgelebt, Nero hatte es erkannt. Dies zeigt seine Reaktion auf den Abgang des Befehlshabers.

Wie bereits vor Burrus wurde das Amt wieder auf mehrere Schultern verteilt. Beförderte Nero mit Faenius Rufus, dem vorher für die Getreideversorgung zuständigen Beamten, einen kompetenten und wohl auch unbestechlichen Mann zum Oberbefehlshaber, der beim Volk recht beliebt gewesen zu sein scheint, so wurde mit dem zweiten Gar-

depräfekten, Ofonius Tigellinus, ein Günstling Neros auf den Posten gehievt, dessen Vergangenheit alles andere als unverfänglich war. Jahre
vorher hatte er schon auf Geheiß Caligulas falsches Zeugnis abgelegt
und war als angeblicher Geliebter im Verfahren gegen die Kaiserschwes-
tern aufgetreten. Auch jetzt stand er wieder ganz nahe an der Macht und
machte sich und zumindest bis zu einem gewissen Grad auch die Prätorianer zu willfährigen Förderern aller erdenklichen Wünsche des Princeps. Tigellinus war berüchtigt für seine Schamlosigkeit und sein zügel-
loses Leben. Dies und die Tatsache, dass er eine Rennpferdezucht in
Süditalien betrieb, dürften ihm auch das Wohlwollen Neros eingebracht
haben. Mit der Neubesetzung zeigte der Kaiser deutlich, dass er sehr
wohl nicht nur realitätsferner und selbstverliebter Beobachter des politischen Geschehens war, keineswegs nur eine jugendliche Marionette,
deren Fäden von anderen in der Hand gehalten und geführt wurden, sondern in zunehmendem Maße die Dinge selbst gestalten wollte und dies
auch mit durchaus ernst zu nehmendem Machtinstinkt durchsetzte.
Durch die kollegiale Besetzung des Amtes war eine Machtkonzentration
aufgebrochen worden, die zu einer Gefahr hätte heranwachsen können.
Gleichzeitig hatte man zwei Wohlgesonnene zufrieden stellen und für
ihre Dienste belohnen können, noch dazu zwei in ihrem Wesen recht
unterschiedliche Gefolgsleute, die sich sicherlich gegenseitig argwöhnisch beobachten und in Schranken halten würden: *Divide et impera*
(teile und herrsche), dieser Spruch, der zwar sehr wahrscheinlich gar
nicht aus der Antike stammt, war hier perfekt in die Tat umgesetzt.

Mit dem Tod des Burrus war aber gleichzeitig auch ein anderer endgültig in seiner Macht gebrochen worden: Seneca. Das Schwinden seines
Einflusses auf den Kaiser war ihm wohl schon längere Zeit selbst am besten offensichtlich geworden. Als er nun nach dem Tod seines langjährigen Weggefährten Burrus auch noch öffentliche Verleumdungen erdul-
den musste, war es Seneca genug. Der schon über 60-Jährige nützte die
Gelegenheit, um sich freiwillig und unter Wahrung seines Gesichtes aus
der Öffentlichkeit ins Privatleben zurückziehen zu können. Er sprach
beim Kaiser vor und bat ihn unter Hinweis auf seine langen treuen
Dienste um Demission. Sicherlich wollte er damit einer Absetzung zu-
vorkommen, die eine tödliche Gefahr für Leib und Leben mit sich gebracht hätte. Der Kaiser äußerste sich nicht eindeutig – zumindest nach
dem, was wir bei Tacitus darüber lesen[28] –, erlaubte seinem Berater aber
einen weitgehenden Rückzug ins Privatleben. Wenn dieser aber geglaubt
hatte, er sei mit heiler Haut davongekommen, so sollte sich dies allerdings sehr bald als tödlicher Trugschluss herausstellen.

Seneca – educator und amicus

Wir sollten diese Gelegenheit nützen und versuchen, uns in der Rückschau über die Rolle klar zu werden, die der stoische Philosoph aus Cordoba bis zu diesem Zeitpunkt für Nero als Privatperson, aber auch als Herrscher gespielt hatte. Und wohl auch spielen wollte, denn seit dem Regierungsantritt seines Zöglings legte er großen Wert darauf, auch von der Öffentlichkeit als *educator* (Erzieher) und als Berater (*amicus*) des Kaisers wahrgenommen zu werden. Wobei seine Funktion über die eines persönlichen Beraters weit hinausging. Immer wieder tritt er uns wie auch seinen Zeitgenossen als Verfasser kaiserlicher Reden und Schreiben vor Augen. Wenngleich sein direkter Einfluss auf die Tagespolitik im Einzelnen nur schwer nachweisbar ist – wir hören nichts von seiner Teilnahme an Senatssitzungen und selbst als er im Jahre 56 für drei Monate das Konsulat innehatte, blieb uns sein Wirken verborgen –, so dürfte er doch einen sehr großen gestalterischen Anteil am Herrschaftsgeschehen gehabt haben. Wie bereits dargelegt, versuchten er und Burrus dadurch, dass sie Nero gewisse Freiheiten und Vergnügungen zugestanden, den jungen Herrscher für sich lenkbar und beeinflussbar zu halten. Mit derselben Absicht deckten sie das Verhältnis des Kaisers zur Freigelassenen Acte, ja der Freund Senecas, Annaeus Serenus, spielte sogar vor den Augen der Öffentlichkeit den Liebhaber Actes, um dem Kaiser die Möglichkeit einer Liebschaft zu ebnen. Im Laufe der Zeit sah sich Seneca jedoch zu immer größeren Zugeständnissen in Richtung ‚erlaubter Vergnügungen‘ gezwungen, wobei die mit dem Jahre 56 einsetzenden nächtlichen Raufereien des Kaisers sowie seine zunehmende Vorliebe für Wagenrennen und die Bühne sicherlich die Geduld und die Toleranz des Philosophen stark beanspruchten.

Der Tod des Britannicus im Jahre 55 scheint geradezu eine Zerreißprobe für Seneca und seine Ausrichtung an den moralisch anspruchsvollen Kriterien stoischer Lebensführung bedeutet zu haben. Nicht zufällig überreichte er bald danach seinem Zögling ganz in hellenistischer Manier einen Fürstenspiegel mit dem Titel ‚Für Kaiser Nero. Über die Milde.‘ Der Titel des nur teilweise erhaltenen Werkes stellt *clementia*, die Milde, heraus. Seneca legt sie seinem Schützling als ein auf Versöhnlichkeit ausgerichtetes Regulativ allen politischen Handelns ans Herz, außerdem befasst sich die Schrift auch mit der Gerechtigkeit als Fundament der Staatsphilosophie. Die Staatsordnung selbst steht nicht mehr zur Debatte, hier wird die von Augustus geschaffene Alleinherrschaft, das Prinzipat, als unabänderlich gegeben vorausgesetzt. Die

Macht des Herrschers ist absolut, begrenzt wird sie nur durch die Schranken, die der Kaiser sich selbst bei ihrer Ausübung auferlegt. Die Gefahren, die dadurch für das Volk wie für den Kaiser entstehen, können nur durch die Tugenden des Monarchen, allen voran *clementia*, gebannt werden. In der Einleitung zu seinem Fürstenspiegel zählt Seneca bereits die Segnungen der neronischen Herrschaft auf: Wohlstand, Sicherheit, Recht, Freiheit und Milde. Dies sollte natürlich Mahnung an den Kaiser sein, zugleich aber wohl auch Propaganda nach außen, hinter der sich nicht zuletzt ein Anteil an Eigenlob für die von ihm mit gestalteten Verhältnisse verbarg. Es ging Seneca darum, einerseits das Prinzipat Neros zu stabilisieren, andererseits dem Herrscher die Pflichten wie die Gefahren seiner Stellung vor Augen zu führen. Nicht zuletzt sollte dadurch auch Senecas eigene Bedeutung als Lehrer und Berater betont werden.

Streitpunkt wird immer bleiben, wie weit Senecas Konzessionen an die kaiserliche Realität gutzuheißen sind, wie weit er sich durch seinen Ehrgeiz und sein Gefallen an Einfluss und Macht von seinen nach außen hochgehaltenen moralischen Maximen entfernte, wie weit er aber auch durch materielle Zugewinne korrumpierbar wurde. Immerhin gehörte der Stoiker schließlich mit zu den reichsten Aristokraten seiner Zeit und soll über enormen Grundbesitz und immense Zinseinnahmen aus Geldverleih verfügt haben. Letztendlich darf man aber zumindest die Absicht Senecas, Nero zu einem verantwortungsbewussten Herrscher zu erziehen, der seine Machtfülle erkennt und ihr Grenzen zum Wohle der Allgemeinheit auferlegt, nicht in Frage stellen. Tacitus hatte wohl recht, wenn er uns Seneca als einen zwar eitlen, reichen aber im Grunde doch aufrichtigen und pflichtbewussten Mann vorführt. Allerdings einen Mann, der im Letzen doch mit seinen wohlmeinenden Absichten an der Wirklichkeit der Herrscherperson, aber vielleicht noch mehr an der gesellschaftlichen und politischen Realität gescheitert ist – kein großer Kämpfer, sondern mehr derjenige, der versucht, aus den Gegebenheiten das Beste zu machen, letztendlich aber doch resignierte.

Festzuhalten gilt jedenfalls, dass mit der Abdankung Senecas innerhalb von nur drei Jahren vier für Nero außerordentlich wichtige Persönlichkeiten von der politischen Bühne verschwunden waren: Agrippina, Octavia, Burrus und Seneca. Zumindest drei davon hatten die bisherige Politik des Herrschers nicht nur tiefgreifend beeinflusst, sondern vielmehr sehr aktiv gestaltet, Nero war bis zu einem bestimmten Maß ihr Geschöpf, ihr Kaiser, ihr verlängerter politischer Arm. Seine Politik war weitgehend ihre Politik gewesen, und auch als sie das zunehmend weniger wurde, realisierte sie sich trotzdem immer noch in hohem Maße als Reaktion auf diese Personen. Sie waren die Förderer des jungen Kaisers ebenso gewesen wie seine Regulative, sein ‚think-tank' ebenso wie sein Sicherheitsnetz. Dies alles war nun weggefallen. Der Kaiser hatte sie überlebt, nun war er allein auf sich gestellt, musste und wollte seinen eignen Weg gehen, der notwendigerweise nur anders aussehen konnte. Dies soll allerdings keinen Freispruch Neros bezüglich der folgenden Entwicklungen bedeuten. Es war auch kein völlig neuer Weg, es war sein Weg, wie er sich bereits seit längerer Zeit, ja wahrscheinlich schon von Anfang an angebahnt hatte und nun ungezügelt an die Oberfläche drängte.

DER KÜNSTLER

Wie gezeigt, traten nach außen erkennbare und die Politik prägende Veränderungen erst ab dem Jahre 62, nach dem Abtreten von Burrus und Seneca, zutage. Erst jetzt bekamen neue Köpfe, etwa jener bereits erwähnte Präfekt der Prätorianergarde Ofonius Tigellinus, den Einfluss auf Nero, der es ihnen ermöglichte, ihre eigenen Vorstellungen umzusetzen und der Herrschaftsgestaltung ihren Stempel aufzudrücken. Der einzige Bereich, der sich schon unmittelbar nach dem Tod Agrippinas ganz wesentlich verändert hatte, war die Selbstdarstellung des Herrschers: In zunehmendem Maße präsentierte sich jetzt der Kaiser in der Öffentlichkeit als Künstler.

Nero als dekadenter, leicht verfetteter Herrscher in larmoyanter Pose, der von den Zinnen seines Palastes mit brüchiger und tonsuchender Stimme leierschlagend das brennende Rom besingt, so spielte ihn uns der junge Peter Ustinov zu Beginn der 50er Jahren auf der Kinoleinwand vor, und dieses Bild hat sich bis heute in vielen Köpfen eingeprägt. Warum ist gerade diese Nero-Darstellung so stark in der kollektiven Erinnerung verhaftet, was beeindruckt daran so besonders? Es muss neben der nicht anzuzweifelnden schauspielerischen Leistung des Künstlers Ustinov noch etwas anderes sein. Etwas, was uns auffällt, was uns zweimal hinschauen lässt.

Sehr wahrscheinlich ist es diese diskrepante Kombination aus unumschränkter Macht eines absoluten Herrschers und dem beinahe kindlichen Beifall heischenden Blick des Möchtegern-Künstlers, die uns heute noch so irritiert, dass sie uns diesen Kino-Eindruck in Erinnerung behalten lässt. Es passt mit unserer Erwartungshaltung einfach nicht zusammen, dass ein Mann, der über ein Weltreich herrscht, sich so vor der Öffentlichkeit präsentiert, zur Schau stellt, ja sich geradezu prostituiert. Und wahrscheinlich sind unsere Vorstellungen hier von denen der römischen Antike nicht allzu verschieden. Auch schon zur Lebenszeit Neros galt diese Kombination als anstößig und unpassend.

Die Vorliebe des Kaisers für Kunst und Spiel wurde schon mehrfach angesprochen. Sie reicht bis weit in seine Kindheit zurück. Grundsätzlich war die Begeisterung für die schönen Künste auch in Rom nichts

Verwerfliches, ja sie gehörte in einem bestimmten Maß zum Bild des jungen aristokratischen Römers. Der entscheidende Punkt lag eben in dem Maß, in dem sich dieses Engagement in der sozialen Präsenz des Einzelnen verwirklichte.

Es war also keineswegs anrüchig, sondern im Gegenteil fester Bestandteil der Sozialisation des römischen Aristokraten, breit gefächerte kulturelle Interessen und *amor studiorum* – Liebe zu geistiger Arbeit – zu zeigen und dabei auch künstlerische Eigenbegabungen zu pflegen. Es gehörte zur ‚Profilbildung‘, dass man im Bekanntenkreis demonstrierte, man wisse sich mündlich und schriftlich gepflegt, was hieß mit Rückgriff auf griechische Vorbilder, auszudrücken. Traditionsgemäß spielten in Rom die rhetorischen Fähigkeiten eine sehr wichtige Rolle. Entsprechend breiten Raum nahmen sie auch in der Ausbildung der jungen männlichen Elite ein. Auf dem Forum öffentlich seine Interessen beziehungsweise die Interessen seiner *clientes,* also derjenigen, die von einem abhängig waren, durch brillante Redegabe überzeugend vertreten zu können, war das angestrebte Ideal jedes heranwachsenden Aristokraten in Rom, und Anwalt und/oder Politiker zu sein, bedeutete zuallererst rhetorische Fähigkeiten zu besitzen und sich auf diesem Feld mit seinen Standesgenossen zu messen. Die Grundvoraussetzung dafür war, dass man sich in einer fundierten Ausbildung die Stilmittel der klassischen Redekunst angeeignet hatte. In intensiver Rhetorikschulung trainierten die 15- bis 20-Jährigen ihre Eloquenz im Rahmen des dritten Ausbildungsabschnittes nach dem Besuch der Elementar- und der Grammatikschule. Dies galt als wesentliches Element in der Vorbereitung auf die juristische Laufbahn und legte damit auch das Fundament für eine öffentliche Ämterkarriere. Die Lerninhalte fanden sich vorrangig bei den griechischen Literaten. Zwar waren inzwischen auch lateinische Autoren wie Livius, Vergil unter anderem in den klassischen Bildungskanon aufgenommen worden, aber immer noch war die römische Geisteskultur in einem hohen Maße auf das griechische Vorbild ausgerichtet. Die Kultur der Oberschicht war eine zweisprachige, die fließende Beherrschung des Griechischen geradezu Voraussetzung für die Zugehörigkeit zur römischen Bildungselite. Um die rhetorischen Stilelemente wirksam und jederzeit einsetzen zu können, wurden die Werke der Schriftsteller akribisch analysiert und diskutiert; Hauptbestandteil der Ausbildung war aber das Auswendiglernen ganzer Werkpassagen. Da es galt, sie immer präsent zu haben und unmittelbar in seiner beruflichen Tätigkeit daraus schöpfen zu können, sammelte man historische Exempla ebenso wie philosophische Thesen und besonders elegante Rhetorikfiguren in dicken Kompendien. Griffbereit standen diese in den Bibliotheken, die inzwischen zur Grundausstattung aristokratischer Wohnsitze gehörten.

Neben der repetitiven Anwendung klassischer Rhetorikmuster und dem gelehrten Zitieren literarischer Versatzstücke im politischen Tagesgeschäft entsprach es durchaus den gängigen Konventionen, dass die jungen heranwachsenden Aristokraten auch selbst aktiv künstlerisch, das heißt vor allem literarisch produktiv tätig wurden. Wobei die poetische Nachahmung immer als Ausdruck der Bewunderung für das literarische Erbe galt, entsprechend wurde auch das literarische Plagiat eingeschätzt.

Ob Prosaliteratur, historiographische Werke oder das breite Feld der Fachschriftstellerei, alles wurde weitgehend von Liebhabern aus der gesellschaftlichen ‚upper-class‘ gespeist, die ihre politische Tätigkeit in der literarischer Produktion fortführten; dem entsprechend besaß diese ‚Freizeit-Beschäftigung‘ durchaus hohe Reputation. Aber man schrieb in seiner freien Zeit auch Gedichte und verfasste sogar Bühnenstücke, immer eng orientiert und erkennbar angelehnt an die großen Vorbilder.

Die Aristokraten scheuten sich auch nicht vor frivoler Lyrik. Der Kult der Musen rechtfertigte Kühnheiten, die ansonsten innerhalb der doch recht strikten Moralanschauungen nicht akzeptabel gewesen wären. In Erinnerung an die großen Gestalten der Republik, an Werke wie die Tristien des Ovid, ließen sich die *lascivia*, die ungebundene Phantasie, vortrefflich verteidigen. Und Kaiser Hadrian sollte am Anfang des 2. Jahrhunderts n. Chr. in der Gedenkrede auf seinen Freund Voconius ausrufen: *Deine Poesie war freizügig, aber dein Herz tugendhaft.*

Ob strenges Epos oder leichte Lyrik hing also sowohl von der persönlichen Lebenseinstellung der Amateurdichter wie auch vom besungenen Gegenstand ab. In satirischen Epigrammen machte man sich über seine Rivalen lustig, während emotionale Bindungen im elegischen Distichon den passenden Rahmen fanden. Pries man dagegen die Götter, so griff man zur feierlichen Hymne.

Die eigenen Werke rezitierte man dann im privaten Familienkreis und auch in halböffentlichen Zirkeln von Gleichaltrigen und vor allem Gleichrangigen oder Abhängigen. Als Vorlese- oder Aufführungsorte dienten die heimischen Bibliothek und/oder kleine private, meist überdachte Theatersäle (*odeia*), die immer mehr zu festen Bestandteilen der umfänglichen Wohnanlagen der *nobiles* wurden.

Wie in fast allen Lebensbereichen zeigte sich auch hier, dass die römische Gesellschaft stark wettbewerbsorientiert war. Die Freiheit wie die Befähigung zum *otium litteratum* (mit geistiger Arbeit verbrachte Zeit) galten als Zeichen der Vortrefflichkeit im aristokratischen ‚ranking'. Und sobald die Hobby-Literaten den schützenden Raum der Familie verließen, traten sie unbarmherzig in Konkurrenz zueinander; jeder wollte der Beste sein, und nur zu gerne kritisierte man innerhalb der Hautevolee – meist hinter vorgehaltener Hand – die literarischen Ergüsse der jeweils anderen mit spitzen Bemerkungen. Daher galt es, den Schritt heraus aus der Familie in der Regel lange und genau zu überlegen. Andererseits kam man kaum umhin, sich zu ‚outen', denn die Teilnahme am kulturellen Concours war unabdingbar für das Sozialprestige des Einzelnen, sogar die Herrscher waren dieser Konkurrenz unterworfen. Nero soll sogar Übungsreden in der Öffentlichkeit gehalten haben.[1]

Stupende Kenntnisse der griechischen Literatur und herausragende rednerische Kompetenz werden immer wieder als besondere intellektuelle Qualität gewürdigt. Denken wir nur an das besondere Redetalent Caesars, der darin all seinen Zeitgenossen überlegen gewesen zu sein scheint. Oder daran, wie negativ es Claudius angemerkt wurde, dass er sich nur schwerfällig und wegen seines Stotterns gebrochen ausdrücken konnte. Oder – um bei unserem Protagonisten Nero zu bleiben – erinnern wir uns, wie Tacitus anlässlich der ersten Rede, die Nero nach der Machtübernahme vor dem Senat hielt, schrieb: *Dabei bemerkten ältere Personen, die gerne dabei sind, Altes und Gegenwärtiges miteinander zu vergleichen, Nero habe unter denen, die bisher zur Herrschaft gelangten, als Erster fremder Redegabe bedurft.*[2] Seneca hatte die Antrittsrede ja vorformuliert und zwar so, dass die Zeitgenossen unschwer bemerkten, wer der eigentliche Urheber des rhetorischen Feuerwerkes war. Eindeutig geht die eigentliche Aussage dieser Passage über die bloße Information hinaus. Die Tatsache, dass Nero sich für eine Rede fremder Hilfe bediente, zeigt, dass er seine Herrscherkompetenz nicht eigenständig in der erwarteten und den richtigen Herrscher bezeichnenden Qualität auszuüben wusste. Tacitus setzt dies klar zur negativen Zeichnung des Kaisers ein und es wurde wohl auch von seinem Leserpublikum so verstanden.

Rednergabe und künstlerische Fähigkeiten gehörten selbstverständlich zum Bild des vornehmen und gebildeten Römers, dies galt auch für die Herrscher und daher wird es in der biografischen Geschichtsschreibung immer wieder thematisiert. Nur deswegen wissen wir auch, dass schon der erste Princeps, Augustus, eigene literarische Werke verfasste. Allerdings verblieben sie wohl im engeren Kreis der Familie, und Augustus soll die Manuskripte später in selbstkritischer Art und Weise den Flammen übereignet haben. Sein Stiefsohn Tiberius dagegen war auf seine lateinischen und griechischen Verse überaus stolz und demonstrierte auch immer wieder seine tief gehenden Detailkenntnisse der griechischen Mythologie. Claudius setzte sich sehr eingehend und akribisch mit Geschichtsforschung und Sprachwissenschaft auseinander und erreichte auf diesen Gebieten durchaus wissenschaftliches Niveau. Zwar sind seine Werke leider nicht erhalten geblieben, aber wir wissen doch immerhin, dass er eine römische Zeitgeschichte sowie umfängliche historiographische Kompendien zur etruskischen und zur karthagischen Historie verfasste. Noch als Herrscher war es ihm ein Anliegen, die Ergebnisse seiner Forschungen nicht sozusagen ‚im stillen Kämmerlein', also im privaten Bereich vor sich hinschlummern zu lassen, sondern ganz im Gegenteil sie einem breiten und möglichst hochrangigem Publikum bekannt zu machen. Nur so ist zu verstehen, dass der Kaiser anordnete, seine etruskische und karthagische Geschichte sollten in einem eigens dafür errichteten Trakt des größten Wissenschaftszentrums seiner Zeit, im Museion von Alexandria nämlich, öffentlich vorgelesen werden, und zwar jedes Jahr an bestimmten Tagen. Seine intensive Kenntnis der griechischen Sprache brachte Claudius dazu, das lateinische Alphabet um drei Buchstaben zu vergrößern: Im Jahre 47 kreierte er das umgekehrte Digamma als Zeichen für das konsonantische V, um es vom U, das man ja auch als V-Zeichen schrieb, zu unterscheiden, sodann erweiterte er die lateinische Buchstabenreihe um das Antisigma für die Affrikata bs beziehungsweise ps und um ein weiteres Zeichen für den Laut zwischen U und I, der dem griechischen Y entsprach.[3] Als Privatmann hatte er darüber ein Buch geschrieben, als Kaiser verfügte er, dass die neuen Buchstaben auch angewandt werden sollten. Allerdings vermochten sie sich nicht durchzusetzen, sondern gerieten nach Claudius wieder schnell in Vergessenheit. Zwei Generationen später werden die seltsamen Zeichen, die sich verewigt auf Inschriftentafeln an manchen Bauwerken fanden, zwar von Tacitus erwähnt, allerdings bereits als Kuriosa, mit denen nur mehr Spezialisten etwas anfangen konnten.

In der Anerkennung intellektueller Fähigkeiten tritt uns die Orientierung der Römer an der griechischen Kultur deutlich entgegen. Bei aller konservativer Hochschätzung altrömischer Traditionen und Werte, die sich manchmal auch keineswegs kritischer Töne gegenüber der ‚dekadenten' griechischen Geisteskultur enthielt, hatte man sich doch diese Kultur, ihre Errungenschaften, Vorgaben und Ziele angeeignet und sie vor allem in der Oberschicht weitgehend als eigenes Ideal verinnerlicht. Entscheidend war nicht, ob man sich mit Kunst in ihren vielfältigen Erscheinungsformen beschäftigte, sondern wie man damit umging. Musische Fähigkeiten und Interessen durften keinesfalls zur beherrschenden Tätigkeit werden; sie galten als Ausweis von Bildung, als Zeichen dafür, dass man geistig flexibel und frei war, aber sie mussten stets Nebentätigkeiten bleiben, ein hochstehender, intellektuell fordernder Zeitvertreib, den man sich als Angehöriger der Aristokratie leisten konnte und wollte, aber es galt zumindest als unschicklich, sie zur Leidenschaft werden zu lassen, die die ganze Person in Anspruch nahm. Keinesfalls akzeptierte man sie als standesgemäße ,berufliche' Tätigkeit. Außerdem waren auch nicht alle künstlerischen Disziplinen gleichermaßen angesehen. Es gab sehr wohl auf der Palette der *artes* eine klare Abstufung dessen, was sich schickte, und was weniger Ansehen genoss beziehungsweise als völlig degoutant aufgefasst wurde. Hatte – wie gesagt – die Poesie durchaus noch ihre gesellschaftliche Akzeptanz, so fehlte diese anderen Bereichen wie etwa der Musik und der Bildhauerei weitestgehend. Trotz der Sammlerliebe der römischen Oberschicht für griechische Plastiken und andere Kunstwerke, trotzdem man Musik und Tanz genoss, hatte die aktive Ausübung dieser Kunstrichtungen vor allem in der Öffentlichkeit noch nie als eines vornehmen Römers würdig gegolten. Dass man es im privaten Kreis etwas anders hielt, zeigt die Episode, als Nero seinen Stiefbruder Britannicus im höfischen Zirkel dadurch desavouieren wollte, dass er ihn aufforderte, doch ein Lied zu singen. Als Britannicus dies jedoch – anders als von Nero erhofft – mit wohlklingender Stimme und unter lautem Beifall der Zuhörer erledigte, war im Gegenzug Nero tiefst verletzt und düpiert. Der Versuch, seinen Bruder lächerlich zu machen, hatte sich gegen ihn selbst gewandt. Diesmal war der Herausgeforderte der Sieger, eine Tatsache, die auch zu seinem Tod bald darauf beigetragen haben dürfte.[4]

Im privaten Kreis gehörten also musische Begabung und deren Präsentation durchaus zum Üblichen, aber in der Öffentlichkeit lebte man diese Interessen als Angehöriger der römischen Aristokratie nicht aus. Diese Einschätzung künstlerischer Aktivitäten galt auch noch zur Zeit Neros, auch wenn die entsprechenden Fähigkeiten im Laufe der Zeit im Vergleich zu anderen Kompetenzen und Tugenden des vornehmen Römers etwas aufgewertet wurden. Die Felder, auf denen man sich als junger Adeliger bewähren und *dignitas* (Würde) und *gloria* (Ruhm) anhäufen konnte, waren seit Beginn der Kaiserzeit kleiner geworden – denken wir nur daran, dass der Kaiser jetzt der Oberbefehlshaber der Armee war,

112

er damit alle Siege für sich beanspruchte und den Triumph, die bislang höchste Anerkennung militärischen Erfolgs für einen römischen Feldherrn, praktisch für sich monopolisiert hatte. Außerdem standen mit dem Schlagwort *pax Romana* das Streben nach Ruhe und Ordnung und nicht mehr die Bewährung im Krieg und Kampf ganz oben im Wertekanon.

Daher suchten einzelne Vertreter der Aristokratie andere Möglichkeiten, sich zu profilieren und dazu gehörte auch der Bereich der künstlerischen Aktivitäten. So lesen wir etwa in der *laus Pisonis*, einem Lobgedicht[5], das C. Calpurnius Piso, dem Prätendenten der Verschwörung des Jahres 65[6] gewidmet ist, dass militärische Tugenden nicht mehr zeitgemäß seien. Man müsse im Frieden nicht mit den Waffen üben, sondern friedliche Künste praktizieren. Und dem gleichen Tenor folgend werden Piso unzählige Begabungen bescheinigt, wobei sein Lyra-Spiel hervorgehoben wird. Dieses Instrument beherrsche er so, dass Apollon sein Lehrer gewesen zu sein scheint. Daneben werden auch sein Fechtsport sowie sogar das Ballspiel und seine Künste in Brettspielen rühmend angeführt. Allerdings – und hier zeigt sich wieder das eben Angesprochene – setze er diese Begabungen so ein, wie es jeweils angemessen sei. Überdeutlich ist hier Kritik am Rivalen, Nero, herauszuhören. Wir können also zwar eine gewisse Aufwertung der künstlerischer Fähigkeiten innerhalb der inneraristokratischen Konkurrenz infolge der veränderten herrschaftspolitischen Gegebenheiten konstatieren, aber die Grundeinteilung im senatorischen Tugendkanon bleibt bestehen und damit sind auch weiterhin gewisse Vorbehalte und gesellschaftliche Konventionen bezüglich der künstlerischen Selbstdarstellung des Einzelnen virulent.

Schauspieler, Sänger, Literat und Wagenlenker

Wie hielt es nun Nero mit dem angesprochenen Feld? Inwieweit erfüllte er oder sprengte er eben diese Konventionen?

Von Kindheit an war der Sohn Agrippinas an allen künstlerischen Betätigungen sowie an Spiel und Sport sehr interessiert. Das Maß seiner Leidenschaft übertraf dabei bereits sehr früh die übliche Norm des aristokratischen Bildungskanons, und so werden in den Quellen immer wieder neben der Literatur vor allem die Musik, aber auch die Bildhauerei und Malerei als Beschäftigungen erwähnt, denen sich der junge Nero mit absoluter Begeisterung und ausgesprochener Hartnäckigkeit hingab. Die literarische ‚Ader' könnte er von seinem Großvater mütterlicherseits mitbekommen haben. Sueton lobt die herausragende rhetorische Begabung sowohl in der griechischen wie auch lateinischen Sprache des Germanicus genauso wie seine professionellen philologischen Kenntnisse.[7] Immerhin steht dessen gelehrte Übersetzung der „Phainomena" des hellenistischen Dichters und Astronomen Aratos in der Tradition Ciceros. Die ‚Himmelserscheinungen', die der aus Kilikien stammende Aratos im 3. Jahrhundert v. Chr. am Hof des makedonischen Königs Antigonos Gonatas verfasste, sind ein poetisches Meisterwerk und führen uns in Form eines Lehrgedichts die Sternbilder, ergänzt durch Sternensagen sowie eine Aufzählung von Wetterzeichen, vor. Die Übertragung des Nero-Großvaters Germanicus blieb bis heute erhalten.

So ausufernd wie seine künstlerischen Neigungen, so grenzenlos scheint auch Neros Begeisterung für Wagenrennen gewesen zu sein. Anders wäre es kaum zu erklären, dass ihm als Kind sogar Gespräche darüber ausdrücklich verboten wurden. Das eigenhändige Lenken der Gespanne im Zirkus war ein zwar nicht standesgemäßes, aber vor allem im Kreis junger Adeliger als Spleen mit einem Augenzwinkern hingenommenes Freizeitvergnügen. Der schon etwas gesetztere Römer frönte dem Rennsport zwar ebenfalls und mit keineswegs geringerer Begeisterung, in der Regel jedoch entweder als Zuschauer oder, falls man über die notwendigen ökonomischen Ressourcen verfügte, als Finanzier von Gespannen.

Während die Rennen im Circus Maximus in den Zeiten der Republik noch Amateur-Veranstaltungen waren, die von den jeweiligen Magistraten ausgerichtet, durchgeführt und auch gänzlich finanziert werden mussten, hatten sich in der Zwischenzeit Profi-Rennclubs entwickelt. Diese Rennställe wurden als *factiones* (Zirkus-Parteien) bezeichnet. Es gab vier davon und sie wurden nach den Farben, in denen sich die jeweiligen Rennfahrer kleideten, benannt: Die Grünen (*factio prasina*), die Roten (*factio russata*), die Weißen (*factio albata*), die Blauen (*factio veneta*). Finanziert wurden diese Rennställe, die gegenseitig in harter Konkurrenz standen und zum Teil mit hohen Geldprämien versuchten, sich die besten Fahrer abzuwerben, vor allem von der römischen Geldaristokratie. Die Rennfahrer selbst stammten meist aus kleinen Verhältnissen, nicht selten handelte es sich um ehemalige Sklaven, die aufgrund ihrer sportlichen Begabung freigelassen worden waren. Die Pferde für die Rennen holten die Leiter der Rennclubs teilweise von weither aus den Provinzen. Ähnlich wie heute beim Fußball- oder Autorennsport entwickelte sich um siegreiche Fahrer und auch um besonders herausragende Pferde ein regelrechter Starkult. Mancher ‚Fan', der es sich leisten konnte, wollte selbst in seiner häuslichen Umgebung nicht auf den von ihm heiß verehrten Rennfahrer oder die mindestens ebenso hochgeschätzten Lieblingspferde verzichten und ließ sie sich als Mosaik, mit Namen versehen und dadurch eindeutig identifizierbar, in den Fußboden seines Wohnzimmers einlegen.

Für die Sieger waren hohe Preisgelder als Prämien ausgesetzt, sodass es für einen guten Fahrer möglich war, in relativ kurzer Zeit ein ansehnliches Vermögen anzuhäufen. Da sich das Selbstverständnis der Rennfahrer ausschließlich aus ihren gewonnenen Rennen speiste, verewigten sie die Zahl ihrer Siege und auch die auf diese Art ‚eingefahrene' Geldmenge nicht selten sogar noch auf ihren Grabsteinen. Mit großem Erstaunen lesen wir dort von hunderten von Siegen und enormen Geldsummen. Der von Martial in zwei Epigrammen so hoch gelobte Scorpus[8] gewann einmal in einer Stunde 15 Beutel Gold[9], insgesamt soll er in seinem Leben, das leider nur kurz dauerte – Martial merkt dies mit großem Bedauern an – nicht weniger als 2048 Siege errungen haben.

Die Siegerprämien mussten von den Veranstaltern der Rennen und das waren immer noch die Magistrate – Konsul, Prätor und/oder Ädil – gestiftet werden, was häufig enorme finanzielle Belastungen für den Einzelnen während seiner Amtsperiode mit sich brachte. Der jeweilige Mäzen – nicht selten übernahm auch der Kaiser persönlich die Ausrichtung der Rennen – durfte dann seinen Rennen präsidieren, er saß in einer eigenen Loge über den Boxen (carceres), aus denen heraus der Start erfolgte, und gab, indem er ein weißes Tuch in die Kampfbahn warf, das Zeichen für den Beginn der Wettbewerbe.

Zusätzlich zu den Siegespreisen wurden von den Rennställen noch ganz erkleckliche Prämien bezahlt, damit die erfolgreichen Fahrer nicht die factio wechselten. Obwohl sie in der gesellschaftlichen Hierarchie ziemlich weit unten standen, wurden die Wagenlenker – solange erfolgreich – von den Fans auf Händen getragen, die Frauen, auch aus der römischen Hautevolee lagen ihnen zu Füßen und die männliche Jugend träumte davon, es diesen Heroen einmal gleich zu tun. Ähnlich wie heute, wo Fußball bei vielen Leuten Tagesgespräch ist, man alle Spieler, ihren persönlichen Lebenslauf usw. bestens kennt und die Skandale und Skandälchen einzelner Vereine und Trainer bis in die aktuellen Tagesnachrichten vordringen, nahmen auch viele Römer starken Anteil am Geschehen in den Renn-Faktionen. Die Affären der Fahrer waren genauso auf dem Forum wie im Armen-Leute-Viertel in der Subura (ärmliche und dichtbebaute Wohngegend, die sich hinter dem Augustus-forum den Viminal-Hügel hinaufzog) Tagesgespräch und man bezog leidenschaftlich Stellung für seine Rennpartei.

Bereits in der morgendlichen Frühe des Renntags eilte ganz Rom in den Circus Maximus, der mit seinem Fassungsvermögen von mehr als 200 000 Menschen sicherlich ein einmaliges Massenerlebnis vermitteln konnte. Viele der Besucher waren als echte Fans in den Farben ,ihres' Rennstalls gekleidet. Vor dem Zirkus konnte man sich noch in zahllosen Buden und kleinen Läden für den langen Renntag mit Essen und Getränken, aber wahrscheinlich auch mit den Vorläufern unserer ,Fanartikel' eindecken. Hatte man seinen Platz im Zirkusrund eingenommen, so ließ man sich schnell von der gespannten Atmosphäre der Menge anstecken. 24-mal sollten sich bis zum Abend die Schranken vor den Startboxen am westlichen Ende der Rennbahn öffnen und die kaum mehr zu zügelnden Gespanne mit ihren leichten, dafür aber umso schnelleren Wägen auf die staubige Sandstrecke schicken. Wer würde heute gegeneinander antreten? War der Star der letzten Rennen immer noch bei den Grünen? Hatten die Trainer und Pfleger vermocht, die geradezu unheimliche Form des Pferdes Incitatus vom Stall der Roten zu bewahren beziehungsweise vielleicht sogar noch zu steigern? Und nicht zuletzt: Kam der Kaiser? Konnte man seinen Ärger über die letzte Preissteigerung beim Olivenöl durch Buh-Rufe und Pfeifen nun endlich direkt beim Herrscher zum Ausdruck bringen? Schnell galt es auch noch ein paar Denare auf seinen persönlichen Favoriten zu verwetten. Vielleicht war der Tipp, den man von einem Insider, einem Stallknecht, bekommen hatte, ja heute mal richtig, und es ließ sich so die eigene knappe Haushaltskasse etwas aufbessern! Kaum war jedoch das weiße Tuch des Rennveranstalters in die Arena geflattert, hatte man nur mehr Augen für das Geschehen auf der Kampfbahn. Die Begeisterung erreichte den Siedepunkt, wenn das Anzeigeinstrument auf der *spina*[10] kenntlich machte, dass die siebte und letzte Runde begonnen hatte.

Auch die Mitglieder der Oberschicht, bis hin zu den Herrschern, waren vom Renn-Wahn gepackt. Etliche der jungen Männer aus den vornehmsten Familien griffen, wie gesagt, sogar selbst zu den Zügeln und maßen sich beim Umrunden der Arena mit den leichten zweirädrigen Rennwägen, vor die in der Regel vier, manchmal auch sechs, sieben, acht oder sogar zehn Pferde gespannt wurden. Die Kunst des Wagenlenkens erforderte viel Training, Kraft und Geschicklichkeit, und es war keineswegs ungefährlich, mit hoher Geschwindigkeit die im Circus Maximus vorgeschriebenen sieben Runden zu absolvieren. Immer wieder kam es zu Unfällen mit lebensbedrohlichen Verletzungen und mancher Wagenlenker bezahlte seine Waghalsigkeit sogar mit dem Leben.

Neros Mutter hatte seine Erzieher ausdrücklich angehalten, die Leidenschaft ihres Zöglings für die Rennbahn zu zügeln, wie aus der kleinen Episode hervorgeht, die uns Sueton überliefert. Demnach hatte Nero einmal einem seiner Mitschüler während des Unterrichts klagend erzählt, ein von ihm favorisierter Rennfahrer sei von seinem Pferd mitgeschleift worden. Sein Lehrer, der das hörte, schimpfte. Und um sich vor Bestrafung zu retten, log Nero, er habe von Hektor erzählt, dessen Leichnam ja bekanntlich von Achill hinter seinem Pferd her in das Lager der Griechen geschleift worden war.[11] Nero war wie sein Vorvorgänger Caligula und später auch der Mitkaiser Marc Aurels, Lucius Verus, ein fanatischer Anhänger der ‚Grünen'.

Um das anwachsende Ausmaß der Leidenschaft Neros für die Wagenrennen zu dokumentieren, fährt Sueton fort: *In der ersten Zeit seiner Regierung spielte er täglich mit elfenbeinernen Viergespannen auf seinem Schreibtisch und kam zu allen, selbst den unbedeutendsten Rennen von seinen Landhäusern nach Rom, zuerst heimlich, dann ganz offen, sodass jedermann sicher war, dass er an einem solchen Tag in Rom sein werde.* Und um das Maß voll zu machen, setzt Sueton noch hinzu: *Bald bekam er Lust, selbst den Wagenlenker zu spielen und sogar öfters öffentlich aufzutreten.* Der kaiserliche Biograf ist sicherlich nicht der Einzige gewesen, der auch in diesem Charakterzug Neros eine Erbschaft erkennen wollte. Hier war es der Vater, der schon ein besonders ausgeprägtes Faible fürs Wagenlenken hatte, was dann letztlich auf der Appischen Straße zu einem schrecklichen Unfall führte, bei dem Domitius Ahenobarbus mit seinem Wagen ein Kind überrollte, das an den Verletzungen starb.

Aber zurück zum Kaiser. Was die bereits angesprochenen künstlerischen Neigungen angeht, so scheinen sie in seiner Kindheit und frühen Jugend noch keineswegs so negativ beurteilt worden zu sein. Im Gegenteil, seine ersten Erzieher, Beryllus und Anicetus, die uns schon begegneten, förderten die vielfältigen Begabungen des Jungen sogar eher als dass sie sie hinderten. Neben der breiten Fächerung der Talente des jungen Mannes, der fast alle *liberales disciplinae*, gemeint sind damit Grammatik, Rhetorik, Dialektik, Arithmetik, Geometrie, Astronomie und Musik(theorie), in gleicher Weise schätzte und sich daneben sogar noch in der Kunst des Malens, Bildhauerns, Singens und Wagenlenkens hervortat, fand vor allem die Hartnäckigkeit und der Ehrgeiz Anerkennung, mit denen der Jüngling dies alles ausübte. Auch Seneca war anscheinend von den Talenten seines Zöglings zunächst positiv beeindruckt und fand dafür rühmende Worte: *In Wettkämpfen mit Gleichaltrigen wollen wir weder dulden, dass er sich besiegen lässt, noch dass er in Zorn gerät.*[12] Bald jedoch musste der Prinzen- und Kaisererzieher einsehen, dass es sehr schwer war, den *artifex* (Künstler) Nero zu zügeln. Wohl eher mit großem Stirnrunzeln wird es Seneca mit angesehen haben, dass der Kaiser noch im Jahre 54, unmittelbar nach seiner Thronbesteigung, den damals berühmtesten ‚Kithara-Star‘ Terpnus, der noch von Neros Nachfolger Vespasian geehrt und reich belohnt werden sollte[13], an seinen Hof holen ließ. Nicht nur dass der Musik-Virtuose dem Herrscher fast ununterbrochen Tag und Nacht vorsingen musste, der Kaiser also weitaus begeisterter dem Gesang lauschte als sich etwa mit den politischen Erfordernissen seiner neuen Position zu beschäftigen, nein, der neu gekürte Herrscher über die Welt ließ sich auch noch von diesem Musiker Unterricht erteilen und zwar nicht nur im Gesang, sondern auch im Kithara-Spiel. Dieses mit 7 bis 11 Darmsaiten bespannte Zupfinstrument war aufgrund seiner Bauweise bedeutend lauter als die ähnlich aussehende Lyra. Galt die Lyra als ein aristokratisches Instrument, auf dem der begeisterte Laie lernte und mit dessen Begleitung er zu Hause die ebenso genannten ‚lyrischen‘ Gesänge vortrug, so war die Kithara bevorzugtes Solo- und Begleitinstrument der Profikünstler. Ihr haftete nichts Aristokratisches sondern eher der Hauch des Gewöhnlichen, ja fast Ordinären an.

Neben dem Instrumentalunterricht, der bereits die zukünftige Richtung neronischer Kunstpräsentationen vorzeichnete, nahm der Kaiser ohne zu Murren allerhand an Mühen auf sich, um sich auch wie ein Berufs-Sänger ausbilden zu lassen. Er stärkte, auf dem Rücken liegend, die Brust mit Bleiplatten beschwert, seine Muskulatur und absolvierte brav und unermüdlich die Übungen für die Stimmbänder und die Atemtechnik. Der Verzicht auf bestimmte Speisen etwa Obst, die als hemmend und abträglich für die Stimmentwicklung angesehen wurden, gehörte genauso zum Trainingsprogramm wie die innere Reinigung des kaiserlichen Körpers durch Abführmittel. Und um ja optimal geschult zu werden, holte Nero sogar noch einen weiteren Star-Kitharöden, Menekrates, an seinen Hof. – Einige Jahre später, auf der großen ‚Griechenland-Tournee‘, wird der Schüler dann seine Lehrer und andere bekannte Musik-Stars in Olympia besiegen.

Wie bereits gesagt, galt Neros Interesse neben der Musik und Schauspielerei auch der Poesie. Gebannt lauschte der Kaiser bei den Gelagen an seinem Hof der neuesten Produktion der geladenen Literaten. Immerhin haben wir einige Zeugnisse, dass sich der Herrscher dabei als Mäzen und Förderer der Schriftsteller hervortat. So widmet Lucilius (iunior), zeitgenössischer Verfasser griechischer Epigramme, sein zweites Buch Nero und schreibt: *Olympische Musen, Töchter des Zeus, ich wäre am Ende gewesen, hätte mir nicht Nero Caesar mir Bargeld geholfen.*[14] Aber der Kaiser dichtete auch selbst. Die Qualität seiner literarischen Schöpfungen kann so schlecht nicht gewesen sein, denn sonst hätten Neider kaum den Vorwurf des Plagiats zu erheben brauchen. Sueton nimmt ihn hier sogar ausdrücklich in Schutz, wenn er schreibt: *Es ist unwahr, dass er, wie einige behaupten, fremde Werke als eigene ausgab. Es sind mir Schreibtafeln und Hefte von ihm zu Händen gekommen mit einigen sehr bekannten eigenhändig von ihm geschriebenen Versen, denen man es auf den ersten Blick ansehen kann, dass sie weder anderswoher entlehnt noch nach dem Diktat eines Dritten nachgeschrieben, sondern ohne Zweifel von einem, der überlegt und selbst dichtet, aufgesetzt worden waren, denn sehr viel war darin ausgestrichen, ergänzt oder drüber geschrieben.*[15]

Neros Werke wurden auch veröffentlicht; bald nach dem Tod des Kaisers, noch im Jahre 69 ließ einer seiner Nachfolger, Vitellius, bei einer öffentlichen Leichenfeier für den verstorbenen Nero ausgewählte Stücke aus einer Sammlung neronischer Lieder und Gedichte mit dem Titel 'Liber Dominicus' vortragen, um damit seine enge Bindung zu Nero zu demonstrieren. Leider blieben uns nur wenige authentische Verse erhalten, darunter Fragmente aus einem Epos über Troja. Auch der eigenen, nationalrömischen Geschichte wollte Nero ein Epos widmen und trat damit in Konkurrenz zu literarischen Größen wie Vergil. Als er sich beraten ließ, welchen Umfang ein derartiges Werk haben sollte, schlugen ihm seine Höflinge schmeichlerisch gleich vierhundert Bücher[16] vor.

Mag im Jahre 54 ein öffentlicher Auftritt Neros als Künstler für niemanden aus dem näheren kaiserlichen Umfeld noch wirklich vorstellbar gewesen sein, so musste doch andererseits die Ernsthaftigkeit, ja Hartnäckigkeit der kaiserlichen Bemühungen alle davon überzeugen, dass man es keinesfalls nur mit Liebhaberei und snobistischer Überspanntheit zu tun hatte. Zu unbändig dürfte sich bei den verschiedenen Gelegenheiten, bei denen Nero seine künstlerischen Neigungen, sei es als Schauspieler, Sänger, Literat oder Wagenlenker privatim präsentierte, der Wunsch des Kaisers nach Applaus und nach öffentlicher Anerkennung artikuliert haben. Egal ob man das nun akzeptieren wollte oder nicht, man musste eine Möglichkeit finden, damit umzugehen und derartige Wünsche und Neigungen in gesellschaftlich sanktionierten Bahnen zu kanalisieren. In diesem Sinne haben wir es wohl zu werten, wenn Seneca seinem Zögling zunächst noch schmeichelte, indem er dessen Musikalität mit der des Gottes Apollo gleichsetzte (Abb. S. 172). Man sollte darin den Versuch erkennen, Nero nicht zu sehr vor den Kopf zu stoßen und durch positives Auffangen der sozialen Regelverletzungen zumindest die größten Peinlichkeiten zu verhindern. Letztlich mussten sich aber sogar seine Mutter genauso wie seine Erzieher Seneca und Burrus geschlagen geben. Sie ließen den jungen Herrscher so weit gewähren, wie es möglich war, ohne gleich jegliche Diskretion aufgeben zu müssen. Eventuell war auch ein Hintergedanke dabei: Sollte der kaiserliche Jüngling nur zumindest in geregeltem Maße seinen Leidenschaften frönen, für sich selbst schuf man damit politische Freiräume.

Mit dem Tod der Mutter schienen dann endgültig alle Dämme gebrochen zu sein. Der Kaiser war nicht mehr davon abzuhalten, nun als Sänger zur Kithara und als Wagenlenker aufzutreten, und zwar nicht mehr nur privat bei nächtlichen Gelagen im Freundeskreis, sondern öffentlich vor Publikum. Schließlich sei der Gesang ja Apollo heilig, der sogar in den Tempeln mit der Kithara, seinem Instrument dargestellt werde. Und Wagenrennen werde als königlicher Sport von den alten Dichtern gefeiert und auch den Göttern zur Ehre angerechnet. So rechtfertigte Nero seine Leidenschaften, stillschweigend voraussetzend, dass ihm der Vergleich mit den Göttern gerade richtig anstehe und Apollo ja in einer ganz besonderen Verbindung zum Dynastiegründer Augustus, seinem Vorfahren, stand.

Seneca und Burrus, die zwar über den Tod Agrippinas nicht gerade besonders traurig gewesen sein dürften, erkannten sehr schnell, dass mit der Mutter doch ein wesentlicher Teil der die Träume des Kaisers zügelnden Kraft weggefallen war. Die Gefahr lag nun darin: Sollten sie beide sich gegenüber den Wünschen ihres Zöglings als völlig unnahbar zeigen, so würde der emotional sowieso extrem labile Herrscher möglicherweise sich auch ihrer entledigen, um alle Hemmschuhe – nach seinem Verständnis – aus dem Weg geräumt zu haben. Lieber wollten sie sich etwas nachgiebig zeigen, um damit ihrer Meinung nach auch weiterhin noch Einfluss auf den Kaiser ausüben zu können. Also erlaubte man Nero das weniger schimpflich erscheinende Wagenlenken – allerdings noch unter weitgehendem Ausschluss der Öffentlichkeit.

Im vatikanischen Tal jenseits des Tibers wurde eine eigene Rennbahn gebaut, auf der der Kaiser zunächst allein ohne Zuschauer seine Gespanne mit vier und mehr Pferden lenkte. Bald genügte ihm dies aber nicht mehr und er lud Publikum zu seinen Wagenfahrten. Nach Tacitus waren die Zuseher begeistert – was nicht verwundert, wenn wir das Ganze in die Gegenwart übersetzen und uns das Verhalten der Massen vorstellen. Der Beifall wiederum stachelte die Gier nach Öffentlichkeit beim Kaiser erst recht an. Und er setzte alle Hebel in Bewegung, um auch seine anderen Neigungen vor Publikum ausleben zu können und Lob für seine Künste zu ergattern. Auch als Schauspieler und Musiker wollte er nun auf der Bühne stehen.

Noch waren es nur wenige, die den Kaiser bei seinen ganz ‚unkaiserlichen‘ Aktivitäten beobachten konnten, es war noch nicht die große Öffentlichkeit des römischen Volkes, vor der sich der Herrscher zur Schau stellte, und es war auch noch nicht der Circus Maximus, in dem mehrere hunderttausend Zuschauer Platz fanden, sondern seine eigene Rennbahn, in der das kaiserliche Gespann seine Runden zog. Aber der Damm war gebrochen. Schritt für Schritt ging Nero jetzt seinen Weg, Schritt für Schritt wurden gesellschaftliche Konventionen ausgehebelt und aufgegeben.

Bühnendebüt

Nur kurze Zeit nachdem er als Wagenlenker reüssiert hatte, ergab sich für Nero eine günstige Gelegenheit, den nächsten Schritt zu tun. Er sollte ihn auf die Bühne führen.

Auch heute noch ist im Leben eines jungen Mannes die erste Rasur ein Ereignis, dem etwas Besonderes anhaftet. Von den Römern wurde die erste Bartabnahme üblicherweise in Form einer kleinen Familienfeier begangen. Bei Nero, dem Princeps, Herrscher über ein Weltreich, lag es nahe, auch dieses familiäre Ereignis in einem größeren Rahmen zu begehen, noch dazu, wenn wir in Rechnung stellen, dass die erste Bartabnahme einen wichtigen Schritt auf dem Weg zur Mannbarkeit, zur männlichen Selbstständigkeit markiert und der Kaiser erst kurz vorher auf diesem Weg einen anderen, blutgetränkten Schritt gegangen war, nämlich den der Loslösung von seiner übermächtigen Mutter. Dafür war die Bartabnahme ein sehr willkommenes unverfängliches Zeichen, das man auch allen, wirklich allen, ohne Angst und Schrecken zeigen konnte. Noch im Jahre 59 ließ Nero also seine erste Rasur unter dem Namen *Iuvenalia* als halböffentliches Fest feiern. Zunächst wurden die im Rahmen eines Stieropfers geschorenen Barthaare in eine goldene

Kapsel gelegt und dem Iuppiter Capitolinus geweiht. Im Anschluss daran ließ der junge Kaiser dann *trans Tiberim in hortis*, also in den kaiserlichen Gärten jenseits des Tibers, mehrtägige Spiele veranstalten. Einem Jahrmarkt ähnlich wurden dort Schänken und Buden aufgebaut, in denen das Volk – wohl nur eine ausgewählte Schar Geladener – allerhand Zerstreuung fand. Im Zentrum stand jedoch ein wohl provisorisch aus Holz errichtetes Theater, in dem Stücke – in erster Linie Tragödien – in griechischer und lateinischer Sprache aufgeführt wurden. Daneben konnte man auch Pantomimen bewundern. Was es dabei zu sehen gab, hat wenig mit dem zu tun, was wir heute von der hohen Kunst der wortlosen Gestik und Mimik erwarten, vielmehr handelte es sich um ziemlich eindeutige erotische Tanzdarbietungen nach einem mythologischen Libretto. Hoch standen in der Publikumsgunst auch Mimusstücke, wie die zeitlos typische Posse vom betrogenen alten Ehemann, seiner jungen Frau und deren Liebhaber. Und wenn Tacitus, der das ganze Treiben entwürdigend und moralisch äußerst bedenklich findet, Frauen erwähnt, die ‚anstößige Rollen‘ vor den aufgebauten Buden darboten, dann handelte es sich dabei um kleinere Stücke aus der nationalrömischen Komödienform (*togata*), in denen nicht selten eine ältere vornehme Dame ihr lasterhaftes Leben erzählt und mit witzigem Zynismus dabei über ihre Vorstellungen von ehelicher Treue resümiert.[17] In anderen Stücken feierte man ausgelassene Ausflüge auf das Land, nicht selten mit einer Schar leichter Mädchen.

Dies alles wäre zwar außergewöhnlich, aber noch nichts so Besonderes oder gar Anrüchiges gewesen. Diese Note bekommt die ganze Sache erst, wenn wir uns die Akteure näher anschauen. Nicht Berufskünstler, die *histriones*, wurden als Schauspieler, Tänzer oder Sänger aktiv, nein, voller Entrüstung berichten uns die Quellen vielmehr, dass sich vornehmste Kreise geradezu drängten, sich in die Liste der ‚Künstler‘ einschreiben zu lassen. Senatoren, Konsulare und dem nicht genug auch betagte Matronen aus der höchsten Aristokratie buhlten darum, vor dem Kaiser als Bühnenkünstler zu dilettieren[18]. Nero war sehr an der Beteiligung der Aristokraten gelegen, die sich durch ihr Treiben vor ihm, aber noch mehr vor den Augen ihrer Standesgenossen selbst erniedrigen sollten. Die Teilnahme war wohl auch nicht bei allen ganz freiwillig: So machte es der Kaiser dem Thrasea Paetus, den wir schon als oppositionellen Geist im Senat kennen gelernt haben, zum Vorwurf, dass er sich nicht mit genügendem Eifer eingebracht habe. Manche versuchten mit Masken ihre Identität zu verbergen, um so ihr Ehrgefühl wahren zu können, sie wurden vom Kaiser daran gehindert. Andere hingegen sahen es wohl als willkommene Gelegenheit, ihren exaltierten Neigungen, ja ihrem Exhibitionismus zu frönen. Vor allem die vornehmen Damen, so unterstellen zumindest die antiken Schriftsteller, nutzten die sich hier bietende Gelegenheit, um in einer Art Ventilfunktion das enge Korsett gesellschaftlicher Konventionen verlassen und sich durch ordinäres Benehmen abreagieren zu können. Cassius Dio, ein Angehöriger des Senatorenstandes, dem wir den ausführlichsten Bericht über diesen Skandal verdanken, bemerkt empört, dass sogar die 80-jährige Aelia Catella, die zur Spitze der mondänen hauptstädtischen Gesellschaft zählte, sich nicht zurückhalten konnte und unter den Augen des Kaisers zur Empörung ihrer Standesgenossen in einer Pantomime mittanzte. *Während andere*, so fährt er fort, *die infolge Alters oder Krankheit selbst nichts zu bieten vermochten, sich im Chor betätigten.*[19] Der Klatsch kannte keine Grenzen, genauso wenig wie der Spott über die teilweise recht unprofessionellen und eher komisch als künstlerisch wirkenden Darbietungen einzelner Debütanten.

Allerdings sollte es noch eine Steigerung des Skandals geben. Denn am Ende des Festes gab endlich sogar der Kaiser selbst – nachdem er das Publikum um Aufmerksamkeit gebeten hatte, wie Cassius Dio[20] fassungslos anmerkt – als Kithara-Spieler Musik- und Gesangsstücke zum Besten – mit großer Sorgfalt, wie Tacitus betont und nicht, ohne vorher eifrigst mit seinen Lehrern intensiv geübt zu haben. Um gegen jedwede drohenden Gefahren geschützt zu sein, begleitete eine hochrangige Abteilung der Leibgarde den herrscherlichen Künstler, was die Besonderheit des Auftritts wie des Akteurs noch unterstrich. Sogar Burrus musste gute Miene zum bösen Spiel machen, die Sache über sich ergehen lassen und sogar noch lobende Worte dafür finden. Nero konnte sich zwar, ob aus wirklicher Bewunderung, aus Erstaunen oder aus purer Furcht sei einmal dahingestellt, des Beifalls der Menge sicher sein, aber um allen Unwägbarkeiten vorzubeugen, ließ der Kaiser seine Lehrer Seneca und Burrus als Souffleure ihm beiseite stehen. Sie mussten auch das Publikum an den richtigen Stellen zum Klatschen auffordern. Außerdem organisierte Nero eine Gruppe junger Männer aus dem Ritterstand, die nach dem Vorbild des Theaterpublikums von Alexandria durch Klatschen, Pfeifen, Gröhlen usw. verschiedene Intensitäten und Arten von Beifall kundtaten – tage- und nächtelang, wie Tacitus vermerkt. Sie wurden unter dem Namen *Augustiani* zur ständigen Begleittruppe des Kaisers bei seinen Bühnentourneen und dafür auch entsprechend entlohnt.[21] Nach seinem ersten Auftritt bewirtete der Herrscher das Volk bei einem Bootsfest und fuhr dann um Mitternacht durch einen Kanal in den Tiber, so schließt Cassius Dio seine Chronique scandaleuse.

Die Spiele selbst scheinen sich schnell in den Jahresfestkalender eingebürgert zu haben. In einer Reihe mit den *ludi circenses, scaenici* oder *gladiatorii* feierte man sie später auch außerhalb von Rom in vielen Städten Italiens.

Noch immer war der Auftritt des Kaisers nur halböffentlich, vor geladenen Gästen gewesen, aber sicherlich waren die *Iuvenalia* ein weiteres gewagtes Austesten, ein Nach-vorne-Schieben der Grenzen gesellschaftlicher Konventionen. Doch die letzte Hürde wurde noch nicht überwunden. Auch bei den im Jahre 60 von Nero eingerichteten, nach ihm benannten *Neronia* trat der Herrscher nicht persönlich vor das römische Publikum. Diese *Neronia* waren in Form der *certamina graeca* organisiert, das heißt das mehrtägige Programm umfasste nach griechischer Manier ablaufende musische Wettspiele, darüber hinaus auch Pferderennen und – in Rom neu, ungewohnt und sehr wohl als dekadent kolportiert – athletische Konkurrenzen, bei denen die Teilnehmer nackt auftraten. Ein weiterer Schritt auf dem Weg des Sittenverfalls, so lässt Tacitus zumindest die konservativen Stimmen lamentieren: *So aber würden die allmählich ersterbenden vaterländischen Sitten durch fremde Zügellosigkeit von Grund aus vernichtet, sodass man alles, was irgend verführt werden oder verführen könnte, in Rom zu sehen bekäme, und die Jugend durch ausländisches Treiben, in griechischen Sportspielen, in Müßiggang und schändlichen Liebeshändeln sich herumtreibend, entarte... ... Was fehlte noch, als dass sie auch den Leib entblößten, die Kampfriemen zur Hand nähmen und solche Kämpfe statt des Heeresdienstes und der Waffen sich angelegen sein ließen?*[22] Im penteterischen Rhythmus, also alle fünf Jahre, sollten diese Spiele von Konsularen organisiert in der Hauptstadt abgehalten werden, sie erinnerten damit an die im Jahre 27 v. Chr. von Augustus geschaffenen, den Sieg von Actium verherrlichenden Aktia, die immer noch in Nikopolis nahe des Schlachtortes gefeiert wurden.

Als Schauplatz für die gymnischen Disziplinen wählte man die *Saepta Iulia* auf dem Marsfeld, ein prächtiger Hallenbau, der im Jahre 26 v. Chr. von Agrippa errichtet worden war und als Wahllokal für die Volksversammlungen gedient hatte, inzwischen aber zu einem Veranstaltungszentrum umfunktioniert worden war. Die musischen Wettbewerbe fanden im Pompeiustheater statt. Hier waren Siegeskränze in Gesang, Musik, Dicht- und Redekunst zu gewinnen. Das waren seine Disziplinen, trotzdem unterblieb der Auftritt des Princeps. Ob er sich so weit unter Kontrolle hatte und die negativen Auswirkungen als noch zu groß einschätzte? Eher nein, in den Quellen können wir immer wieder von Neros kaum bezwingbaren Drang zum öffentlichen Auftritt lesen. Wahrscheinlich waren es vor allem seine Berater, die ihn durch energisches Zureden noch von seinem öffentlichen Debüt als Bühnenkünstler in Rom abhalten konnten. Vielleicht hielt ihn aber auch seine kaum bezwingbare Angst vor einer möglichen Niederlage bei einem direkten Messen mit anderen Konkurrenten zurück, zumindest lässt das Benehmen Neros bei späteren Auftritten solches durchaus vermuten. Dazu würde auch passen, dass der Kaiser dankbar annahm, als ihm das konsulare Schiedsgericht den Preis für die beste Vorstellung in der Disziplin lateinische Dichtung und Redekunst kampflos zuerkannte, was als besondere Auszeichnung galt, da die Gegner damit schon vorab ihre Unterlegenheit eingestanden. Außerdem sollte er auch noch die Auszeichnung für Gesang zur Kithara erhalten. Diese lehnte er allerdings ab und ließ den Siegerkranz zu Füßen einer Augustusstatue niederlegen.

Es sollten noch einmal vier Jahre vergehen, bis der Kaiser im Jahre 64 endlich selbst den Sprung auf die öffentliche Bühne wagte. Die Zwischenzeit nützte er zu intensivem Training, um nur ja gegen seine Konkurrenz bestehen zu können, wie er mehrfach betonte. Und selbst dann getraute er sich nicht, Rom mit seinem doch weitgehend konservativen Aristokraten-Publikum für sein Debüt zu wählen. Neapel sollte die Stadt sein, in der der Herrscher erstmals vor ein breites Publikum treten wollte. Dort, in der alten Griechenstadt, schien ihm die Akzeptanz für einen Kaiser als Künstler größer zu sein. Neapel galt als die am meisten hellenisierte Stadt Italiens. Die Einwohner trugen griechische Gewänder und feierten griechische Feste. Seit dem Jahre 2 n. Chr. war Neapel auch der einzige Austragungsort von Wettkämpfen nach griechischer Art, damals hatte Augustus, nachdem die Stadt von einem Erdbeben zerstört worden war, zur Versöhnung der Götter Spiele mit dem Namen *Italica Romaea Sebasta Olympia* eingeführt, die seitdem in fünfjährigem Rhythmus stattfanden. Sie besaßen inzwischen ein den traditionellen Spielen in Griechenland vergleichbares Prestige und dienten Nero auch als Vorbild für seine *Neronia* in Rom.

Das Premierepublikum sollte berechenbar sein, es bestand daher aus dem Gefolge des Kaisers, Angehörigen seiner Garde, und den Bewohnern Neapels, die dafür bekannt waren, Bühnenaufführungen jeglicher Art zu lieben. Zu ihnen gesellten sich sicherlich auch eine Menge an Neugierigen aus den umliegenden kampanischen Landstädten. Außerdem wohnte dem Auftritt des Kaisers auch eine größere Gruppe von

Besuchern aus Alexandria bei. Wie vorauszusehen, waren die Zuhörer von den Darbietungen, wahrscheinlich aber noch mehr vom Akteur, der ihnen auf Griechisch seine Honneurs machte, begeistert und applaudierten dem kaiserlichen Kithara-Spieler frenetisch. Besonders die Alexandriner taten sich durch rhythmische Beifallsstürme hervor. Der so Gefeierte war höchst gerührt und genoss rückhaltlos den tosenden Applaus. Selbst ein in der Regel als Unglückszeichen gewertetes Naturereignis, ein Erdstoß, der das Theater erschütterte, vermochte den Kaiser in seiner Freude nicht zu beeinträchtigen, ganz im Gegenteil, er ergriff die Gelegenheit, um in eigens dafür verfassten Liedern den Göttern vor Publikum dafür zu danken, dass niemand zu Schaden gekommen sei.[23] Damals fasste der Künstler wohl auch den Plan, auf der Stelle zu einer größeren Tournee nach Griechenland, der Heimat der Bühnenkunst, aufzubrechen und dort an den berühmten Agonen teilzunehmen. Er war bereits nach Benevent abgereist, als er aus nicht erkennbaren Gründen das Projekt abbrach und nach Rom zurückkehrte.[24] Erst mehr als zwei Jahre später sollte der Plan in die Tat umgesetzt werden.

Seine Ankunft in Rom ließ Nero an mehreren Plätzen als öffentliches Volksfest mit ausgelassenen Gelagen feiern.

Mit dem Debüt Neros in Neapel war wieder eine Schranke gefallen, der Kaiser war bei öffentlichen Spielen vor beliebigem Publikum aufgetreten, hatte sich der Konkurrenz gestellt und wie alle anderen professionellen Bühnenkünstler versucht, den Beifall und die Zustimmung der Menge zu bekommen. Aber immer noch hatte ein letztes Quäntchen an Hemmungen vermieden, dass es zur direkten Konfrontation Kaiser als Künstler – stadtrömisches Publikum gekommen war. Das sollte erst ein Jahr später, im Sommer des Jahres 65 passieren.

Die zweiten *Neronia* standen an, eigentlich hätten sie schon im Jahre 64 gefeiert werden müssen, allerdings dürften in diesem Jahr andere Probleme die Bevölkerung in Rom in Atem gehalten haben. Im Sommer hatte sich ja die verheerende Feuersbrunst ereignet, in deren Folge es zu Verhaftungen, Hinrichtungen und politischen Unruhen gekommen war.[25] Unmittelbar nach dem Brand beherrschten umfangreiche Wiederaufbaumaßnahmen das Geschehen in der Hauptstadt, um die Brandschäden wenigstens einigermaßen beheben zu können. Angesichts der Katastrophe und ihrer Folgen schien es nicht besonders opportun, ein prächtiges Fest zu begehen. Daher hatte man die Spiele auf das nächste Jahr verlegt.

Endlich auch in Rom! – Der Kaiser auf der Bühne

Sicherlich war man in Rom gespannt: Würde **er** diesmal endlich persönlich auf die Bühne steigen? Das dürfte ab dem Zeitpunkt, an dem die Spiele angekündigt wurden, das Tagesgespräch auf den Märkten, den Straßen und in den Wirtshäusern der Hauptstadt gewesen sein.

Die Erwartungen sollten nicht enttäuscht werden. Wie vorauszusehen wurde Neros Auftritt der Höhepunkt der *Neronia*. Angeblich wollte und konnte sich der 26-jährige Herrscher der Forderung der *plebs* und der wachhabenden Prätorianerkompanie nicht länger entziehen und ließ sich zu einer Gesangspräsentation mit der Kithara breitschlagen. Sueton schildert das Geschehen sehr breit und eindrucksvoll: *Als nun ... alle Welt ihn bat, seine ‚himmlische‘ Stimme hören zu lassen, gab er zwar zuerst nur zur Antwort, in seinen Gärten werde er denen, die es wünschten, ihr Verlangen erfüllen, als aber auch die gerade diensttuende Abteilung seiner Leibgarde die Bitten des Volkes unterstützte, versprach er gerne und sofort zu singen und befahl unverzüglich seinen Namen auf die Liste der auftretenden Kitharaspieler zu setzen, warf wie alle übrigen sein Los in die Urne und betrat, als die Reihe an ihn kam, die Bühne.*[26] Was wir hier erkennen ist nichts anderes als eine Persiflage auf das Ritual der *recusatio*, wie es seit Augustus alle römischen Principes bei ihrem Herrschaftsantritt vor dem Senat praktiziert hatten; man zierte sich, man ließ sich bitten, man lehnte ab, um schließlich doch die Macht zu übernehmen. Sicherlich erkannten einige Senatoren diese weitere Verhöhnung ihrer Standeskonventionen.

Auch der nachdrückliche Versuch des Schiedsgerichts, ihm vorsorglich wieder die Preise in der Kitharödie und der Deklamation ohne Wettbewerb zuzuerkennen und den Herrscher so von dieser letzten Desavouierung aller überkommenen Werte abzuhalten, schlug diesmal fehl. Nero lehnte ab und erklärte: *Er brauche diese Verwendung und Fürsprache des Senats nicht, er sei seinen Mitbewerbern auch aus eigenen Mitteln gewachsen und werde mittels der Gewissenhaftigkeit der Richter das verdiente Lob erhalten.*[27]

Begleitet von seinen beiden Prätorianerpräfekten, von denen einer ihm die Kithara tragen musste – welche Verzerrung soldatischer Pflichten –, betrat Nero also endlich auch in seiner Stadt die Bühne. Aber dies war noch nicht die Spitze des Skandals, bereits das erste Stück war ein weiterer Affront: der Kaiser spielte eine Frau! Das Publikum dürfte starr vor Staunen gewesen sein, als Nero seinen mehrstündigen Auftritt als Niobe begann. Der Princeps, die Verkörperung aller Werte aristokratischen Römertums, war in die Rolle der sagenhaften Tochter des lydischen Königs Tantalos geschlüpft, die sich wegen ihrer Kinderschar hochmütig gegenüber den Göttern gezeigt hatte. Daraufhin waren ihre Kinder von Apollo und Artemis mit Pfeilen getötet und sie selbst in einen Marmorblock verwandelt worden, aus dem ihre Tränen als Bäche herausflossen. Überwältigt vom Trauerschmerz wälzte sich der kaiserliche ‚Niobe‘ weinend auf der Bühne, ungläubig bestaunt von seinen Römern. Wer auch nur einigermaßen bei Verstand war, für den muss die Welt Kopf gestanden sein.

Und was bewegte den Künstler-Kaiser in diesem Augenblick? Er achtete peinlichst genau darauf, bei seiner ‚Bühnenshow‘ keine Regelverletzung zu begehen und möglichst professionell zu wirken. Trotz Ermüdung war es ihm verboten, sich zu setzen, den Schweiß durfte er sich nur mit dem Kleid abwischen, darüber hinaus war es nicht erlaubt auszuspucken oder zu schnäuzen. Zum Schluss des Vortrags, so entrüstet sich Tacitus, beugte er sogar vor dem zuschauenden Pöbel die Knie, warf dem Publikum als Ergebenheitszeichen Kusshände zu und – der Herrscher der Welt! – erwartetet mit scheinbarer Furcht das Urteil der Richter. Gnädig spendete das römische Publikum Beifall. *Man konnte denken, sie seien glücklich. Und sie waren es vielleicht auch, denn was kümmerte es sie, ob der Staat geschändet sei*, so der empörte, aber gleichzeitig auch niedergeschlagene Tacitus.[28] Bei aller Demut gegenüber dem Publikum, was das Richterkollegium betraf, so hatte der ‚Künstler‘ lieber doch vorgesorgt. Den Vorsitz führte sein alter Kumpan Aulus Vitellius, mit dem er früher seine lockeren Streifzüge durch die Halbwelt Roms unternommen hatte. Auch sein Ansager, der ehemalige Konsul Cluvius Rufus, dürfte ihm gewogen gewesen sein, immerhin hatte der ein Buch über Schauspieler verfasst. Natürlich holte sich Nero den Siegerkranz – wer hätte auch etwas anderes erwartet. *Die Verleihung und den übrigen Teil der Spiele verschob er auf das nächste Jahr, um noch öfters Gelegenheit zu haben zu singen*, beendet Sueton seinen Bericht und fügt noch hinzu: *Da ihm aber das zu lange währte, fuhr er fort, öffentlich aufzutreten.*[29]

Nun waren also alle Hemmungen gefallen, nicht nur bei Spielen, die er selbst veranstaltete, präsentierte sich der Kaiser als Künstler. In exhibitionistischer Art und Weise scheint Nero alle sich ihm bietenden Gelegenheiten genützt zu haben, um sich vor der *plebs* wie auch der Aristokratie als *histrio* zu zeigen. Die überlieferten Rollen lassen deutlich werden, dass dabei sämtliche gesellschaftliche Konventionen niedergerissen und wohl häufig auch die Grenzen des guten Geschmacks negiert wurden. Es ist leicht vorstellbar, welche Reaktionen es im Publikum hervorgerufen haben muss, Nero in der Rolle des Muttermörders Orestes zu sehen. Die Menge dürfte getobt haben, als der Kaiser in der Rolle der schwangeren Kanake, Tochter des etruskischen Königs Aeolus, sich in Wehenschmerzen am Arena-Boden krümmte und dabei laut stöhnte und schrie. Seine Schauspielkunst war so realistisch und voller Überzeugungskraft, dass ihm, während er gerade den ‚rasenden Herkules' gab und dabei von Soldaten in Ketten gelegt und gefesselt von der Bühne transportiert wurde, ein Angehöriger seiner Garde zu Hilfe eilen wollte, weil er annahm es, werde ein Anschlag auf den Kaiser verübt. Die traditionell konservativen Senatoren, deren Standesideal und Selbstverständnis streng an den *mores maiorum*, den Sitten der Vorfahren ausgerichtet war und denen die fortschreitende Hellenisierung nur als ein anderes Wort für Dekadenz galt, werden bei derartigen ‚Kunstgenüssen' vor Scham und Entrüstung über die ‚öffentliche Schande' fast in den Boden gesunken sein.

War das alles nur Zeichen eines zunehmenden Realitätsverlustes des römischen Herrschers, Laune eines Irrsinnigen, der glaubte, für ihn würden keinerlei Grenzen mehr existieren? So scheint es uns der größte Teil der – senatorisch geprägten – Überlieferung vermitteln zu wollen. Aber vielleicht steckte doch mehr beziehungsweise etwas anderes dahinter.

Sicherlich war die Begeisterung für die Schauspielerei, das Wagenlenken, Spiele jeder Art und der Drang, sich auf der Bühne als Künstler zu präsentieren, der ernst genommen werden wollte, sicherlich waren alle diese Spleens tief in den persönlichen Neigungen des Herrschers verhaftet und drängten ungestüm an die Oberfläche. Ansonsten wären der Eifer und die Ernsthaftigkeit, mit der Nero seine Fähigkeiten zu perfektionieren versuchte, aber auch die Angst, beim Auftritt zu versagen, die ihm gebot, mit allen Mittel um die Gunst des Publikums zu buhlen, und ihn vergessen ließ, wer er eigentlich war, nicht verständlich. Aber warum kam es gerade im Jahre 65, nachdem er bis dahin immer vor dem ‚Letzten' zurückgewichen war, zu dem entscheidenden Bruch mit allen Konventionen? Was war seit dem Tod der Mutter geschehen, wie hatte sich die Herrschaft Neros entwickelt und gab es in der unmittelbaren Vergangenheit des Sommers des Jahres 65 Ereignisse, die diesen letzten Schritt ausgelöst haben könnten? Beziehungsweise müssen wir uns fragen, welche Wirkung, welche Signale gingen von diesem schrankenlosen Exhibitionismus des Herrschers vor den Augen der Öffentlichkeit aus?

Gab es vielleicht politische Gründe, die es dem Herrscher angeraten lassen schienen, sich so zu verhalten?

NERO UND DIE PROVINZEN – AUSSENPOLITISCHES GESCHEHEN

Pater patriae, Vater des Vaterlandes, so lautete ein Titel, den die römischen Herrscher seit Augustus trugen, und es war nicht der unwesentlichste, vielmehr drückte er die Pflicht des Herrschers aus, für das Wohl *aller* Bürger des Imperium Romanum Sorge zu tragen. Nero hatte diesen Titel zwar zunächst bei seiner feierlichen Bestallung durch den Senat am 13. Oktober 54 abgelehnt, ihn aber dann doch im folgenden Jahr angenommen. Damit war auch er zumindest formell die Verpflichtung eingegangen, als Kaiser der Schutzherr aller zu sein. Er hatte sich um das Gemeinwohl zu kümmern, ja er war Garant für die *salus publica*. Zu den damit verbundenen Aufgaben zählte die Sorge für die *pax Augusta*, den reichsweiten Frieden, die militärische wie auch die rechtliche Sicherheit in allen Provinzen und an den Grenzen des Reiches.

Der erste Princeps, Augustus, hatte es seinen Nachfolgern ins Stammbuch geschrieben, wie wichtig militärische Erfolge für die Legitimation der Herrschaft waren und dass die Erweiterung der Grenzen des Reiches zu den Pflichtaufgaben eines Herrschers gehörte, dessen Machtbereich als *orbis* umschrieben wurde und damit die gesamte Welt, den Erdkreis umfasste. Selbst wenn die Vorstellung von der ungehemmten Herrschaftserweiterung in dem halben Jahrhundert, das seit Augustus vergangen war, sich etwas geändert hatte, so war zumindest die Grenzsicherung doch immer noch wesentlicher Bestandteil des kaiserlichen Aufgabenkatalogs.

Gewährleistung des inneren Friedens, aber auch die Vergrößerung des Reiches an den Grenzen durch militärische Siege über fremde, feindliche Mächte dienten nicht nur der Mehrung des persönlichen Ruhmes des kaiserlichen Imperators, nein, sie waren vielmehr auch eine Pflicht, die die römische Gesellschaft von ihrem Herrscher forderte, das heißt sie waren damit auch ein Teil der Herrschaftslegitimation.

Nun kann man Neros Vorgängern, Tiberius, Caligula und Claudius, zwar alles Mögliche vorwerfen, nur nicht ungebändigte Kriegslust. Keiner von ihnen hatte sich mit militärischem Ruhm bekleckert, keiner von ihnen sich als begnadeter Feldherr erwiesen – eine Qualität, die schon für Augustus nur mit großen Abstrichen reklamiert werden kann, auch wenn er selbst darüber in seinem in Erz gravierten und vor seinem Mausoleum aufgestellten Tatenbericht, den *res gestae,* anderes berichtet. Aber der erste Princeps hatte doch durch seine Generäle konzeptionelle Grundlinien gezogen, wie das römische Reich in Zukunft aussehen sollte. Mit der systematischen Eroberung und administrativen Eingliederung der alpinen Zone und des Balkanraumes sowie dem Vordringen der römischen Truppen in den germanischen Norden waren strukturelle Vorgaben gemacht worden, die die Landkarte des römischen Weltreiches zumindest zum Teil neu orientierten. Der bisherige Kernraum direkt um das Mittelmeer verlor etwas an Zentralität, die Gewichte verlagerten sich im Westen mehr als vorher nach Mitteleuropa. Abgesehen von der reinen Gebietsvergrößerung hatte Augustus damit auch Schwerpunkte gesetzt, die die römische Außenpolitik für die nächsten Generationen grundsätzlich bestimmen sollten.

So verwundert es auch nicht so besonders, dass die nachfolgenden Herrscher zumindest des ersten Jahrhunderts in ihrer Militärpolitik im Wesentlichen damit beschäftigt waren, die augusteischen Projekte weiterzuverfolgen oder mit den Folgen klarzukommen, die sich aus dem Begonnenen ergaben. Selbst wenn, wie gesagt, die Vorgänger Neros nicht als die großen Feldherren in die Geschichte eingingen, so stellten sie doch alle auf Feldzügen oder zumindest Inspektionsreisen in die Provinzen ihre Sorge um die Sicherheit der Reichsbewohner unter Beweis. Sogar Caligula hatte so getan, als wolle er einen Feldzug nach Britannien unternehmen, eine Expedition, die – groß vorbereitet – dann an der Kanalküste in einer skurrilen Episode endete: Als alles für die Überfahrt zur Insel fertig war, die Transportschiffe bereitstanden, die Armee aufzunehmen, ließ der Kaiser die Truppen am Strand antreten und befahl ihnen, die Helme abzunehmen. Dann sollten sie, die die Tapferkeit und Wehrhaftigkeit eines Weltreiches verkörperten, ausschwärmen, um Muscheln und anderes Meeresgetier, das die Brandung des Atlantiks ans Ufer gespült hatte, einzusammeln. Damit war das geplante Kriegsunternehmen ‚erfolgreich‘ beendet und die Truppen marschierten ungeschlagen nach Rom zurück, nicht ohne vorher von ihrem Oberbefehlshaber noch ein größeres Geldgeschenk bekommen zu haben. Die ‚Kriegsbeute aus dem Ozean‘, wie Caligula seine Errungenschaften nannte, wurde ebenfalls in die Hauptstadt überführt und dort in einem feierlichen Triumphzug den jubelnden Massen präsentiert.[1]

Caligulas Nachfolger, Claudius, der weder von seiner Gesinnung noch seinem Äußeren den Typus des Kriegshelden und Militärs verkörperte, zeigte in seiner Politik durchaus militärisch-strategisches Denken, er bewies aber auch, dass Erweiterung der Reichsgrenzen nicht immer Krieg und Waffengewalt bedeuten musste. Eine Vergrößerung des römischen Herrschaftsgebietes ließ sich auch auf friedlichem Weg, durch geschickte Machtdiplomatie etwa, erreichen. So wandelte Claudius mehrere, bisher dem Reich assoziierte Gebiete in römische Provinzen, also direkt beherrschte Verwaltungssprengel um. Dazu gehörte z. B. in den Alpen und ihnen nördlich vorgelagert das bislang befreundete Königreich Noricum. Im Norden Afrikas wurden nach der Niederschlagung von Aufständen das caesariensische und tingitanische Mauretanien (westliches Algerien, Marokko) als Provinzen eingerichtet, in Kleinasien Lykien und auf dem Balkan Thrakien.

Militärischen Ruhm erwarb sich der Kaiser aber dann in Britannien. Im Gegensatz zu seinem Vorgänger ließ er wirklich ein Heer auf die Insel übersetzen. Und in der Folge konnte er dort als Erster die Herrschaft Roms dauerhaft installieren. Die beiden Invasionsversuche Caesars in den Jahren 55 und 54 v. Chr. auf der britischen Insel hatten nur kurzfristige Aufenthalte römischer Truppen in Südengland nach sich gezogen. Auch wenn von Caesar aus Propagandazwecken anders dargestellt, muss man sie mehr als militärische Kommandounternehmen, um gegen gallische Flüchtlinge einzuschreiten, denn als überlegt geplante und auf Permanenz abzielende Eroberungszüge bezeichnen. Im Anschluss daran, unter Augustus und Tiberius, hatte sich die römische Präsenz auf der Insel zwar verstärkt, aber es waren vorrangig die ökonomischen Beziehungen, die man auf- und ausbaute. Es begann ein Prozess der Romanisierung, der stärker durch Kaufleute und Händler als durch Militär bestimmt war. Politischen Einfluss erreichte Rom indirekt auf dem Weg über die zeitlich wechselnden Beziehungen zu und Unterstützung von verschiedenen britannischen Stammeshäuptlingen.

Erst der vierte Princeps, Claudius, ergriff die sich ihm bietende Gelegenheit, direkt militärisch in Britannien einzugreifen. Da die britannischen Stämme wieder einmal untereinander im Streit lagen, waren die Umstände dafür günstig, und als dann der König des in Hampshire und Sussex lebenden Stammes der Atrebaten, Verica, zu Claudius floh und um Hilfe bat, setzte sich die römische Militärmaschine in Bewegung. Claudius ließ unter dem Kommando des erfahrenen Generals Aulus Plautius vier Legionen an der Kanalküste nahe Boulogne-sur-Mer aufmarschieren. Aus Angst vor den Gefahren des Ozeans und vor dem unbekannten Eiland am Rande der Welt weigerten sich die Soldaten zunächst, die Schiffe für die Kanalüberquerung zu betreten. Nur durch kaiserliche Intervention gelang es, das Ausgreifen der Meuterei zu verhindern. Allerdings lief das imperiale Eingreifen zumindest nach unseren Quellen höchst merkwürdig ab. Claudius, der wohl vom Feldherrn um Hilfe gebeten worden war, schickte nämlich keinen Geringeren als seinen Vertrauten und Kanzleisekretär (*ab epistulis*) Narcissus persönlich an die Küste. Als der jedoch vor die Soldaten trat, um sie zur Aufgabe ihres Widerstandes zu bewegen, fühlten sie sich in ihrer Ehre verletzt und mokierten sich darüber, dass ein Freigelassener, also ein ehemaliger Sklave, ihnen Befehle erteilen wolle. Voller Spott begrüßten sie Narcissus mit dem Ruf: *Io Saturnalia* – die Grußformel, mit der man sich in Rom an den Saturnalien ansprach. Die Saturnalien könnte man als den Vorläufer unseres Karnevals bezeichnen. Am Tag des Saturnfestes, am 17. Dezember, spielte man in Rom verkehrte Welt. Sklaven und Herren tauschten die Rollen. Die Soldaten sahen sich also durch die Mission des Narcissus an die *Saturnalia* erinnert und verhöhnten den kaiserlichen Diplomaten. Dennoch – und das bleibt letztendlich seltsam – ließen sie sich von ihm überzeugen – vielleicht hatte es sie doch beeindruckt, dass der Herrscher die Angelegenheit für so wichtig erachtete, dass er einen seiner höchsten Beamten schickte. Die Meuterei wurde jedenfalls beendet, man begann mit dem Übersetzen auf die Insel.

Nach der erfolgreichen Landung bei Rutupiae, Richborough in der Grafschaft Kent, focht der Kommandeur der Invasionstruppen zunächst einige Scharmützel mit britannischen Stämmen und rückte dann mit seinen wohl fast 40 000 Mann bis zur Themse vor. Anstatt jedoch sofort eine Entscheidung zu erzwingen, wartete Plautius mit seinem Heer auf den nun herbeieilenden Kaiser, der dann – wohl inszeniert und relativ risikolos – bei seinem nur 16-tägigen Aufenthalt im Jahre 43 mit der Eroberung der größten einheimischen Siedlung, dem *oppidum Camulodunum* (Colchester, Essex), sozusagen die reifen Früchte erntete und damit den militärischen Ruhm des entscheidenden Sieges für sich einheimste, bevor er wieder auf dem Seeweg nach Italien zurückkehrte.

Bei Sueton liest sich das dann folgendermaßen: *Claudius unterwarf ohne Schwertstreich und Blutvergießen binnen weniger Tage einen Teil der Insel.*[2] Eine wesentliche Rolle bei diesem Erfolg soll damals ein von Claudius mitgebrachter Elefant gespielt haben, der die Britannier auf den Tod erschreckte, da sie noch nie ein so riesiges Tier gesehen hatten.

Mit Camulodunum war der Zentralort des Stammes der Catavelauni eingenommen worden, dort unterwarfen sich dann auch die Herrscher der Nachbarstämme der Iceni und Regni den Römern.

Der Kaiser selbst hatte also den Britannien-Feldzug siegreich abgeschlossen, sein soldatisches Können unter Beweis gestellt und sich militärische Meriten erworben. Selbstverständlich feierte er daher im folgenden Jahr 44 einen prächtigen Triumph in Rom und führte so dem hauptstädtischen Publikum die Unbesiegbarkeit der Weltmacht wie auch die persönliche Tapferkeit ihres Herrschers vor Augen. Claudius ließ sich dafür zwar mit einem Triumphbogen auf dem Marsfeld ehren, den ihm ebenfalls angetragenen Siegertitel lehnte er für sich allerdings ab, ließ aber zu, dass der Senat damit seinen gerade drei Jahre alten Sohn Germanicus, der seitdem Britannicus genannt wurde, auszeichnete. Der Gerechtigkeit halber sei es aber nicht verschwiegen, dass Claudius auch den wirklichen Britannien-Sieger, seinen Feldherrn Aulus Plautius, nicht vergaß. Für ihn gab es eine *ovatio*, einen kleinen Triumph, und der Kaiser ging ihm zu Beginn der Ehrung persönlich entgegen und begleitete Plautius auf seinem Weg durch die Stadt zum Kapitol. Aber festzuhalten ist: Wirkliche und entscheidende militärische Erfolge waren nur mehr dem Kaiser selbst vorbehalten, nur er durfte von den Truppen als *Imperator* (= siegreicher Feldherr) akklamiert werden, und die höchste militärische Auszeichnung in Rom, der Triumph, war zur exklusiven Würdigung des Herrschers avanciert.

Wie sah nun diese militärische Seite bei unserem Helden, bei Nero aus? Wir müssen feststellen, dass Nero bis zum Jahre 66 Italien überhaupt nicht verlassen hat. Einerseits offenbart dies sicherlich die weitgehende Ich-Bezogenheit des herrschenden Jünglings, der mit seinen eigenen künstlerischen Hobbies und Neigungen so beschäftigt war, dass er die traditionellen aristokratischen Tugenden eines Römers, wie Tapferkeit und Drang zu militärischem Ruhm völlig beiseite schob. Dass dies überhaupt möglich war, zeigt andererseits, wie weit sich die Strukturen der römischen Herrschaft schon gefestigt hatten. Das Reich war auch in seinen äußeren Gliedern, den Provinzen, ohne die persönliche Präsenz des Monarchen zu regieren und zu lenken. Zu verdanken war dies vor allem den verwaltungstechnischen Reformen des Claudius. Denn sie hatten entscheidenden Anteil daran, dass inzwischen eine gut eingespielte und organisierte Bürokratie existierte, die das Tagesgeschäft übernehmen konnte. Wenn keine unvorhergesehenen Ereignisse eintraten, dann funktionierte die Verwaltungsmaschinerie auch recht gut. Was Letzteres betraf, so war Nero lange Zeit das Glück hold. Nach den Feldzügen des Claudius in Britannien hatte es keinen Kriegsschauplatz mehr gegeben, auf dem die persönliche Anwesenheit des Kaisers unbedingt erforderlich gewesen wäre.

134

Die römische Außenpolitik lag – wie alle anderen Staatsgeschäfte auch – in den ersten Jahren der neronischen Herrschaft in den Händen von Seneca und – wohl noch mehr – Burrus sowie eines Beraterstabes. Der Herrscher wurde mit diesen Dingen anscheinend kaum behelligt. Es ist schon sehr auffällig, wie wenig Fragen der Provinzen und der Reichssicherung überhaupt in unseren Quellen thematisiert werden. Und dies scheint in diesem Falle der Wirklichkeit weitgehend zu entsprechen, denn Aspekte der Provinzverwaltung, militärische Pläne oder Ähnliches blieben etwa in der ‚Regierungserklärung‘ Neros außen vor, wir erfahren nichts davon. Und obwohl sowohl Seneca wie auch Burrus aus den Provinzen stammten – der eine aus Spanien, der andere aus der Gallia Narbonensis –, scheinen sie sich nicht besonders um die Belange der Peripherie gekümmert zu haben.

Dies gilt allerdings nur, wenn wir an etwaige Reformen der Provinzverwaltung zugunsten der Provinzialen denken. Die Provinzen wurden von vielen Mitgliedern des Senatorenstandes, die auch die Spitzenpositionen in der Verwaltung bekleideten, immer noch als Ausbeutungsobjekte gesehen, selbst wenn die Zeiten der schrankenlosen Selbstbereicherung auf Kosten der Provinzbewohner, wie wir sie aus den Jahren der Republik kennen, vorbei gewesen sein dürften und die Kontrollmechanismen wenigstens die härtesten Fälle des Amtsmissbrauchs erfassten. Aber immer wieder lesen wir etwa bei Tacitus von Prozessen, die von den Provinzialen gegen ehemalige Provinzgouverneure angestrengt wurden. Die Statthalter wurden nach ihrer Amtszeit, in der sie Immunität genossen, wegen Korruption, Erpressung und Bestechlichkeit vor Gericht gezerrt. Was die Frage der Verurteilung betraf, so kann man sich des Eindrucks nicht erwehren, dass oftmals persönliche Animositäten oder Verbindlichkeiten mehr über einen Schuld- beziehungsweise Freispruch entschieden, als der wahre Sachverhalt der Anklage. Kein Wunder, wenn man bedenkt, dass sich der zuständige Gerichtshof aus senatorischen Standesgenossen zusammensetzte und – wie wir ja schon erfahren haben – die familiären Netze zwischen den zahlenmäßig doch überschaubaren Senatorenfamilien sehr eng geknüpft waren. Einige Angeklagte entgingen einer Verurteilung auch auf Intervention des Kaisers, wobei ebenfalls persönliche Verpflichtungen die ausschlaggebende Rolle spielten.

Neben der direkten Administration waren viele Angehörige der finanziell potenten Oberschicht auch wirtschaftlich in den Provinzen engagiert. Entweder man verfügte dort über eigenen Großgrundbesitz, hatte kaiserliche Domänen, Bergwerke oder sonstige Wirtschaftsbetriebe gepachtet oder fungierte als Kreditgeber für Pachtgesellschaften und einheimische Privatleute. Mehrmals scheinen Vorwürfe gegen Seneca erhoben worden zu sein, er habe sich schamlos an den Provinzialen bereichert. Ja sogar die Aufstände, die Ende der 50er Jahre in Britannien ausbrachen, sollen unter anderem dadurch bewirkt worden sein, dass der große Philosoph und Menschenfreund fristlos, ohne jegliche Rücksichtnahme alle Schuldverschreibungen kündigte und seine Kredite – angeblich hatte er den Britanniern insgesamt 40 Millionen Sesterzen, was dem Wert von fast 3 Tonnen Gold entsprochen hätte, geliehen – mit maßlosen Zinssätzen zurückerstattet haben wollte; damit habe er etliche Familien in Britannien in den finanziellen Ruin getrieben.

Ob diese Vorwürfe wirklich der Wahrheit entsprachen, ist nicht ganz klar, da sich einer unserer wichtigsten und zuverlässigsten Gewährsmänner, nämlich Tacitus darüber ausschweigt. Falls sie aber zutrafen, so könnten wir in diesen doch sehr intensiven und umfänglichen persönlichen Verstrickungen des kaiserlichen Beraters in provinziale Finanzangelegenheiten vielleicht den Grund dafür erkennen, dass wir von kaiserlichen Anstrengungen, die Missstände in der Provinzverwaltung zu beseitigen oder auch nur die Lebensbedingungen für die Provinzialen zu verbessern, praktisch nichts hören. Der Missbrauch scheint so sehr an der Tagesordnung gewesen zu sein, dass der Biograf Sueton das korrekte Verhalten, das Salvius Otho bei seiner zehnjährigen Verwaltung des lusitanischen Spanien an den Tag legte, in dessen Vita geradezu mit positivem Erstaunen vermerkt.[3] Wahrscheinlich hatte auch er vom ehemaligen kaiserlichen Zechkumpan etwas anderes erwartet.

Die Lage in den Provinzen war also mit Ausnahme der überschaubaren Fälle von Korruption und Amtsmissbrauch keineswegs in irgendeiner Form spektakulär. Wie sah es aber an den Grenzen aus?

Trotzdem der Kaiser, wie gesagt, nicht gezwungen war, seine Hauptstadt in kriegerischer Absicht zu verlassen, war es während der Zeit der neronischen Herrschaft am Rande des Imperiums alles andere als ruhig. Im germanischen Bereich gehörten die Zeiten der Vorstöße in rechtsrheinische Gebiete unter Drusus längst der Vergangenheit an, lange schon war der Fluss zur Grenze geworden. In den Kasernen am Rhein standen insgesamt damals sieben Legionen und bewachten von Vetera (Xanten), Novaesium (Neuss) und Bonna (Bonn) über Moguntiacum (Mainz) und Vindonissa (Windisch) aus den Flusslauf. Zwischen den großen Legionslagern existierte eine Reihe von kleineren Hilfstruppencamps und Flottenstützpunkten. In den späten Jahren der iulo-clauischen Herrschaft hatte man begonnen, die Holz-Erde-Befestigungen dieser Kastelle durch steinerne Umwehrungen zu ersetzen und auch die hölzerne Innenbebauung in Stein auszubauen. Die Befestigungslinie verlor also immer mehr ihren vorläufigen und provisorischen Charakter und entwickelte sich zu einer wirklichen dauerhaften und langfristig angelegten Grenze. Argwöhnisch beobachtete man von römischer Seite aus die Vorgänge im innergermanischen Raum, bereit, sofort mit zeitlich befristeten militärischen Expeditionen einzugreifen, wenn es notwendig schien, um den Frieden im linksrheinischen Bereich zu garantieren. Zur Beruhigung und Stabilisierung der rechtsrheinischen Verhältnisse versuchten die Römer, mit den grenznahen Stämmen zu kooperieren. Sie gewährten den führenden Kräften nicht selten das römische Bürgerrecht und nahmen germanische Stammesangehörige sogar teilweise in Form geschlossener Gruppen in die römische Armee auf.

Ähnliches Vorgehen finden wir auch an der Donau. Allerdings waren hier nur im unteren und mittleren Bereich des Flusses größere Militärverbände stationiert, um die Flussgrenze zu sichern, während in den Provinzen Raetien und Noricum (Bayern und Österreich) keine Legion stand und an der Donau – wenn überhaupt – nur kleinere Wachtposten lagen, die anscheinend ausreichten, die Kontrolle über den wichtigen Wasserlauf, der nicht nur Grenze sondern auch Transportweg nach Osten war, zu gewährleisten. Das erklärt sich nur dadurch, dass hier der nördlich angrenzende Raum sehr ruhig, weil weitgehend menschenleer war. In weiten Teilen dieser Strecke reichte der undurchdringliche Urwald der Mittelgebirge bis an den Fluss. Im Gegensatz dazu wurde es während der neronischen Periode auf der Nordseite der unteren Donau unruhig. Hier begannen mehrere Stämme, z.B. die Alanen, Roxolanen, Sarmaten und Daker nach Westen zu wandern, angetrieben möglicherweise durch den Anschub weiter im Osten lebender Völker. Den Druck, der dadurch in der Grenzregion entstand und der die Gefahr in sich barg, sich explosionsartig zu entladen, entschärfte beispielsweise der Statthalter der Provinz Moesia (Rumänien), Plautius Silvanus, dadurch, dass er mehr als 100 000 Angehörigen dieser Stämme erlaubte, sich auf der rechten Donauseite, der römischen also, anzusiedeln. Er löste damit das entstandene Problem zumindest temporär.

Während also Rhein- und Donaugrenze sich zwar latent gefährdet, aber doch relativ ruhig zeigten, können wir drei Regionen festmachen, an denen die Römer mit offenen Konflikten konfrontiert waren, die die innere Ruhe des Reiches empfindlich störten: Britannien, Armenien und Iudaea. Schauen wir zunächst nach Britannien.

Aulus Plautius, der Eroberer und auch erste Statthalter der Provinz Britannia, hatte von seinem Stützpunkt im Südosten der Insel weitere Vorstöße nach Norden, Nordwesten und Südwesten unternommen. Er versuchte, damit dem Auftrag seines Herrn, Claudius, nachzukommen, der ganz lapidar lautete, er solle „den Rest der Insel" erobern – die geographischen Vorstellungen vom britischen Eiland dürften auch in den Kreisen der Reichsspitze mehr als verschwommen beziehungsweise überhaupt nur rudimentär entwickelt gewesen sein. Im Norden rückten die römischen Truppen bis in den Raum von Lincoln vor, im Nordwesten marschierte man bis in die Midlands und eine dritter Vorstoß brachte die Römer unter dem Kommando des späteren Kaisers Vespasian nicht nur in den Besitz der Insel Vectis (Isle of Wight), sondern es wurden auch in Dorset und Wiltshire mehr als 20 einheimische *oppida* erobert.

Natürlich war auch das noch keineswegs ‚der Rest der Insel'. Insgesamt hatte man bisher nur geringe Teile des Eilands erobert und in eine direkte Herrschaft einbezogen. Um das Jahr 49 wurde dann der Teil Britanniens, der – wie Tacitus schreibt[4] – dem Kontinent am nächsten war *(proxima pars Britanniae)*, offiziell als Provinz eingerichtet. Es muss unklar bleiben, welche Teile der Lowlands genau damit gemeint waren, jedenfalls erfüllte die neu angelegte *colonia Victricensis Camulodunum* die Rolle einer Provinzhauptstadt.

Die Einrichtung einer Provinz bedeutete auch keineswegs, dass nun innerhalb dieses Gebietes die Römer flächendeckend sämtliche administrativen Aufgaben übernommen hätten. Bei den personell sehr eingeschränkten Kapazitäten des römischen Verwaltungs- und Sicherheitsapparates war man bei der Herrschaftsausübung auf die tätige Mithilfe der einheimischen Oberschicht angewiesen. Das heißt, man behielt einheimische Verwaltungsstrukturen, falls solche existierten, bei, vorhandene Gebietskörperschaften blieben intakt und wurden als *civitates* offiziell anerkannt, nur die Erträge der Provinz flossen in Form von Steuern und Abgaben nun in die Tasche der römischen Eroberer. Die einheimische Aristokratie war für das Steueraufkommen verantwortlich und übernahm auch weitgehend sicherheitspolitische wie jurisdiktionelle Aufgaben, dafür wurde sie durch exklusive Geschenke, sei es materieller oder auch juristischer Art, etwa in Form der Verleihung des römischen Bürgerrechtes, in die römische Gesellschaft integriert. Die Angehörigen der Oberschicht wurden also Teil der Siegermacht und gleichzeitig in ihrer Führungsrolle innerhalb ihrer autochthonen Stammesgesellschaften bestätigt.

Noch gab es auch keine feste Grenzlinie, zwar waren am Rande der Provinz, auf einer Linie von Lincoln zur Küste von Devon, römische Militärlager angelegt worden (Fosse Way), aber ein lineares Grenzsystem, wie wir es dann später mit dem Hadrian's Wall an der schottischen Grenze vor uns haben, dürfen wir uns darunter noch keineswegs vorstellen. Die im Gebiet zwischen den Flüssen Trent und Severn lebenden einheimischen Stämme hatte man entwaffnet und durch eine Politik von ‚Zuckerbrot und Peitsche‘ auf seine Seite gebracht. Am Rande des römischen Machtbereiches sorgte ein Cordon von zuverlässigen, durch Verträge gebundenen Klientelkönigen dafür, dass das römische Gebiet von Raubzügen und etwaigen ‚Befreiungsbestrebungen‘ anderer Stämme verschont blieb. Diese römische Strategie war nun keineswegs neu und einzigartig, sie hatte sich schon in anderen Teilen des Reiches bewährt. Aber auf der Insel waren damit weitere gewaltsame Konflikte vorprogrammiert, so etwa in Mittel- und Nordengland, wo der unbesiegte Stamm der Briganten lebte, oder in Wales, wo der junge König Caratacus einen Kristallisationspunkt für alle Unzufriedenen bot.

Verfolgt man die römische Politik in Britannien in den nächsten Jahren, so stellt man fest, dass sich der Einfluss Roms langsam aber stetig ausbreitete, nicht nur in der Fläche, sondern auch in der Tiefe. Neben offensiven Vorstößen in bisher unberührte Regionen mischte sich Rom immer mehr und direkter in die Angelegenheiten der befreundeten Klientelkönigtümer ein. Durch diese Vereinnahmung wuchs aber auch dort Widerstand, der wiederum militärisches Intervenieren notwendig machte. Trotz andauernder Auseinandersetzungen und praktisch kontinuierlichen Kämpfen hat man aber den Eindruck, dass Claudius die Sicherung des Erreichten mindestens ebenso am Herzen lag wie seine lautstark propagierte grenzenlose Expansionspolitik – ein Vorgehen, für das der Kaiser beziehungsweise die von ihm eingesetzten Befehlshaber nicht überall in Rom Beifall fanden. So musste es etwa Aulus Didius Gallus, ein im Osten erprobter Militär, trotz seiner kämpferischen Erfolge in Britannien hinnehmen, dass man sich am Ende seiner immerhin fünf Jahre währenden Amtszeit darüber mokierte, er habe nur den Status quo bewahrt und nicht den von Claudius ausgegebenen Befehl befolgt, den Rest der Insel zu erobern. In einer Zeit als die römische Strategie noch stark von der Vorstellung bestimmt war, den Römern sei es von den Göttern gegeben, ein *imperium sine fine*, also eine unbegrenzte Weltherrschaft zu errichten, wie es der erste Princeps, Augustus, durch

139

seinen Hofdichter Vergil hatte propagieren lassen, war eine realistische Politik der Beschränkung nicht nach jedermanns Geschmack. Dazu kam noch, dass es doch etliche Aristokraten in Rom gab, die glaubten, sich durch militärische Erfolge profilieren zu können. Dies galt auch noch in der Zeit, die uns besonders interessiert, nämlich unter Nero.

Der Nachfolger des Didius Gallus, der Konsular (ehemaliger Konsul) Quintus Veranius, der sich bereits im Osten bei Kämpfen im Bergland von Lykien hervorgetan und als Erster die Statthalterschaft der neuen Provinz Lycia-Pamphylia bekleidet hatte, kam im Jahre 57 als *legatus Augusti propraetore provinciae Britanniae* – so der offizielle Titel des militärischen Oberbefehlshabers und Provinzstatthalters – auf die Insel. Er hatte sich die Eroberung des unwegsamen Wales, Siedlungsgebiet des Stamms der Siluren, zur Aufgabe gemacht. Allerdings verstarb er bereits im folgenden Jahr, noch bevor er seine Pläne so richtig in die Tat hatte umsetzen können. *Befehlshaber in Britannien war nun Paullinus Suetonius, der nach seiner militärischen Erfahrung und dem Gerede des Volkes, das ja für jeden Mann einen Nebenbuhler bereit hat, dem [Gnaeus Domitius] Corbulo ebenbürtig war. Dessen Ruhm der Wiedereroberung Armeniens wollte Paullinus durch Unterwerfung der rebellischen Stämme [Britanniens] gleichkommen, deshalb entschloss er sich, die stark bevölkerte Insel Mona – eine Zufluchtsstätte für Überläufer – anzugreifen.*[5]

Mit Paullinus war von Nero ein General nach Britannien geschickt worden, der wie sein Vorgänger ebenfalls bereits mit aufständischen Einheimischen in bergigen Gegenden Erfahrungen hatte sammeln können, allerdings im nordafrikanischen Mauretanien. Ohne zu zögern setzte er die Pläne seines Vorgängers fort. Sein mehr als brutales Vorgehen im Kampf um die vor der walisischen Küste liegende Insel Mona (Anglesey) zeigt, dass bereits damals der Hochmut einer imperialistischen Macht auf Erfolgskurs jegliche Sensibilität gegenüber den Sitten und Gebräuchen der ihnen im Weg stehenden Zivilisationen vermissen ließ. Nicht genug damit, dass die römischen Soldaten nicht davor zurückschreckten, die auf der Insel verschanzten einheimischen Priester (Druiden) und weisen Frauen brutal niederzumetzeln, man vernichtete auch noch die heiligen Haine unter dem Vorwand, damit barbarische Bräuche zu unterbinden. Aber nicht nur gegen die sich wider die römische Zivilisation sträubenden Barbaren, sondern auch gegen eigentlich befreundete Klientelstämme erwiesen sich die Römer alles andere als sensibel und rücksichtsvoll. Noch während Paullinus mit den Siluren in Wales beschäftigt war, brach nämlich in der Provinz ein Aufstand los. Nördlich der Provinzhauptstadt Camulodunum (Colchester) siedelte in East Anglia (Norfolk und Suffolk) der seit längerem mit Rom befreundete Stamm der Icener. Ihr König, Prasutagus, hatte keinen männlichen Nachfolger, daher setzte er neben seinen beiden Töchtern auch den römischen Herrscher zu seinem Erben ein und zwar – wie Tacitus[6] schreibt –, *weil er glaubte, Reich und Familie durch eine solche Unterwürfigkeit sicherstellen zu können.* Das Gegenteil trat ein, kaum war der König gestorben, begannen die Römer sich als die alleinigen Herren des Gebietes aufzuspielen und es ihrer Provinz einzuverleiben. Auf die Erbansprüche der Königswitwe mit ihren Töchtern nahm man keinerlei Rücksicht. Niemand wurde geschont, die Soldaten plünderten den Königssitz und vergriffen sich schließlich sogar an der Königswitwe Boudicca und deren Töchter.

Es blieb nicht nur bei den gewaltsamen Aktionen der römischen Truppen und Beamten, auch wirtschaftlich versuchte man nun, die britannische Oberschicht unter Druck zu setzen und in den Ruin zu treiben. Dazu gehörte die bereits oben angedeutete Kündigung umfangreicher Privatkredite, die römische Aristokraten mit der Aussicht auf hohen Zinsgewinn gewährt hatten. Außerdem scheinen auch noch weitere Geldsummen in beträchtlicher Höhe fristlos zurückgefordert worden zu sein, Staatskredite, die einige Jahre vorher Kaiser Claudius den vornehmsten Britanniern gegeben hatte und die nun der oberste Finanzbeamte (*procurator*) der Provinz, Decianus Catus, mit brutaler Gewalt eintrieb. Der Kreditbedarf der britannischen Adeligen schien groß, denn die standesgemäße Teilhabe an den Annehmlichkeiten der neuen Zivilisation waren teuer. Römischer Luxus, prächtige Privathäuser, ausgestattet mit den Errungenschaften der römischen Zivilisation, wurden auch für die Angehörigen der einheimischen Oberschicht sehr schnell zum Standesmerkmal. Ein eindrucksvolles Beispiel dafür ist etwa die römische Villa von Fishbourne, deren Anfänge in diese Zeit datieren. Die bekannten archäologischen Überreste lassen noch die einstige Pracht erahnen. Sehr wahrscheinlich handelte es sich um das Domizil eines einheimischen Machthabers, der sich in der Endzeit der Regierung Neros eine neue repräsentative Wohnanlage ,à la Romana', mit Thermenanlage ausgestattet und geschmückt durch korinthische Säulen, von ausländischen, wohl mediterranen Handwerkern und Bauleuten errichten ließ. Und dieser Bau ist keineswegs singulär, nur ca. 16 Meilen östlich davon, in Angmering, entdeckten die Archäologen Vergleichbares. Der neue Lebensstil kostete Geld, viel Geld, dies ließ sich bei den römischen Bankiers ausleihen, die wiederum nur zu gerne als Kreditgeber auftraten, da über die sagenhaften Reichtümer der Insel zahlreiche Gerüchte kursierten. Diese Form der schleichenden Kolonialisierung durch das Wecken von Begehrlichkeiten und daraus folgender wirtschaftlicher Abhängigkeit kennen wir aus der Geschichte immer wieder. Bereits Tacitus hat sie mit Bezug auf Britannien in unnachahmlicher Manier ausgedrückt: *Allmählich verfiel man selbst den Lockungen der Laster, den Säulenhallen, Bädern und feinen Gelagen. Dies alles wurde von den Kurzsichtigen Bildung genannt, wo es doch eigentlich schon Knechtschaft war.*[7]

Nun wurden also die leichtfertig in Anspruch genommenen Kredite gekündigt und kurzfristig zurückgefordert. Wahrscheinlich war man in römischen Bankierskreisen über die brisante politische Entwicklung auf der Insel sehr gut informiert. Die außenpolitischen Konflikte wie auch die im Inneren zunehmend angespannte Lage ließen die Bedenken der Geldgeber wachsen. Es wurde immer klarer: Bei all diesen Vorfällen ging es nicht mehr um ein friedliches Miteinander unter Wahrung des römischen Einflusses, sondern um rohe Herrschaft, Unterdrückung und Ausbeutung eines eroberten Landes. Sollte die finanzielle Belastung der einheimischen Oberschicht durch direkte Steuerforderungen wie sie mit der Einrichtung der Herrschaft Roms zwangsläufig verbunden waren, weiter zunehmen, so waren die einst bei der Kreditvergabe lockenden Gewinnaussichten keineswegs mehr so rosig und sicher. Man musste sich also sputen, wollte man sein Schäfchen noch ins Trockene bringen. Es ist leicht vorstellbar, wie die ersten Kreditrückforderungen in einer Art Domino-Effekt weitere Kündigungen nach sich zogen und für die britannische Oberschicht eine wirtschaftliche Katastrophe auslösten. Dies wiederum ließ Unmut und Opposition wachsen.

Letzter Auslöser für eine offene Revolte im Jahre 61 dürfte allerdings die brutale Gewalt gegen die weiblichen Mitglieder der Königsfamilie gewesen sein. Die Icener, der Stamm des verstorbenen Prasutagus und seiner Witwe, Boudicca, erhoben sich und rissen auch ihre verbündeten Nachbarn, darunter die südlich anschließenden Trinovanten mit. Das römische Territorium wurde von einer Welle der Gegengewalt überrollt, wobei sich der Zorn der Rebellen vor allem gegen die städtischen Siedlungen in der Provinz richtete, die man als Symbole der Besatzermacht, als Pfähle im britannischen Fleisch ansah. Die rom-treuen Provinzbewohner waren dem Ansturm zunächst praktisch wehrlos ausgesetzt, da die Truppen noch in Südwales standen. Londinium und Verulamium gingen in Feuer und Flammen auf und mussten preisgegeben werden. Besonders hart traf es Camulodunum, Fokus römischer Herrschaft. Die unbefestigte Stadt wurde zerstört, wobei sich hier Hass und Wut der Einheimischen auf die Besatzer nicht zuletzt am Wahrzeichen kaiserlicher Herrschaft, dem Tempel für den vergöttlichten Claudius, entluden. *Arx aeterna dominationis*, Zwinger ewiger Herrschaft – als das wurde der Sitz des provinzialen Kaiserkultes, der wohl noch zu Lebzeiten des Claudius errichtet worden war, von den Einheimischen angesehen, zumindest formuliert dies unser Gewährsmann Tacitus so.[8] Nun wurde der Tempel zerstört, der Altar der römischen Siegesgöttin Victoria geschändet und die Statue des verhassten Eroberers Claudius geköpft. Der kaiserliche Porträtkopf wurde in den Fluss Alde in Suffolk geworfen und sollte dort rund 1900 Jahre später von den Archäologen wieder gefunden werden. Diese Versenkung im Fluss war kein bloßer Gewaltakt, sondern muss als Ritual verstanden werden, mit dem man den Herrscherkopf einer einheimischen Gottheit weihte – Demonstration des Sieges der keltischen über die römischen Götter.

Es waren vor allem die Trinovanten, die ihren Rachedurst in Camulodunum befriedigten; erst kurze Zeit vorher war ja in dem ehemaligen einheimischen Zentralort eine römische Kolonie installiert worden, das hieß konkret, römische Veteranen hatten unter dem wohlwollenden Schutz ihrer aktiven Kameraden die Stammesangehörigen, die in Camulodunum und seiner Umgebung gelebt hatten, von ihren Wohnsitzen gejagt, sich deren Besitzes bemächtigt und sie selbst wie Sklaven ihrer Freiheit beraubt. Die Erinnerung daran war noch frisch, entsprechend groß der Zorn, der sich nun einen Weg bahnte. Nach Tacitus sollen ca. 70 000 Provinzbewohner in einem Gewaltrausch abgeschlachtet worden sein, dies ist sicherlich übertrieben, lässt aber das Ausmaß und die Brutalität des Aufstandes erahnen.

Die wenigen Truppen, die die Römer zunächst gegen die Aufständischen einsetzten – das Gros der Besatzungsarmee (vier Legionen) befand sich ja noch auf Kriegseinsatz in Wales –, erlitten bittere Niederlagen. Rom, die Weltmacht und Inbegriff der Zivilisation, musste sich den keltischen Stämmen geschlagen geben. Eine ungeordnete und disziplinlose Barbaren-Meute schien die Oberhand über eine eigentlich unbesiegbare Kampfmaschine, die bestens trainierte und ausgerüstete römische Armee, zu gewinnen. Die Verluste unter der zivilen Provinzbevölkerung waren groß. Panik brach aus, sodass der römische Finanzprocurator feige von der Insel auf das gallische Festland floh. Die Lage scheint so katastrophal gewesen zu sein, dass Nero sogar erwogen haben soll, die Provinz völlig aufzugeben. Jedenfalls berichtet der Kaiserbiograf Sueton: *[Vielmehr]dachte er sogar daran, das Heer aus Britannien zurückzuzie-*

hen. Nur aus Scheu vor dem Eindruck, er wolle den Ruhm seines Vaters [Claudius] schmälern, nahm er davon Abstand.[9] Deutlich führt uns der Schriftsteller hier vor Augen, wie gering seiner Meinung nach der Kaiser außenpolitische Belange, Reichserweiterung, ja selbst die Erhaltung des territorialen Status quo schätzte und wie wenig ihm persönliche militärische Profilierung in den Sinn kam. Es war nur die Angst vor einer Schmälerung des Ruhms seines (Adoptiv-)Vaters, der ja für ihn wesentliches Element seiner eigenen Legitimität bedeutete, die ihn davor zurückhielt, einen mit viel Mühen erkämpften Reichsteil aufzugeben.

Die Verteidigung der Insel ruhte einzig und allein auf Suetonius Paullinus, der versuchte, seine Truppen eiligst aus dem walisischen Westen zurückzuführen. Allerdings stieß er auf heftigen Widerstand. Boudicca, die Königswitwe, hatte sich an die Spitze der Aufständischen gestellt und feuerte wie eine rasende Furie die Tapferkeit und den Kampfesmut ihrer Stammesangehörigen und deren Verbündeten an. Eine Frau an der Spitze barbarischer Kämpfer, das erinnerte wohl nicht nur die römischen Offiziere an die klassischen Erzählungen von den Amazonen, auch unsere literarischen Gewährsmänner sind von der Fremdheit dieser Vorstellung fasziniert und schildern entsprechend breit und stilisiert den Kampf des wilden Weibes gegen die römischen Männer in Uniform. Cassius Dio nützt die Gelegenheit, um in mehreren Reden, die er sowohl Boudicca wie auch dem römischen Anführer Paullinus in den Mund legt, nicht nur die Fremdheit der Vorstellung einer kämpfenden Frau vorzuführen, sondern auch mahnend auf die Dekadenz und moralische Verwerflichkeit römischen Vorgehens zu zeigen. Hören wir Boudicca:

Habt keine Angst vor den Römern! Sie sind weder zahlreicher noch tapferer als wir. ….Tatsächlich sind wir ihnen an Tapferkeit so weit überlegen, dass wir unsere Zelte für sicherer halten als ihre Wälle und unsere Schilde für einen besseren Schutz als ihre Rüstungen, die vom Kopf bis zum Fuß reichen… Und nicht nur wegen des Gesagten sind sie uns weit unterlegen, sondern auch darin, dass sie Hunger und Durst, Kälte und Hitze nicht so ertragen können wie wir. Vielmehr brauchen sie Schatten und Obdach, geknetetes Brot, Wein und Olivenöl, und wenn eines davon fehlt, sind sie des Todes. Uns Britanniern dagegen dient jedes Gras und jede Wurzel als Brot, jeder Pflanzensaft als Olivenöl, jedes Wasser als Wein und jeder Baum als Wohnstätte…. Ich danke dir Andraste (eine Göttin, die nur hier erwähnt wird) *und rufe dich an von Frau zu Frau. Ich herrsche weder über die lastentragenden Ägypter wie einst Nikotris noch über Handel treibende Assyrer wie Semiramis … viel weniger noch über die Römer selbst wie einst Mes-*

salina und später Agrippina und jetzt Nero, der zwar dem Namen nach ein Mann, tatsächlich aber ein Weib ist, wie er durch seinen Gesang, sein Leierspiel und seinen Schmuck bestätigt. Nein – ich gebiete vielmehr übe britannische Männer, die nichts vom Ackerbau und Handwerk verstehen, aber in der Kriegskunst gründlich ausgebildet sind und alles – selbst Kinder und Frauen – für Gemeinbesitz halten, sodass Letztere es den Männern an Tapferkeit gleichtun. Als Königin über solche Männer und Frauen bitte ich dich und fordere von dir, dass du uns Sieg, Rettung und Freiheit gegenüber übermütigen, ungerechten, unersättlichen und ruchlosen Männern verleihen mögest – sofern wir Menschen als Männer bezeichnen dürfen, die in warmem Wasser baden, künstlich zubereitete Leckerbissen verspeisen, ungemischten Wein trinken, sich mit Myrrhe einsalben, auf weichen Polstern mit Knaben – schon abgeblühten Burschen freilich – als Bettgenossen schlafen und als Sklaven einem Leierspieler, und zwar einem schlechten, dienen. Daher soll dieses Weib, Domitia-Nero, nicht mehr über mich oder über euch Männer herrschen! Lasst das Weib singen und seine Römer beherrschen – verdienen sie es doch sicherlich, Sklaven einer solchen Frau zu sein, nachdem sie sich so lange unter ihre Tyrannei gebeugt haben.[10]*

Selbstverständlich haben wir hier keine authentischen Worte einer militärischen Anführerin vor uns. Was uns Cassius Dio vorführt, ist vielmehr ein herausragend komponiertes Stück literarischer Zivilisationskritik, verbunden mit allem, was der Fundus an Vorurteilen über Barbaren so zu bieten hat. Es ist auch ein Stück Selbstkritik, wie man es sich in der Gewissheit, letztendlich ja als Sieger vom Platz gegangen zu sein, glaubte leisten zu können. Denn wie kaum anders vorstellbar, mussten sich die Aufständischen schließlich doch dem Druck der römischen Waffen beugen. Der Kampf der Königin war vergeblich, noch im Jahre 61 gelang es Paullinus, Boudicca und ihre Truppen entscheidend zu schlagen. Tacitus fasst die Bedeutung dieses römischen Sieges in einem einzigen Satz zusammen: *Der glückliche Ausgang einer einzigen Schlacht brachte die Provinz in ihre alte Unterwürfigkeit.*[11]

Die Herrscherin bewies auch nach der Niederlage ihre Größe: Um sich die Schande zu ersparen, in Rom beim Triumphzug vor einer johlenden Menschenmenge zur Schau gestellt zu werden, machte sie lieber ihrem Leben durch die Einnahme von Gift ein Ende.

Militärisch hatte sich Rom – wen wundert's – als Sieger herausgestellt, aber Ruhe war damit noch keineswegs in die Provinz – die römische Herrschaft reichte jetzt nach dem Sieg über die Iceni bis zur Linie Chester-Lincoln – eingekehrt. Eine der wichtigen Voraussetzungen dafür lag in der wirtschaftlichen Konsolidierung. Für die Missstände war sicherlich der Finanzprocurator Decianus Cato mitverantwortlich, nicht umsonst war er während der Rebellion auf das Festland geflohen. Dies erkannte man wohl auch in der römischen Zentrale und schickte als Nachfolger einen Mann mit tadellosem Ruf, der noch dazu selbst aus einer Provinz stammte. Gaius Iulius Alpinus Classicianus war in Augusta Treverorum, dem heutigen Trier, in der Provinz Gallia Belgica geboren und kannte die Sorgen und Nöte der Provinzialen. Seine Aufgabe war es nun, Britannien wieder in seinem Inneren zu beruhigen. Allerdings war die Sorge um Ruhe wohl nicht ganz kongruent mit den hochfahrenden Plänen des erfolgreichen Generals und Provinzstatthalters Paullinus, der gerade auf der Erfolgswelle schwamm. Beide römischen Magistrate scheinen sich nicht gerade gut vertragen zu haben. Jedenfalls beklagte sich Classicianus in Rom darüber, dass der alte Haudegen Paullinus durch Fortsetzung seiner militärischen Aktivitäten immer wieder Öl ins Feuer gieße und den Hass der Briten gegen die Römer weiter nähre. Ruhe könne erst einkehren, wenn dieses sozusagen ‚rote Tuch' für die Einheimischen entfernt würde und ein neuer Oberbefehlshaber nach Britannien gekommen sei.

Nero, der anscheinend ein genaueres und objektives Bild von der Sache haben wollte, schickte nun, um nach dem Rechten zu sehen, einen seiner Vertrauten nach Britannien. Er sollte nicht nur den Streit zwischen den Classicianus und Paullinus schlichten, sondern auch die aufrührerischen Barbaren zum Frieden bringen. Allerdings war die Wahl für diese doch sehr heikle diplomatische Mission alles andere als geschickt. Der Kaiser sandte Polyclitus, einen Freigelassenen, der bereits seine Anreise durch Italien und Gallien mit viel Pomp und Gefolge inszenierte und damit den Provinzialen zur Last fiel. Durch diesen Fauxpas, den die Sendung eines ehemaligen Unfreien zweifelsohne darstellte, fühlten sich nicht nur die zwei römischen Herrschaftsvertreter düpiert, die beide der Aristokratie entstammten – der Finanzprocurator war ein Mitglied des Ritterstandes und der Legionskommandeur gehörte zur vornehmsten Schicht der Senatoren. Auch die Britannier reagierten darauf mit ungläubigem Kopfschütteln. *Die Feinde aber lachten nur über ihn* [Polyclitus], *weil sie damals noch für die Freiheit glühten und die Allgewalt der kaiserlichen Freigelassenen nicht kannten. Sie wunderten sich, dass ein Feldherr und sein Heer, die einen so großen Krieg geführt hatten, jetzt einem ehemaligen Sklaven gehorchten.*[12] So der sarkastische Kommentar des Tacitus, aus dem unschwer seine persönliche Einschätzung dieses gesellschaftlichen Missgriffes herauszulesen ist.

Aber auch diesmal scheint trotz der Empörung wieder ein Freigelassener mit seiner Mission erfolgreich gewesen zu sein. Denn nach dem, was wir über die Folgezeit wissen, setzte Polyclitus die kaiserliche Direktive, Frieden zu halten und auf militärische Aktionen zu verzichten, durch. Zwar sollte der verdiente Suetonius Paullinus nicht durch eine sofortige Ablösung gedemütigt werden, aber im darauf folgenden Jahr 62 bestimmte man als neuen Militärgouverneur Petronius Turpilianus, einen hundertprozentigen Parteigänger Neros, bei dem es sich wohl mehr um einen Verwaltungsfachmann als um einen Militär handelte. Zumindest liegen uns keine Informationen über vorausgegangene soldatische Erfahrungen vor, und nach seinem Posten in Britannien übernahm er in Rom die Beaufsichtigung der Wasserversorgung. Unter ihm und seinem Nachfolger scheint es auch wirklich in Britannien keine größeren militärischen Auseinandersetzungen gegeben zu haben.

Mag die Entsendung eines Freigelassenen als kaiserlichen Diplomaten auch nicht besonders geschickt gewesen sein, so gib sie uns doch den Hinweis auf das persönliche Eingreifen Neros. Denn es ist kaum vorstellbar, dass das bewährte Beratergremium Seneca und Burrus, beide Angehörige der römischen Oberschicht, ausgerechnet einen Freigelassenen mit dieser sensiblen und politisch sehr bedeutsamen Aufgabe betraut und auf diese Weise die Macht der ehemaligen Sklaven am Kaiserhof gestärkt hätten. Der Kaiser selbst wurde hier in einem Maße aktiv, wie es bei seiner bisher zu konstatierenden Gleichgültigkeit außenpolitischen Aktionen gegenüber erstaunt. Verständlicher wird dies, wenn wir das Ganze als Anzeichen der Machterosion des alten Führungsduos interpretieren, die ja, wie bereits dargestellt, spätestens mit dem Tode Agrippinas einsetzte und sich seitdem rapide beschleunigte. Vergessen wir nicht, dass im Jahre 62 Burrus starb und bald danach auch das politische Wirken Senecas sein Ende fand. Interne Machtkämpfen am Hof waren die Folge, Intrigenspiele, an denen sicherlich die immer noch im kaiserlichen Dienst aktiven und unentbehrlichen Freigelassenen ihren Anteil hatten. Auch sie buhlten wieder um die Gunst des Kaisers und wollten gerne das abzusehende Machtvakuum auffüllen.

Armenien

Blicken wir aber nun zum nächsten außenpolitischen Brennpunkt, auch er nicht erst unter Nero enstanden, sondern ein Brandherd, der schon seit den Anfängen des Prinzipats schwelte: Armenien.

Gemeint ist damit das Hochland südlich und südwestlich des Kaukasus, dessen nördlicher Grenzfluss in der hellenistischen Antike Kyros, heute Kura, hieß und das im Süden mit den Oberläufen und Nebenflüssen des Euphrat und Tigris an das Perserreich grenzte (heute Armenien und östliche Türkei). In dem Gebiet, das einst zu den Medern, dann zum Reich der Achämeniden und schließlich, nach Alexander dem Großen, zur Herrschaft der Seleukiden gehört hatte, hatte sich zu Beginn des 2. Jahrhunderts v. Chr. eine eigenen Herrscherdynastie etabliert. Der Dynastiegründer, Artaxias, öffnete sein Königreich dem Hellenismus. Tigranes II. (95–55 v. Chr.), einer der bedeutendsten armenischen Herrscher, konnte seine Macht auf weite Teile Vorderasiens ausdehnen und begründete als seine neue Hauptstadt Tigranokerta. Er war es allerdings auch, der im Zuge der Ostexpansion Roms in der späten Republik mit der italischen Macht in Konflikt geriet und dabei im Jahre 66 v. Chr. eine schwere Niederlage einstecken musste. Ein wesentlicher Teil seines Landes (Westen) ging an Rom verloren. Der ihm verbliebene, als Armenia maior bezeichnete Ostteil wurde seitdem zu einem mit Rom in zwar immer enger, aber durchaus wechselnder Verbindung stehenden Klientelkönigtum. Als Pufferstaat zwischen Rom und dem südlich angrenzenden Partherreich spielte Armenien in der Oststrategie der italischen Macht durchgehend eine eminent wichtige Rolle, mindestens ebenso wie in der Westpolitik der Parther. Je nach politischer Wetterlage und abhängig von den unterschiedlichen Situationen im Inneren der beiden Großreiche wechselten dabei agressiv-expansive und bewahrend-defensive politische Vorgehensweisen untereinander ab und bestimmten die inneren Machtverhältnisse des armenischen Reiches.

Die Römer betrachteten Armenien als einen von ihnen abhängigen Staat, ohne ihn jedoch völlig in ihre Herrschaft zu integrieren, was sicherlich große militärisch-logistische Probleme mit sich gebracht hatte. Auch hier erwies sich also das Muster ‚Klientelfürstentum' als die praktikabelste Lösung, um römische Herrschaftsinteressen zu gewährleisten, ohne die eigenen Ressourcen zu überfordern. Um die Parther nicht unnötig zu reizen, hatte man ein feines Machtgleichgewicht austariert. Rom achtete sehr darauf, dass der jeweilige Herrscher zwar ihm treu ergeben war und von Rom eingesetzt wurde, aber auch darauf, dass er von den Parthern akzeptiert werden konnte. Es war ein sehr labiler Schwebezustand, der sich hier eingestellt hatte und der zu jedem Augenblick mit einem hohen Gefahrenpotenzial belastet war. Wie ein hochsensibler Seismograph reagierte diese Nahtstelle zwischen den beiden Großmächten auf jede auch noch so kleine Veränderung der inneren Verhältnisse der zwei riesigen Herrschaftsgebiete. So war es am Ende der Regierung des Claudius zu einem plötzlichen und nicht voraussehbaren Verlust des ausgewogenen Verhältnisses zwischen römischen und parthischen Interessen in Armenien zuungunsten von Rom gekommnen. Streitigkeiten innerhalb des armenischen Adels, dessen Mitglieder aufgrund der ethnischen Verwandtschaft und der kulturellen sowie religiösen Orientierung eher pro-parthisch als pro-römisch eingestellt waren, hatten zu einer parthischen Invasion geführt. Die wenigen römischen Truppen vor Ort waren dem machtlos gegenübergestanden. Folge dieser Invasion war, dass der parthische Großkönig Vologaesus anstelle des römischen Satelliten Meherdates seinen Bruder Tiridates auf den armenischen Thron hatte hieven können, wodurch das Land südlich des Kaukasus praktisch zu einem Teil des Arsakidenreiches geworden war – ein Zustand, den Rom nicht hinnehmen konnte.

Im Winter 54/55 wurde nun mit Cn. Domitius Corbulo ein bewährter Militär als Gouverneur der im Westen an Armenien angrenzenden kleinasiatischen Provinz Cappadokia-Galatia eingesetzt, mit dem Spezialauftrag, den verlorenen römischen Einfluss in Armenien wieder herzustellen. Corbulo hatte ein weit ausgreifendes Kommando erhalten, dass sowohl regional wie auch hinsichtlich der Kompetenzen das eines ‚normalen‘ Provinzstatthalters weit übertraf. Nach ausgiebiger Vorbereitungszeit wurde im Jahre 58 der Feldzug eröffnet. Der Zeitpunkt für das römische Eingreifen in Armenien schien günstig, da dem persischen Herrscher gerate durch dynastische Schwierigkeiten weitgehend die Hände gebunden waren. Corbulo hatte seinen Feldzug in Kappadokien penibel vorbereitet und dabei vor allem aus Syrien, aber auch anderen östlichen Provinzen römische Streitkräfte zusammengezogen. Indem er benachbarten Klientelfürsten Landgewinn versprach, versicherte er sich darüber hinaus deren Wohlwollen und tatkräftiger militärischer Unterstützung. Allerdings versuchte sich Corbulo, dessen Härte und altrömische Disziplin Tacitus so betont, jedoch zunächst als Diplomat. Tiridates sollte den armenischen Thron behalten können, wenn er wie auch sein Bruder, der Arsakide Vologaesus, bereit wären, die römische Oberhoheit über Armenien anzuerkennen. Zwar kam Vologaesus den Römern durch die Stellung von Geiseln ein Stück entgegen, jedoch verweigerte er sich dem Vorschlag, sein Bruder solle sein Diadem, das Zeichen der Herrschaft, freiwillig niederlegen und es wieder aus der Hand des römischen Kaisers empfangen.

Nach dem offensichtlichen Scheitern der diplomatischen Mission hatte Corbulo keine andere Wahl mehr, als doch mit einem Waffengang zu reagieren. Im Zuge ihrer wohl erst bei diesem Stand der Dinge einsetzenden Militäroffensive, nahmen die römischen Truppen zunächst die alte armenische Hauptstadt Artaxata ein. Nach ihrer Zerstörung fiel im Spätsommer des Jahres 58 auch Tigranokerta in römische Hände. Tiridates hatte es inzwischen vorgezogen, an den Hof seines Bruders, des parthischen Großkönigs, zu fliehen. Wie bereits unter Augustus nutzten die Römer das entstandene Machtvakuum und installierten in Armenien nun einen Marionettenherrscher, der nicht aus dem parthischen Herrscherhaus der Arsakiden stammte, sondern ganz von Rom abhängig war. Tigranes V. war der Sohn eines im Jahre 6 n. Chr. von Rom in Armenien eingesetzten Prätendenten, der nach kurzer Zeit allerdings gescheitert war. Die meiste Zeit seines Lebens hatte der junge Mann daher in Rom gelebt. In Armenien hatte er von Anfang an schlechte Karten, ihm fehlte jegliche innere Verwurzelung in der einheimischen Oberschicht, sodass er völlig von Rom und dessen militärischer Präsenz abhängig war. Die Erfolge Corbulos wurden in Rom überschwänglich gefeiert, natürlich ehrte man dabei vor allem den Kaiser und dessen Sieghaftigkeit.[13] Der auf dem Kapitol errichtete, mit einer Triumphalquadriga bekrönte Ehrenbogen sollte dies für die Nachkommen in Erinnerung halten (Abb. S. 168, 169).

Nachdem Corbulo ein starkes Truppenkontingent in Armenien einquartiert hatte, reiste er selbst ab, um in Syrien, der wichtigsten römischen Grenzprovinz zu den Parthern, das Kommando über die dort stationierten vier Legionen und zahlreichen Hilfstruppen zu übernehmen. In Armenien war jedoch die Lage alles andere als stabil. Der Throninhaber, Tigranes, erwies sich sehr bald als völlig ungeeignet, die äußerst labile Ruhe zwischen beiden Großmächten durch eigenes Zutun zu stärken. Im Gegenteil, er glaubte sich wohl durch die Anwesenheit der römischen Waffen sicher und wurde daher übermütig. Anstatt seine innere Position zunächst weiter zu festigen und mit den Parthern ein gedeihliches Auskommen zu finden, marschierte der Herrscher von Roms Gnaden in das benachbarte Adiabene ein, das ein fester Bestandteil des parthischen Reiches war. Damit waren ureigenste parthische Interessen verletzt, ein Umstand, den kein Inhaber des Arsakiden-Thrones ohne direkte militärische Reaktion hinnehmen konnte. Konsequenterweise blieb die Provokation daher auch nicht unbeantwortet. Vologaesus sandte seinen Bruder mit Truppen nach Armenien und marschierte selbst an der Spitze eines Heeres Richtung Syrien. Corbulo konnte durch die Entsendung von Streitkräften zunächst das Vorrücken der Parther nach Armenien blockieren und sicherte die syrische Euphrat-Grenze durch die Anlage einer Kette von Befestigungsanlagen. Der Marionettenherrscher Tigranes war jedoch nicht mehr zu halten und wurde wohl nun von Corbulo höchstpersönlich vom Thron gejagt. Corbulo bot dem parthischen König an, Gesandte nach Rom zu schicken, die dort mit Nero über den armenischen Thron verhandeln sollte. Ziel war wohl ein Agreement, wie Corbulo es bereits einige Jahre vorher im Sinne gehabt hatte: ein parthischer König von römischen Gnaden in Armenien. Ein solches Angebot war zu diesem Zeitpunkt auch ganz im Sinne von Vologaesus. Der parthische Herrscher hatte mit inneren Problemen in seinem riesigen Reich zu kämpfen und konnte sich eine kräfteaufreibende militärische Auseinandersetzung an seiner West-grenze kaum leisten. Andererseits ließ sich diese Lösung vor seinen eigenen Leuten durchaus noch als Sieg verkaufen – ein Sieg ohne den aktiven Einsatz von Waffen. Corbulo hatte die Lage völlig richtig ein-geschätzt und bei den Verhandlungen sein diplomatisches Geschick wieder einmal unter Beweis gestellt.

Wir müssen uns allerdings fragen: Warum hatte man in Rom diesen Hasardeur Tigranes zugesehen? Warum war er nicht durch die vor Ort präsenten römischen Berater gebremst worden, bevor er die Lage so ge-fährlich hochschaukeln konnte? Frühzeitige Deeskalation wäre ange-sagt gewesen. Vielleicht wird die ganze Sache nachvollziehbarer, wenn man ein Stück in die Zukunft blickt. Als nämlich im Frühjahr 62 eine persische Gesandtschaft in Rom eintraf, um die Vereinbarungen mit dem Kaiser festzuzurren, mussten sie erkennen, dass das dortige politi-sche Klima alles andere als günstig für einen diplomatischen Ausgleich war. Die Parther waren gezwungen, unverrichteter Dinge wieder heim-zukehren. Der um diese Zeit neu in die Provinz gekommene Statthalter von Cappadokia-Galatia, L. Caesennius Paetus, tönte unverhohlen und laut von einer direkten Herrschaft Roms über Armenien, mit dem Ziel, dort eine neue Provinz einzurichten. Alles in allem ist wohl davon aus-zugehen, dass es im Umfeld des Kaisers eine Gruppe von Hardlinern gab, die die römische Politik im Osten nach ihren Vorstellungen neu gestalten wollten. Vergessen wir nicht: Es war die Zeit, als Burrus starb und Seneca sein politisches Mandat verlor.

Das Machtgeplänkel des kappadokischen Legaten sollte nicht ohne Folgen bleiben. Die Parther, denen kaum mehr Alternativen offen stan-den, wollten sie nicht ihr Gesicht verlieren und dadurch auch gefähr-liche Situationen in anderen Teilen ihres Reiches hervorrufen, ließen es auf eine offene militärische Auseinandersetzung ankommen. Dabei erlitt Caesennius Paetus nach anfänglichen Erfolgen eine schwere Niederlage bei Rhandeia am Arsanis, dem südlichen Quellfluss des Euphrats. Ein großer Teil des römischen Angriffscorps wurde gefangen genommen und Armenien von den parthischen Truppen okkupiert. Corbulo hatte trotz Entsendung von Entsatztruppen und Entlastungsangriffen von Syrien aus das Unglück nicht vermeiden können. Wiederum war es dann aber vor allem dem diplomatischen Geschick Corbulos zu verdanken, dass die Folgen der Niederlage für Rom im Rahmen blieben. Ein von ihm ausgehandelter, maßvoller Friedensschluss sicherte nicht nur zu, dass die gefangenen römischen Soldaten abziehen konnten. Der Großkönig sah darüber hinaus sogar von einer dauerhaften Besetzung Armeniens durch die Perser ab und zog seine Truppen wieder zurück. Es scheint so, als seien daraufhin sogar wieder römische Truppen nach Armenien eingerückt. Vologaesus erklärte sich auch bereit, erneut mit Rom über den armenischen Thron zu verhandeln.

Entweder war man in Rom von den Großreden des Paetus immer noch völlig verblendet oder man wertete den ausgehandelten Frieden als ein nachträgliches In-die-Knie-gehen der Parther. Jedenfalls glaubte man sich, völlig an der Realität vorbei, noch auf der Siegerseite, als zu Beginn des Jahres 63 erneut eine persische Gesandtschaft in der Hauptstadt eintraf. Als die Diplomaten die Botschaft des Großkönigs überbrachten, dass sein Bruder die Herrschaft in Armenien nach dem Sieg über Rom nun wieder übernehmen werde, er aber durchaus bereit sei, sich von Rom staatsrechtlich anerkennen zu lassen – ein Angebot, das nach den realen politischen Umständen als sehr entgegenkommend gesehen werden musste –, verstand man dies zunächst als Provokation. Es widersprach völlig dem bisher von Paetus genährten Bild vom siegreichen Vorgehen der römischen Armee gegen die Parther in Armenien. Daher befragte man einen Zenturio, einen Augenzeugen, der zusammen mit der Gesandtschaft angereist war. Es muss wie ein Schock gewirkt haben, als der Offizier schonungslos den wahren Sachverhalt schilderte, die bittere militärische Niederlage, die Gefangennahme großer Teile des Heeres und die erzwungene Räumung Armeniens von Seiten Roms.

Aber selbst angesichts der erlittenen Niederlage blieb das römische Selbstbewusstsein ungebrochen, weiterhin war man in der Reichszentrale der Ansicht, eine Politik der Stärke betreiben zu sollen, weiterhin setzte man auf militärische Drohgebärden. Und so wurde zunächst Corbulo mit einem übergreifenden Kommando im Osten ausgestattet (*imperium maius*) und zum Legaten sowohl über Kappadokien als auch

152

Syrien ernannt. Den Statthaltern der Nachbarprovinzen sowie befreundeten Klientelkönigen ließ man mitteilen, dass sie den Befehlen Corbulos Folge zu leisten hätten. Vorbilder für derartige, provinzüberspannende Militärkommanden kennt man aus der späten Republik – erinnert sei nur an das Imperium, das man Pompeius im Jahre 67 v. Chr. gegen die Seeräuber zugestand. Wie damals entsprach auch das Kommando Corbulos genau den realen Anforderungen, war jedoch eigentlich außerhalb der Regeln und sollte erst mehr als 100 Jahre später Nachfolger finden. Der erfahrene Militär erhielt also den Auftrag, einen Krieg gegen die Parther vorzubereiten, wozu er umfängliche Rüstungsmaßnahmen einleitete. Anscheinend war man im Umfeld Neros immer noch von der nicht endenden Sieghaftigkeit der römischen Armee überzeugt, oder man spielte ein sehr gefährliches Spiel, in der Meinung, dass Vologaesus einem direkten römisch-parthischen Kräftemessen letztendlich doch aus dem Weg gehen würde. Jedenfalls begann Corbulo in Armenien einzufallen, wobei er jedoch immer den diplomatischen Kontakt mit den Parthern suchte und beibehielt. Seine sehr geschickte Strategie aus Verhandlungen und mit Waffengewalt unterstützten Drohungen hatte dann auch wirklich Erfolg. Corbulo konnte schließlich ein direktes persönliches diplomatisches Treffen mit Tiridates, also dem wieder eingesetzten parthischen König Armeniens, erzwingen.

Das Vabanquespiel Roms hatte sich als richtig erwiesen, der Großkönig wollte unter allen Umständen einen unwägbaren Krieg mit Rom vermeiden und war daher zu bislang nicht akzeptierten Zugeständnissen bereit. Der ausgehandelte und für beide Seiten tragbare Kompromiss trug schließlich weitgehend die Handschrift der römischen Seite: Ende des Jahres 63 legte Tiridates sein Diadem im römischen Militärcamp von Rhandeia, dem Ort also, an dem die Römer ihre schwere Niederlage erlitten hatten, vor einer Statue Neros nieder und schwur feierlich, das Zeichen seiner Herrschaft erst dann wieder anzulegen, wenn er es in Rom aus den Händen des Kaisers in Empfang genommen hätte.

Diese Machtinstallation eines eigentlich zweitrangigen Klientelfürsten sollte drei Jahre später zu einer der größten, eindrucksvollsten und aufwändigsten, aber auch der letzten Selbstinszenierung Neros werden. Zunächst hatte es jedoch der armenische Thronprätendent mit seiner Abreise nach Rom gar nicht eilig. Zwei Jahre ließ Tiridates verstreichen, bevor er sich auf den Weg machte, und erst nach neunmonatiger Anreise, im Sommer 66, kam er in der Hauptstadt seines neuen Herren an.

Ähnlich wie schon im Falle der Ereignisse in Britannien zeigt auch die Entwicklung der Armenien-Frage erstaunliche Aktivitäten des Kaisers

153

vor allem in ihrer Endphase im Jahre 63. Der Bericht des Tacitus[14] lässt deutlich werden, dass die wichtigen taktischen Entscheidungen keineswegs am Kaiser vorbei gefällt wurden, sondern im Gegenteil deutlich seine Handschrift tragen. Nachdem die Diplomaten des Arsakidenhofes ihre Botschaft des Großkönigs direkt vor Nero vorgetragen hatten, erkannte der Kaiser wohl die Widersprüche zwischen der ihm von seinen Beratern gegebenen Lageeinschätzung und dem, was aus der angeblichen persischen Großzügigkeit herauszuhören war. Deshalb wollte er sich persönlich durch den Bericht des Zenturios eine realistische Einschätzung der Sachlage verschaffen. Nach der Situationsanalyse beriet er anschließend mit den kompetentesten Senatoren über das weitere Vorgehen. Die Entscheidung wurde also nicht der Hofbürokratie überlassen, sondern der Herrscher selbst ergriff die Initiative. Und zwar in einer Art und Weise, die durchaus außenpolitische Verständnis und politisch-strategisches Geschick bewies.

„...und er hat die Grenzen des Reiches nach vorne verschoben..."

In der ersten Hälfte der 60er-Jahre zeigt sich auch in anderen Teilen des Reiches das neu erwachte außenpolitische Interesse des Herrschers. So wurde etwa in den westlichen Alpen das bisher mit Rom befreundete Königreich des Cottius nach dem Tod des Herrschers in den Status einer Provinz überführt, und sowohl in Syria mit dem Stadtstaat von Damaskus wie auch im Schwarzmeerbereich (Pontus Polemoniacus) arrondierten fähige Provinzgouverneure durch begrenzte militärische Unternehmungen den römischen Machtbereich. Hier kam also Nero auch der Forderung des Augustus nach Erweiterung der römischen Reichsgrenzen zumindest formell nach. Inwieweit er wirklich weitergehende Pläne zur Vergrößerung des Reiches verfolgte, ist aus den Quellen nicht eindeutig zu entnehmen. Zwar lassen Tacitus, Sueton und in ihrer Folge auch Cassius Dio Pläne Neros anklingen, eine größere Expedition gegen die Albani am Kaspischen Meer zu unternehmen[15], aber Plinius d. Ä., der nur wenige Jahre später seine Naturgeschichte verfasste, glaubt in den entsprechenden Berichten einen geographischen Irrtum zu erkennen und reiht die Ereignisse in das Vorgehen Corbulos in Armenien ein.[16] Letztlich ungeklärt muss auch bleiben, ob der Kaiser wirklich einen Feldzug gegen die Aithiopen, das heißt das meroitische Reich in Nubien (südliches Ägypten, Sudan) plante, wie Cassius Dio und Plinius

d. Ä. dies andeuten[17]. Die Aushebung neuer Truppen und eine Massierung der Streitkräfte in Ägypten könnte man zwar so interpretieren, ebenso wie die Tatsache, dass Nero zwei Zenturionen zur Erkundung nach Nubien schickte. Nach Seneca sollten sie die Quellen des Nils erforschen. Sie wurden in Meroe freundlich empfangen, man half ihnen sogar, die Weiterreise zu organisieren und gab ihnen Empfehlungsschreiben an die südlichen Nachbarvölker mit.[18] Die beiden Offiziere scheinen ihren Erkundungsauftrag auch erfolgreich zu Ende gebracht und den Kenntnisstand der Römer über Nubien wesentlich erweitert zu haben. Plinius d. Ä. berichtet jedenfalls, dass dem Kaiser eine neue Landkarte von Äthiopien überbracht worden sei. Der Naturforscher erwähnt in diesem Zusammenhang sodann Einzelheiten über Besiedlung sowie die Tier- und Pflanzenwelt im meroitischen Reich.[19] Seneca beschreibt in seiner Naturgeschichte relativ ausführlich die Gegend im Quellgebiet des Weißen Nils.[20] Ob hinter dieser Erkundungsreise wirklich eine militärische Intention verborgen lag, ist nicht zweifelsfrei zu klären, vieles spricht jedoch dafür. Vielleicht spiegeln sich aber in derartigen Aktivitäten und Absichtserklärungen auch nur Anklänge an eine Imitation Alexanders d. Gr. wider, wie wir sie bei vielen römischen Herrschern, so auch bei Nero, erkennen können. So soll er eine in Italien neu ausgehobene Legion (*legio I Italica*) nur mit Rekruten bestückt haben, die mindestens 1,80 m groß waren und sie ‚Phalanx Alexanders des Großen‘ genannt haben.

Sicher scheint jedenfalls, dass Nero nach seiner großen Tournee durch Griechenland einen Aufenthalt in Ägypten plante. Bereits Jahre vorher wurden dort nämlich bauliche Vorkehrungen für den Kaiserbesuch getroffen. Der dortige Statthalter, der glaubte, die für den Kaiser bestimmten Annehmlichkeiten in der Zwischenzeit für sich selbst nutzen zu können, stolperte über diese Selbstüberschätzung. Nero ließ ihn, obwohl er angeblich der Sohn seiner Amme war, im Jahre 66 verbannen, weil er die für den Kaiser vorgesehenen Thermen benutzt hatte, was ihm als Missachtung der kaiserlichen Majestät ausgelegt wurde.[21]

Nimmt man an, Nero habe wirklich vorgehabt, nach Süden aufzubrechen, so muss man sich natürlich fragen, warum er dies nicht in die Tat umsetzte. Nun, wie wir noch sehen werden, hatte sich noch während seiner Grand Tour durch die griechischen Wettkampfstätten die innenpolitische Lage Roms so zugespitzt, dass eine länger andauernde Abwesenheit des Kaisers keinesfalls mehr ungefährlich erschien. Andererseits hatte sich aber am Ostrand des Reiches ein neuer Brennpunkt entwickelt, der sehr viel an militärischem Potenzial band und ein so waghalsiges und aufwändiges Unternehmen, wie es ein Kriegszug nach Äthiopien zweifellos dargestellt hätte, zu diesem Zeitpunkt alles andere als günstig erschienen ließ. Gemeint ist damit der Krisenherd ‚Iudaea'.

Iudaea

Etwa im Sommer 66, gerade als Nero mit der feierlichen Bestallung des Tiridates in Rom seinen bisherigen Gipfelpunkt in der Beliebtheit bei der hauptstädtischen Bevölkerung erreichte und er sich auch als Herrscher weitgehender Anerkennung erfreuen konnte, kam es zu ersten Ausschreitungen in Iudaea. Die Gründe dafür waren tiefer gehend, lassen sich aber mit den Schlagworten ‚Korruption und Misswirtschaft' zumindest einigermaßen treffend beschreiben. Iudaea war seit der Zeit des Augustus eine römische Provinz unter einem ritterlichen Statthalter, eine Ausnahme stellte nur die kurze Episode während der Jahre 41 und 44 dar, als der mit Kaiser Claudius befreundete Herodes Agrippa das Land als Klientelkönig regierte. Über Jahre hinweg hatten sich römischen Statthalter als wenig sensibel für die Belange und Besonderheiten der jüdischen Bevölkerung erwiesen. Anstatt zu versuchen, die Rivalität zwischen Juden und ansässigen Griechen zu beruhigen, hatte man nicht selten gerade dieses Gegeneinander geschürt und zum eigenen Vorteil ausgenützt. Ja sogar innerhalb der jüdischen Oberschicht hatte man Zwietracht gesät, indem die Besatzer etwa die Sadduzäer, Anhänger einer konservativen Religionspartei, durch verschiedene Privilegien zur Zusammenarbeit mit ihnen korrumpiert und deren Zwistigkeiten mit den Pharisäern für ihre Zwecke genutzt hatten. Der in den Jahren 52–60 amtierende Procurator Antonius Felix wird von Tacitus als anmaßend und äußerst arrogant im Umgang mit der judäischen Bevölkerung charakterisiert. Obwohl er der Bruder des einstmals so einflussreichen kaiserlichen Freigelassenen Pallas war, der allerdings im Zuge der Entmachtung von Neros Mutter Agrippina, seine Posten räumen hatte müssen, durfte er über dessen Abgang hinaus die Procuratorenwürde von Iudaea behalten. In den Jahren 64–66 lenkte schließlich mit Gessius Florus ein Gouverneur die Geschicke der Provinz, dessen Qualifikation für seinen Posten mehr in seinem engen Bekanntschaftsgrad zur Kaisergemahlin Poppaea als in seiner fachlichen Kompetenz gesehen werden muss. Als er, ohne jegliche Rücksicht auf die Brisanz dieser Sache, umfängliche Teile der angeblich noch ausstehenden Steuerzahlungen aus dem Tempelschatz der Juden entnehmen ließ – er beschlagnahmte

17 Talente Gold[22], war das Fass zum Überlaufen voll. Mit dem Griff nach dem Tempelgut hatte man zumindest einen Teil der jüdischen Priesterschaft gegen sich aufgebracht, der sich nun weigerte, die kaiserlichen Opfer, die ihr aufgetragen waren, weiter zu vollziehen. Wegen dieser harten Haltung kam es zum Ausbruch von offenen Streitigkeiten der Juden untereinander. Gewaltanwendungen waren an der Tagesordnung. In diese internen Querelen wurden die Römer als Ordnungsmacht sehr schnell hineingezogen: Im Mai 66 wurden Angehörige römischer Hilfstruppen auf der Festung Massada ermordet. Damit war ein gewaltsamer Konflikt Römer – Juden nicht mehr zu vermeiden. Die Kämpfe griffen von Jerusalem sehr schnell auch auf außerhalb liegende Gebiete über. Auch in Ägypten kam es zu Unruhen, sodass der dortige Präfekt Legionstruppen zur Beruhigung von Straßenkämpfen in Alexandria einsetzen musste.

In Rom sah man das zunächst immer noch als regional begrenzte, interne Rebellion in einer Provinz an, die man durch den Einsatz der in der Nachbarprovinz Syrien stationierten Truppen schon wieder in Griff kriegen würde. Allerdings war der Statthalter Syriens, Cestius Gallus, der Situation sichtlich nicht gewachsen und erlitt am Ende des Jahres 66 bei seinem Einmarsch in die Provinz Iudaea eine schwere Niederlage. Die Sache schien aus dem Ruder zu laufen, sodass der Kaiser zum Handeln gezwungen war. Noch im Winter 67, Nero hielt sich schon in Griechenland auf[23], betraute er daher mit Vespasian einen Offizier mit der Führung des *bellum Iudaicum*, der schon lange auf einen entsprechenden Einsatz gewartet hatte. Neuer Gouverneur in Syrien wurde Licinius Mucianus. Damit legte Nero diese außerordentlich verantwortungsvolle Aufgabe der Befriedung Iudaeas in die Hände von Männern, die beide nicht dem römischen Hochadel entstammten, sondern eher als *homines novi* zu bezeichnen sind. Der nur einer ritterlichen Familie angehörende T. Flavius Vespasianus hatte sich im Militärdienst hochgearbeitet, war nach erfolgreichen Unternehmungen in Britannien mit den *ornamenta triumphalia*, also den Zeichen eines Triumphes belohnt worden und hatte nach dem Suffektkonsulat noch vor dem Jahr 62 den sehr angesehenen Posten eines Proconsuls von Africa bekleidet. Der hoch dekorierte und lang gediente Militär musste dann mit Nero nach Achaia reisen; er dürfte sich dort unter den Höflingen wohl ziemlich gelangweilt haben. Aus dieser Misslaune heraus hatte er sich kurze Zeit vorher auch dem Herrscher alles andere als empfohlen, da er bei einer kaiserlichen Theatervorstellung eingeschlafen war. Nun gab man ihm die Chance, diesen Fauxpas wieder auszubügeln. Vespasian reiste nach Syrien, zog dort 60 000 Mann zusammen und errang in kurzer Zeit große militärische Erfolge in Iudaea, sodass er sehr bald jüdische Kriegsgefangene per Schiff nach Korinth schicken konnte, die dort als Zwangsarbeiter bei einem der ehrgeizigsten Bauprojekte Neros, den Kanalbauarbeiten am Isthmus, eingesetzt wurden.[24]

Dass er diesem Offizier damit sozusagen das Sprungbrett dafür geboten hatte, später selbst den Thron zu erklimmen, dürfte zu diesem Zeitpunkt weit außerhalb jeglicher Überlegungen des Kaisers und nicht nur von ihm gelegen haben. Die Konkurrenten um die Kaiserherrschaft lauerten doch, das hatten die vergangenen Jahre gezeigt, in einer ganz anderen Ecke der römischen Gesellschaft.

Schauen wir deswegen wieder einmal nach Rom, auf die innenpolitische Entwicklung in der ersten Hälfte der 60er-Jahre.

DER KAISER UND DIE SENATOREN – VON DER KOOPERATION ZUR OPPOSITION

Um die innenpolitische Entwicklung in der ersten Hälfte der 60er-Jahre in Rom besser verstehen zu können, ist es notwendig, etwas weiter auszuholen und sich an die Anfänge der Herrschaft Neros zurückzuerinnern.

Vielen der Senatoren war der Herrschaftsantritt des jungen Mannes, der der Dynastie des Prinzipatsgründers entstammte, als Verbesserung gegenüber den vorherigen Zuständen unter Claudius erschienen. Mit Schrecken dachten sie an dessen Einmischungen vor allem in den Bereich der Rechtsprechung, die zahllosen Willkürentscheidungen nach Laune des Princeps beziehungsweise seiner Frauen, dann – nicht zu vergessen – diese für die Aristokraten so herabwürdigende Bevorzugung der Freigelassenen, die sich überall am Hof breit gemacht hatten und gegen die herrschenden sozialen Schranken durch Wichtigtuerei, Anmaßung von Entscheidungsbefugnissen, Protzen mit Reichtum und extravaganten Lebensstil ihre dunkle Vergangenheit als Sklaven vergessen machen wollten. Dass dabei der altehrwürdige Stand der Senatoren, diejenige Kraft, die seit Jahrhunderten das politische Geschick des römischen Staates gelenkt hatte, die dafür verantwortlich war, dass aus der Siedlung am Tiber eine Weltmacht geworden war – eine Reminiszenz, die zwar schon lange mit der Realität nichts mehr zu tun hatte, aber die man deswegen umso mehr zur Selbstbestätigung instrumentalisierte –, dass also die altehrwürdigen ‚Väter‘ dabei an die zweite Stelle rücken mussten, das hatte man Claudius mehr als alles andere übel genommen.

Dagegen nun die flammende Rede, die der neue Caesar gleich zu Beginn seiner Herrschaft im Herbst 54 vor dem Senat gehalten hatte. Von Seneca in die Feder diktiert hatte Nero dem Gremium rosige Zeiten versprochen. Die unwürdigen Umtriebe sollten ein Ende haben, Entscheidungsbefugnisse wieder an ihre rechtmäßigen Inhaber, die Senatoren, zurückgegeben werden. Es sollte wieder klar sein, wer – neben dem Kaiser natürlich – die Geschicke des Staates in den Händen hielt. Hatte der Princeps nicht sogar von einer Art Teilung der Herrschaft gesprochen?

Jeder der Senatoren dürfte die Rede gut im Ohr gehabt haben, denn sie war ja nicht nur einmal im Oktober 54 verlesen worden, nein, damals hatte man beschlossen, sie auf einer silbernen Säule einzugravieren, und jedes Jahr beim Amtsantritt der beiden Konsuln wurde sie vor dem versammelten Senat erneut rezitiert.[1] Man kannte also den Text!

In nur mehr wenigen Mitgliedern des Senatorengremiums war jedoch noch eine derart starke republikanische Gesinnung lebendig, dass sie an einer echten Herrschaftsbeteiligung interessiert waren, dass sie wirklich den Willen hatten, politische Verantwortung zu übernehmen. Vielen hätte es sicherlich schon gereicht, wenn zumindest diese Freigelassenen mit ihrem aufgesetzten, neureichen Pomp endlich von der Bildfläche verschwunden wären, wenn die alte, die ‚richtige‘ Hierarchie wieder hergestellt worden wäre und wenn ihnen niemand mehr die nach außen zur Schau getragene gesellschaftliche Führungsposition streitig gemacht hätte.

Auf gute Zusammenarbeit

Nun – anfänglich ließ sich die ganze Sache ja auch ganz gut an. Etliche der politischen Versprechen schienen wahr zu werden, zumindest vermitteln uns unsere Quellen diesen Eindruck. Alte Zuständigkeiten in der Jurisdiktion wurden wiederhergestellt. Die Korruption bei Gericht scheint auf ein erträgliches Maß eingedämmt worden zu sein. Der Kaiser selbst hielt sich weitgehend aus denjenigen juristischen Entscheidungen heraus, die eigentlich den senatorischen Gerichtshöfen zustanden, sodass, wie Calpurnius Siculus, ein zeitgenössischer Dichter schreibt, Justitia wieder auf das Forum zurückgekehrt war und die Konsuln nicht länger leeren Tribunalen vorsaßen.[2]

Sueton berichtet uns darüber, dass Nero zumindest in den Verfahren, denen er selbst präsidierte, einige Neuerungen einführte[3]: So gestattete er während der Verhandlung keine lang dauernden, ausufernden Reden, sondern die Beteiligten mussten wechselweise kurz und prägnant ihre Argumente vortragen und dann wurde sofort darüber diskutiert. Bei der anschließenden Beratung ließ der Kaiser sich von den Mitgliedern seines *consilium* nicht in direkter, mündlich vorgetragener Rede beeinflussen,

*Vipsania **Agrippina d. Ä.**, Großmutter Neros (*14 v. Chr., gest. 33 n. Chr. durch Selbstmord).*

***Germanicus**, Großvater und Onkel Neros (*15 v. Chr., gest. 19 n. Chr.). – Statuenkopf aus Leptis Magna, Tripolitania.*

161

*Kaiser **Caligula**,
Onkel Neros;
röm. Kaiser 37–41 n. Chr. –
Ny Carlsberg, Glyptothek,
Kopenhagen.*

*Die drei Schwestern
des Caligula:*
***Agrippina d. J.,
Drusilla,
Julia**,
dargestellt als Gottheiten
Securitas (Sicherheit,
hält ein Füllhorn),
Fortuna (Glück,
hält eine Schale und ein
Füllhorn) und
Concordia (Eintracht,
hält ein Steuerruder und
ein Füllhorn). –
Rückseite einer
Messingmünze/Sesterz,
Rom, 37/38 n. Chr.*

*Iulia **Agrippina d. J.**,*
Mutter Neros
(*15 n. Chr., gest. 59 n. Chr.).

Lucius Annaeus Seneca
(*wahrscheinlich um
die Zeitenwende,
gest. April 65 n. Chr.). –
Porträt-Herme;
Staatliche Museen, Berlin.

163

Die Kinder des Claudius:
Octavia,
Britannicus,
Antonia –
Rückseite einer Didrachme,
Caesarea in Kappadokien,
46–48 n. Chr.

Kaiser **Claudius** *und*
seine Frau **Agrippina d. J.;**
beide reichen sich die
rechte Hand als Zeichen
der Gleichberechtigung
und/oder der Eintracht –
Relief aus dem Sebasteion
in Aphrodisias,
h. Geyre/Südwest-Türkei.

Nero *als Knabe mit der bulla um den Hals, Zeichen dafür,*
dass er die Volljährigkeit noch nicht erreicht hat. –
Louvre, Paris.

*Kaiser **Claudius** als Jupiter – Kolossalstatue aus Lanuvium, Mitte 1. Jh. – Vatikanische Museen, Rom.*

Nero und Agrippina,
die Büsten stehen sich
gleichberechtigt gegenüber.
Die Legende nennt Agrippina
im Nominativ, erweckt da-
mit den Eindruck, sie habe
die Prägung veranlasst:
Agrippina Aug(usta) divi
Claud(i uxor) Neronis
Caes(aris) mater. –
Vorderseite einer
Goldmünze/Aureus,
Rom 54/55 n. Chr.

Octavia (Claudia),
Tochter des Claudius
und der Messalina,
erste Gemahlin Neros
(*39/40, gest. 62) –
Marmor-Büste;
Antikensammlung,
Kunsthistorisches Museum,
Wien.

167

Nero *(Hintergrund)* **und die besiegte Armenia** *(Vordergrund)*
mit der so genannten Phrygischen Mütze auf dem Kopf. –
Relief aus dem Sebasteion in Aphrodisias, h. Geyre/Südwest-Türkei.

Abgebildet ist ein **Ehrenbogen bekrönt von Kaiser Nero** *in der Quadriga. Die Umschrift: S(enatus) C(onsulto) bezieht sich auf die Zuerkennung des Ehrenbogens auf Beschluss des Senats nach dem Sieg Domitius Corbulos in Armenien im Jahre 58. – Rückseite einer Messingmünze/Sesterz, Rom, 64 n. Chr.*

Ianus-Tempel mit geschlossenen Toren: *Umschrift: Pace P R terra mariq(ue) Parta Ianum clusit (nachdem der Friede im römischen Reich zu Wasser und zu Lande hergestellt war, hat er den Ianus-Tempel geschlossen). – Rückseite einer Messingmünze/ Sesterz Neros, 65 n. Chr.*

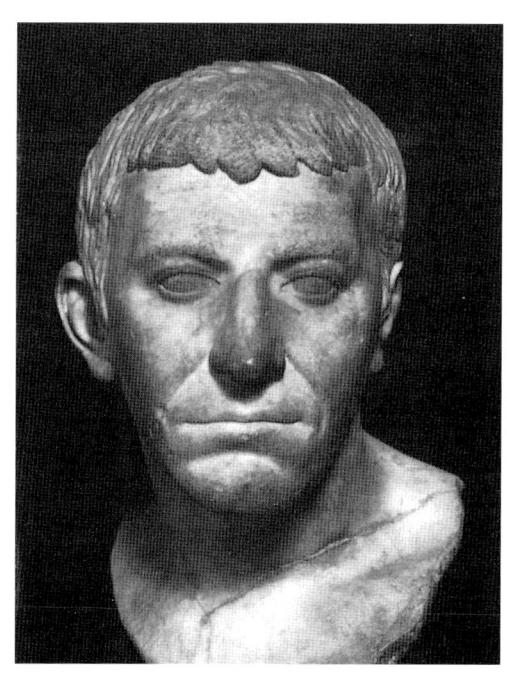

Domitius **Corbulo***, Feldherr des Claudius und Nero (gest. 67 durch Selbstmord). – Marmorbüste; Musei Capitolini, Rom.*

169

*Rückseite einer Messingmünze/Sesterz. Abgebildet ist der **Hafen von Ostia** mit Anlegestellen und Schiffen, unten der Flussgott Tiber.*
Umschrift: Augusti por(tus) Ost(iensis) s(enatus) c(onsulto). Rom, 64/68.

*Rückseite eines As (Messingmünze) mit dem **Macellum Magnum** (Großmarkt), den Nero im Jahre 59 auf dem Caelius-Hügel anlegen ließ.*
Umschrift: Mac(ellum) Aug(usti)

*Fresko aus **Pompeji**, das den Tumult zwischen den Pompejanern und den Nucerianern vor dem Amphitheater in Pompeji im Jahre 59 zeigt. – Museo Nazionale Archeologica, Neapel.*

*Rückseite eines As
(Messingmünze).
Nero schreitet als Apollo mit
der Lyra, im Kitharödengewand
und mit Lorbeerkranz,
Rom 64/68 n. Chr.*

Peter Ustinov *als Nero
in dem Film „Quo vadis",
USA 1951.*

Areal der domus aurea eingezeichnet in das
Modell des spätantiken Rom von I. Gismondi –
Museo della civiltà romana.

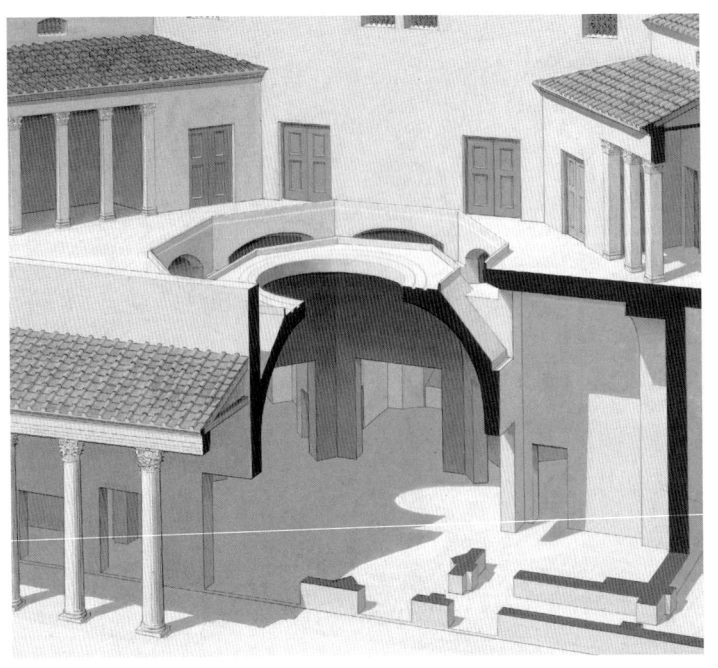

Domus aurea, *Rekonstruktion der so genannten ‚Sala Ottagona‘. –*
Aquarell, undat., von Peter Conolly.

*Sterbender **Galater** (Gallier), Marmorkopie einer Bronzefigur aus Pergamon,*
die von Nero requiriert und nach Rom verbracht worden war, um dort in der
domus aurea Aufstellung zu finden. – Musei Capitolini, Rom.

174

*Aulus **Vitellius**,
röm. Kaiser Jan.–Dez. 69. –
Porträtbüste aus Marmor;
Musei Capitolini, Rom.*

*Severus Sulpicius **Galba**,
röm. Kaiser 68/69,
Profilbildnis. –
Marmorrelief, 16. Jh., Italien;
Großer Palast, Pawlowsk.*

*Titius Flavius **Vespasianus**, röm. Kaiser 69–79. –*
Marmorbüste aus Reate; Villa Albani, Rom.

sondern die Ratskonsulenten hatten ihre Meinungen und Vorschläge schriftlich zu fixieren und dem Kaiser vorzulegen, der dann daraus sein Urteil bildete, das er dann allerdings ohne weitere Diskussion oder Anhörung verkündete. Allerdings erhielten die streitenden Parteien keinesfalls sofort, sondern frühestens am folgenden Tag Bescheid. Damit wurde die Gefahr eingedämmt, dass Gerichtsurteile zu schnell und noch unter dem Einfluss von Emotionen gefällt wurden. Die schriftliche Formulierung der Kommentare war zwar für den einzelnen aufwändiger, brachte aber den Vorteil, dass die Mitglieder des Kronrates ihre Meinung frei äußern konnten, ohne zumindest Furcht vor irgendwelchen Folgen in der Öffentlichkeit haben zu müssen, da der Kaiser die Einzelkommentare nicht öffentlich zur Sprache brachte.

Majestätsprozesse, die sich unter den früheren Kaisern jedesmal wie ein Krebsgeschwür verbreitet und für Angst und Schrecken gesorgt hatten, schaffte der junge Princeps völlig ab und versprach, sie auch nicht wieder zuzulassen. Und im Gegensatz zu seinen Vorgängern, die bei ihrem Regierungsantritt ebenfalls dieses Versprechen gegeben hatten, um es dann nach kürzester Zeit zu brechen, hielt sich Nero immerhin acht Jahre, bis 62, an seine Verlautbarung.

Etwas problematischer war da schon die Ankündigung, dass die staatlichen Belange nicht mehr so direkt und stark durch die Mitglieder des kaiserlichen Hofes beeinflusst werden sollten. Dies zielte natürlich auf die fast unumschränkte Machtausübung durch kaiserliche Freigelassene, wie sie ja unter Claudius gang und gäbe geworden war. Soweit wir uns davon ein Bild machen können, nahm der Einfluss der *liberti* unter Nero zwar ab, aber ganz verschwanden sie keineswegs von der politisch-administrativen Bühne, denken wir nur an die Mission des Polyclitus nach Britannien im Jahre 61 oder daran, dass ein anderer Freigelassener und Vertrauter des Kaisers, der Kanzleisekretär Epaphroditus, für seine Mithilfe bei der Aufdeckung der Verschwörung des Jahres 65 sogar mit Ehrungen ausgezeichnet wurde, wie sie eigentlich nur einem hochrangigen Militär zustanden.[4] Am Ende des neronischen Regimes bestand schließlich – ähnlich wie schon unter Claudius – fast der gesamte kaiserliche Hofrat aus Freigelassenen, und Polyclitus, Patrobius, Petinus, Helius, Halotus, Narcissus, Phoebus, Sporus, Epaphroditus und wie sie alle hießen, waren wegen ihrer Arroganz, ihrer Einmischung in staatliche Angelegenheiten und ihrer unverhohlen zur Schau gestellten Machtfülle bei den Römern ziemlich verhasst. Dennoch hatte zumindest anfänglich der Senat gegenüber den anderen Kräften wieder etwas an politischem Einfluss gewonnen. Bei der Verwaltung derjenigen Provinzen, die seit Augustus dem Volk und Senat von Rom zugesprochen waren – in der Regel handelte es sich dabei um die befriedeten Binnenprovinzen, in denen kein Militär stand –, trugen zumindest dem Anschein nach die Senatoren wieder in einem größeren Maße als vorher die Verantwortung. Allerdings besteht kein Zweifel daran, dass vom Herrscher erlassene Dekrete sehr wohl für alle Provinzen, nicht nur für die kaiserlichen galten und auch die senatorischen Provinzgouverneure vom Kaiser ihre Anordnungen erhielten. Es wäre also sicherlich übertrieben, von einer klaren Trennung zwischen kaiserlicher und senatorischer Macht zu sprechen. Aber es war schon erstaunlich genug und wohl für das Selbstverständnis der meisten Senatoren durchaus ausreichend, dass sich die italischen Städte bei bestimmten Belangen an den Senat in Rom und nicht an den Kaiser wandten und auch von dort Rat und Hilfe bekamen. So schickte das Gremium der Väter im Jahre 58 einen angesehenen Vertreter aus den eigenen Reihen, den Senator C. Cassius Longinus, in das kampanische Puteoli. Rat und Volk dieser Stadt sich wechselseitig in Rom über Streitereien untereinander beklagt, der senatorische Schiedsrichter sollte nun dort für inneren Frieden sorgen und helfen, die Querelen beizulegen. Und die Stadt Syrakus in der senatorischen Provinz Sizilien wandte sich im Jahre 58 an den römischen Senat mit der Bitte, man möge ihr doch eine größere Zahl von Gladiatoren bei ihren Spielen erlauben.

Auch im Bereich der Reichsfinanzen lässt sich eine gewisse Mitbeteiligung des Senats keineswegs leugnen. Und lange Zeit hatte man als eindeutigen und unumstößlichen Beweis für den senatorischen Machtzuwachs auf Kosten der kaiserlichen Autorität vor allem Gold- und Silbermünzen sehen wollen, die in den ersten 10 Regierungsjahren Neros mit der Einprägung EX SC (*ex senatus consulto*) versehen aufgelegt wurden. *In Übereinstimmung mit einem Beschluss des Senats*, so lautet die Übersetzung dieser Formel – geprägt auf Beschluss des Senats, so glaubten lange Zeit viele Forscher den Satz verstehen zu müssen. Hatte also Nero dem republikanischen Entscheidungsgremium wieder Autorität über einen Bereich, die Münzprägung, überlassen, der schon seit Augustus eindeutig vom Monarchen okkupiert war und sein wichtigstes Propagandamedium darstellte? Auf den ersten Blick schien das so zu sein, allerdings zweifelt man heute sehr an dieser Interpretation. Diese Zweifel wurden angestoßen und genährt beim genaueren Blick auf die Münzen, die diese Einprägung aufwiesen. Es handelt sich nämlich dabei um Münzen, auf denen Claudius göttliche Ehren zugewiesen, der neue Herrscher zusammen mit seiner Mutter dargestellt und mit verschiedenen Ehrenbezeichnungen versehen wurde. Durchaus in der Tradition des frühen Prinzipats stehend, dürfen wir wohl in dem beigefügten EX SC nicht den Hinweis darauf erkennen, dass die Prägung des Geldstücks mit senatorischer Erlaubnis erfolgte, sondern vielmehr dass die auf der Münze vorgeführte und mit ihr transportierte Ehrung, Auszeichnung oder Titelverleihung mit Einverständnis des Senats beziehungsweise sogar durch seinen förmlichen Vergabeakt erfolgt war.

Eine Teilung der Macht, eine Dyarchie, wie sie fast 40 Jahre vorher Tiberius in seiner Antrittsrede vor dem Senat angesprochen hatte, erschien damals schon der Mehrheit der Senatoren als etwas Unerhörtes und Unrealistisches, um wie viel weniger dürfen wir Derartiges mehr als eine Generation später erwarten, nachdem sich das Prinzipat als monarchisches System etabliert hatte und die Zeiten der Republik zwar in der Erinnerung bestimmter Einzelner noch präsent gewesen sein mögen, allerdings nicht aus eigener Anschauung, sondern nur in verklärter Fama aus einer ja so viel besseren, weit zurückliegenden Vergangenheit.

Was wir aber durchaus konstatieren können, sind die Versuche Neros, zumindest in den Anfangsjahren seiner Regierungszeit ein gutes Einvernehmen mit den Mitgliedern des Senatorenstandes herzustellen. Dazu gehörte es auch, dass man den ehrgeizigen Standesmitgliedern Möglichkeiten eröffnete, sich im Reichsdienst zu profilieren. Die besten und angesehensten Gelegenheiten dafür boten immer noch militärische Unternehmungen. Denn Tapferkeit vor dem Feind und Siege für das römische Volk im Krieg mit den Barbaren standen genau wie in den Glanzzeiten der Republik immer noch weit oben in der gesellschaftlichen Werteskala. Wenngleich die höchste militärische Auszeichnung, der Triumph, inzwischen alleine dem Princeps vorbehalten war, so haben wir doch gesehen, dass Nero durchaus einzelnen herausragenden Mitgliedern der obersten römischen Gesellschaftsschicht die Möglichkeiten gewährte, militärischen Ruhm zu erringen und so in diesem Bereich ihren Ehrgeiz zu stillen und ihre Kompetenz einzusetzen. Erinnert sei nur etwa an den altgedienten und höchst erfahrenen Feldherrn C. Domitius Corbulo, dessen Erfolgsserie in Germanien von Claudius keineswegs nur positiv gesehen worden war und der deswegen neidvoll gebremst wurde. Er bekam dagegen von Nero im Zuge der Auseinandersetzungen um Armenien im Osten eine Machtfülle und Entscheidungskompetenz übertragen, die sicherlich seinem Ansinnen wie auch seinen Fähigkeiten voll entsprach, die ihn aber auch zu einem nicht ganz ungefährlichen Konkurrenten des Herrschers werden lassen konnte. Auch den erfolgreichen Feldherrn in Britannien gewährte Nero bereitwillig militärische Ehren. In kluger Weise öffnete der Kaiser hier Ventile für den Geltungsdrang und die Leistungsbereitschaft der Oberschicht, wodurch gleichzeitig ein Abbau an Krisenpotenzial erfolgte. Der Erfolg dieser Politik Neros zeigte sich darin, dass doch etliche Jahre keine senatorische Opposition von nennenswertem Ausmaß festzustellen war.

Man darf nicht vergessen, dass für die Mitglieder der Aristokratie die Möglichkeiten der Profilierung notwendig waren, um ihre Vorrangstellung innerhalb der römischen Gesellschaft weiterhin legitimieren zu können. Diese Möglichkeiten waren jedoch insgesamt über den Zeitraum hinweg, seitdem eine Monarchie das alte republikanische Konkurrenz-System ersetzt hatte, immer weniger geworden. Ein Blick auf die Ehreninschriften genauso wie die Grabsteine für Angehörige der upper class lässt deutlich werden, dass das eigene Selbstverständnis, aber auch die von außen der eigenen Person zugewiesene Stellung, immer noch vor allem von der Karriere im Staatsdienst abhing. Das Durchlaufen der Ämterreihe gehörte einfach zum Lebensweg eines jeden auch nur einigermaßen ehrgeizigen Senatorensohnes dazu. Gekrönt wurde diese Laufbahn immer noch durch die Konsulwürde. Selbstverständlich war es vor allem das so genannte ‚ordentliche‘ Konsulat, das in der Werteskala ganz oben stand.

Das Konsulpaar, das am ersten Januar, am Jahresbeginn, die oberste Magistratur, die der römische Staat anbot, innehatte, gab dem Jahr den Namen, nach ihm wurde datiert, die Namen der beiden Konsuln blieben damit in der öffentlichen Erinnerung. Um die Zahl der Konsulate zu erhöhen und damit mehr Mitglieder des Senatorenstandes mit der Verleihung des höchsten Amtes auszeichnen zu können, hatte es sich eingebürgert, dass die beiden Jahres-Konsuln nach ca. sechs Monaten ihr Amt niederlegten und im zweimonatigen Turnus durch Nachfolgerpaare (consules suffecti) ersetzt wurden. Damit konnten pro Jahr insgesamt acht Männer die oberste römische Magistratur bekleiden. Zwar war die Machtbefugnis der so genannten Suffekt-Konsuln identisch mit der der ordentlichen Obermagistrate, dennoch fehlte eben die Qualität der Namengebung, sodass diese Konsulate in der öffentlichen wie individuellen Einschätzung nachrangig gesehen wurden. War es für einen homo novus, also ein männliches Mitglied einer Familie, die erst in dieser Generation zur Senatorenwürde aufgestiegen war, schon ein großer persönlich Erfolg, am Ende seiner Laufbahn zum Suffektkonsul ernannt zu werden, so lautete die Zielvorgabe seines Sohnes bereits consul ordinarius, in den Familien mit längerer Senatorentradition war dieses Ziel ein

Muss. Es ist nicht schwer, sich auszumalen, dass man hier sozusagen in natürlicher Konkurrenz mit der Person stand, die ja kraft ihres Wesens die Spitze des römischen Staates repräsentierte, also dem jeweiligen Herrscher. Es gehörte zu seinem Selbstverständnis, Inhaber der höchsten Amtsgewalten zu sein, den Staat damit in sich zu verkörpern. Blicken wir auf die Anfänge des Prinzipats zurück, so war die Bekleidung des Konsulats eine der Wurzeln des neuen Systems. Augustus hatte aber auch schon die innergesellschaftliche Brisanz erkannt, die in einer dauerhaften kontinuierlichen Okkupation des Konsulats durch den Princeps lag. Er verzichtete daher nach fünf Jahren (28–23 v. Chr.) wieder auf diese Würde, lehnte eine Verleihung auf Lebenszeit ab und ging andere Wege, die Machtbefugnisse der Konsuln für sich zu reservieren.

Nero bewies im Umgang mit dem ordentlichen Konsulat ebenfalls durchaus Sensibilität für die gesellschaftlichen Vorgaben und Zwänge. Nur fünfmal beanspruchte er in seiner 14-jährigen Regierungszeit diese Würde für sich und ließ auch hier keinen möglichen Aggressionsstau entstehen. Außerdem zeigte er durch weitere Gesten diesem Amt gegenüber seine Ehrerbietung und seinen Respekt. So verbot er seinem Amtskollegen Lucius Antistius im Jahre 55 den Amtseid auch auf die Verordnungen abzulegen, die Nero selbst erlassen hatte. Als in einem anderen Jahr ein Konsul am letzten Tag des Jahres starb, nahm Nero davon Abstand, für diesen einen Tag noch einen neuen Konsul zu ordinieren, um die Würde des Konsulats dadurch nicht zu beschädigen, wie dies etwa Caesar angekreidet worden war, der genau damit seine Geringschätzung der Konsulwürde offen gezeigt hatte. Ganz in diesem Sinne lehnte Nero auch ab, als ihm der Senat im Jahre 58 neben anderen exorbitanten Ehrungen, wie die Abhaltung von Festen oder die Errichtung eines Triumphbogens, als überschwänglichen Dank für die Eroberung der armenischen Hauptstadt Artaxata durch Corbulo auch das Konsulat auf Lebenszeit (consul perpetuus) offerierte. Mit dieser Zurückhaltung, die man als pietas, als angemessenes Verhalten gegenüber den Sitten der Vorfahren, auslegen konnte, seiner respektvollen Berücksichtigung senatorischer Profilierungsbestrebungen, der Wahrung gesellschaftlicher Konventionen und politischen Usus konnte Nero mit Sicherheit einerseits die konservativ eingestellten Kreise innerhalb der Senatorenschicht für sich gewinnen, die er bereits mit seiner Antrittsrede auf seine Seite gebracht hatte. Andererseits stärkte er damit auch die Loyalität der ehrgeizigen, auf die eigene Reputation bedachten aktiveren ‚Väter'. Hierzu gehörten wiederum zunächst diejenigen, die man als homines novi bezeichnen kann, also die, die erst relativ neu in die oberste Gesellschaftsschicht aufgestiegen waren und nun danach trachteten, durch das Durchlaufen der Ämterreihe beziehungsweise durch möglichst spektakuläre militärische Erfolge ihren persönlichen Ruhm wie auch die *auctoritas* ihrer Familien zu fördern. Bot man ihnen genügend Freiräume an, damit sie sich entsprechend profilieren konnten, so revanchierten sie sich dafür mit großem Diensteifer und nicht selten auch einem hohen Maß an Know-How.

Allerdings musste man durchaus darauf achten, dass ihnen ihr Erfolg nicht zu Kopf stieg und eventuell eigene Herrschaftsträume geweckt würden. Eines der besten Beispiele dafür ist sicherlich Domitius Corbulo. Wie gesagt, hatte er bereits unter den Vorgängern Neros seine soldatischen Fähigkeiten unter Beweis gestellt, aber dabei durch seine angehäufte Machtfülle und nicht zuletzt durch den enormen Rückhalt, den er sich bei seinen Soldaten erarbeitet hatte, auch den Argwohn des Claudius geweckt und war deshalb kaltgestellt worden. Unter Nero wieder rehabilitiert, konnte er sicherlich seinen Einfluss noch weiter steigern, und wiederum sollte er – egal ob begründet oder nicht – mit Umsturzgerüchten in Verbindung gebracht werden.[5]

Zum Kreis der Ehrgeizigen zählten nicht zuletzt jene Mitglieder der adeligen Familien, die in irgendeiner Weise mit der iulo-claudischen Herrscherfamilie verwandtschaftlich verknüpft waren. Sie stellten für den Princeps eine viel näher liegende, zumindest latente Gefahr dar. Daher war bei begründetem Verdacht gegen einzelne Vertreter dieser Gruppe bereits in den Anfangsjahren der neronischen Herrschaft vorgegangen worden.

Insgesamt jedoch lässt sich das Verhalten und die Politik Neros gegen die Mitglieder des Senats, ja gegen die gesamte Aristokratie zumindest in den frühen Jahren als durchaus gemäßigt, ja respektvoll beschreiben.

Das Blatt beginnt sich zu wenden

Die Rücksichten auf die verschiedenen Befindlichkeiten scheinen jedoch Anfang der 60er-Jahre nachzulassen. So entstammten in den ersten Jahren der neronischen Regierung die ordentlichen Konsuln immer nur Familien, die bereits mehrere Oberbeamte gestellt hatten. Erst im Jahre 61 brach Nero mit dieser Tradition. Caesennius Paetus war der erste, der aus einer nicht-konsularen Familie zum ordentlichen Konsulat avancierte. Und im folgenden Jahr 62 gehörten bereits beide Magistrate, die das ehrenvolle Konsulat am Jahresbeginn innehatten, den Reihen der *homines novi*, also der neu in den Kreis der Konsulats-Familien aufgestiegenen Aristokraten an. Ist dies Zufall oder kann uns dieser Wechsel einen Hinweis auf einen tiefer gehenden Riss, eine grundlegendere Veränderung in der Herrschaft Neros, in Nero selbst geben?

Ich denke ja. Sicher ist es schwierig beziehungsweise wahrscheinlich sogar unmöglich, einen exakten Zeitpunkt für die Wandlung des Kaisers festzumachen, aber vergessen wir nicht: Der von ihm im Jahre 59 veranlasste Mord an seiner Mutter hatte ganz sicher einen gravierenden Einfluss auf seine psychische Verfassung. Nicht von ungefähr berichten die Quellen über sein unstetes, wirres, irrationales Verhalten, seine Angstausbrüche und unkontrollierten Emotionen unmittelbar nach der Ausführung der Bluttat. Die Ermordung seiner Mutter hatte in ihm einen depressiven Schuldkomplex entstehen lassen, der ihn sein Leben lang belastete. Fast schon paranoid, glaubte er sich vom mütterlichen Geist verfolgt und hatte überdies schreckliche Angst vor der Rache der Furien. Denken wir aber auch daran, wie sich nach dieser schrecklichen Tat der Drang, seine künstlerischen Neigungen öffentlicher auszuleben, Bahn brach und wie es für seine Berater immer schwerer wurde, das Verhalten des Kaisers in gesellschaftlich noch einigermaßen akzeptierten Bahnen zu halten. Spätestens im Jahre 62 fielen durch den Tod des Burrus und den mehr oder weniger freiwilligen Abgang Senecas von der öffentlichen Bühne die bisherigen Korrektive völlig weg. Vielfach drängt sich der Eindruck auf, der Kaiser verlor damit auch jegliches Gespür für Recht und Unrecht, für Grenzen, die bei aller Freiheit auch einem Monarchen gezogen werden. Erinnern wir uns, wie grausam und endgültig der Kaiser in den Jahren 62 und bald danach gegen wirkliche oder auch nur potenzielle Rivalen vorging: Rubellius Plautus, Faustus Cornelius Sulla Felix, Decimus Iunius Silanus Torquatus und schließlich im Jahre 66 auch Lucius Iunius Silanus Torquatus, alle durch ihre Blutsbande mit dem Dynastiegründer verwandt, alle schon mindestens einmal mit Gerüchten um Umsturz in Verbindung gebracht, wurden beseitigt. Auch Octavia, Neros ungeliebte erste Frau, überlebte das Jahr 62 nicht. Außerdem begannen zeitgleich damit wieder die Majestätsprozesse, eigentlich ein Phänomen, das viele in Rom in ihrer Erinnerung noch mit der grausamen Willkür am Ende der Regierungszeit des Kaisers Claudius in Verbindung brachten. Es war ihnen sicherlich auch noch im Ohr, wie Nero am Beginn seiner Herrschaft versprochen hatte, diesen auf Denunziantentum basierenden Missbrauch der Justiz, der Angst und Misstrauen in der Bevölkerung nährte, abzuschaffen und keinesfalls wieder damit zu beginnen.

Acht Jahre lang war es auch wirklich zu keinem derartigen Gerichtsverfahren mehr gekommen. Jetzt, im Jahre 62, wurde Antistius Sullanus, ehedem Prätor, angeklagt, er habe sich während seines Volkstribunats ungebührlich benommen und später bei einem ausgelassenen Gelage in Senatorenkreisen von ihm selbst verfasste Schmähgedichte auf den Herrscher rezitiert. Zwar soll zunächst der Kaiser persönlich noch die vom Senat beantragte Todesstrafe verhindert haben, doch nur ein paar Monate später, nach der Ermordung von Sulla und Rubellius, wurde auch Antistius zu Tode gebracht. Vielleicht erinnerte sich mancher der Älteren jetzt wieder daran, dass Nero nicht der erste Herrscher war, der sich am Beginn seiner Regierung voller Abscheu gegen die Unrechtsverfahren seines Vorgängers gewandt hatte und genauso wie er zugesichert hatte, sie abzustellen und nie wieder einzuführen, dieses Versprechen auch wieder gebrochen hatte – man kannte das von Caligula ebenso wie von Claudius.

Es waren aber nicht nur Senatoren, gegen die sich das Misstrauen und der Zorn des Kaisers zu wenden begann. Angeblich ließ Nero in dieser Zeit auch mehrere der immer noch sehr einflussreichen und in bedeutenden Positionen stehenden Freigelassenen ermorden. So sollen die hochrangigen Funktionäre Doryphorus und Pallas jeweils Giftattentaten zum Opfer gefallen sein, der eine, Doryphorus, weil er sich gegen die Vermählung Neros mit Poppaea ausgesprochen habe, der andere, Pallas, weil er durch sein langes Leben dem Kaiser sein ungeheures Vermögen vorenthalte, so schreibt Tacitus.[6]

Offen bleiben muss allerdings hier die Frage, war dies alles nun Aktionen eines immer mehr jegliche moralischen Konventionen negierenden Herrschers oder greifen wir mit diesem rigorosen Vorgehen nicht vielmehr Reaktionen eines Mannes, der in seinem eigenen Verhalten eher unsicher wurde, da er – lange Zeit von seiner Mutter und seinen Beratern in Abhängigkeit gehalten und gegängelt – nun völlig auf sich alleine gestellt war, und der sich gleichzeitig einem zunehmenden oppositionellen Druck zumindest aus der Oberschicht gegenübergestellt sah? Möglicherweise sind also die Phänomene, die wir als verändertes Verhalten Neros interpretieren, nicht so sehr durch eine Änderung seiner psychisch-emotionalen Konstitution bedingt, sondern sind vielmehr als Reflexe auf eine mit steigender Geschwindigkeit anwachsende, negative Wahrnehmung des Kaisers und seines Agierens durch die römische Öffentlichkeit zu verstehen, eine negative Wahrnehmung, die schließlich zuletzt in einem weitgehenden Akzeptanzverlust in der Bevölkerung gipfelte. Der Kaiser, der bemerkte, dass sein Rückhalt in der Gesellschaft wegzubrechen drohte, reagierte darauf, und zwar, wie wir noch sehen werden, gegenüber den verschiedenen Stufen der sozialen Hierarchie in unterschiedlicher Art und Weise.

Dass Nero in diesen Jahren nicht völlig realitätsfremd und losgelöst von logisch-richtigen Denkstrukturen agierte, wird etwa an seinen außenpolitischen Entscheidungen sichtbar, die als durchaus situationsgerecht und vorausschauend gelten dürfen.

Und wie die weitere Entwicklung zeigt, stand der Kaiser seit dem Beginn des sechsten Dezenniums wirklich anwachsenden oppositionellen Strömungen gegenüber, die sich aus dem Kreise der Senatoren speisten. Vielleicht war der Anlass dafür der Muttermord gewesen, mit dem die Grenze des Ertragbaren überschritten worden war, vielleicht auch der immer skurriler werdende Drang der obersten Autorität des Römerreiches, sich vor einer größeren Menschenmenge lächerlich zu machen – denn so dürften sicherlich viele Traditionalisten die Ausflüge des Kaisers auf die Bühne, die ja mit dem peinlichen Auftritt bei den von ihm eingerichteten *Neronia* im Jahre 60 öffentlich wurden, interpretiert haben. Vielleicht war auch die Kombination von beidem das, was das Fass zum Überlaufen brachte. Hatte man den Muttermord zunächst noch als einen Akt der Staatsraison gebilligt, so führte der nunmehrige erneute Verstoß gegen die römischen moralischen Normen, obgleich qualitativ ganz anders gelagert, dazu, dass die Beseitigung Agrippinas, die zuvor zumindest nach außen hin noch breite Zustimmung gefunden hatte, nun plötzlich auch offen als Verbrechen wahrgenommen und verurteilt wurde. Im Nachhinein projizierte man dann den Anlass für ein Aufbegehren gegen den Herrscher bereits auf die Gräueltat des Jahres 59.

Der kleine Kreis der Unzufriedenen, den es sicherlich immer schon gegeben hatte – erinnert sei an die Pro-Britannicus-Partei oder die Freunde und Trabanten Agrippinas und Octavias –, scheint jedenfalls durch das alles andere als herrscherliche Gebaren auf der Bühne den nötigen Zulauf und Zuspruch aus der Gruppe der konservativen Moralisten erfahren zu haben, um die bis dato nur schwelende Glut zu einer kleinen züngelnden Flamme werden zu lassen, aus der sich bald ein Flächenbrand entwickeln sollte.

Pisonische Verschwörung

Mag es auch vorher schon mehrere Ansätze zu einer Verschwörung gegeben haben, das sicherlich größte und am besten geplante Komplott wurde jedoch im Jahre 65 aufgedeckt. Ausführlich schildert es uns Tacitus im 15. Buch seiner *Annales*, Jahresaufzeichnungen, wo er neben der eigentlichen Beschreibung des Tathergangs auch ein aufschlussreiches Bild der römischen Oberschicht mit all ihren Verwerfungen und Brüchen zeichnet. Tacitus' Bericht lässt deutlich werden, dass trotz keineswegs einheitlich gelagerter Interessen der Aristokratie die oppositionelle Stimmung gegen Nero seit dem Beginn der 60er-Jahre stetig zunahm. Das Komplott, das unter dem Namen des Mannes, der an Stelle Neros zur Herrschaft gebracht werden sollte, C. Calpurnius Piso, als Pisonische Verschwörung in die Geschichte einging, war nämlich keineswegs ein spontanes Aufbegehren einiger Unzufriedener. Die Gruppe hatte sich auch nicht aus aktuellem Anlass kurzfristig zusammengefunden, sondern sie war über Jahre hinweg gewachsen. Bereits Anfang der 60er-Jahre hatte sie sich um einen kleinen Kern Oppositioneller, zu denen bereits jener Piso gehörte, zu formieren begonnen. Ob Calpurnius Piso als der Initiator der Verschwörung anzusehen ist oder ob er erst im Laufe der Zeit als geeigneter und aussichtsreichster Thronprätendent an die Spitze der Anti-Nero-Bewegung geschoben wurde, ist nicht ganz klar, sicherlich gehörte er von Anfang an zum inneren Zirkel der Widerstandsgruppe.

Gaius Calpurnius Piso entstammte dem angesehenen Geschlecht der Calpurnii. Als einer von wenigen Senatoren konnte er seine Familientradition noch bis in die Zeit der Republik zurückführen. Unter Caligula war er zusammen mit seiner ehemaligen Verlobten, Livia Orestilla, verbannt worden, und zwar nachdem der Kaiser sie ihm während der Hochzeitsfeierlichkeiten weggenommen hatte. Allerdings war er Livias bereits nach zwei Monaten wieder überdrüssig geworden, worauf sie mit ihrem ehedem vorgesehenen Ehemann ins Exil musste. Von Claudius rehabilitiert, bekleidete Piso im Jahre 41 als Suffektkonsul das höchste Staatsamt. Der Konsular war mit den vornehmsten römischen Familien verwandt und trotz seiner Familientradition keineswegs das, was man sich als Abbild republikanischer Sittenstrenge und aristokratisch-konservativen Römertums vorstellt. Vielmehr schildert Tacitus ihn als Kind seiner Zeit, als Adelssprössling, der mondänes Großstadtleben asketischer Zurückgezogenheit vorzog. Einerseits tat er sich als Gerichtsredner auf dem Forum in bester republikanischer Tradition als Schutzherr seiner Klienten hervor, andererseits pflegte er, umgeben von eben dieser Klientenschar, zeittypischen römischen Lebensstil. Zwar galt er nicht als Verschwender, aber durch seine Freigebigkeit hielt er mit seinem Reichtum nicht hinter dem Berg. Er war den verschiedensten Genüssen nicht abhold und zeigte auch seine künstlerische Begabung bei Auftritten als Bühnenschauspieler oder als Literat. Allerdings blieben diese Proben seines musischen Dilettantentums im privaten Kreis und damit im Rahmen dessen, was die gesellschaftliche Konvention erlaubte. Piso gehörte wohl zu den gefälligen Vertretern des herrschenden Zeitgeistes, die durch ihre maßvolle Extravaganz, ihre niemals den Rahmen sprengende, aber dennoch auffällige Lebensführung in der römischen Gesellschaft präsent waren und von der Öffentlichkeit als positive Vertreter der Nobilität wahrgenommen wurden.

Für eine politische Veränderung, die keineswegs ein Zurück in die Republik wollte, sondern eine Verbesserung der bestehenden Verhältnisse dadurch anstrebte, dass man den momentanen Herrscher mit einer für alle gesellschaftlichen Gruppen akzeptablen Persönlichkeit ersetzte, schien Piso durch sein verbindliches Wesen und seinen guten Ruf genau der Richtige. Tacitus, der mit seinem Missfallen, um nicht zu sagen seiner Verachtung für diesen Aristokraten, den er als Versager und Weichling zeichnet, nicht hinter dem Berg hält, formuliert dies zum Abschluss seiner Charakterisierung Pisos zwar negativ, aber durchaus treffend: ... *und das gefiel der Mehrheit, welche bei großer Süßigkeit der Laster keine straffe oder strenge Herrschaft haben will.*[7]

Wie bereits angedeutet, hat sich der Kreis der Mitverschwörer im Laufe der Zeit stetig erweitert. Die entstandene Gruppe war dabei alles andere als homogen, weder ihn ihren Motivationen noch ihrer gesellschaftlichen Struktur. Etliche entstammten dem Kreis der senatorischen Aristokratie und waren zum großen Teil untereinander in irgendeiner Form verwandt, wie dies in weiten Teilen der Adelsfamilien ja durch die konsequente Heiratspolitik üblich war. Allerdings beschränkte sich die Zahl der Widerständler keineswegs auf den Hochadel. Es finden sich auch mehrere ritterliche Offiziere, des Weiteren niedrigere militärische Chargen, vor allem Angehörige der Prätorianergarde, ebenso wie enttäuschte Freigelassene unter den Unzufriedenen – ein bunt gemischter Haufen mit ganz unterschiedlich gelagerten Motiven, sich gegen Nero zu empören. Bei den einen mag die Angst um das eigene Leben die ausschlaggebende Rolle gespielt haben, wie etwa im Falle von Faenius Rufus, dem zweiten Prätorianerpräfekten, der stetig an Einfluss verlor und die Intrigen seines Kollegen Tigellinus fürchtete. Andere trieb persönliche Kränkung in den Widerstand, hierzu gehört sicherlich der Neffe Senecas, der Dichter Annaeus Lucanus, der sich in seiner Eitelkeit als Literat vom Kaiser beleidigt fühlte, oder auch der Senator Afranius Quintianus, den der Kaiser in einem Schmähgedicht wegen seiner sexuellen Ausschweifungen verunglimpft hatte.

Bei einem großen Teil der Beteiligten dürfen wir aber auch lautere ründe unterstellen. So mögen die Sorge um den Staat sowie die Überzeugung, der Kaiser habe nach dem Muttermord die Grenzen des Hinnehmbaren endgültig gesprengt und desavouiere durch seinen Lebenswandel die gesamte römische Oberschicht, eine Rolle gespielt haben. Mit Schaudern erinnerten sich viele an das abscheuliche Spektakel, als der Herrscher über das Imperium im Jahre 64 bei einem von seinem Gefährten Tigellinus veranstalteten, öffentlichen Bankett in einem schamlosen Szenario, das an Abartigkcit kaum mehr zu überbieten war, seine Vermählung mit dem Freigelassenen Pythagoras feierte – Tiefpunkt jeglicher moralischer Konvention. Derartige Exzesse mögen für viele den Ausschlag gegeben haben, sich der oppositionellen Bewegung anzuschließen und aktiv die Beseitigung des ‚Übels' zu betreiben. Vor allem galt dies wohl für die relativ zahlreichen Verschwörer aus dem Militär, speziell den Gardesoldaten. In den Reihen des Kampfverbandes, der ja eigentlich traditionell der herrschenden iulo-claudischen Familie treu ergeben war und dessen Loyalität wir ja schon mehrfach kennen gelernt haben, scheint die Stimmung nach der Ermordung Agrippinas und den nachfolgenden Gräueltaten gekippt zu sein. Jedenfalls geht dies klar aus der Antwort hervor, die der in die Verschwörung verwickelte Prätorianertribun Subrius Flavus nach seiner Verhaftung auf die Frage Neros gab, warum er sich denn gegen seinen Dienstherren erhoben hätte: *Keiner deiner Soldaten war dir treuer als ich, solange du unsere Liebe verdientest. Aber ich begann dich zu hassen, als du zum Muttermörder, Gattenmörder, Wagenlenker, Schauspieler und Brandstifter wurdest.*[8]

Mehrmals schon hatte man im Kreis der Verschwörer Gelegenheiten zur Ermordung des Kaisers diskutiert und ins Auge gefasst, immer wieder hatte man sie verstreichen lassen, sei es aus Furcht, der Anschlag könnte misslingen, sei es aus gegenseitigem Misstrauen innerhalb der Gruppe, in der durchaus auch eine interne Konkurrenz um die Führungsstellung herrschte. So hatte sich Piso etwa dem Ansinnen entgegengestellt, der Kaiser solle auf dem Landsitz seiner Familie in Baia, auf dem Nero gerne wegen der reizvollen Lage zu Besuch weilte, ermordet werden. Als Grund dafür gab er zwar an, er wolle nicht, dass sein eigenes Haus durch eine solche Freveltat, wie sie ein Mord, gleich ob noch so angebracht und notwendig oder nicht, zweifellos darstelle, belastet werde. Tacitus unterstellt ihm jedoch, dass er in Wirklichkeit nur Angst gehabt habe, wenn er so direkt in die Untat verwickelt sei, könnten andere die Gelegenheit nützen und mit sozusagen ‚weißer Weste' anschließend die Herrschaft übernehmen, während er selbst, befleckt von der Mordtat, leer ausgehen würde. Außerdem galt es auch, unmittelbar nach Bekanntwerden der Ermordung im Zentrum der Macht, also in der Hauptstadt präsent zu sein und nicht erst durch eine länger dauernde Anreise von der Küste wichtige Zeit verstreichen zu lassen. Möglicherweise nützten sonst andere dieses Intervall, um währenddessen ihren Favoriten zu erheben. Konkret hatte Piso hier wohl den jungen Lucius Silanus Torquatus im Auge, den seine Verwandtschaft mit Augustus besonders gefährlich machte. Ein weiteres Risikopotenzial stellten einige konservative Senatoren dar, die immer noch mit der Wiederherstellung der Republik liebäugelten, noch dazu war einer von ihnen, M. Iulius Vestinus Atticus, gerade Konsul.

Mehrmals schon war die Verschwörergruppe auch bereits in das Visier der kaiserlichen Häscher gekommen und Piso selbst nur knapp den Fängen der Agenten Neros entkommen. Bei der Größe der Gruppe, der inneren Inhomogenität und der langen Zeit, in der sie bestand, erstaunt es sowieso, dass die Verschwörung nicht längst aufgedeckt worden war.

Den endgültigen Anlass zum Losschlagen bot nun im Jahre 65 die Ankündigung des Kaisers, zum zweiten Mal die *Neronia* abzuhalten. Mit Schrecken dachten die Adeligen noch an das erste Fest vor fünf Jahren, bei dem man vom Herrscher gezwungen worden war, sich als Schauspieler und Künstler vor Publikum zu erniedrigen. Musste das noch einmal passieren? Dazu noch der Schock, dass der Kaiser ankündigen ließ, er selbst, Nero, wolle sich im Rahmen dieser Festspiele in bisher noch nicht da gewesener Form produzieren. Es reichte nicht mehr, dass der Herrscher sich vor ausgewähltem Publikum als *histrio* (Bühnenkünstler) zeigte, nein, vor der gesamten römischen Öffentlichkeit wolle er sich diesmal in lächerlichster Art und Weise zur Schau stellen. Eine Verhöhnung nicht nur der herrscherlichen Majestät, sondern auch aller Sitten und Moralvorstellungen, wie sie sich in Jahrhunderten im römischen Staat herausgebildet hatten und auch für das Blühen dieses Staates als verantwortlich eingeschätzt wurden – so zumindest die Traditionalisten. Das konnte und durfte man nicht mehr hinnehmen.

Es ist nicht ganz von der Hand zu weisen, dass auch die zu diesem Zeitpunkt bekannt werdende erneute Schwangerschaft Poppaeas bei der Wahl des Zeitpunkts für das Losschlagen eine Rolle gespielt haben könnte, denn möglicherweise trug sie ja einen männlichen Nachkommen unter ihrer Brust, und ein Sohn dieses Vaters als nächster Kaiser, das hätte das Unglück ja noch verlängert! Jetzt oder nie, mögen sich die Umstürzler gedacht haben. Und so beschloss man, den Kaiser bei den *ludi Ceriales*, den Feierlichkeiten zu Ehren der Göttin Ceres am 19. April, zu ermorden.

Der Ablauf des Attentats wurde genau festgelegt und geplant. Unverkennbar ist dabei, dass möglichst viele vor allem aus der Kreis der potenziellen Nachfolgekandidaten direkt daran beteiligt sein sollten, damit man gemeinsam die Freveltat auf sich nehmen müsse, und so später nicht einer von ihnen als nicht direkt Beteiligter am Mord in besserem Licht dastehen könne.

Bei der geplanten Regie der Mordtat ließ man sich wohl stark von dem Szenario der Ermordung Caesars inspirieren. Während der Kaiser einem Wagenrennen im Zirkus beiwohnte, sollte einer der Senatoren, der designierte Konsul Plautius Lateranus, der für seine immense Körperkraft bekannt war, dem Herrscher in einer flehenden Geste zu Füßen fallen und ihn dabei festhalten. Die Übrigen würden den Herrscher umringen, und mit zahlreichen Dolchstößen das schreckliche Werk vollenden. Piso selbst sollte im nahe des Zirkus gelegenen Tempel der Ceres warten, um von Faenius Rufus, dem Prätorianerpräfekten, und anderen Offizieren unmittelbar nach dem Attentat in die Kaserne der Garde gebracht und dort vor und von den Soldaten zum neuen Princeps ausgerufen zu werden, ganz so wie Burrus bereits die Machtübernahme des jungen Nero inszeniert hatte.

Welch große Rolle eine dynastische Komponente bei der Kaiserlegitimation spielte, lässt eine von Tacitus in diesem Zusammenhang erwähnte Geschichte erahnen. Danach sollte nämlich Piso in das Lager der Prätorianer eine Frau namens Antonia mitbringen. Gemeint ist damit die älteste Tochter des Kaisers Claudius, sie war ihm von seiner zweiten Frau Aelia Paetina geboren worden. Antonia dürfte ca. acht Jahre älter als Nero gewesen sein und hatte ein bewegtes Schicksal hinter sich. Bereits zweimal war sie nämlich mit Männern verheiratet gewesen, die dem jeweiligen Kaiser aufgrund ihrer Abstammung und ihrer Heirat mit einem Mitglied des iulo-claudischen Hauses gefährlich erschienen, sodass sowohl ihr erster Ehemann, Cn. Pompeius Magnus, wie auch ihr zweiter Gatte, Faustus Cornelius Sulla Felix – beide Träger großer, ehrenvoller und mit viel Geschichte verknüpfter Namen –, der eine von Claudius, der andere von Nero getötet worden waren.[9] Nun sollte Antonia anscheinend wiederum für politische Zwecke eingespannt werden. Nach dem, was Tacitus andeutet, hatten die Verschwörer wohl ins Auge gefasst, dass Piso Antonia heiraten sollte, um durch diese familiäre Verbindung zum Kaiserhaus seine Chancen auf Anerkennung beim römischen Volk zu erhöhen. Antonia hätte ihm sozusagen die ihm für sein Herrschertum fehlende verwandtschaftliche Legitimation verschafft.

Tacitus lehnt zwar diese Geschichte als unglaubhaft ab. Ganz scheint sie aber nicht aus der Luft gegriffen zu sein, denn es wurde auch gemunkelt, Nero selbst hätte nach dem Tod seiner geliebten Poppaea ein Auge auf die Claudius-Tochter geworfen. Nachdem er sich aber für Statilia Messalina, mit der er bereits eine länger andauernde Liaison hatte, entschieden hatte, habe er argwöhnisch darauf geachtet, dass Antonia unverheiratet bleibe. Kein anderer Aristokratensohn sollte durch eine Ehe mit einer Angehörigen des Kaiserhauses – noch dazu im gebärfähigen Alter – zu einem möglichen Rivalen aufgewertet werden. Auch die Geburt eines männlichen Nachkommens mit verwandtschaftlichen Beziehungen zur Herrscherdynastie galt es unter allen Umständen zu verhindern, außer der Vater hieße Nero. Anscheinend wurde Antonia unter Bewachung gestellt und jeder Schritt von ihr argwöhnisch verfolgt.

Aber zurück zum Attentatsplan. Die exakte dramaturgische Inszenierung der Mordtat, die an ‚bedeutende Momente der römischen Geschichte' erinnerte, die peniblen Vorbereitungen des Tathergangs und schließlich auch das Wissen um die Schuld, die die Verschwörer trotz allem auf sich luden – schließlich handelte es sich ja um einen Mord am legitimen Herrscher –, ließen die Nervenanspannung der Täter immer mehr anwachsen, je näher der Zeitpunkt des Unternehmens rückte. Dies sollte der ganzen Sache schließlich zum Verhängnis werden. Einer der direkt beteiligten Senatoren, Flavius Scaevinus, der sich das Vorrecht auf den ersten Stich ausbedungen hatte, bereitete sich entsprechend seiner selbst erstrebten Rolle am Vortag des geplanten Anschlags höchst pathetisch auf die ganze Sache vor. Er erneuerte sein Testament, ließ etliche seiner Sklaven frei und gab endlich sogar seinen Dolch einem seiner Bediensteten, der ihn sorgfältig schärfen sollte.

Dieser wurde dadurch argwöhnisch, machte sich auch auf andere seltsame Dinge, die er im Laufe der Zeit mitbekommen, gesehen oder belauscht hatte, seinen Reim und versprach sich von einer Meldung der ungewöhnlichen Vorfälle beim kaiserlichen Kanzleisekretär (*a libellis*) Epaphroditus eigene Vorteile.

Dem Kaiser, dem dieser Sklave Milichus unverzüglich vorgeführt wurde, waren die Namen derjenigen, die hier beschuldigt wurden, in eine Verschwörung verwickelt zu sein, nicht unbekannt und so schenkte er der ganzen Sache schnell Glauben. Er ließ die Beschuldigten festnehmen, und bei den sofort durchgeführten Verhören verfingen sie sich sehr bald in Widersprüche. Die Zahl der Verhafteten wuchs rasch an. Für manche wurden die Untersuchungen zu einem Manifest ihrer moralischen Größe und Lauterkeit. Sie machten aus ihrer eigenen Beteiligung an der Verschwörung keinen Hehl, weigerten sich zwar standhaft die Namen von Mitwissern zu nennen, nutzten aber die Gelegenheit, vor allem wenn sie vom Herrscher selbst befragt wurden, ihm unverhohlen ihren Hass ins Gesicht zu schleudern. Beispielhaft schildert hier Tacitus das Schicksal der Freigelassenen Epicharis, die bereits vorher namhaften Anteil an der Entwicklung der Verschwörung hatte und nun auch nach ihrer Verhaftung eine Größe zeigte, die nach römischer Anschauung nicht ihrem geringen und gering geschätzten Stand entsprach. Nachdem sie standhaft die grausamsten Folterungen ertragen hatte, ohne etwas zu verraten, beging sie schließlich Selbstmord, um andere durch ihr endgültiges Schweigen zu schützen.

Aber bei weitem nicht alle konnten solchen heldenhaften Mut aufbringen. Mancher, der vorher mit wilder Entschlossenheit geprahlt hatte, brach bereits bei der Androhung von Folter ein und nannte bereitwilligst die Namen von wirklichen oder – noch schlimmer – angeblichen Komplizen. Dadurch wurden Personen mit ins Verderben gezogen, die nur am Rande, durch ihr persönliches Umfeld von dem Komplott gehört hatten, ohne selbst beteiligt zu sein. Wahrscheinlich gehörte auch Seneca zu denjenigen, die zwar etwas gewusst oder geahnt hatten, selbst jedoch nicht aktiven Anteil an der Verschwörung hatten.

Der Kaiser reagierte schnell, hart und grausam, wie wir das bereits in anderen Situationen kennen gelernt haben, die von ihm als Existenz bedrohend empfunden worden waren. Rom wurde abgeriegelt, die Stadt war plötzlich voller Soldaten. An allen wichtigen öffentlichen Plätzen sah man Patrouillen, Angehörige der germanischen Leibwache des Kaisers kombiniert mit regulärem Militär zogen vor den Häusern der Beschuldigten auf und machte ihnen und auch der Öffentlichkeit klar, dass es kein Entkommen gab.

Einige Mitwisser, nicht zuletzt aus der Offiziersriege, glaubten anfänglich noch, ihre Haut dadurch retten zu können, dass sie schnell die Seite wechselten. Allen voran ist hier Faenius Rufus, der Kommandeur der Prätorianer, zu nennen, der, als die Verschwörung ruchbar wurde und die ersten Verhaftungen anrollten, sich ganz auf die Seite der kaisertreuen Verfolger stellte und nicht nur tatenlos zusah, sondern noch tatkräftig mitwirkte, als seine Komplizen abgeholt, verhört und verurteilt wurden. Hätte er nachdrücklich versucht, die Prätorianergarde auf seine Seite zu bringen, so wären die Aussichten wohl nicht so schlecht gewesen, die Beseitigung des Kaisers doch noch durch einen Militärputsch zu bewerkstelligen. Wie wenig er sich des Militärs noch sicher war, darauf weist der Umstand, dass Nero für die Verhaftungen und die Bewachung in der Hauptstadt vor allem Rekruten und militärische Neulinge einsetzte. Beim Gros der erfahrenen, länger dienenden Prätorianer hatte sich längst der Widerwillen gegen diesen unwürdigen Herrscher so verbreitet, dass der Funke des Aufstands wohl sehr gute Nahrung gefunden hätte.

Auch Piso, der potenzielle Thronprätendent und Anführer der Konspiration, hatte nach den ersten erfolgten Festnahmen sofort jeglichen Mut verloren und harrte unbeweglich und starr vor Schreck in seinem Haus dem Lauf der Dinge. Eine fatale Entscheidung, denn wahrscheinlich wäre es auch ihm noch möglich gewesen, die weitere Entwicklung in eine andere Richtung zu lenken, hätte er nur die Gelegenheit beherzt beim Schopf gepackt und sich öffentlich auf dem Forum für einen Umsturz stark gemacht, wozu ihn seine Freunde mehrfach aufforderten. So aber wartete er tatenlos und ohne nur den Hauch von Gegenwehr, bis Neros Häscher auch ihm den Tötungsbefehl überbrachten.

Sehr schnell wurden auch diejenigen, die anfangs noch leugneten, überführt und nicht selten sofort mit der Todesstrafe belegt. Zu den Hingerichteten gehörte unter anderem Plautius Lateranus, dessen Familienbesitzungen auf dem *mons Caelius* (Lateran-Hügel) von Nero konfisziert wurden und in kaiserlichem Besitz verblieben. Erst in der Spätantike sollte sie ein dann schon christlicher Kaiser an die junge Kirche schenken und damit den Grundstein für päpstlichen Sitz in Rom, den Lateran, legen.

Der Kaiser kümmerte sich von Anfang an selbst um die einzelnen Verfahren, die die Gerichtshöfe schnell und mit großer Härte abwickelten.

Mindestens 19 Frauen und Männer wurden hingerichtet, mehr als 200 sollen in die Verschwörung verwickelt gewesen sein. Die Aristokratie musste neben hohen personellen auch umfängliche ökonomische Einbußen hinnehmen. Denn meistens war das Vorgehen gegen die Familien mit der Verurteilung des Verschwörers ja noch nicht zu Ende. Der Besitz wurde eingezogen und die Ehefrauen und Kinder mussten nicht selten die Stadt verlassen, ins Exil gehen oder zu Verwandten flüchten.

Etliche der römischen Aristokraten entzogen sich der Schmach einer öffentlichen Anklage und der unvermeidlichen Hinrichtung durch Selbstmord. Zu ihnen zählte auch Seneca, der seinen politischen Abgang nun nach der Todesandrohung, die ihm der Prätorianeroffizier Gavius Silvanus – im Übrigen selbst Teilnehmer an der Verschwörung –

überbrachte, durch einen nach stoischem Ideal inszenierten Selbstmord vollendete. Er, der den Kaiser zumindest ,mit-gemacht', er, dem wesentlicher Anteil sowohl an dessen charakterlicher Formung, wie auch an der konkreten Regierungsgestaltung zukam, hatte längst alle Macht über den Herrscher verloren und wurde nun sozusagen von seinem eigenen Zögling zu Tode gebracht.

Immer weiter schwappte die Welle der Beschuldigten und Hingerichteten. Längst war der Kreis der Verfolgten über die Mitwisser Pisos hinaus auf andere wirkliche oder vermeintliche Oppositionelle beziehungsweise auf Leute, die man sowieso loswerden wollte, ausgedehnt worden. Jeder, der dem Kaiser unangenehm aufgefallen war, oder den der Herrscher und nicht zu vergessen auch seine Entourage aus welchem Grund auch immer mit Missfallen belegten, musste damit rechnen, in die Fänge der kaiserlichen Schergen zu geraten und mit dem Leben für etwas zu bezahlen, was ihm nicht selten vorher gar nicht bekannt gewesen war.

Stoische Opposition

Wieder können wir feststellen, dass Nero auf jede Bedrohung blindwütig wie ein waidwundes Tier reagierte. Nichts mehr war zu spüren von *clementia* und *civilitas* (Milde und gerechter Umgang mit anderen), Eigenschaften, die einst sein Erzieher Seneca an ihm so gelobt hatte. Im Laufe der Zeit wurden die Verfolgungen immer mehr auch auf diejenigen ausgedehnt, die sozusagen indirekte Opposition betrieben. Häufig wird dieser Widerstand als ,stoische Opposition' bezeichnet. Gemeint ist damit eine bunt gemischte Gruppe von Leuten, die durch eine ganz persönliche Verweigerungshaltung offen Missfallen an Nero und seinem Regime bekundeten. Dazu gehörten keineswegs nur Philosophen wie der griechisch schreibende Musonius Rufus, dessen laut und permanent vorgebrachte Ideen vom Segen des Friedens und der Gleichwertigkeit von Mann und Frau von den meisten Römer nur mit einem Schmunzeln zur Kenntnis genommen worden sind. Dennoch wurde er, wie andere Vertreter der Lehre der Stoa[10] auch, im Jahre 65 als Komplize der Pisonischen Verschwörung verdächtigt, aus Rom vertrieben und auf die Felseninsel Gyaros verbannt. Erst 69 sollte er zurückkehren dürfen, allerdings nur für kurze Zeit, denn auch der Nachfolger Neros, Vespasian, meinte in dem kompromisslos seiner Lehre anhängenden Sonderling eine Gefahr zu erkennen und schickte ihn wieder ins Exil.

Eigentlich war von der Lehre der Stoa keineswegs automatisch Widerstand gegen das Prinzipat zu erwarten. Im Gegenteil, Seneca hat es in seinen philosophischen Schriften ja vorexerziert, wie stoische Philosophie und Monarchie miteinander in Einklang zu bringen waren. Solange sich der Monarch selbst gewisse Schranken auferlegte, er das Gemeinwohl zur Messlatte seiner Herrschaft machte und eine ‚gute' Staatsführung anstrebte, war die Tatsache, dass an der Spitze des Gemeinwesens ein Einzelner stand, durchaus etwas, was sich mit der Stoa vereinbaren ließ. Trotzdem hat Nero in der Zeit, als sein Misstrauen allem und jedem gegenüber immer größer wurde, auch Angst vor denjenigen gehabt, die die stoische Philosophie zu ihrer Lebensmaxime gemacht hatten. Vielleicht spielten hier die Erinnerungen an seinen langjährigen Lehrer und Berater Seneca eine Rolle, der ihm am Ende so verhasst war, dass er ihn zum Selbstmord drängte. Wahrscheinlich war ihm aber einfach die Tatsache suspekt, dass die Anhänger der Stoa sich nicht durch kaiserliche Drohgebärden beeindrucken ließen, sondern ihr Seelenheil und ihre innere Ausgeglichenheit in ihrer Lebensphilosophie gefunden hatten. Sie waren somit für Nero nicht greifbar, gingen nicht vor dem allmächtigen Herrscher in die Knie, sondern scheuten sich im Gegenteil nicht, ihre Kritik und ihr Missfallen furchtlos zum Ausdruck zu bringen. Bestes Beispiel dafür ist wohl der vornehme Senator Thrasea Paetus. Thrasea, der von Geburt her nicht zur Hocharistokratie gehörte, sondern als sozialer Aufsteiger aus Oberitalien erst unter Claudius in den Senat gekommen war, verdankte seine Karriere möglicherweise Agrippina; auch Seneca zählte zu seinen Förderern. Im Jahre 56 bekleidete er für drei Monate das Konsulat.

Gerade diese neuen, ‚von unten' kommenden Senatoren fanden ihre Selbstbestätigung in einer rigoros konservativen, strikt an den *mores maiorum* ausgerichteten Haltung, die sie auch demonstrativ zur Schau trugen. Sie waren keineswegs Gegner des Prinzipats, schließlich verdankten sie ja meist dem Kaiser ihren sozialen Aufstieg. Mit großem Wohlgefallen hatten sie die Antrittsrede des jungen Princeps vernommen, die eine Aufgabenteilung zwischen Senat und Kaiser nach angeblich augusteischem Vorbild in Aussicht stellte. Daran wurde alles Weitere gemessen. In eine oppositionelle Richtung wurden diese Senatoren erst gedrängt, als die Kluft zwischen den Versprechungen und der Realität immer größer wurde. Mit einem Herrscher, der gegen alle moralischen wie traditionellen gesellschaftlichen Werte verstieß, konnte man sich allerdings dann überhaupt nicht mehr abfinden. Thrasea, der lange Zeit ein sehr aktives Mitglied des Senats gewesen war, hatte seinen Unwillen über die kaiserlichen Eskapaden zunächst durch Schweigen in der Versammlung, schließlich immer mehr durch Fernbleiben von den Senatssitzungen zum Ausdruck gebracht. Seit 59, als er aus Protest gegen die Huldbeweise der anderen Senatoren nach Neros Muttermord die Kurie verlassen hatte, lebte der aus Patavium (heute Padua) stammende Aristokrat weitgehend zurückgezogen auf seinen oberitalischen Besitzungen und nahm an fast keiner Senatskonferenz mehr teil. Auch bei den *Iuvenalia* des Jahres 59, bei denen Nero als Leierspieler aufgetreten war, hatte er den verlangten Enthusiasmus vermissen lassen. Nero empfand das als offene Brüskierung und Renitenz. Er weigerte sich daher im Jahre 63, die Glückwünsche Thraseas zur Geburt seiner Tochter Claudia anzunehmen und hatte ihn nicht wie die anderen Senatoren nach Antium zur Gratulationscour eingeladen. Aber auch durch diese klare Bekundung kaiserlichen Missfallens ließ sich Thrasea nicht von seiner Linie abbringen, im Gegenteil, seitdem hatte er das Senatsgebäude überhaupt nicht mehr betreten.

Im Nachklang der Pisonischen Verschwörung, in diesem aufgeheizten Klima, glaubte der Kaiser, auch diesen stillen Protest nicht mehr hinnehmen zu können. Eine Gelegenheit, Thrasea los zu werden, bot sich im Sommer 66 während des Aufenthalts des Tiridates in Rom.[11] Erneut war Thrasea vom Kaiser brüskiert worden, als er ihn nicht zum Empfang des armenischen Herrschers einlud. Dieses Zeichen kaiserlicher Missgunst war für jeden deutlich zu lesen. Cossutianus Capito, ein Senatskollege, denunzierte nun Thrasea aufgrund seiner philosophischen Ausrichtung als Staatsfeind. Capito rächte sich damit an Thrasea dafür, dass dieser eine Anklage gegen ihn erfolgreich unterstützt hatte. Der einstige Statthalter der Provinz Kilikien war von den Bewohnern der Provinz der Erpressung beschuldigt worden. Wahrscheinlich war das Ganze ein abgekartetes Spiel, denn Nero kam die Beschuldigung gerade recht, er ließ Thrasea unter dem Vorwurf, er vernachlässige seine Pflichten als Senator, des Hochverrats anklagen und erzwang durch Einschüchterung des Senats ein Urteil, das auf die Todesstrafe lautete. Nachdem Thrasea diese Botschaft überbracht worden war, ließ er sich, ganz seinem stoischen Ideal frönend und keinerlei Schmerzen zeigend, die Adern öffnen.

Ein weiteres berühmtes Opfer der Verfolgungskampagne sollte Neros langjähriger Freund und ‚Lehrmeister des feinen Geschmacks' (*arbiter elegantiae*) Gaius Petronius, werden. Der genussfreudige Lebemann, der freilich als Konsul und Provinzstatthalter von Bithynien auch zeigte, dass mehr in ihm steckte, ist durch seinen Roman ‚Satyricon' (Schelmengedichte), dessen Mittelstück ‚Cena Trimalchonis' (Das Gastmahl des Trimalchio) erhalten blieb, unsterblich geworden. Dass der Kaiser sich von diesem gebildeten Aristokraten seinen Lebensstil vorschreiben ließ, scheint den Neid des Nero-Vertrauten Tigellinus geweckt zu haben, der nur darauf wartete, seinen Rivalen loswerden zu können. Der Prätorianerpräfekt bestach daher einen Sklaven des Petronius, seinen Herrn zu denunzieren und der Komplizenschaft mit dem Verschwörer Scaevinus zu bezichtigen. Im Jahre 66 wurde Petronius festgenommen, woraufhin er sich eigenhändig den Tod gab, in dem er sich die Pulsadern öffnete. Seine Unabhängigkeit von Nero und dessen Hofschranzen bewies Petronius noch durch sein Testament, das er als letztes Schreiben an den Kaiser sandte. Anstatt den Herrscher als Miterben einzusetzen, um ihn so seiner Familie gewogen zu machen und auf diese Weise zumindest Teile ihres Besitzes zu retten, hatte er seinem ‚Freund' Nero ein Kaleidoskop mit dessen sexuellen Eskapaden zusammengestellt. Sauber und ordentlich fanden sich die Dirnen und Lustknaben namentlich aufgeführt sowie die extravaganten Liebespraktiken und Genüsse des Herrschers en détail beschrieben.

Nero, wütend über diese Infamie und zugleich erschrocken darüber, das seine Ausschweifungen keineswegs geheim geblieben waren, sann fieberhaft darüber nach, wer Petronius so gut informiert haben könnte. Er kam dabei auf eine seiner Gespielinnen, Silia, die anscheinend auch Petronius näher gekannt hatte. Ohne nachzuforschen, ob er mit seiner Vermutung richtig läge, ließ Nero die Dame daraufhin verbannen.

Die Gewinner

Natürlich gab es auch eine Reihe von Gewinnern bei den verschiedenen Säuberungsaktionen. So ließen sich etwa die Prätorianer ihre Treue durch üppige Geldgeschenke und kostenlose Getreiderationen teuer bezahlen. Bei der Niederschlagung der Pisonischen Verschwörung hatten sich neben Tigellinus und dem Sekretär Epaphroditus vor allem noch der Konsular Petronius Turpillianus sowie der designierte Prätor Cocceius Nerva hervorgetan – letzterer sollte in hohem Alter im Jahre 96 selbst für zwei Monate die Kaiserwürde tragen. Wie nach einem erfolgreichen Kriegszug wurden sie von Nero mit Triumphalinsignien (*ornamenta triumphalia*) ausgezeichnet und und zwar in einem Ausmaß, wie es normalerweise nicht einmal einem Konsular zugestanden hätte, außerdem ehrte man sie durch Standbilder auf dem Forum und im Palast – eine eklatante Überschreitung der Ranggrenzen und Brüskierung jedes ‚echten' Kriegshelden. Dem Freigelassenen Milichus, der die

Aufdeckung der Verschwörung durch seine Aussage angestoßen hatte, wurde eine hohe Belohnung ausbezahlt.[12]

Nero, der inzwischen den Senatoren nur mehr feindlich entgegentrat und sogar gedroht haben soll, diesen Stand ganz auszumerzen[13], zeigte der obersten römischen Gesellschaftsschicht seine Verachtung auch dadurch, dass er den Sohn einer Freigelassenen und eines nicht genau bekannten Vaters, den Prätorianeroffizier Nymphidius Sabinus, mit den Konsularinsignien schmückte – Karikatur und höchste Schmach für jedes angestammte Mitglied des Hochadels. Sabinus, dessen finstere Physiognomie eine gewisse Ähnlichkeit mit Caligula aufwies, wusste dies geschickt zu nutzen. Es war ihm keineswegs unrecht, als das Gerücht aufkam, er sei ein illegitimer Sohn Caligulas.[14] Insgeheim half er wohl sogar mit, dass diese Geschichte publik wurde und im Gespräch blieb. Schließlich avancierte er als Kollege des kaisertreuen Tigellinus zum zweiten Prätorianerpräfekten und nahm damit die Stelle ein, die vormals der unglückselige Faenius Rufus bekleidet hatte. Dem hatte alles Leugnen und auch der so schmählich vollzogenen Seitenwechsel nichts geholfen, schließlich war seine Beteiligung an der Pisonischen Verschwörung doch aufgedeckt worden und er wurde hingerichtet.

Auch den Göttern galt es, Dank für ihre Fürsorge dem Kaiser gegenüber abzustatten. Sie, die für das Geschehen auf der Welt weitgehend verantwortlich waren, hatten ja durch günstige Fügung verhindert, dass der allseits so geliebte Herrscher, der beste, den das Reich je hatte, dem Mordplan einiger ruchloser Gesellen zum Opfer gefallen war. So jedenfalls die Botschaft des Senats, der voller Enthusiasmus für die Überirdischen Dankfeste und Geschenke beschloss. Man überbot sich geradezu in den Bezeugungen der Willfährigkeit, so bekam der Sonnengott, der am Zirkus, dort, wo die Tat vollbracht hätte werden sollen, einen Tempel besaß, eine besondere Ehrung, *weil er mit seinem Walten das Dunkel der Verschwörung aufgehellt habe.*[15] Der vergöttlichten *salus* (Wohlfahrt) sollte ein Tempel an der Stelle erbaut werden, wo Scaevinus den Dolch an sich genommen hatte, und man plante, den Monat April, in dem das Attentat geplant gewesen war, in *Nero* umzubenennen. Tacitus spricht sogar davon, dass er in den Senatsprotokollen eine Bemerkung gefunden habe, der designierte Konsul Anicius Cerealis habe seine Stimme dafür abgegeben, dass dem göttlichen Nero auf Staatskosten ein Tempel erbaut werden sollte, eine bis dahin für einen lebenden Herrscher noch niemals da gewesene Ehre, da die Römer die Vergöttlichung lebender Menschen eigentlich als Hybris ablehnten.[16]

Während die Danksagungen bereits anliefen, wurden weiterhin noch angebliche oder auch wirkliche Mitwisser aufgespürt und verurteilt. Willkür und persönliche Animositäten griffen immer dabei mehr um sich und erzeugten ein Klima aus Angst und Misstrauen in der gesamten Bevölkerung. Sie ließen sogar die diejenigen Gruppen erzittern, die bisher eher noch auf Seiten des Herrschers gestanden hatten, damit verlor der Kaiser auch in der *plebs urbana*, der einfachen Stadtbevölkerung, dem zahlenmäßig stärksten Bevölkerungsteil, jetzt schnell an Gunst und Verständnis.

Der Herrscher, der gerne als so abgehoben, völlig realitätsfremd und nur egomanisch an sich interessiert gezeichnet wird, gerade er hat intensivst und in immer neuen Ansätzen nach dem Beifall der Massen gesucht, ein Bestreben, das seit seinem Regierungsantritt permanent anwuchs. Ja man kann sagen, je mehr sich die Oberschicht von Nero abwandte, desto mehr buhlte der allmächtige Weltherrscher um die Zuneigung der römischen Plebs. Lange Zeit mit Erfolg.

‚PANEM ET CIRCENSES‘ – DER KAISER UND DIE PLEBS URBANA

Wenn sie sie überhaupt erwähnen, dann zeichnen die kaiserzeitlichen Autoren mit Sicherheit kein schmeichelhaftes Bild von den hauptstädtischen Unterschichten, der *plebs urbana*. Dies braucht nicht zu verwundern, gehörten doch die Geschichtsschreiber fast alle der Aristokratie an, entstammten also einem Milieu, das den unteren sozialen Gruppen traditionell nur herablassend, ja feindselig gegenüberstand.

Trotz dieser Verachtung beziehungsweise Missachtung gegenüber dem Bodensatz im ‚melting pot‘ Rom, wie der größte Teil der Bevölkerung der Hauptstadt in den Augen des noblen Adels eingeschätzt wurde, konnte kein Kaiser die Massen einfach unbeachtet links liegen lassen. Er war der Herrscher über alle Römer, der *pater patriae*, und in dieser Eigenschaft auch für das Wohlergehen der einfachen Bevölkerung verantwortlich. Hinter dieser Fürsorgepflicht stand weniger der – erst moderne – soziale Gedanke oder eine Verpflichtung zur Mildtätigkeit, die ihre Begründung in der antiken Philosophie gefunden hätte, sondern vielmehr und fast ausschließlich die Sicherstellung von Ruhe und Ordnung im Herzen des römischen Reiches. Außerdem mussten die Herrscher auch befürchten, die Loyalität der Massen zu verlieren und damit eines Teils der Legitimität der eigenen Herrschaft verlustig zu gehen, wenn sie ihre Aufmerksamkeit nicht auch diesem Teil der Gesellschaft widmeten. Das Verhältnis Kaiser – Plebs war das einer gegenseitigen Abhängigkeit, ein Aufeinander-Angewiesensein, wie es im Kleinen in einer der Grundstrukturen der altrömischen Gesellschaft, in der Beziehung zwischen *patronus* und *cliens*, Schutzherr und Schutzbefohlenem, zum Ausdruck kommt. Beide sind von einander abhängig, bedingen einander.

Spätestens in den letzten Jahren der römischen Republik war deutlich geworden, welch enormer politischer Druck durch die Mobilisierung unzufriedener Massen ausgelöst werden konnte. Keinem, der um die Macht streitenden Prätendenten, war es gelungen sich *gegen* die Plebs durchsetzen, jeder musste um die Gunst der Massen buhlen, mag er bei ihrem Anblick noch so sehr die Nase gerümpft und den direkten Kontakt möglichst gemieden haben. Anders herum gesehen konnte aber jeder, dem es gelang, sich der Gewogenheit der Massen zu versichern, relativ leicht politische Potenz anhäufen und die Machtfrage im Staat stellen.

Augustus hatte diesen Mechanismus klar erkannt und verstanden. Daher war es für ihn ein sehr wichtiger Baustein bei der Konstruktion seiner eigenen Stellung im Staat, alle Wohltaten gegenüber der städtischen Bevölkerung – sei es in Form von Geld- oder Getreidespenden, Spielen oder auch öffentlichen Bauaktivitäten – für seine Familie beziehungsweise einige wenige ausgewählte, loyale Gefolgsleute zu monopolisieren. Keinem anderen Mitglied der Oberschicht sollte es noch möglich sein, die Unzufriedenheit der stadtrömischen Plebs über stockende Lebensmittelversorgung, mangelnde Unterhaltungsmöglichkeiten oder Ähnliches für die eigenen politischen Ambitionen zu instrumentalisieren.

Derjenige, der die Zufriedenheit der Massen gewährleisten konnte, war der Garant für inneren Frieden, Sicherheit und Ordnung und damit zweifellos auch der richtige Herrscher über alle Römer. Zu den Instrumenten, mit denen man die anonyme Masse der Hauptstadt zu beeinflussen vermochte, gehörte mit mindestens gleicher Gewichtung – wir kennen das Wort des Dichters Juvenal: ‚Brot und Spiele‘ – neben der Sicherung der Versorgung mit Brotgetreide von täglich ca. 200 000 Empfängern die Abhaltung öffentlicher Volksbelustigungen im Zirkus und den Arenen.

Bühne – Arena – Zirkus

Es mag vielleicht heute, in einer Zeit der Reizüberflutung, in der uns eher daran gelegen ist, den tausendfältigen Ablenkungen, die auf uns einstürzen, zu entgehen, etwas schwer fallen, sich vorzustellen, mit welcher Gier die Römer die angebotenen Unterhaltungsmöglichkeiten suchten und genossen. Andererseits bietet unsere ‚Event-Kultur‘ doch auch erschreckend viele Parallelen. Welch ein Erlebnis muss es gewesen sein, zu Tausenden den Aufführungen in den inzwischen ja meist steinernen Theatern zu folgen, deren Monumentalität das Stadtbild Roms nicht unwesentlich prägte. Zwar war die Zeit, in der literarisch anspruchsvolle griechische Schauspiele auf dem Spielplan standen, schon Jahrhunderte vorbei, aber dennoch wurde auf den Bühnen immer noch

Tagespolitik kommentiert und kolportiert. Nicht mehr in der feinen und subtilen Art wie während der Zeit der Klassik in den griechischen *poleis*, eher derb und direkt, ergänzt von den bissigen Kommentaren der Zuschauer, die mit Johlen und Pfeifen, Zwischenrufen und Klatschen das Geschehen auf der Rampe begleiteten. Mit den nicht selten sehr lasziven, mit zahlreichen erotischen bis hin zu pornographischen Szenen angereicherten Stücken diente das Theater auch zur Triebableitung und war auch deswegen, ähnlich wie die grausamen Spiele in den Arenen, sehr beliebt.

Dort, in der Arena, ging es noch deutlicher zur Sache. Die Geilheit der Massen nach Blut, dem Dahinmetzeln von Tier und Mensch stößt heute stark ab, und der eine oder andere mag das auch im antiken Rom durchaus kritisch gesehen haben, aber für die Zuschauer bot das blutrünstige Spektakel in den Arenen ein Ventil, durch das Aggressionsstau gelöst und die Emotionen der Massen erregt, aber ebenso beruhigt werden konnten. Die Möglichkeiten hierfür sind heute andere, das Bedürfnis an sich aber ist geblieben und die Art und Weise der Bedürfnisbefriedigung keineswegs so grundverschieden und wohl kaum weniger grausam.

Nervenkitzel, Massenhysterie, das Wir-Gefühl im Trubel von Tausenden, das waren auch die Anreize, die die Menschen zu den gefährlichen und gerade deshalb so interessanten Wagenrennen in den Zirkus zogen. Kaum sonst wo konnten die Fans ihre siegreichen Stars so sehr in den Himmel heben, sie aber genauso schnell wieder verdammen, wenn der Erfolg ausblieb. Kaum sonst wo konnte man seiner Begeisterung für sportliche Geschicklichkeit, aber auch seinen sadistischen Sehnsüchten nach bluttriefenden Unfällen so hemmungslos freien Lauf lassen.

Seit es keine funktionierende Volksversammlung mehr gab und die jährlichen Beamtenwahlen zur reinen Farce verkommen waren, hatten sich Theater, Arenen und Zirkus zu den alleinigen Foren entwickelt, in denen der weitaus größte Teil der Bevölkerung so etwas wie politischen Willen äußern konnte. An diesen Orten sah man auch den immer mächtiger werdenden und dabei immer weiter der menschlichen Sphäre entrückenden Monarchen noch leibhaftig vor sich. Hier musste er sich zeigen und sich dabei dem Urteil der Massen stellen. Frontal und unverblümt, ohne mildernde oder verfälschende Filter wurden hier durch Beifallklatschen oder gellende Pfeifkonzerte Zustimmung beziehungsweise Missfallen gegenüber der Tagespolitik wie auch der grundsätzlichen politischen Konstellation zum Ausdruck gebracht.

Kein Herrscher konnte es sich leisten, sich davor zu drücken oder sein

Desinteresse an diesen gewöhnlichen, ja ordinären Zerstreuungen etwa sogar noch offen zu zeigen. Wer das tat, wie Caesar, der in seiner Zirkusloge – für alle sichtbar – Akten bearbeitet hatte, der brauchte sich über die Folgen nicht zu wundern. Den Unmut der Bevölkerung bekam er jedenfalls sofort, ungeschützt und unmittelbar zu spüren.

Frönten die ‚Oberen‘ dagegen den gleichen Vergnügungen wie sie, dann nahm dies die Plebs mit großer Genugtuung auf. Wie ein verbindendes Band einte die Freude – geheuchelt oder echt – an Gladiatorenspielen, grotesk-komischen Theaterstücken und waghalsigen Pferderennen die römische Gesellschaft. Und obwohl gerade durch die starr festgelegte Sitzordnung im Theater, wo die unterschiedlichen Stände nur in ihren vorgeschriebenen und für sie reservierten Reihen Platz nehmen durften, die gesellschaftliche Hierarchie deutlicher als anderswo zum Ausdruck kam, so waren doch im gemeinsamen Genuss der ‚Massen-Freuden‘ viele Unterschiede eingeebnet und ein starkes Identitätsgefühl hergestellt.

Da der römische Herrscher, wie bereits dargelegt, seine Legitimität zu einem nicht unwesentlichen Teil auf die Akzeptanz bei den hauptstädtischen Massen gründete, war er gezwungen, dem Volk zu geben, was das Volk wollte, ansonsten hätte er leichtfertig seine Herrschaft und nicht zuletzt auch seinen Kopf riskiert. Da Nero dies schon als Kind immer wieder vor Augen geführt bekommen hatte, war es schließlich Bestandteil seiner Persönlichkeit geworden, die Massen für sich einzustimmen und bei Laune zu halten. Beide ‚Beruhigungspillen‘, Brot und Spiele, beherrschte er mit großer Perfektion und verabreichte sie dem Volk über lange Zeit seiner Herrschaft hinweg in der für ihn richtigen Dosis.

Anders wie mancher seiner Vorgänger – Caesar ist schon genannt geworden, aber auch Augustus fand nicht so viel Gefallen an den Massenzerstreuungen – brauchte sich Nero bei der Liebe zum Theater und zu den Wagenrennen nicht zu verstellen. Mehr als es eigentlich für einen Aristokraten schicklich war, liebte er diese Vergnügen. Im Theater und auf der Rennbahn fühlte er sich zu Hause und das von frühester Jugend an und in immer zunehmenderem Maße. Ruft man sich in Erinnerung, was die Quellen über seine einstigen nächtlichen Abenteuer in den dunklen Schenken und zwielichtigen Vierteln Roms überliefern[1], dann kann man sicher sein, dass er kaum große Berührungsängste mit den einfachen Leuten in den Elendsquartieren der Großstadt gehabt haben dürfte. Damals war ihm keine Kneipe zu schmuddelig und kein Platz zu verrucht gewesen, als dass er nicht dort mit seinen Zechkumpanen aufgetaucht wäre. Als Sklave verkleidet, war er keiner Schlägerei aus dem Weg gegangen und hatte alle Freuden des römischen Nachtlebens ausgiebigst genossen, ja nicht einmal vor kleineren Diebstählen und Einbrüchen war er zurückgeschreckt.

Aber damit erschöpften sich die lasterhaften Freuden des jungen Nero noch keineswegs. Da gab es ja noch die Wagenrennen, seine große Leidenschaft, und solange er noch nicht die Scham davor verloren hatte, selbst die Zügel zu ergreifen, genoss er zumindest als enthusiastischer Zuschauer die aufgeheizte Atmosphäre, in der die Gespanne im Sand des *Circus Maximus* im Talgrund zwischen Palatin und Aventin ihre Bahnen zogen.[2] Sogar für unbedeutendere Rennen kehrte er von seinen Landhäusern an der kampanischen Küste in die Hauptstadt zurück. Selbst Fan der ‚Grünen‘ kleidete er sich gerne in den Farben seines Renn-Teams, war außer sich vor Freude, wenn der favorisierte Stall siegreich den Renntag beschloss, und zu Tode betrübt, wenn die Pferde beziehungsweise die Gespannführer der anderen *factiones* einmal mit den Siegespalmen geschmückt die opulenten Geldprämien abgeräumt hatten. Sobald ihm als oberster Magistrat und Spielgeber die Möglichkeiten dazu offen standen, versuchte er den Genuss, den er als Zuschauer selbst erlebt hatte, noch zu vermehren: Er verlängerte die Renndauer und erhöhte die Siegesprämien, ja richtete sogar neue Wettkämpfe ein und erweiterte längst bestehende.

Neben dem Ausleben seiner persönlichen Leidenschaften nutzte Nero aber die Massenvergnügungen auch immer als persönliche politische Plattform. Bereits vor seinem Thronantritt präsentierte er sich dem Volk anlässlich von Spielen. Sein erster öffentlicher Auftritt fand bekanntlicherweise bei einem *ludus Troiae* statt, dem Reiterkampfspiel der adeligen Jugend, wo er den drei Jahre jüngeren Claudius-Sohn Britannicus in der Gunst des Publikums klar ausstach.[3] Seine Mutter, die den Auftritt inszeniert hatte, interpretierte das Ergebnis völlig richtig als eindeutiges Zeichen für Neros Beliebtheit beim Volk und dementsprechend als klaren Punktegewinn im Kampf um die Macht. Gleichzeitig bedeutete es im Ränkespiel der beiden machtlüsternen Frauen eine schwere Demütigung für Messalina, die Mutter des leiblichen Thronerben. Als Nero einige Jahre später die Tochter seines Adoptivvaters, Octavia, heiratete, wurde dieses freudige Ereignis dem Volk durch aufwändige Tierhetzen und Zirkus-Spiele vermittelt. Und auch während seiner Herrschaft benutzte der Kaiser immer wieder Spiele und Theater-Aufführungen, um seine Beliebtheit beim Volk zu testen. Oftmals erschien er unangekündigt im Theater oder wohnte den Schauspielen heimlich in einer verhängten Loge bei, sodass den Zuschauern die Präsenz des Kaisers verborgen blieb. Er wollte wissen, wie sich das Volk ohne Kontrolle verhielt. Andererseits war es ihm aber genauso wichtig, von allen Zuschauern gesehen zu werden. Ganz am oberen Rande des Proscaeniums ließ er sich im Theater eine Loge einbauen. Sichtbar von jedem Zuschauerplatz signalisierte er damit der Plebs: Der Kaiser ist unter euch! Er ergötzt sich an den gleichen Vergnügungen wie ihr, er hat die gleichen Freuden und lacht über die gleichen platten Witze.

Tacitus berichtet in aller Ausführlichkeit immer wieder über finanziell überaus großzügig ausgestatteten Festlichkeiten, die der junge Herrscher für die Plebs in Szene setzen ließ. Einmal sandte ein Ausrichter von Gladiatorenkämpfen einen jungen Ritter sogar bis ins Baltikum, an die Küste der Ostsee. Er sollte dort Bernstein für das blutige Fest besorgen. Der Ritter kaufte solche Mengen, dass in der Arena angeblich für einen Tag statt Sand das goldgelbe Harz den Boden bedeckte und in die Netze, die gespannt wurden, um die Zuschauerränge und die Kaiserloge vor den wilden Tieren zu schützen, Bersteinstückchen geflochten wurden. Der größte importierte Bernsteinblock soll 13 Pfund gewogen haben.[4]

Wie schon unter Claudius konnten auch während Neros Kaiserschaft wilde und exotische Tiere von der Menge bestaunt werden, die aus den fernsten Winkeln des Imperiums beziehungsweise von noch unbekannteren Gefilden jenseits der Reichsgrenzen beschafft wurden. So traten beim Wagenrennen einmal sogar Kamel-Viergespanne gegeneinander an. Und lebende Meeresungeheuer bei einem Seegefecht kamen sicherlich der Sensationslust der Zuschauer genauso entgegen wie der waghalsige Flugversuch eines Ikarus-Darstellers vom höchsten Punkt des Theaters, der allerdings tragisch missglückte. Der Ikarus stürzte direkt neben die Loge des Kaisers, den er mit Blut bespritzte, seinen Flugversuch bezahlte er mit dem Leben.

Im Unterschied zu seinem Adoptiv-Vater scheint Nero das blutige Abschlachten der Gladiatoren hingegen keine besondere Freude bereitet zu haben. So schonte er bei einem Gladiatorenspiel, das er in einem Amphitheater ausrichtete, das er auf dem Marsfeld errichten hatte lassen (s. unten), alle Akteure, und ließ sogar die Verbrecher, die zum Kampf in der Arena verurteilt worden waren, am Leben. Obwohl man vielleicht vermuten könnte, dass Nero daran gelegen war, nicht für so grausam wie sein Vorgänger, Claudius, gehalten zu werden, dürfen wir die hier gezeigte Scheu vor grausamen Exzessen wohl mehr seiner inneren Überzeugung zuschreiben. Den auf altrömische Begräbnisrituale zurückgehenden Fechterspielen und Todeskämpfen stand er immer distanziert gegenüber. Entsprechend seiner eignen künstlerischen Neigung war Nero eher daran gelegen, Spiele nach griechischer Manier, also mit musischen und athletischen Wettkämpfen, in Rom heimisch zu machen. Die im Jahre 59 gefeierten *Iuvenalia* waren dafür genauso Beispiel wie die nach ihm benannten *Neronia* im darauf folgenden Jahr. Rom dürfte über diesen hellenistischen Spleen zwar verwundert gewesen sein, aber die Aussicht, den Kaiser dafür selbst als Künstler auf der Bühne zu erleben, machte den Mangel an Nervenkitzel und an Gelegenheiten, atavistische Neigungen ausleben zu können, bei der sensationslüsternen *plebs urbana* leicht wieder wett.

Bauen für das Volk

Geschickter als wahrscheinlich allen seinen Vorgängern gelang es Nero lange Zeit, sich die Massen gewogen zu halten, sich selbst dabei in Szene zu setzen und politischen Gewinn mit dem Frönen der eigenen Leidenschaften zu verbinden. Auch seine immensen Bauaktivitäten waren lange zu einem wesentlichen Teil davon getragen, die Bedürfnisse der Menge zu befriedigen. So ließ er bereits im Jahre 57 ein prächtiges Amphitheater auf dem Marsfeld errichten. Der Bau mit einem Steinfundament und hölzernem Aufbau konnte von Sonnensegeln beschattet werden, auf die das nächtliche Firmament mit Mond und Sternen aufgemalt war.[5] Zwei Jahre später entstand im Bereich des Vatikans ein Zirkus sowie ein Theater, ebenfalls auf dem Marsfeld nahe des Tibers. Im Jahre 60, anlässlich der *Neronia*, ließ Nero das Theater mit einer neu errichteten, luxuriös ausgestatteten Thermenanlage und einer darin integrierten Sportstätte (*gymnasium*) verbinden. Die Kombination aus Badeanlage mit angeschlossenem Sportplatz stellte in Rom eine Innovation dar und war – wie so vieles unter Nero – aus Griechenland übernommen. Selbst die Gegner Neros bewunderten den 190 m langen und 120 m breiten Bau, der eng benachbart dem Pantheon lag. So schreibt der Dichter Martial, der als Zwanzigjähriger während der Herrschaft Neros aus seiner Heimat Spanien nach Rom kam und zu dessen Bekanntenkreis etliche der im Zuge der Pisonischen Verschwörung Verhafteten zählten: *Was gibt es übleres als Nero? Was aber ist großartiger als die Thermen des Nero?*[6] Zwar sind heute von diesen Thermen nur wenige Spuren erhalten, aber mit Hilfe einiger Zeichnungen des berühmten Renaissance-Architekten Andreas Palladio kann die Gesamtanlage zumindest soweit rekonstruiert werden, dass wir eine Vorstellung von ihrem Aussehen bekommen. Erstmals hatten mit diesem Bau Thermen in Rom zu einem eindeutig geordneten Typus gefunden. Der Grundriss umfasste ein Geviert, dessen Erschließung durch eine Spiegelachse erfolgte. Die Abfolge der Räume entsprach dem Badeablauf von kalt zu warm und zurück und wurde konsequent durchgehalten. An den beiden nördlichen Ecken befanden sich zwei Sportplätze, an die risalitartig vorspringende halbrunde Exedren anschlossen. In seiner Symmetrie wird der Komplex für öffentliche Thermen der Folgezeit vorbildlich und verbindlich. Er lässt in seiner Struktur eindeutig einen Vorgriff auf die Ordnungssysteme der späteren Kaiserbäder erkennen, wie wir sie etwa noch in den grandiosen Ruinen der Caracalla-Thermen nachempfinden können. Kaiser Severus Alexander erneuerte im Jahre 227 n. Chr. die Nero-Thermen, die seitdem *Thermae Alexandrinae* genannt wurden.

Gerade mit seiner Bautätigkeit demonstrierte Nero, dass es ihm nicht nur um Ablenkung und Zerstreuung der Massen zu tun war. Gemäß seiner herrscherlichen Verpflichtungen sorgte er auch dafür, dass die für die Lebensmittelversorgung der Bürger der Hauptstadt notwendige Infrastruktur in Ordnung gebracht wurde. So ließ er mit großem Nachdruck die Vergrößerung des Hafens von Ostia vorantreiben, die bereits von seinem Vorgänger initiiert worden war, und, wie die Abbildung auf der Rückseite einer Münze aus dem Jahre 64 zeigt (Abb. S. 170), wurde dieses Projekt unter seiner Herrschaft abgeschlossen. Da selbst dann die Kapazität Ostias für die Versorgung Roms noch nicht ausreichte, sollte der Hafen von Puteoli (Pozzuoli), wo die Getreideschiffe aus dem ägyptischen Alexandria anlegten, durch einen künstlichen Kanal an den Tiber angeschlossen werden, ein sehr ehrgeiziges Projekt, das aber schließlich wegen des Sturzes von Nero keine Realisierung mehr fand. Im Übrigen hat Nero Puteoli im Jahre 60 zur *colonia Claudia Neronensis* erhoben, ein mit Privilegien verbundener Ehrentitel, der die Bedeutung der Stadt unterstrich. Neben der Einfuhr der benötigten Lebensmittel in die Hauptstadt, musste auch für ausreichende Distributionsmöglichkeiten innerhalb der Metropole gesorgt werden. Im Jahre 59 entstand daher auf dem Caelius-Hügel eine große Marktanlage (*macellum magnum*) (Abb. S. 170). Damit gewährleistete Nero, dass auch in diesem dicht bewohnten Bereich der Stadt die Lebensmittelversorgung funktionierte. Das neue Verkaufszentrum war notwendig geworden, da Nero selbst mit dem Bau seiner ersten Palastanlage, der *domus transitoria*, die sich vom Palatin bis zum Esquilin erstreckte, den Bewohnern des Stadtsüdens den Zugang zum früheren großen Lebensmittelmarkt nördlich der *basilica Aemilia* versperrt hatte.

Fürsorglichen Charakter trugen ebenso die umfangreichen, vom Kaiser finanzierten Wiederaufbaumaßnahmen nach dem Brand des Jahres 64, auf den noch zu sprechen zu kommen sein wird. Auch für private Restaurierungen und Neubauten gewährte der Kaiser damals großzügige finanzielle, logistische und personelle Unterstützung, die durch entsprechende administrative Eingriffe – Erlass von Bauvorschriften – in ihrer Wirkung noch verstärkt wurde.

Nero und die Plebs

Da Nero sehr darauf Acht gab, die Stimmung der Massen möglichst positiv zu halten, beobachtete er äußerst aufmerksam das Verhalten der Menschenmenge im Theater und auf der Rennbahn. Bereits kleinste Gefühlsschwankungen nahm er äußerst feinfühlig wahr und reagierte sehr rasch, wenn die Stimmung zu kippen drohte. So dachte er etwa, nachdem das Volk im Theater und Zirkus wiederholt seinen Unmut über die Praktiken der Steuerpächter zum Ausdruck gebracht hatte, ernsthaft über Reformen bei der Abgabenerhebung in den Provinzen nach, allerdings blieb es in diesem Fall bei den Gedankenspielen. Wie fast überall verlor Nero aber auch bei seiner Anbiederung an die Massen manchmal den Blick für die Grenzen, so etwa als bei einer Pantomimenaufführung die Stimmung kippte und sich die Wut der Zuschauer in schweren Handgreiflichkeiten zu entladen begann. Anstatt seine Autorität einzusetzen, um die Massen zu beruhigen, mischte sich der anwesende Kaiser selbst ein und heizte die Emotionen noch dadurch an, dass er Gegenstände in die Menge warf. Das Ergebnis war eine nur schwer einzudämmende Massenschlägerei mit zahlreichen Verletzten.

Überhaupt führte die Großzügigkeit, die der Herrscher bei allem, was Theater, Arena und Zirkus betraf, an den Tag legte, allmählich zu skandalösen Umtrieben der Akteure. Schließlich sah sich die Staatsmacht im Jahre 56 sogar gezwungen, alle Pantomimen für vier Jahre aus Rom auszuweisen und in den Theatern Soldaten patrouillieren zu lassen, da man die öffentliche Ordnung gefährdet glaubte. Auch Rennfahrer und Gladiatoren mussten mit Waffengewalt zur Raison gebracht werden, als sie ihre traditionellen Züge durch die Stadt vor Beginn der Wettkämpfe zunehmend für Diebstähle und Sachbeschädigungen missbrauchten.

Insgesamt aber verstand es Nero lange Zeit sehr gut, mit den Massen umzugehen. Als infolge eines verheerenden Sturms und eines wohl dadurch ausgebrochenen Feuers im Jahre 62 im Hafen von Ostia insgesamt dreihundert Transportschiffe sanken, die das für die Hauptstadt lebensnotwendige Getreide aus Afrika importierten, und deswegen sich die Angst der Bevölkerung in Unruhen Bahn zu brechen begann, erstickte der Kaiser den aufziehenden Unmut noch im Keim, indem er eine größere Menge verdorbenes Getreide, das sich in den Speichern Roms befand, vernichten ließ. Trotzdem stieg der Getreidepreis nicht – die Plebs verstand das Signal, gab Ruhe und war felsenfest davon überzeugt, dass der allerfürsorglichste Kaiser die Lage fest im Griff hatte.

Gerade die Angst vor Hungersnöten, keineswegs unbegründet in einer Millionenstadt, die völlig von der Lebensmitteleinfuhr aus großen Entfernungen abhängig war, konnte sehr schnell die Stimmung in der Bevölkerung zum Kippen bringen. Manch einer der Vorgänger Neros hatte dies schon am eigenen Leib erfahren müssen. So war etwa Claudius während einer Versorgungskrise von der aufgeheizten Menge sogar tätlich angegriffen worden und verdankte es nur dem beherzten Eingreifen seiner Prätorianer, dass er unversehrt aus der Sache herauskam. Und schließlich hing auch die weitgehende Abwendung der stadtrömischen Bevölkerung von Nero in dessen letzten Wochen in großem Maße damit zusammen, dass in der Provinz Africa ein potenzieller Thronprätendent, der Legat Clodius Macer, damit drohte, die Getreideversorgung der Stadt zu unterbrechen.

Überblickt man die Regierungszeit Neros insgesamt, so kann man feststellen, dass der Kaiser zwar versuchte, seine bei den Senatoren sinkende Gunst durch großzügige Geld- und Sachzuwendungen an die Plebs auszugleichen und dadurch das Wohlwollen der breiten Masse sozusagen als Gegengewicht zu der immer weniger geschätzten Aristokratie aufzubauen. Aber dennoch scheint seit dem Muttermord auch bei den hauptstädtischen Unterschichten der Stern Neros zunehmend im Sinken begriffen gewesen zu sein. So kam es erstmals anlässlich der *Neronia* des Jahres 60 zu offenen Missfallenskundgebungen der Plebs, als die Menge dem Kaiser den Applaus während der Spiele verweigerte.[7] Seit dieser Zeit flackerten immer wieder negative Gerüchte um Nero auf und fanden in der Bevölkerung einen sehr fruchtbaren Nährboden. Noch im gleichen Jahr 60 badete Nero in der Quelle der Aqua Marcia, derjenigen Wasserleitung, die angeblich das sauberste Wasser nach Rom führte, dem man sogar besondere Heilkräfte nachsagte.[8] Als der Kaiser kurz darauf erkrankte, hieß es in der *plebs urbana* sogleich, er habe mit seinem Bad die heilige Quelle verunreinigt und damit ein sakrales Unrecht begangen.[9] Nero galt damit als Frevler, der durch sein maßloses Verhalten die Götter erzürnte. Als im selben Jahr ein Komet erschien und ein Blitz angeblich in der Nähe des Wohnortes eines möglichen Thronrivalen einschlug[10], hörte man sehr schnell überall flüstern, diese Unheil bringenden Zeichen könnten nur das baldige Ende der neronischen Herrschaft ankündigen. Schleichend begann sich in den Reihen der städtischen Unterschicht eine Negativ-Stimmung gegen den Kaiser zu verbreiten, die durch geschickt gestreute Gerüchte zuungunsten des Herrschers angeheizt wurde – man kann sich sehr gut vorstellen, dass interessierte Kreise aus der Aristokratie hier ihre Hände im Spiel hatten. Immer häufiger kam es zu Zusammenstößen des Kaisers mit der ihm einst so gewogenen Plebs, immer brüchiger wurde damit der Boden, auf den sich die Herrschaft Neros gründete.

Rom brennt!

Einen ganz entscheidenden Knacks sollte die Beziehung zwischen Nero und der städtischen Bevölkerung allerdings im Sommer des Jahres 64 erleiden, als es im Zentrum der Hauptstadt zu einer verheerenden Brandkatastrophe kam.

Das Feuer brach in den frühen Morgenstunden des 19. Juli aus. Der Ursprung des Brandes ist wahrscheinlich in den hölzernen Buden zu suchen, die im Norden an den *Circus Maximus* angebaut waren. Dort lagerte leicht brennbares Material in Hülle und Fülle. Mag ein brennendes Öllämpchen herabgefallen, ein glühendes Kohlebecken umgekippt oder ein Frühaufsteher beim morgendlichen Feuermachen unachtsam gewesen sein, bei der Bauweise, die in Rom vorherrschte, genügte schon ein kleiner Funke, um ein Großfeuer entstehen zu lassen. In den zahllosen Mietskasernen der Millionenstadt, mit ihren Balkonen, Veranden, den Decken und Böden sowie Stiegen im Inneren – alles aus Holz – fanden die Flammen reichlich Nahrung. Die Möglichkeiten der Brandverhinderung waren gleich null, die Maßnahmen der Brandbekämpfung nicht besonders effektiv. Immer wieder wurden daher zahlreiche Menschen obdachlos, verloren Hab und Gut und manch einer auch sein Leben, weil ganze Straßenzüge zum Raub der Flammen wurden.

Augustus hatte nach einem Großbrand im Jahre 23 v. Chr. eine Feuerwehr eingeführt, die zunächst aus 600 Sklaven bestand. 6 v. Chr. wurde diese Truppe umorganisiert und auf eine Stärke von 7000 Mann, Freigelassene, die militärisch ausgerüstet waren und teilweise auch für Polizeiaufgaben eingesetzt wurden, aufgestockt. Sie waren in sieben Kohorten zu je sieben Zenturien eingeteilt und unterstanden einem *praefectus vigilum*. Jede Kohorte war für zwei Stadtviertel (*regiones*) zuständig und in eigenen Feuerwachen (*stationes, excubitoria*) direkt vor Ort untergebracht. Die *vigiles* (Feuerwehrleute) waren mit Spritzen, Eimern, Äxten, Leitern, Haken und ledernen Feuerpatschen zur Brandbekämpfung ausgerüstet. Dennoch waren Großbrände an der Tagesordnung und stellten eine latente Gefahr für die Bevölkerung dar.

Was nun im Juli 64 passierte, sollte jedoch alles bisher Dagewesene übertreffen. Es war mitten im Sommer, die Tageshitze hatte allmählich ihren Jahreshöhepunkt erreicht, und außerdem dürfte es schon längere Zeit nicht mehr oder zumindest kaum ausreichend geregnet haben, alles war also ausgetrocknet wie Zunder. Da genügte der kleinste Funke. Zunächst gerieten die zum *Circus Maximus* gehörenden Buden am Abhang des Palatin in Brand. Angefacht vom Luftzug – man muss sich die 600 m lange und 150 m breite Zirkusarena im etwa parallel zum Tiber verlaufenden Tal zwischen den beiden Hügeln Palatin und Aventin wie einen großen Kamin vorstellen, durch den der Wind ungehindert blasen konnte –, der sich durch die entstehende Hitze immer mehr verstärkte, standen bald die Bauten auf beiden Seiten der Rennbahn in Flammen. Das Feuer breitete sich rasend schnell in Richtung Osten zum Kolosseum-Tal und den unteren Bereiche des Esquilin aus. Nach kurzer Zeit brannten die Palastbereiche am Abhang des Palatin und die Flammen leckten über den Hügelkamm Richtung Forum Romanum. Ein zweiter Brandherd scheint am Nordhang des kapitolinischen Hügels entstanden zu sein, jedoch nicht auf die Bebauung in Richtung Marsfeld ausgegriffen zu haben, denn wir hören später, dass in diesem Areal Menschen, die ihre Unterkunft verloren hatten, unterkommen konnten. Bei Tacitus, der die ausführlichste und beste Schilderung des Brandes überliefert[11], liest man, dass die Feuersbrunst Geschäfte, Wohnhäuser, öffentliche Gebäude und altehrwürdige Heiligtümer, darunter den Tempel der Vesta auf dem Forum Romanum, zerstörte. Sechs Tage wüteten die Flammen. Erst als man breite Schneisen in die dicht gedrängte Bebauung schlug, gelang es den Brand einzudämmen. Aber bereits kurze Zeit später loderten die Flammen erneut auf, diesmal an anderer Stelle, in den Gärten des Nero-Günstlings und Prätorianerpräfekten Tigellinus. Wiederum breiten sie sich rasend schnell ins Zentrum der Stadt aus. Es dauerte nochmals drei Tage, bis das Inferno endlich gebannt war. Insgesamt neun Tage hatte damit das Feuer gewütet, die Angabe der Dauer bei Tacitus und auch Sueton[12] dürfte der Wahrheit entsprechen, da sie mit der auf Inschriften übereinstimmt. Diese steinernen Belege finden wir in Altäre eingemeißelt, die Kaiser Domitian (81–96) an den Rändern der vom Brand betroffenen Fläche (*area incendii Neronis*) für den Gott Neptun aufstellen ließ. Dort wurden jährlich staatliche Opfer dargebracht, damit Neptun, der Gott des Wassers, künftige Brände verhindern helfe. Außerdem sollten die Stadtbewohner dadurch auch die Brandkatastrophe, diesen Schicksalsschlag, im Gedächtnis behalten.

Aber wieder zurück ins Jahr des Großfeuers. Nun, Ende Juli des Jahres 64, blickte man entsetzt auf einen Trümmerberg im Zentrum Roms. Die Bilanz des Brandes war verheerend. Drei Bezirke der Stadt, nämlich *regio XI* (*Circus Maximus*), *regio X* (Palatin) und *regio IV* (die spätere Region *Templum Pacis*, nördlich des Forum Romanum) waren vollständig ein Raub der Flammen geworden. Nur vier der von Augustus geschaffenen 14 *regiones* (Stadtviertel) waren unversehrt geblieben. 10 000– 12 000 *insulae* (Mietshäuser) sollen abgebrannt und ca. 200 000 Menschen, vielleicht ein Viertel der Gesamtbewohnerzahl Roms, obdachlos geworden sein. Die Zahl der Todesopfer ist nicht bekannt, dürfte aber auch entsprechend hoch gewesen sein. Die Menschen waren geschockt und standen knapp vor der Panik. In den unversehrten Vierteln war die Enge unerträglich geworden und die Lebensbedingungen gerade in der stickigen Sommerhitze, in der es sowieso schon in der Stadt kaum auszuhalten war, hatten sich durch Rauch und Staub, Asche und Hitze, die aus den schwelenden Trümmern aufstieg, sicherlich noch um einiges verschlechtert. Schnell machten Gerüchte von Brandstiftung die Runde. War es nicht eigenartig, dass das Feuer so lange und so ausdauernd hatte wüten können? Hatte man nicht genau in der Gegend, in der es kurze Zeit später erneut gebrannt hatte, mehrere zwielichtige Gestalten laufen gesehen, vermummt und mit Fackeln in der Hand? War es nicht ein seltsamer Zufall, dass das Feuer gerade in den Besitzungen des verhassten Tigellinus wieder aufgeflammt war? Lag es da nicht nahe …? Und wo war eigentlich er gewesen? Wer er? Der Kaiser natürlich! Nero, der *pater patriae*, derjenige, der für die Wohlfahrt aller verantwortlich war.

Von Beginn des Prinzipats an, hatte es zu den Obliegenheiten des Herrschers gehört, bei Katastrophen helfend einzugreifen. Augustus hatte auch hier Zeichen gesetzt. Er hatte die Feuerwehr eingerichtet, er war persönlich zu Brandherden geeilt, um den Betroffenen Zuspruch und auch akute Hilfe zuteil werden zu lassen. Seine Gattin Livia hatte diese Verpflichtung ebenso wahrgenommen, sogar über den Tod ihres Gatten hinaus, wie seine Nachfolger. Aber wo war Nero gewesen?

Tatsächlich hatte sich der Kaiser bei Ausbruch des Brandes auf einem Sommersitz in seiner Geburtsstadt Antium aufgehalten. Von dort war er, und genau das wurde von den Massen sehr negativ bemerkt, nicht umgehend, nachdem ihn die Kunde vom Brand erreicht hatte, nach Rom zurückgekehrt, sondern erst als er hörte, dass auch sein Palast, die *domus transitoria*, vom Feuer bedroht sei. Als er in Rom das Flammenmeer mit eigenen Augen sah, besann er sich allerdings sehr wohl auf seine Pflichten als Herrscher und öffnete seine Gärten, um denjenigen Unterschlupf zu gewähren, die wegen des Feuers kein Dach mehr über dem Kopf hatten. Nach dem Brand stellte er finanzielle Hilfen sowie Baumaterial für den Wiederaufbau bereit und befahl, dass die Schiffe, die das Getreide für die Hauptstadt aus Ostia anlieferten, nicht leer zurückkehren, sondern die ungeheuren Massen von Brandschutt aufnehmen, und sie flussabwärts in die Sümpfe an der Tibermündung transportieren sollten.

Außerdem erließ Nero unter dem Eindruck des Brandes und eingedenk des nun einsetzenden Wiederaufbaus ein Gesetz mit Bauvorschriften (*lex Neronis de modo aedificiorum urbis*), die künftig helfen sollten, solche Katastrophen zu vermeiden. Darin wurde erneut die maximale Höhe der Wohnhäuser auf 70 Fuß = ca. 21 m festgeschrieben, wobei Nero hier auf eine Bestimmung, die fast 60 Jahre früher, im Jahr 6 n. Chr., von Augustus erlassen worden war, rekurrierte. Sie war wohl inzwischen in Vergessenheit geraten. Alle Wohnblöcke sollten an ihrer Vorderfront eine Säulenhalle besitzen, von deren Flachdach aus eine Brandbekämpfung auch für die oberen Stockwerke möglich würde. Die immensen Kosten für diese Veranden wollte Nero übernehmen. Bis zu einer gewissen Höhe, wahrscheinlich betraf dies das Erdgeschoss und das erste Stockwerk, sollten die Häuser nur aus Gabinischem oder Albanischem Stein bestehen, also ohne Holzbalken oder Fachwerk gebaut sein, weil massive Steinmauern die Brandgefahr beträchtlich reduzierten. In jedem Grundstück musste ein Hof vorhanden sein, der nicht verbaut werden durfte. Gemeinsame Brandmauern wurden untersagt und die vorgeschriebene Breite der Feuergassen zwischen den Häusern auf 10 Fuß (ca. 3 m) festgesetzt, damit das Übergreifen der Flammen von einem Haus auf das andere erschwert würde. Die Bereithaltung von Löschgeräten wurde nun ebenfalls obligatorisch.

Selbst diese zweifellos sehr sinnvollen Präventivvorschriften und Planungen wurden später von Neros Gegnern negativ kommentiert: Die Sommerhitze in der Stadt sei nun noch glühender und drückender, weil die Sonne wegen der größeren Breite der Straßen ungehindert einstrahlen könne. Trotz dieser beckmesserischen Kritik erwiesen sich die neronischen Bauvorschriften immerhin als so nützlich und effektiv, dass man sie bis in die Spätantike hinein beibehielt und befolgte. Außerdem schuf Nero auch Anreize für einen möglichst umgehenden Wiederaufbau, indem er Prämien sowie rechtliche Privilegien versprach, wenn jemand in einer bestimmten Frist seine *domus* (vornehmes Wohnhaus) oder eine *insula* (Wohnblock) wieder errichtete. Jeder Bauherr, der bisher nur ein eingeschränktes Bürgerrecht besaß (*ius Latinus*), sollte das volle römische Bürgerrecht bekommen, wenn er mindestens 100 000 Sesterzen in einen Hausbau investierte.[13] Das Schadensausmaß war jedoch so immens, dass die Wiederaufbaumaßnahmen trotz dieser Anreize noch vier Jahre später, beim Tod Neros, keineswegs abgeschlossen waren.

Neben den sehr pragmatischen Hilfen sorgte der Kaiser auch dafür, dass die übernatürlichen Mächte wieder versöhnt würden, denn eine solche Katastrophe konnte ja nur als ein Zeichen des Götterzorns verstanden werden. Die zuständige Expertenkommission, die *quindecemviri sacris faciundis*, wurde angewiesen, die sibyllinischen Bücher, eine alte Sammlung von Spruchweisheiten, zu befragen. Nur diese Priesterschaft konnte die rätselhaft verklausulierten Sprüche deuten und daraus ablesen, welche Sühnemaßnahmen zu ergreifen wären. Vulcan, Ceres und Proserpina, für diese drei Gottheiten sollte ein Betfest veranstaltet, und Juno, die höchste weibliche Gottheit in Rom, von den verheirateten Frauen, den Matronen, ebenfalls durch Gebete und Opfer geehrt werden. Anschließend musste ihr Tempel und ihr Bild mit Meerwasser besprengt werden. Alle geforderten Rituale wurde auf das Sorgfältigste ausgeführt, damit nur ja weitere Brände in Zukunft verhindert würden und die Angst der Massen sich wieder beruhigte.

Kaiserlicher Brandstifter?

Der unvoreingenommene Betrachter konnte bei all dem kaum einen anderen Eindruck gewinnen, als dass sich der Kaiser um das Wohl seiner Untertanen sehr wohl sorgte und seinen herrscherlichen Pflichten nachkam. Dennoch machte sich in Rom sehr schnell eine anti-neronische Stimmung breit und man hörte immer häufiger die Meinung, der Kaiser sei für den Brand verantwortlich. Ohne dass es dafür wirklich konkrete Hinweise gab, wisperte man sich überall zu, der Kaiser habe die Stadt mutwillig angezündet und eine effektive Bekämpfung des Feuers eher behindert als unterstützt. Dazu habe er geäußert, die verwinkelten Gassen, der Schmutz und die Unordnung der alten Stadt würden sein ästhetisches Empfinden sowieso beleidigten. Er wolle eine neue Stadt, die er dann mit seinem Namen, *Neropolis*, benennen würde. Die Gerüchteküche brodelte, immer eindeutiger wurden die Schuldzuweisungen: Der Kaiser sei ein Brandstifter und für das Inferno verantwortlich, und es wären seine Helfershelfer gewesen, die nach dem ersten Erlöschen des Brandes erneut Feuer gelegt hätten. Nicht von ungefähr sei das zweite Mal der Brandherd in den Besitzungen des kaiserlichen Prätorianerpräfekten lokalisiert worden. Und hatten nicht einige sogar den Herrscher gesehen, wie er von einem Turm seines Palastes, in den ehemaligen Gärten des Maecenas, hoch über der Stadt, mit seiner Leier saß und – gekleidet wie ein Schauspieler – ein Lied über das brennende Troja sang, während unter ihm seine Hauptstadt in Flammen aufging?

Wir können sicher sein, dass dieses Gerücht seinen Ursprung in den Kreisen hatte, die selbst davon überzeugt waren, dass diesem Herrscher alles an Schlechtigkeit zuzutrauen sei, einem Kaiser, der gerade in Neapel auf der Bühne aufgetreten war, sich fast nur mehr als Künstler gerierte, der jedes Maß vermissen ließ und die Sitten der Vorfahren mit Füßen trat, wo es nur ging. Mag es der Kreis um Piso, der ja schon seit längerer Zeit existierte, mag es eine andere oppositionelle Gruppierung gewesen sein, die das Gerücht vom kaiserlichen Brandstifter gezielt streuten: Die Gelegenheit war günstig, die Aversionen gegen den verhassten Kaiser auch im Volk zu stärken.

Die Christen als Sündenböcke

Schnell dürften Nero diese Anschuldigungen zu Ohren gekommen sein und ebenso schnell erkannte er die Gefahr, die sich hier zusammenbraute. In einer solch prekären Situation, in der die Stimmung der Massen emotional aufgeladen, der Schritt zur Hysterie nur mehr sehr klein war, da konnte jeder noch so abwegige Vorwurf einen guten Nährboden finden. Mit vernünftigen Argumenten war da kaum gegenzusteuern. Das Volk wollte Schuldige, die musste man ihm anbieten, sonst blieb die Verantwortung für die Katastrophe an einem selbst kleben. Und gab es da nicht eine Gruppe, deren geheimnisvolles Treiben sowieso schon seit längerem von vielen misstrauisch beobachtet wurde? Eine religiöse Sekte, die in letzter Zeit zwar ziemlichen Zulauf aus allen Bevölkerungskreisen hatte, über die man aber dennoch kaum etwas Genaues wusste? Sie trafen sich heimlich in den Häusern ihrer Anhänger, um gemeinsam ihrem Gott – sie hatten nur einen – zu huldigen und dabei ein Mahl zu feiern, über dessen Bedeutung und vor allem Ablauf man manch Grausiges munkelte. Auch im täglichen Leben sonderten sie sich von den anderen ab und blieben am liebsten unter sich. Angeblich, so sagten sie, warteten sie auf das Erscheinen ihres Gottes, eines Königs, der ein neues Reich aufrichten wolle.

Schon seit längerer Zeit wurde diese Gruppe, die irgendwie mit den Juden in Verbindung stand – ihr Glaube kam aus Iudaea, dort soll in der Zeit des Kaisers Tiberius auch ihr Messias, ein gewisser Christus, nach dem sie sich benannten, gelebt haben –, von den kaiserlichen Spionen argwöhnisch beobachtet. Im Volk hörte man viel über sie, Geheimnisvolles, kaum etwas Gutes. Menschenhass, *odium humani generis* sagte man ihnen nach.[14] Und lehnten nicht die Anhänger dieser Gruppe sogar die sakralen Riten ab, mit denen man nach dem Brand die Götter wieder versöhnen wollte? Ja nicht nur das, angeblich beschimpften sie die heiligen Bräuche als Götzendienst? Hatten nicht manche von ihnen, noch während die Stadt brannte, ganz fanatisch etwas von gerechter Strafe, Reinigung von den Sünden im flammenden Inferno der Endzeit gerufen? Da war es doch gar nicht so weit hergeholt, diese geheimnisumwitterte Minderheit für den Brand verantwortlich zu machen.

Schnell ließ man einige dieser *Christiani* verhaften und presste durch Folter Geständnisse aus ihnen heraus. Schon hatte man die Schuldigen, war selbst entlastet und konnte nun durch Schauprozesse und vor allem entsprechende Hinrichtungsspektakel dem Volkszorn die Nahrung geben, die er brauchte. Es ist wieder Tacitus, der diesen Mechanismus klar und deutlich schildert und dabei nicht zurückscheut, die als Volksbelustigung inszenierten Hinrichtungen in aller Grausamkeit zu beschreiben: *Bei ihrem* (gemeint sind die Christen) *Tode wurde auch noch Spott mit ihnen getrieben. Man steckte sie in die Felle wilder Tiere und ließ sie von Hunden zerreißen. Oder man schlug sie ans Kreuz und zündete sie an, sodass sie zu nächtlicher Stunde als Fackeln dienten. Nero hatte seinen Park zu diesem Schauspiel geöffnet und verband dies mit Zirkusvorführungen. Er selbst mischte sich in der Tracht eines Wagenlenkers unters Volk oder fuhr auf einem Rennwagen.*[15] Nach Tacitus wurden damals sehr viele Christen hingerichtet und bald zählte die christliche Tradition auch die beiden Apostel Petrus und Paulus zur Schar der neronischen Märtyrer.

Es besteht kaum Anlass, daran zu zweifeln, dass Nero diesen Weg wählte, um die Schuldvorwürfe von sich abzuwälzen. Die Christen wurden als Brandstifter beschuldigt, und die Urteile entsprachen auch diesem Vorwurf. Eine Minderheit diente als Sündenbock. Nicht wegen ihres Glaubens wurde sie verfolgt, sondern weil man sie eines Verbrechens bezichtigte, das eine ungeheure Katastrophe in der Metropole ausgelöst hatte. Ihre Religion beziehungsweise ihr fremdartiges Verhalten waren nur die Ansatzpunkte, an denen sich die Vorwürfe festmachen ließen. Wenn Nero in der christlichen Tradition als der erste Christenverfolger gilt – im Übrigen eine Meinung, die erst relativ spät, nämlich von Tertullian, der am Ende des 2. Jahrhunderts nach Christus schrieb, schriftlich fixiert wurde –, so entspricht dies sicherlich nicht der Wahrheit, denn das Vorgehen gegen die junge Christengemeinde in Rom war keineswegs religiös bedingt.

Die kaiserliche Residenz

Ein nicht unwesentlicher Grund dafür, dass die Brandstiftungsvorwürfe gegen den Herrscher auf fruchtbaren Boden gefallen waren und das Gerücht sich als sehr hartnäckig erwiesen hatte, lag auch darin, dass Nero unmittelbar nach dem Brand damit begann, eine ganze Reihe von Grundstücken aufzukaufen. Es gelang ihm, ein riesiges geschlossenes Areal vom Palatin über das Tal, indem sich später einmal das Kolosseum erheben sollte, und die Senke des Forums bis hin zum Caelius und *mons Oppius* in seinen Besitz zu bringen. Das Gebiet umfasste einen nicht unbedeutenden Teil des hauptstädtischen Zentrums. Vor der Katastrophe hatten sich hier Geschäfte, Lagerhäuser, aber auch private Wohnhäuser begüterter Aristokraten befunden. Auch der Kaiser hatte einzelne Grundstücke bereits in Besitz gehabt, und am südöstlichen Rand des Areals lag der von Nero begonnene und schon ziemlich weit gediehene Tempel für seinen vergöttlichten Vater, Claudius. Jetzt ließ der Herrscher zunächst einmal alles abräumen und fing dann mit der Errichtung einer kaiserlichen Palastanlage an, die alles, was die Hauptstädter an Luxusbauten bisher so gesehen hatten, in den Schatten stellen sollte. Ohne die vorausgegangene Feuersbrunst wäre eine auch nur annähernd so umfängliche Baumaßnahme, die das Herz Roms derartig grundlegend verändern sollte, kaum möglich gewesen. Hatte der Kaiser die Stadt anzünden lassen, um seine Träume von einer Herrscherresidenz, die seinen Maßstäben entspräche, in die Realität umsetzen zu können?

Bereits mit seinem vorherigen Palast, der zu einem großen Teil selbst den Flammen zum Opfer gefallen war, hatte Nero die Wohnverhältnisse seiner Vorgänger ganz entscheidend übertroffen und damit das gesprengt, was bisher für einen Princeps als angemessen gegolten hatte.

Augustus, der Begründer des römischen Kaisertums, hatte seine Wohnung auf den Palatin verlegt und dort durch eine originäre Verbindung von privatem Wohnhaus, das sich durchaus an den Standards seiner Standesgenossen orientierte, und öffentlichen Gebäuden, wie etwa dem Apollo-Tempel, etwas geschaffen, das zwar den Nukleus für die Residenzbauten der römischen Kaiser darstellen sollte, ohne jedoch selbst schon als Palast bezeichnet werden zu können. Seine Nachfolger hatten dann die augusteische Anlage über den Kamm des Palatin-Hügels bis zu dessen nordöstlichem Abhang erweitert. Caligula in seinem Größenwahn bezog schließlich den bereits im Forumsbereich liegenden Tempel für Kastor und Pollux als Vestibül in seinen Palast mit ein.

Aber das war alles nur bescheidenes Mittelmaß im Vergleich zu dem, was Nero plante, er wollte auch hier die bisherigen Grenzen sprengen. Schon vor dem Feuer hatte er die Bauten auf dem Palatin erneuert, wobei allerdings bereits dieser Gebäudeabschnitt – soweit erkennbar – mit einer Grundfläche von 15 000 m² etwa das Dreifache des Augustushauses bedeckte. Größe und Form sowie Ausstattung dieser hauptsächlich der Repräsentation dienenden Bereiche demonstrierten in beeindruckender Deutlichkeit den Wandel vom Wohnhaus eines Princeps unter Augustus zur Residenz eines monarchischen Kaisers. Diese erste Palastanlage, die Nero noch am Ende der 50er-Jahre begonnen hatte, war jedoch noch bedeutend ausgreifender. Ein anschließender Gebäuderiegel verband nämlich die Palatinbauten mit dem auf der Nordseite des Forumstals sich erhebenden Esquilin-Hügel, auf dem die ehemaligen Gärten des Maecenas lagen. Sie befanden sich schon seit Augustus in kaiserlichem Besitz und sorgten als innerstädtisches Refugium für die Rekreation der Herrscher. Der das Forum etwa im Bereich des später von Hadrian (117–138) erbauten Tempels für Venus und Roma durchquerende mächtige Spangenbau beabsichtigte also, die mehr repräsentativen Zwecken zuzurechnenden Bauten auf dem Palatin mit den eher für Erholung und Entspannung gedachten kaiserlichen Parkanlagen in den Randbezirken der Stadt zu kombinieren und damit *otium* (Erholung) und *negotium* (Geschäft) in harmonischer Art zusammenzubringen. Allerdings scherte Nero sich dabei nicht um vorhandene urbane Strukturen, im Gegenteil, die Anlage war bewusst so angelegt, dass sie das Forum Romanum, immerhin jahrhundertlang das politische Zentrum Roms, zum Vorhof der monarchischen Palastgebäude degradierte.

Mit mächtigen, mehrgeschossig angelegten Bogenkonstruktionen wurde der etwa 50 m betragende Höhenunterschied zwischen Palatin und Forumstal ausgeglichen. Die erforderlichen Stützkonstruktionen am Palatinhang ließen sich sehr gut in Form monumentaler Aufgangsrampen mit ausgeprägtem Repräsentationscharakter gestalten. Den ganzen, *domus transitoria* (Verbindungshaus) genannten Gebäudekomplex kennt man heute nur sehr rudimentär, da die im Tal gelegenen Teile ganz verschwunden sind und die im Bereich des Palatin errichteten von späteren Residenzgebäuden, vor allem der domitianischen Anlage, überbaut wurden. Die *domus transitoria* war wohl noch in Bau, als sie bereits der Feuersbrunst zum Opfer fiel. Zu den wenigen bekannten Abschnitten gehört ein Nymphaeum, also ein den Nymphen geweihtes Quellheiligtum in Form einer Grotte mit Wasserkaskaden, Bassins und einem unterirdischen Säulengang, einer Kryptoportikus, dessen Reste sich unter dem späteren Palast Domitians auf dem Palatin fanden.

Die einstige prächtige Ausstattung der Räumlichkeiten lässt sich in den Ruinen noch erahnen. Die Fußböden waren in feinster *opus sectile*-Technik mit verschiedenen kostbaren Marmorsorten ausgelegt, die Wände und die Gewölbe reich stuckiert, gemmengeschmückt und mit Fresken bemalt, die zu den frühesten Beispielen des unter Nero entstehenden, so genannten vierten pompejanischen Stil gehören. In impressionistischer Art sind auf den erhaltenen Resten unter anderem verschiedene Szenen aus dem Trojanischen Krieg dargestellt. Auch Teile der marmornen Wandinkrustationen haben sich erhalten und bezeugen den Luxus, aber auch den Geschmack, mit dem Nero seinen ersten Palast ausgestalten ließ.

Domus aurea

Nun, nach dem Brand, baute Nero einen neuen Palast, weitaus größer als der alte, noch weitaus prächtiger ausgeschmückt. Unter dem Namen *domus aurea*, Goldenes Haus, sollte die neue Residenz als individuelles Prestigeobjekt ihres Bauherrn in die Geschichte eingehen. Geplant war nicht ein Gebäude, auch nicht ein Gebäudekomplex, sondern vielmehr ein kaiserliches Luxusviertel, das sich vom Palatin über das Forum Romanum bis zum *mons Oppius* und zum Caelius erstreckte. Dafür wurden wohl zumindest Teile der auf dem Palatin vorhandenen Repräsentationsgebäude restauriert beziehungsweise in neuer Form wieder errichtet. Das Kernstück des neuen Palastes sollte allerdings ein weitläufiger Komplex darstellen, der sich über die beiden genannten Erhebungen zog. Umfängliche Teile seines Erdgeschosses sind erhalten geblieben, da Kaiser Trajan sie nach einem Brand im Jahre 104 mit Schutt anfüllen ließ und auf dem dadurch entstehenden Hügel einen ausgedehnten Thermenkomplex errichtete, der am 22. Juni 109 eingeweiht wurde. Die heute unterirdisch liegenden neronischen Raumfluchten vermögen uns noch einen Eindruck von der einstigen Pracht und den Dimensionen des berühmten Gebäudes zu vermitteln.

Bei dem Komplex mit einer Frontlänge von über 200 m und einer Breite von 50 m handelte es sich weder um eine Fortführung bisheriger Residenzarchitektur noch um einen neu geschaffenen Bautypus, sondern eigentlich um eine Seevilla, wie man sie an der Küste Kampaniens in größerer Zahl fand und wie sie bei den reichen Römern, auch dem Kaiser, als Sommeraufenthalt en vogue waren. Das Innovative lag nun darin, dass Nero diese Villenarchitektur, die eigentlich nur für den Freizeitaufenthalt, das *otium,* diente und freistehend in der weiten Landschaft der Küste gedacht war, mitten in das pulsierende Zentrum der Reichshauptstadt, direkt benachbart dem politischen Nabel des Reiches, verlegte und sie gleichzeitig von der Größe her enorm aufblähte. Um die Baulichkeiten auch ins richtige Umfeld zu setzen, ließ Nero inmitten des dicht bebauten Stadtzentrums, anschließend an das Forum Romanum sowie die von Caesar und Augustus errichteten Fora eine ländliche Idylle schaffen, mit einem riesigen künstlichen See, der sich vor dem zurückspringenden fünfeckigen Mitteltrakt des Gebäudes befand – später sollte dort einmal das berühmteste Amphitheater Roms, das Kolosseum, seinen Platz finden. Der See wurde durch eine eigene Wasserleitung gespeist; dieses Aquädukt, *arcus Neroniani,* war eine Abzweigung einer bereits von Claudius angelegten Wasserführung[16]. Das herangeführte Nass ergoss sich in den imposanten Kaskaden eines großen Nymphaeums an der Südseite des Sees. Nero war nicht davor zurückgeschreckt, die schon fertigen Teile des Tempels für seinen Vater zu Wasserspielen umfunktionieren zu lassen. Zu diesem Zeitpunkt scheint also der immer egomanischer werdende Kaiser bereits keinen Wert mehr darauf gelegt zu haben, als Sohn eines vergöttlichten Vaters dessen Kult adäquat zu besorgen und dabei vielleicht auch etwas von der göttlichen Aura seines Ahnen abzubekommen.

Auf dem den Gesamtbau umgebenden, immens großen Areal (Abb. S. 173) waren Wälder angepflanzt und fanden sich Parklandschaften mit Tiergehegen. Die neue Villa selbst war eine reine Wohnanlage mit zwei Flügeln. Die Raumfluchten im Westen gruppierten sich um einen

220

großen Innenhof, in dem sich ein weiteres Nymphaeum befand. Dieses Quellheiligtum wurde vor einigen Jahren ergraben und besaß ein kunstvolles Deckenmosaik, auf dem Odysseus dem Riesen Polyphem einen Weinbecher reicht. Sowohl die architektonische Gesamtgestaltung der *domus aurea* wie auch die zumindest in Teilen noch erkennbare Innenausstattung zeigen höchstes künstlerisches wie auch technisches Niveau. Reichlich fanden neue, luxuriöse Ausstattungsmaterialien, unter anderem Porphyr aus Ägypten, für die Wanddekorationen Verwendung. Die Anwendung technisch-innovativer Konstruktionen, etwa bei den Gewölben beziehungsweise Kuppelrotunden, oder der Einbau kunstvoller Wasserspiele als dekorative Elemente in die Innenräume lassen erkennen, dass Nero auch hierfür ein Gespür und sehr ausgeprägte Kenntnisse besaß und mit diesem Gebäudekomplex alle seine architektonischen und künstlerischen Vorstellungen verwirklicht sehen wollte.

Hier kulminierten verschiedene Entwicklungen, die sich in früheren Bauten Neros bereits angekündigt hatten beziehungsweise dort vorbereitet und erprobt wurden. So hatte der Kaiser die harmonische Verbindung von Natur und Architektur, aber auch – ganz gegensätzlich dazu – die Überwindung der Natur durch menschliche Ingenieurleistungen bereits bei seinem Villenbau in *Sublaqueum* (heute Subiaco), den er im Jahre 60 begann, angestrebt. Zu diesem Villenkomplex, der allerdings bis zum Tode Neros nicht fertig gestellt wurde, gehörten ebenfalls umfängliche Wasserbaumaßnahmen: Dämme, neu angelegte Seen sowie unter anderem ein künstliches Bassin, das sich, auf einer Länge von mehreren Meilen auf beiden Seiten von Säulenhallen umstanden, von Misenum bis zum Averner See ziehen sollte. Dieser *stagnum Neronis* (Neros Teich) findet sich noch auf Glasflaschen in Gravur abgebildet, die, gedacht als touristische Mitbringsel, im 3. und 4. Jahrhundert in der Gegend der Bucht von Neapel hergestellt und verkauft wurden.

Hinsichtlich der dekorativen Raumausstattung kann auch die *domus transitoria* als Vorläufer der *domus aurea* gesehen werden.

Wir kennen die Namen der zwei für den neuen Palastbau maßgebenden Architekten und Ingenieure, Severus und Celer, sowie den Maler Fabullus, der mit der Innendekoration der kaiserlichen Räume beauftragt war. Obwohl gerade in der Zeit Neros sowohl architektonische wie künstlerische Trends häufig aus Griechenland übernommen wurden und daher viele griechische Baufachleute in Rom tätig waren, lassen die Namen dieser drei keine griechische Abstammung vermuten. Bei dem Nero immer wieder unterstellten Hang zum Philhellenismus scheint dies schon die Zeitgenossen verwundert zu haben, ansonsten hätte

Plinius d. Ä. kaum so explizit die römische Herkunft des Malers Fabullus betont: *Er malte nur wenige Stunden am Tag, auch dies nur mit Feierlichkeit, weil er stets, sogar bei seinen Staffeleien, die Toga trug.*[17]

Eventuell hatte Fabullus vorher in Pompeji gearbeitet, jedenfalls entwickelte er den vierten pompejanischen Stil bei seiner Ausgestaltung der *domus aurea* in genialer Form weiter und schuf dabei ornamentale Motive von einer Feinheit und Kunstfertigkeit, aber auch einer Farbvielfalt, wie man sie vorher noch nicht gekannt hatte. Plinius charakterisiert die von Fabullus verwendete Farbpalette als *floridus et humidus*. Mit *floridus* werden dabei die Farben Blau, Rot, Grün, Gold, Weiß und Schwarz bezeichnet, während sich *humidus* auf pastose und ineinander verlaufende Töne bezieht.

Mit Hilfe technisch raffinierter Effekte, wie die schon erwähnten Wasserfälle, Becken sowie ausgeklügelte Lichtführung durch teilweise verdeckte Oberlichtöffnungen, wurde die Wirkung der malerischen und musivischen Ausstattung noch beträchtlich gesteigert.

Die ersten Abenteurer, die in der Zeit der Renaissance wagemutig durch tiefe Schächte von oben her in das Goldene Haus vordrangen, erzählten begeistert von der Farbenpracht und der Formensprache der Wand- und Deckenbemalungen der ihnen höhlenartig erscheinenden Innenräume. Neugierig gemacht von den Erzählungen kletterten bald auch Maler in die dunklen Grotten und begannen, fasziniert von dem Formenschatz und der Feinheit der Ausmalung, beim Schein von Fackeln und Öllampen diese ‚Grotesken‘, wie man die Bemalungen gemäß ihres Fundorts nach kurzer Zeit nannte, zu kopieren. Mancher von ihnen verewigte sich mit seinem Namenszug an den Deckengewölben, sodass wir heute etliche Besucher identifizieren können. Was sie dort unten vorfanden, übertrugen sie in die Adelspaläste und vornehmen Wohnhäuser Roms und schufen damit den neuen Stil der Groteskenmalerei, dessen Eleganz und Leichtigkeit noch heute in den Loggien des Vatikan, die von Raffael und seinen Schülern zu Beginn des 16. Jahrhunderts ausgemalt wurden, tief beeindruckt.

Wenn wir uns eine Vorstellung von der einstigen Pracht der *domus aurea* machen wollen, dürfen wir auch die bewegliche Ausstattung der Räume nicht vergessen. Nero ließ dafür Hunderte von Statuen und Statuengruppen aus Griechenland und Kleinasien nach Rom schaffen, darunter berühmte bronzene Gallier-Figuren aus Pergamon. Die barocke Gestaltung dieser Skulpturen, die wir noch in den erhaltenen Marmorkopien nachempfinden können, passte sicherlich sehr gut in die Gesamtkomposition der vielgliedrigen Raumfluchten (Abb. S. 174).

Der Eingangsbereich der neronischen Anlage befand sich auf dem Velia-Hügel oberhalb des Forum Romanum. Dort, nahe der *via sacra*, der Prozessionsstraße, erhob sich eine riesige, 120 Fuß (fast 40 m) hohe Bronzestatue, deren Kopf mit großer Wahrscheinlichkeit die Gesichtszüge des Hausherrn zeigte. Das Wunderwerk der Metallgusstechnik damaliger Zeit war von einem Künstler namens Zenodoros geschaffen worden[18] und überragte sogar die Figur des Koloss von Rhodos an Höhe. Das Gesicht Neros blickte in Richtung auf das Forum – Mahnung und Fürsorge gleichzeitig. Vespasian, der siegreich aus den Thronkämpfen hervorgehende Nero-Nachfolger, ließ nur wenige Jahre später den Kopf Neros zu dem des Sonnengottes umarbeiten. Dieser Helios-Koloss gab später dem Gebäude, vor dem er schließlich unter Kaiser Hadrian seinen Platz fand, den Namen: Kolosseum. Wenn man Nero mit Blick auf diese Figur Gigantomanie unterstellt, dann ist das nicht völlig aus der Luft gegriffen, und das war wohl nicht die einzige überlebensgroße Darstellung des Kaisers. Plinius d. Ä. erwähnt nämlich, dass Nero auch befohlen hatte, von ihm ein Gemälde in vergleichbarer Größe auf Leinwand herzustellen, das er in den Gärten des Maius (*horti Maiani*) aufstellen ließ, die mit aller Wahrscheinlichkeit ebenfalls noch im neuen Palastviertel lagen. Allerdings verbrannte es kurz nach der Fertigstellung, entzündet durch einen Blitzeinschlag.[19]

Eine beeindruckende Vorstellung von der ausgeklügelten, technisch absolut modernen Architektur der *domus aurea* und ihrer prächtigen, wertvollste Baumaterialien aufweisenden Innenausstattung bietet uns trotz ihrer Kürze die Beschreibung durch Sueton: *Das Vestibül war so groß, dass darin eine hundertzwanzig Fuß hohe Kolossalstatue Neros stehen konnte, die Ausdehnung des gesamten Baus so ungeheuer, dass seine aus drei Säulenreihen bestehenden Umgänge tausend Fuß [330 m] lang waren, dass er ferner einen Teich einschloss, der wie ein Meer mit Gebäuden umgrenzt war, welche Städte vorstellen sollten. Dazu Ländereien, wo Kornfelder mit Weinpflanzungen, Viehweiden mit Wäldern, belebt von einer Menge der verschiedenartigsten zahmen und wilden Tiere, abwechselten. Im Übrigen war alles mit Gold, Edelsteinen und Perlmut bedeckt. Die Speisezimmer hatten getäfelte Decken mit beweglichen und durchlöcherten Elfenbeinplatten, um Blumen und wohlriechende Essenzen von oben her über die Gäste verteilen zu können. Der Hauptspeisesaal war rund und drehte sich in einem fort, Tag und Nacht wie das Weltall. Die Bäder wurden teils mit Meerwasser, teils mit Wasser aus der Albula gespeist.*[20]

Vor allem der erwähnte Speisesaal mit seiner drehbaren Kuppel scheint ein wahres Meisterwerk an technischer Raffinesse gewesen zu sein. Seit man bei den Grabungen unter den Trajansthermen im Ostflügel des neronischen Komplexes einen achteckigen Raum entdeckte, der eine Höhe von 10 m aufweist und von einer Kuppel überwölbt ist, reißen die Spekulationen darüber nicht ab, ob es sich dabei um den von Sueton beschriebenen Saal handeln könnte (Abb. S. 174). Allerdings unterstützt der archäologische Befund dahingehende Deutungen nicht, auch wenn immer wieder behauptet wird, man habe Hinweise auf den Drehmechanismus in den Wänden beziehungsweise der Kuppel entdeckt.

Wir wissen nicht, inwieweit diese Prachtanlage wirklich fertig war, als Nero, *der Liebhaber des Unglaublichen*, wie ihn Tacitus nennt[21], nur vier Jahre nach dem Baubeginn seinen Tod fand. Immerhin scheint der Kaiser zumindest Teile davon noch bewohnt zu haben, denn Sueton berichtet weiter, dass er bei der Einweihung voller Hybris gesagt haben soll, nun fange er endlich an, wie ein Mensch zu wohnen. Was entstanden war, war nicht mehr der Palast eines regierenden Monarchen, sondern das paradiesische Elysium eines bereits über die menschliche Sphäre hinausgewachsenen Wesens, dessen Luxus keine Grenzen mehr kannte. Wenngleich wir die wirkliche Fläche der von Nero geschaffenen Gesamtanlage nicht kennen, so kann man doch sagen, dass sie alle bisherigen Kaiserbauten bei weitem übertraf. Selbst vorsichtige Berechnungen gehen immerhin von einer Größenordnung aus, die an den heute existierenden Vatikan-Staat (ca. 50 ha) heranreicht. Manche Schätzungen erreichen fast das Doppelte, was dann in etwa der Größe der hadrianischen Villa in Tibur (Tivoli) von ca. 80 ha entsprechen würde. Von der römischen Bevölkerung wurde die Megalomanie des ‚Nero-Viertels‘ entsprechend sarkastisch kommentiert: *Rom soll sein Haus werden, falls dieser Palast nicht sogar bis Veii reicht!*[22] Otho, einer der kurzzeitigen Nachfolger Neros im Vierkaiserjahr 68/69 konnte sich mit dem Wohnluxus seines ansonsten von ihm nicht geliebten Vorgängers durchaus anfreunden und investierte als eine seiner ersten kaiserlichen Taten immerhin noch mal 50 Millionen Sesterzen in die Vollendung der Anlage. Er war wohl auch der letzte Herrscher, der die *domus aurea* bewohnte. Sein Nachfolger Vitellius, auch er nur ein ‚Übergangskaiser‘, konnte dagegen ebenso wie seine Frau diesem Palast nichts abgewinnen, da ihm jegliche Eleganz fehle. Sie bezeichneten ihn sogar als armselig, mit bescheidener und minderwertiger Austattung.[23] Völlig abgelehnt wurde der neronische Prachtbau dann von Vespasian und seinen Söhnen, die damit begannen, weite Teile des Areals wieder der Allgemeinheit zur Verfügung zu stellen. Der künstliche See wurde trockengelegt und an seiner Stelle entstand das *amphitheatrum Flavium* (Kolosseum), das, im Jahre 80 unter Titus eingeweiht, zum Zentrum der römischen Massenvergnügungen werde sollte. Noch im gleichen Jahr stellte Titus der Öffentlichkeit auch einen Thermenbau zur Verfügung, den er wohl aus einer neronischen Vorgängeranlage hatte umbauen lassen. Damit demonstrierte eine neue Herrscherdynastie ganz bewusst ihre Volksverbundenheit und ihre Ablehnung all dessen, was mit dem ‚Tyrannen‘ Nero identifiziert werden konnte. Martial bringt diesen Gedanken in einem Gedicht zum Ausdruck, das er anlässlich der Eröffnung des Kolosseums zur Ehre seines Gönners, Kaisers Titus, verfasste:

Hier, wo des Sonnengottes Koloss das Firmament / aus größerer Nähe
  sieht,
wo mitten auf dem Weg hochaufgerichtete Maschinen / in die Höhe
  wachsen
da strahlten einst die viel gehassten Atrien / des Schreckensherrschers.
Es stand im ganzen Stadtteil nur dies eine Haus.
Hier, wo der wunderbare Riesenbau des nicht / zu übersehenden
Amphitheaters sich erhebt, da waren einst / des Nero Seen.
Hier, wo die Thermen wir bestaunen, / dem Volk rasch hingebaut als
  ein Geschenk,
da nahm ein stolzer Kaiserpark den armen Leuten einst / das Dach
  vom Kopfe weg.
Dort, wo die Claudier-Säulenhalle / weiten Schatten wirft, da war
der letzte Teil des ferne sich verlaufenden Palasts.
Nun ist sich Rom zurückgegeben, / und Caesar, unter deinem Schutz
dient das Volk zur Freude, was / einst nur des Kaisers Freude war.[24]

Nirgends spiegelt sich die Persönlichkeit Neros deutlicher wider als an der *domus aurea*. Die hier zu Tage tretende Megalomanie ist Ausdruck einer unreifen und unausgeglichenen Persönlichkeit, die mit allen Mitteln Aufmerksamkeit zu erregen sucht und, falls sie in irgendeiner Form enttäuscht wird, fast infantile Frustrationen zeigt. Deutlich werden auch Ansätze von Realitätsflucht, aber ebenso eine ausgeprägte Hartnäckigkeit, seinen Willen den Zeitgenossen aufzuzwingen, koste es, was es wolle.

DER SIEGREICHE NERO

Poppaeas Ende

Mit der erfolgreichen Bekämpfung der Pisonischen Verschwörung hatte Nero keineswegs schon alle Schicksalsschläge des Jahres 65 abgewehrt. Auch im privaten Bereich sollte sich bald eine Katastrophe ereignen. Nachdem die *Neronia* während des Sommers so ganz nach den Vorstellungen und zur Freude des Kaisers abgelaufen waren, geschah das Unglück. In einem Augenblick der Unbeherrschtheit und des Jähzorns trat Nero seiner geliebten Frau Poppaea Sabina mit dem Fuß in den Unterleib. Poppaea, die gerade erneut schwanger war, muss dabei so schwere innere Verletzungen erlitten haben, dass sie kurze Zeit später daran verstarb. Nero war außer sich vor Schmerz über den Verlust seiner geliebten und wohl auch von ihm sehr geachteten Ehefrau. Noch nach ihrem Tod scheint er von ihrer Schönheit so fasziniert gewesen zu sein, dass er den Leichnam nicht – wie es eigentlich römischer Brauch war – auf einem Scheiterhaufen verbrennen, sondern nach Art der Ägypter einbalsamieren ließ, damit der Körper erhalten bliebe. Und im folgenden Jahr, als der Kaiser schon seine dritte Ehefrau, Statilia Messalina, geheiratet hatte, begleitete ihn auf seiner Reise nach Griechenland ein Sklave als Lustknabe, dessen Gesichtszüge denjenigen Poppaeas stark ähnelten.

Trotzdem der Kaiser also an Poppaea sehr hing und sie wohl wirklich geliebt hatte, scheint er bereits während seiner Ehe mit ihr ein Verhältnis mit Statilia gehabt zu haben. Sie war die Tochter des Konsuls des Jahres 44, Titus Statilius Taurus, und bereits viermal verheiratet, bevor Nero sie dann ehelichte. Erst im Jahre 63 war sie die Ehe mit dem Senator Iulius Vestinus Atticus eingegangen, den Nero zwei Jahre später, während er das Konsulat innehatte, zum Selbstmord zwang. Es ist nicht klar, ob Nero damit vorrangig ein Hindernis zwischen sich und seiner Geliebten aus der Welt schaffen wollte, oder ob andere Gründe für die Beseitigung Vestinus' ausschlaggebend waren. Offen bleiben muss auch, ob Poppaea zu diesem Zeitpunkt bereits tot war. Mit einer neuen Eheverbindung ließ sich Nero jedenfalls noch etwas Zeit. Erst bevor er im Herbst 66 zu seiner Tournee aufbrach, heiratete er seine ehemalige

Mätresse. Gleich nach dem Tod Poppaeas hatte Nero wahrscheinlich noch eine Ehe mit der Claudius-Tochter Antonia[1] erwogen. Gegen diese Heirat, die Neros Herrscherstellung deutlich gestärkt hätte, hatte sich Antonia allerdings erfolgreich gewehrt. Ein Erbe aus dieser Verbindung hätte durch seine mehrfache Einbindung in die iulisch-claudische Dynastie sehr gute Karten im Spiel um kaiserliche Nachfolge gehabt. Diese enge Anbindung an die Herrscherfamilie fehlte der jetzigen Ehefrau Statilia. Um dieses Manko zumindest ein wenig auszugleichen, verlieh ihr Nero unmittelbar mit der Heirat den Namen *Augusta*. Mit dieser Zuerkennung avancierte die bislang als ehrender Beiname fungierende Bezeichnung noch einen Schritt weiter hin zum offiziellen Titel für die Kaiser-Gattinnen.[2]

Tiridates in Rom

Der beginnende Sommer 66 offerierte Nero dann wieder einmal eine Gelegenheit, sich so zu zeigen, wie er sich selbst am liebsten sah und auch gesehen werden wollte, nämlich als großer Held und allmächtiger Potentat. Nach neunmonatiger Reise war Tiridates, der vorgesehene Herrscher über Armenien und Bruder des parthischen Großkönigs Vologaesus, endlich in Italien eingetroffen. Trotzdem die Römer ja an der Südflanke des Kaukasus ganz nahe an einem militärischen Desaster vorbeigeschrammt waren, hatte der erfolgreiche Feldherr und geschickte Diplomat Domitius Corbulo einen für die Römer durchaus schmeichelhaften Modus hinsichtlich der Thronbesetzung Armeniens aushandeln können. Wir erinnern uns, Tiridates, der Favorit des persischen Großkönigs, hatte im römischen Militärlager bei Rhandeia sein Diadem vor einer Nero-Statue niedergelegt und feierlich geschworen, es nur wieder in Rom vom Kaiser persönlich in Empfang zu nehmen. Erst damit würde seine Herrschaft rechtmäßig und wirkkräftig werden.[3]

Tiridates hatte für seine Reiseroute aus dem fernen Land um den Van-See zur italischen Halbinsel den viel längeren und ungleich beschwerlicheren Landweg einer Schiffspassage von der Küste Syriens über das Mittelmeer vorgezogen, da es ihm als Anhänger der persischen Gottheit Mithras verboten war, das Meer mit menschlichen Exkrementen zu verunreinigen, wie Plinius d. Ä. schreibt.[4] Nur an der Nahtstelle zwischen Europa und Asien hatte Tiridates auf eine Überquerung des Hellespont per Schiff nicht verzichten können. Der armenische Herrscher war mit großem Gefolge unterwegs. Neben seiner Frau, die wie er den gesamten Weg zu Pferd auf sich nahm, begleiteten ihn sein ganzer Hofstaat sowie eine große Zahl parthischer Adeliger, Söhne seines Bruders Vologaesus, aber auch etliche hochrangige römische Offiziere. Außerdem gehörte eine Reihe von Mithras-Priestern und Magiern zu seinem Tross. 3000 parthische Reiter sicherten die Gruppe. Hier eilte keinesfalls ein Bittsteller zu seinem Herrn. Größe und Pracht verliehen dem Zug, der durch Syrien und Kleinasien nach Illyrien und schließlich nach Italien führte, eher den Anschein, ein siegreicher Feldherr durchziehe ein von ihm erobertes Gebiet. Dieser Eindruck wurde dadurch noch verstärkt, dass Tiridates nicht bei den jeweiligen römischen Provinzstatthaltern vorstellig werden musste, sondern im Gegenteil Privilegien wie ein reisender Konsular (Senator, der bereits Konsul gewesen war) genoss. So mussten Straßen repariert und eine Ehreneskorte gewährt werden. Die auf der Reiseroute liegenden Städte wurden herausgeputzt und die Bewohner verpflichtet, bei der Ankunft des Armenien-Herrschers jubelnd Spalier zu stehen. Quartier und Fourrage für die unzähligen Reit- und Zugtiere, wie auch für die Menschen waren von den Provinzialen bereitzustellen. Der Durchzug der Reiter- und Wagenkolonne brachte damit für die betroffenen Verwaltungssprengel eine fast unzumutbare Belastung der ökonomischen Ressourcen mit sich. Fast 800 000 Sesterzen soll der tägliche (!) Aufwand für die fürstlichen Reisenden betragen haben.

Nero hatte Tiridates an die Grenze zu Italien einen zweispännigen Wagen entgegenschicken lassen. Auf ihm fuhr nun der Parther-Fürst Richtung Süden, allerdings nicht direkt nach Rom, Nero war es nämlich ein Anliegen, den armenischen Herrscher zunächst in seiner Lieblingsstadt Neapel zu empfangen. Der Weg des parthischen Prinzen führte daher entlang der adriatischen Küste durch Umbrien und Picenum, sodann über den Apennin in die kampanische Küstenstadt. Dort huldigte Tiridates seinem Oberherrn zum ersten Mal. Allerdings ließ er es nicht zu, dass man ihm vor dem Treffen wie üblich alle Waffen abnahm, sondern bestand darauf, seinen Dolch zu behalten. Er war nur damit einverstanden, dass man die Waffe unbrauchbar machte, indem man sie mit Nägeln in ihrer Scheide befestigte. Cassius Dio, dem wir den ausführlichsten Bericht darüber verdanken, beschreibt die Zusammenkunft folgendermaßen: *Dann kniete er* [Tiridates] *auf dem Boden nieder, kreuzte die Arme, nannte Nero seinen Herrn und huldigte ihm.*[5]

Im Anschluss daran reisten beide zusammen, Nero und Tiridates, nach Rom. Auf dem Weg dorthin lud der römische Herrscher seinen Gast noch zu Gladiatorenspielen, die ein reicher Freigelassener des Kaisers, namens Patrobius, prächtig und kostspielig ausgerichtet hatte, nach Puteoli. Den Aufwand für diesen *ludus* konnte man daran ermessen, schreibt Dio weiter, dass an einem Tag nur Äthiopier, also Menschen, die man nach römischer Vorstellung vom Rande der bewohnten Welt herbeigeschafft hatte, und zwar Männer, Frauen und Kinder, auftraten. Als weiterer Höhepunkt der Spiele gönnte man dem auswärtigen Gast das Vergnügen, von seinem Sitzplatz aus mit Pfeil und Bogen auf die wilden Tiere in der Arena zu schießen. Der – wie man annehmen darf – passionierte Jäger und zielsichere Bogenschütze Tiridates soll dabei mit einem Schuss zwei Stiere zugleich erlegt haben.

Anschließend zog der gesamte Tross mit Kaiser und armenischem König in das mit Lichtern und Girlanden festlich geschmückte Rom ein. Auf dem Forum sollte die feierliche Bestallung des Vologaesus-Bruders vorgenommen werden. Nero ließ diese Zeremonie als grandioses Schauspiel inszenieren, an dem möglichst viele Zuschauer teilnehmen sollten, um die Größe ihres Herrschers zu bewundern, zu dem sogar Könige aus Asien reisten, um seine Huld zu erbitten. Allerdings, so schreibt zumindest Sueton[6], machte zunächst das Wetter der geplanten ‚Show' einen Strich durch die Rechnung. Die Veranstaltung musste wegen Nebels verschoben werden. Daraufhin wurde ein neuer Termin durch Edikte bekannt. Bereits in der Nacht vorher nahmen die Zuschauer auf dem Forum ihre Plätze ein. Die in die weiße Toga, das Zeichen der Bürgerschaft, gekleideten Römer trugen Lorbeerzweige. Vor den an das Forum angrenzenden Tempeln waren Soldaten in voller Rüstung aufgestellt. Das Interesse des *populus Romanus* war so groß, dass zahllose Neugierige sogar auf die Dächer der Gebäude am Rande des Forums gestiegen waren, um zumindest aus der Ferne noch einen Blick auf das Spektakel werfen zu können. Bei Tagesanbruch zog dann der Kaiser im Triumphatorengewand, also mit der Purpurtoga und der *tunica palmata* (weißes Untergewand) bekleidet sowie dem Lorbeerkranz auf dem Haupt, gefolgt von der ehrwürdigen Senatorenschaft auf der *via sacra* ein. Eskortiert wurde die würdevolle Prozession von den Prätorianern. Der Kaiser bestieg die Rednerbühne (*rostra*) nahe der *curia* und nahm dort auf seiner *sella curulis*, dem Amtssessel, Platz. Erst dann betrat der armenische König samt seinem Gefolge den Versammlungsplatz, durchschritt die Menge und wartete vor der Rednerbühne.

Nach Cassius Dio[7] sprach er von dort aus Nero an und nannte ihn seinen anbetungswürdigen Mithras, der sein Glück und sein Schicksal sei. Der so einem Gott gleichgestellte Nero antwortete gönnerhaft, dass Tiridates gut daran getan habe, zu ihm zu kommen, denn nur er könne ihm das geben, was ihm weder sein Vater noch sein Bruder gewähren konnten. Er mache ihn zum König von Armenien, denn er habe die Macht, Königreiche wegzunehmen, aber auch sie zu verleihen. Es ist kaum anzunehmen, dass Cassius Dio, der beinahe zweihundert Jahre später sein Geschichtswerk verfasste, hier den authentischen Wortlaut wiedergibt, aber zumindest sinngemäß wird der Dialog zwischen beiden Herrschern so abgelaufen sein. Erst jetzt bestieg Tiridates die *rostra* und vollzog vor dem Kaiser die orientalische Geste der Huldigung, die Proskynese, den Kniefall. Der Kaiser reichte ihm seine Rechte und hob ihn auf. Sodann begrüßte er ihn mit einem Kuss. Als Höhepunkt der Zeremonie setzte er dem armenischen Herrscher das Diadem auf sein Haupt, wodurch dieser offiziell die Königswürde aus der Hand des römischen Kaisers empfangen hatte. Dieser Krönung war die explizite Bitte Tiridates um die Herrschaftsverleihung vorausgegangen, die dieser mit lauter Stimme ausgesprochen hatte und die, wie auch die vorausgegangenen Ansprachen, für die Zuschauer übersetzt wurde.

Im Anschluss an diesen Staatsakt ließ Nero noch etliche Oppositionelle – die Verhaftungswelle rollte seit der Aufdeckung der Pisonischen Verschwörung ungebrochen weiter –, deren Verurteilung deswegen extra aufgeschoben worden war, öffentlich hinrichten. Ein jeder, nicht nur der armenische König und dessen Gefolge, bekam damit die Macht des Kaisers über Leben und Tod drastisch vor Augen geführt.

Für den weiteren Ablauf des Staatsbesuchs hatte man extra das Pompeiustheater auf das Prächtigste renoviert. Auf die purpurnen Sonnensegel war in der Mitte eine großflächige Darstellung aufgestickt, die Nero als Wagenlenker zeigte. Beim abendlichen Gastmahl sang der römische Kaiser dann sogar vor seinen Gästen zur Leier und ließ es sich auch nicht nehmen, anschließend, gekleidet im Renndress der ‚Grünen‘, noch seine Künste als Wagenlenker zu demonstrieren. Die staunende Menge war begeistert ob der Pracht und nannte den Tag den ‚Goldenen‘. Der orientalische Gast, Tiridates, soll von den Eskapaden seines Oberherrn, der sich hier selbst zum standeslosen Zirkuskünstler degradierte, eher abgestoßen gewesen sein.[8]

Allerdings hütete er sich, dies offen zu zeigen, im Gegenteil, er schmeichelte weiterhin dem römischen Herrscher, eine Überwindung und Selbstverleugnung mit Kalkül, die sich auch wirklich für ihn auszahlen sollte. Angeblich erhielt er von Nero, der sich – wie man sich denken kann – ob der geheuchelten Bewunderung und den verbalen Lobhudeleien maßlos in seinem Ego gestärkt sah, Geschenke im Wert von insgesamt 200 Millionen Sesterzen. Das entsprach immerhin zweihundert Mal dem Mindestvermögen eines Senators. Außerdem wurde dem armenischen Herrscher erlaubt, seine zerstörte Hauptstadt Artaxta wieder aufzubauen. Als Dank für die Großzügigkeiten nannte Tiridates seine Metropole dann auch *Artaxata Neroneia*. Für den Wiederaufbau nahm Tiridates eine ganze Menge römischer Handwerker mit nach Armenien. Zum Teil handelte es sich dabei um staatliche Fachleute, zum Teil aber auch um gegen Lohn angeheuerte Privatkräfte – ein sehr gutes Beispiel für den Transfer von römischer Technologie und römischem Know-How über die Grenzen des römischen Reiches hinaus.

Nach einigen Wochen Aufenthalt in Rom, während denen man dem Gast sicherlich alle Herrlichkeiten des Weltreiches präsentierte, begab sich Tiridates auf den Rückweg in seine Heimat. Diesmal reiste er allerdings nicht auf dem Landweg durch Italien, sondern überquerte die Adria von Brundisium (Brindisi) zur Hafenstadt Dyrrhachion (heute Durres, Albanien) an der gegenüberliegenden illyrischen Küste mit dem Schiff.

Der Besuch Tiridates brachte Nero eine überwältigende Publicity. Sie war zwar teuer erkauft, aber in ihrer Wirkung auf die römischen Massen unbezahlbar. Getragen vom Beifall der *plebs urbana* ließ sich der Kaiser zum Imperator ausrufen. Es war das elfte Mal, dass er die Auszeichnung als sieghafter Feldherr erhielt, Zeichen dafür, dass ein Gegner militärisch überwunden worden war. Das heißt, der Erfolg der geschickten Verhandlungstaktik Corbulos wurde mit dem Sieg in einer Schlacht gleichgesetzt und – selbstverständlich – dem Kaiser gut geschrieben. Ja, Nero ging sogar noch ein Stück weiter: Er verleibte sich bei dieser Gelegenheit den Imperatoren-Titel dauerhaft als festen Namensbestandteil ein.

Außerdem begann eine neue Image-Kampagne auf Münzen, dem reichsweiten Propagandamedium schlechthin. Prägungen mit der Siegesgöttin und der Umschrift *Victoria Augusta* oder mit der *Ara Pacis*, dem augusteischen Friedensaltar, sollten jedem Bürger die Sieghaftigkeit seines Kaisers vor Augen führen und zwar jedes Mal, wenn er seinen Geldbeutel öffnete. Einige Geldstücke zeigten auf der Rückseite auch den Schrein des Gottes Ianus – wohlgemerkt mit geschlossenem Doppeltor. Die feierliche Zeremonie der Schließung der Tore des Ianus Geminus-Schreins auf dem Forum Romanum galt als <u>das</u> Zeichen für den reichsweiten Frieden, für die Wiederherstellung der *pax Romana*. Dies stand, wie wir ja wissen, ganz in der Tradition des Augustus und galt seitdem als eine der Hauptaufgaben des römischen Herrschers. Und ganz übertrieben und aus der Luft gegriffen war diese Einschätzung ja nicht. Selbst wenn die Einsetzung eines parthischen Prinzen, Mitglied der Familie des Großkönigs, in Armenien die Gefahr beinhaltete, dass der parthische Einfluss dort auf Kosten der Römer steigen würde, sie sorgte jedenfalls für Stabilität. Bis zum Jahre 72 sollte Tiridates ungefährdet und in Ruhe über Armenien herrschen und den Römern zumindest an dieser Flanke des Reiches keine Bedrängnisse mehr bescheren.

Neros ‚Große Tour‘

Nero konnte sich zu diesem Zeitpunkt zumindest in der Gunst des Volkes wieder ziemlich weit oben sehen. Der Unmut, der sich wegen des verheerenden Großfeuers zwei Jahre vorher und der daran anschließenden größenwahnsinnigen Baumaßnahmen an der *domus aurea* geregt hatte, schien durch die prächtig Inszenierung des Besuchs des orientalischen Potentaten und die damit verbundenen Massenspektakel überdeckt worden zu sein. Der Aristokratie, der Nero inzwischen nur mehr mit Geringschätzung, ja völliger Missachtung begegnete, eine Aversion, die er auch bei jeder passenden Gelegenheit offen zum Ausdruck brachte, war jeglicher oppositionelle Zahn gezogen worden. Alle, aber auch wirklich alle potenziellen Rivalen waren beseitigt – wir erinnern uns: im Verlauf des Sommers 66 hatte man endlich auch den ewigen Querulanten Thrasea Paetus zu Tode gebracht.[9] Die eigene Position schien also gesichert und der Beifall der Massen gegeben – Zeit für neue Pläne, Zeit dafür, Dinge zu realisieren, die man sich schon lange vorgenommen hatte.

Ganz oben auf der Agenda stand da eine Reise nach Griechenland. Nicht, um dort in erster Linie politisch aktiv zu werden, nein, der Grund für das starke Verlangen des Kaisers, nach Achaia zu reisen, war ein anderer. Schon nach seinem ersten öffentlichen Bühnenauftritt in Neapel hatte Nero ja den Plan gefasst, in die Heimat der musischen und athletischen Wettkämpfe, nach Griechenland überzusetzen, um dort sozusagen seine Weihe als Akteur auf der Bühne und dem Kampfplatz zu erhalten. Der Gedanke, der damals in ihm geboren worden war und der ihn seitdem nicht mehr verlassen hatte, war kein geringerer, als die vier angesehensten panhellenischen Wettkampforte, Korinth, Olympia, Delphi und Nemea, hintereinander zu besuchen und von dort als *Periodonikos*, als Sieger in allen vier Spielen – sozusagen dem ‚Grand Slam‘ der Antike – wieder nach Hause zurückzukehren. Seinerzeit, im Jahre 60, war Nero nur bis Benevent gekommen und dann aus für uns nicht genau nachvollziehbaren Gründen, die wahrscheinlich politischer Natur waren, wieder umgekehrt. Jetzt schien die Gelegenheit günstiger denn je, diese Idee, die ihn beherrschte, in die Tat umzusetzen. Die Vorbereitungen dafür waren ja schon seit längerem angelaufen, wie uns entsprechende Baumaßnahmen in Olympia und Korinth zeigen. Auch sollte die Reise nicht nur die Periode einer Spielsaison umfassen, sondern es war wohl an einen rund zwei Jahre dauernden Triumphzug durch die östlichen Provinzen gedacht, der auch Ägypten mit einschließen sollte.[10]

Den letztendlichen Ausschlag dafür, gerade jetzt wirklich nach Griechenland zu reisen, gab dann nach Sueton folgende Begebenheit: Alle Städte in Griechenland, in denen entsprechende Wettbewerbe stattfanden, hatten beschlossen, den Siegespreis der Leierspieler honoris causa Nero zu übersenden. Als die Gesandtschaft, die die Siegeskränze überbrachte, von Nero zu Tisch geladen wurde, bat einer aus diesem Kreis den Kaiser, doch etwas zu singen. Nero fühlte sich natürlich geschmeichelt und gab dem Ansinnen nach. Nachdem seine Darbietung von allen mit großer Begeisterung aufgenommen wurde – was anderes war ja auch kaum zu erwarten –, soll der Kaiser ausgerufen haben, nur die Griechen verstünden zu hören und sie alleine seien würdig, sich seiner Kunst zu erfreuen.

Bevor Nero Rom und Italien verließ, galt es noch, die Machtverhältnisse in der Heimat so zu regeln, dass von dort auch über die relativ lange Zeit der Abwesenheit keinerlei Gefahr drohte und er sozusagen den Rücken frei hatte. Der Kaiser legte die Verfügungsgewalt im politischen Tagesgeschäft in die Hände seiner Freigelassenen Helius und Polyclitus, denen er den ihm treu ergebenen Prätorianerpräfekten Nymphidius Sabinus an die Seite stellte. Ob er mit dieser Entscheidung zugunsten der sowieso nicht beliebten *liberti* wirklich das Richtige tat, ist eher zu bezweifeln. Sicherlich stieß er damit sehr viele Leuten sowohl im Volk wie noch mehr in der Aristokratie vor den Kopf. Betrachten wir die Dinge allerdings durch die Brille Neros, so war diese Entscheidung nach seinem Zerwürfnis mit der eigentlichen, traditionellen Führungsschicht, wie es ja sein Verhalten in letzter Zeit deutlich gemacht hatte, nur mehr als folgerichtig. Der Senat war sowieso für die Zeit der Abwesenheit des Kaisers weitgehend paralysiert, da ein Großteil der Senatoren den Herrscher auf seiner Reise begleitete – mit Sicherheit nicht alle freiwillig, denken wir nur an den genervten und gelangweilten Vespasian.[11] Etliche dürften die Fahrt als eine Art Geiseln absolviert haben, weil sich der Kaiser der Loyalität ihrer Familien vielleicht doch nicht ganz sicher sein zu können glaubte. Anderseits entschloss sich auch mancher aus Neugierde und Interesse dazu, an der kaiserlichen

Tournee teilzunehmen. Griechenland war immer eine Reise wert, und wenn es nur darum ging, seine heimische Kunstsammlung etwas auszubauen.[12]

Um dem Kaiser den von ihm so ersehnten Triumph – Sieg in möglichst vielen Wettkämpfen, darunter in jedem Fall in den vier genannten wichtigsten –, auch zu ermöglichen, hatte man in Griechenland bereits entsprechende Vorkehrungen bezüglich der Terminierung getroffen. So waren etwa die Olympischen Spiele, die eigentlich ihrem Rhythmus nach im Spätsommer des Jahres 65 hätten abgehalten werden müssen, auf das nächste Jahr verlegt worden – dies zeigt uns im Übrigen, dass die Reise nicht durch einen spontanen Entschluss des Kaisers zustande kam. Außerdem hatte Nero verlangt, die Spiele im Alpheiostal um einen musikalischen Wettbewerb zu ergänzen. Auch bei den isthmischen Spielen in Korinth war das traditionelle Repertoire (gymnische, hippische und musische Wettkämpfe) erweitert worden und zwar um einen Schauspielerwettbewerb. Entsprechende Änderungen galten ebenso für andere, weniger bedeutende Agone (Wettkämpfe).

Ende September oder Anfang Oktober 66, schiffte sich der Kaiser mit seinem Gefolge in Brundisium ein, wie wir aus entsprechenden Gelübden (vota) erschließen können, die die Arvalbrüder[13] am 25. September in Rom zugunsten einer guten Rückkehr des Kaisers ausbrachten. Ein möglicher Grund für die späte Abreise könnten vorhergegangene politische Querelen gewesen sein. Auch das lässt sich aus entsprechenden Kulthandlungen der fratres Arvales entnehmen. Etwa um Mitte Mai dankten die Priester den Göttern dafür, dass ein nichtswürdiges Komplott aufgedeckt worden war. Möglicherweise handelte es sich dabei um die nur bei Sueton explizit erwähnte coniuratio Viniciana, von der der Autor schreibt, sie sei in Benevent angezettelt und dort auch entdeckt worden.[14] Diese Stadt lag nun just auf der Route, die der Kaiser von Rom ausgehend zum Hafen Brundisium nahm. Gehen wir davon aus, dass der Plan für die Griechenlandreise schon etliche Monate vorher bekannt war, dann wäre es durchaus vorstellbar, dass sich potenzielle Attentäter in Benevent eingenistet hatten, um die Durchreise des Herrschers zu erwarten und dann zuzuschlagen. Mit Vinicianus macht Sueton niemand anderen als Annius Vinicianus, Schwiegersohn des erfolgreichen Armenien-Feldherrn Domitius Corbulo, zum Haupt der Verschwörung. Vinicianus, der kurze Zeit vorher noch von seinem Schwiegervater dazu ausersehen worden war, Tiridates auf seiner Reise nach Rom zu begleiten, setzte als Widerstandskämpfer durchaus eine Familientradition fort: Sein Vater war aktiv an einem Anschlag gegen Caligula beteiligt gewesen und hatte einige Jahr später auch gegen Claudius eine Militärrevolte angezettelt.

Wenngleich Vinicianus selbst bisher dem Wüten des Herrschers gegen die Senatoren entgangen war, dürfte seine Abneigung gegenüber Nero im Laufe der Zeit eben durch dessen zunehmende Willkürakte angewachsen und irgendwann in Hass umgeschlagen sein. Schließlich waren in den letzten Jahren auch aus dem persönlichen Umfeld des Vinicianus mehrere Mitglieder des Senatorenstandes Opfer des neronischen ‚Verfolgungswahns‘ geworden. Mit der Aufdeckung des Komplotts wurde Neros Einschätzung, alle Senatoren seien seine Feinde, wohl noch gewaltig gesteigert. Jedenfalls schreibt Sueton gleich im Anschluss: *Von da an kannte er beim Morden weder Maß noch Ziel, sondern jeder Beliebige wurde unter jedem beliebigen Vorwand getötet*[15], sodann zählt er die Namen etlicher Senatoren auf, die alle zum Tode verurteilt wurden. Und schließlich gipfelt das Ganze in dem Satz: ... *und er [Nero] machte häufig ziemlich eindeutige Bemerkungen, dass er selbst die noch übrigen Senatoren nicht verschonen, sondern diesen Stand bei Gelegenheit ganz aus dem Staat entfernen und die Provinzen und Heere dem römischen Ritterstand und seinen Freigelassenen überantworten werde.* Sueton fährt fort: *In der Tat küsste er weder bei seiner Ankunft noch bei seinem Weggang irgendeinen Senator, ja er erwiderte nicht einmal ihren Gruß; und als er die Arbeit zum Durchstich des Isthmus feierlich eröffnete*[16], *lautete die Wunschformel, die er vor zahlreicher Versammlung mit lauter Stimme sprach, dass ihm und dem römischen Volk dieses Unternehmen zum Heil gereichen möge, während der den Senat gar nicht erwähnte.*[17]

Das Ende der Seefahrtssaison näherte sich bereits – in der Regel stellte man die Mittelmeerschifffahrt Anfang November ein –, als die kaiserlichen Schiffe in Brindisi ablegten. Nach etwa drei Tagen auf See erreichte Nero mit seinem Gefolge den Hafen Kassiope (heute Kassopi) auf der Insel Korkyra (Korfu). Dort soll er sofort nach der Ankunft am Altar des *Iuppiter Cassius* ein Opfer dargebracht und auch eine Probe seines Gesangstalents gegeben haben.

Wir besitzen leider nur sehr spärliche Nachrichten über den genauen Verlauf der folgenden Tournee. Noch im Oktober 66 scheint Nero sich nach Actium begeben zu haben, um an der Stätte des historischen Sieges des Augustus an den Festspielen zu Ehren Apollons teilzunehmen, die von Neros Urahnen im Jahre 27 v. Chr. erneuert worden waren.[18] Nach erfolgreichem Abschluss der Wettkämpfe bezog der Kaiser dann sein Winterquartier in Korinth.

Im Frühling des folgenden Jahres setzte sich der Siegeszug des römischen (Bühnen-)Herrschers über die Griechen fort. Es waren keine militärischen Siege, sondern musikalische und athletische Triumphe, die Nero für sich reklamieren konnte.

Ganz in diesem Sinne kommentiert Cassius Dio spöttisch die ‚Leistungen' des Kaisers: *Er setzte nach Griechenland über, freilich keineswegs wie ein Flaminius oder Mummius oder seine Vorfahren Agrippa und Augustus; er wollte vielmehr als Wagenlenker und Leierspieler auftreten, Proklamationen erlassen und bei Tragödien mitwirken. Rom genügte ihm offensichtlich nicht mehr und auch nicht das Theater des Pompeius sowie der Circus Maximus, es verlangte ihn vielmehr noch nach einem Feldzug in die Ferne, um, wie er sagte, Sieger der ‚großen Tour' zu werden. Und eine so gewaltige Masse nicht nur der Augustaner, sondern auch anderer Leute begleiteten ihn, dass er damit, falls sie ein Kriegsheer gewesen wären, die Parther und die übrigen Völker hätte unterwerfen können. Sie waren jedoch nur von der Art, wie man es bei Truppen Neros erwarten durfte, und als Waffen trugen sie Leiern, Plektren, Masken und Kothurne. Und der Kaiser erfocht mit ihnen Siege, wie sie für ein solches Heer passten, und überwältigte Terpnos, Diodoros sowie Pammenes statt eines Philipp, Perseus und Antiochos. Wahrscheinlich zwang er den genannten Pammenes trotz seines Alters – er hatte unter Gaius (Caligula) auf seiner Lebenshöhe gestanden – auch nur deshalb zum Wettkampf, um ihn besiegen und dann seine Ehrenstatue verunstalten zu können.*[19] Unser Autor fährt fort: *Man rief Nero zum Pythioniken, zum Olympioniken, zum Sieger in der ‚Großen Tour' und zum Allgemeinen Sieger aus.*[20]

Immer wieder hört man aus den überlieferten Berichten heraus, wie ernst Nero jeden einzelnen Wettbewerb nahm. Beinahe krampfhaft bemühte er sich, die Vorschriften bis in die letzten Details zu beachten und ja keinen Regelverstoß zu begehen, immer in der Angst, dann eventuell disqualifiziert zu werden. Sein Benehmen passte er völlig dem der rivalisierenden Berufskünstler und Rennfahrer an. Sogar sein Äußeres gestaltete er adäquat. So ließ er sich nach Art der Sänger seine Haare bis auf die Schulter wachsen, während das Gesicht glatt rasiert war. Um sich den Erfolg auch wirklich zu sichern, hatte er allerdings doch nicht darauf verzichtet, seine Berufs-Claqueure, die *Augustiani* mit auf seine Reise zu nehmen.

Dass die Wettkämpfe selbst für einen Weltherrscher nicht ungefährlich waren, zeigte sich in Olympia. Nero hatte es sich nicht nehmen lassen, dort als Lenker eines zehnspännigen Wagens zu konkurrieren.

Während des Rennens verlor er jedoch die Herrschaft über das Gespann und wurde aus dem Gefährt geschleudert. Trotz Verletzungen ließ er sich wieder in den Wagen heben, musste aber das Rennen dann doch aufgeben. Ganz nebenbei: Dennoch erkannte man ihm den Sieg zu – ein Beispiel, das uns deutlich macht, wie ,reell' die Wettbewerbe abliefen, an denen der Kaiser beteiligt war.

Auch an den Konkurrenzen der Herolde nahm Nero teil, wie Sueton schreibt, um dann seine Siege auch gleich selbst ausrufen zu können.[21] Insgesamt soll er nicht weniger als 1808 Siegespreise zuerkannt bekommen haben. Trotz seiner unvergleichlichen Siegesserie schien ihm sein Ruhm noch nicht groß und einzigartig genug, sodass er anordnete, man solle die Statuen und Büsten der früheren Sieger umstürzen und zerstören, damit sein Licht umso heller über allen strahle. In Rom ließ sein Vertrauter, Helius, auf den Befehl des Kaisers hin den Senator Sulpicius Camerinus hinrichten – dessen einzige Verfehlung: er wollte nicht auf den Beinamen *Pythicus* verzichten, der seit Generationen in seiner Familien weitergegeben wurde. Jetzt aber, nach dem Sieg Neros bei den Spielen in Delphi, sollte es nur mehr einen römischen *Pythicus* geben.[22]

Während der Kaiser von Sieg zu Sieg eilte, vertrieb sich sein Gefolge – wenn es nicht brav im Theater oder an der Kampfbahn sitzen, mit der nötigen Aufmerksamkeit und Ausdauer die kaiserlichen Höchstleistungen betrachten und entsprechend applaudieren musste – die Zeit in der Heimat der hochgeschätzten klassischen Kunstwerke mit anderen Dingen. So raffte etwa Calvia Crispinilla, eine bereits etwas ältliche vornehme Dame aus dem Kreis der Hofschranzen, eine stattliche Anzahl von Kunstwerken und anderen wertvollen Kleinodien zusammen, die zur standesgemäßen Möblierung ihres römischen Wohnhauses gedacht waren.[23] Crispinilla war eigentlich für die kaiserliche Garderobe zuständig und scheint aber auch noch andere Bereiche des kaiserlichen Bedarfs abgedeckt zu haben. Tacitus bezeichnet sie als *magistra libidinum Neronis* (Lehrmeisterin der neronischen Lüste).[24] Was immer wir darunter auch zu verstehen haben, jedenfalls zählte sie zu den engeren Vertrauten des Herrschers.

Der Kaiser selbst geizte einerseits keineswegs damit, die ihn auszeichnenden Preisrichter mit dem inzwischen auch im Osten sehr begehrten römischen Bürgerrecht und darüber hinaus mit großzügigen Geldzuwendungen zu entlohnen, andererseits fand er es aber keineswegs anstößig, alle ihm zugesprochenen Preisgelder wirklich fein säuberlich einzustreichen und seinem Privatvermögen zuzuführen. Außerdem ergänzte auch er angelegentlich des Aufenthaltes gleich seinen

Bestand an griechischen Kunstwerken, die, per Schiff nach Italien transportiert, ihren Aufstellungsort in der gerade im Bau befindlichen *domus aurea* fanden. So soll Nero alleine aus Delphi nicht weniger als 500 Statuen von Göttern und Menschen abtransportieren haben lassen. Zur Beute dieses gigantischen Kunstraubs zählte unter anderem auch eine Figur des Eros aus der Stadt Thespiae in Böotien (Mittelgriechenland). Es handelte sich dabei um ein Meisterwerk des begnadeten Bildhauers Praxiteles (ca. 370 – ca. 320 v. Chr.), das immerhin die wichtigste Gottheit dieser Stadtgemeinde darstellte. Die Skulptur war bereits vom Vorvorgänger Neros, Caligula, nach Rom verschleppt, dann aber von Claudius wieder zurückgegeben worden. Nun erfuhr der Diebstahl also eine neue Auflage.

Selbst wenn wir aus den literarischen Quellen nicht dezidiert erfahren, ob Statilia Messalina, die erst kurz angetraute Gattin Neros, mit auf die Reise ging, spricht doch einiges dafür, dass sie ihren Ehemann bei seiner Künstler-Tournee begleitete. So lassen die Aufzeichnungen der Arvalbrüder erkennen, dass die Gelübde anlässlich der kaiserlichen Abreise für Nero <u>und</u> seine Frau dargebracht wurden, und auf der Inschrift, die auf die ‚Freiheitserklärung Griechenlands‘ Bezug nimmt[25], wird neben dem Kaiser ebenso dessen Ehefrau erwähnt. Wir dürfen auch nicht vergessen, dass Nero ja immer noch auf einen leiblichen Erben wartete.

Umso absurder mutet es an, dass Nero, wie bereits angemerkt[26], für seine persönlichen sexuellen Bedürfnisse einen jungen Sklaven namens Sporus mitgenommen hatte, der eine erstaunliche Ähnlichkeit mit der unvergessenen Poppaea Sabina gehabt haben soll. Nero hatte den Jungen zum Eunuchen gemacht, um seine weiblichen Züge zu erhalten, und feierte nun in Griechenland mit ihm in einer skandalösen Zeremonie sogar öffentlich Hochzeit. *Seitdem verkehrten nebeneinander her mit Nero Pythagoras als Mann und Sporus als Frau.*[27] Sueton fügt noch hinzu, dass er den in den Ornat der Kaiserinnen gekleideten Kastraten überallhin mitnahm und sich auch ohne jegliche Scham mit ihm in der Öffentlichkeit zeigte.[28] Jemand aus dem kaiserlichen Gefolge soll diese seltsame Liebschaft mit der sarkastischen Bemerkung kommentiert haben, der Kaiser tue gut daran, solchen Umgang mit derartigen Weibern zu suchen. Wenn doch auch nur sein Vater den gleichen Ehrgeiz besessen hätte und mit einer ebensolchen Partnerin zusammengelebt hätte. Zu ergänzen ist: Dann wäre Nero nicht geboren worden.[29]

Hatte die Popularität des römischen Herrschers im Osten trotz aller Skurrilitäten sicherlich schon durch die erfolgreiche Teilnahme an den äußerst prestigeträchtigen Wettkämpfen ein herausragendes Ausmaß erreicht, so gelang es Nero, sie durch das, was nun nach Abschluss seiner Wettkampf-Tournee noch folgen sollte, nochmals zu steigern. In einem feierlichen Akt imitierte er am 28. November das unvergessene Ereignis, das der römische Feldherr Quinctius Flamininus nach dem Sieg über den makedonischen König Philipp V. rund 250 Jahre früher, nämlich 196 v. Chr., bei den Isthmien in Korinth zelebriert hatte und das bei den Hellenen noch immer ungeheure propagandistische Wirkung besaß, nämlich die ,Befreiung Griechenlands' von Steuern und der Unterwerfung unter die römische Jurisdiktion.

Der Wortlaut der im Theater von Korinth vor großem Publikum gehaltenen Rede ist in Stein gemeißelt erhalten geblieben. Die Inschrift, die 1888 in der kleinen Stadt Akraiphia in Böotien entdeckt wurde, führt uns im letzten Satz in eindrücklicher Art und Weise die Selbsteinschätzung des ,Grand-Slam-Siegers' des Jahres 66/67 und Weltherrschers vor Augen: *Städte haben nämlich auch andere Herrscher befreit, allein Nero aber hat eine ganze Provinz mit der Freiheit beschenkt.*[30]

Die Griechen sollten nur relativ kurze Zeit Freude an den neronischen Geschenken haben. Bereits der Nachfolger Neros, Servius Sulpicius Galba forderte von ihnen zunächst einen Großteil der ihnen kurz vorher verschwenderisch gewährten Geldsummen zurück, und Vespasian revidierte schließlich nur wenige Jahre später auch die in der ,Freiheitserklärung' gewährten Privilegien. Dabei scheinen weniger ökonomische Überlegungen im Vordergrund gestanden zu haben, als politisches Kalkül. Denn der finanzielle Verlust, den Nero dem römischen Staat verursacht hatte, als er die Provinz von ihren Abgaben befreite, war nicht besonders hoch. Genauso wenig wie der Gewinn nach der Rücknahme. Achaia, und nur darum ging es, war eine kleine Provinz, darüber hinaus waren Teile davon, darunter auch die beiden größten Stadtgemeinden Athen und Sparta, sowieso schon ,freie' Städte.

Politisch gesehen war jedoch sowohl die Revision der Befreiung ein Signal – vorausgegangen waren innere Unruhen, jetzt kam wieder Recht und Ordnung in die Provinz – wie auch die vorangegangene Gewährung der Freiheit durch Nero, worauf wir noch eingehen werden.

Nero selbst scheint aber im November 67 völlig im Rausch seiner Erfolge gelebt zu haben. Die Freiheitserklärung blieb nicht der einzige Versuch, in die Fußstapfen berühmter Ahnen zu treten. Noch großartiger war es sicherlich, eine Baumaßnahme in Angriff zu nehmen, die man mit gutem Gewissen als epochal bezeichnen kann. Wiederum war das Ereignis in der Nähe von Korinth platziert. Es ging um nichts Geringeres als den Durchstich des Isthmus bei Korinth. Mit diesem ca. 6 km langen Kanal wäre ein Verkehrshindernis beseitigt worden, das die Schifffahrt der Griechen und damit vor allem auch den Handel seit Jahrhunderten erschwerte und behinderte. Um von der Ägäis ins Ionische Meer, dem Tor nach Westen, zu kommen, hätte man nicht länger die langwierige und gefahrvolle Passage um die Peloponnes zu nehmen brauchen, sondern den wesentlich kürzeren Weg direkt vom Saronischen Golf in den Golf von Korinth wählen können. Nero war nicht der Erste, der von der Vorstellung fasziniert war, die zwar relativ schmale, aber bis zu 80 m Höhe aufragende Landbrücke zu durchstechen. Bereits im 6. Jahrhundert v. Chr. hatte der athenische Tyrann Periandros dieses Projekt ins Auge gefasst. Neben weiteren erfolglosen Versuchen anderer Herrscher hatten in römischer Zeit Iulius Caesar und Caligula daran arbeiten lassen, ebenfalls ohne das Mammutprojekt realisieren zu können.

Wohl direkt im Anschluss an die Isthmischen Spiele und die spektakuläre Freiheitserklärung, noch im Jahre 67, führte nun Nero, der ‚neue Gott‘ der Griechen, mit einer goldenen Schaufel den ersten Spatenstich durch und trug mit einem goldenen Korb auf dem Rücken eigenhändig die aufgebrochene Erde weg. Nero hatte zunächst die Absicht, für die Arbeiten die Prätorianer einzusetzen. Allerdings stieß die Aussicht, als Bauarbeiter schuften zu müssen, bei der Elitetruppe keineswegs auf große Zustimmung und vielleicht begann damals schon der erste Missmut gegen den Herrscher zu gären. Schließlich wurden dann aber vor allem 6000 kriegsgefangene Juden zur Zwangsarbeit verpflichtet, die der zwar erst seit Februar, aber doch schon sehr erfolgreich in Iudaea operierende kaiserliche General Vespasian zu diesem Zweck nach Korinth geschickt hatte.[31]

Als Nachfolger Neros wird der gleiche Vespasian dann zwei Jahre später auch dieses Unternehmen seines Vorgängers ad acta legen lassen. Fast 1800 Jahre sollten vergehen, bis im Jahre 1897 der wagemutige und zukunftsorientierte Plan dann tatsächlich in die Tat umgesetzt wurde.

Der Westen und der Osten, eine neue Symbiose

An dieser Stelle sollten wir uns nun fragen: Was bezweckte Nero mit seinen Aktionen in Griechenland eigentlich? Ging es ihm nur darum, als der große Griechenfreund und allmächtige Potentat dazustehen, oder steckte mehr dahinter? Häufig wird Nero als der Philhellene geschildert, der von allem Griechischen fasziniert war und mit allen möglichen Mitteln versuchte, griechische Kultur nach Rom und Italien zu importieren und dort heimisch zu machen. Denken wir nur etwa an seine Vorliebe für die ‚Griechenstadt' Neapel, die ‚gräzisierende' Ausstattung seiner Wohnanlagen oder seinen Drang, an den panhellenischen Agonen und an anderen griechischen Sportfesten teilzunehmen. Versucht man aber einmal, von dem sicherlich eine Rolle spielenden Faible für Wettkämpfe und Theater abzusehen, so stellt man fest, Nero ging es gar nicht so sehr darum, seine Romanitas durch Griechentum zu ersetzen. Was er wollte, war eine neue, zukunftsweisende Symbiose beider Kulturen. In Italien stärkte er das Griechentum, in Griechenland arbeitete er daran, den Osten als gleichwertigen Teil des Reiches und zwar eines römischen Reiches zu etablieren. Die Wettkämpfe wurden abgeändert, erweitert, nach kaiserlichem Gusto freilich, aber jedenfalls erneuert. Es waren nicht mehr die alten, streng traditionellen, heiligen panhellenischen Agone, denen sich ein römischer Kaiser ehrfurchtsvoll unterordnete, es war etwas Neues, der Westen und der Osten sollten auf kultureller Ebene auch durch gleichartige Wettkämpfe miteinander verbunden sein. Die Freiheitserklärung dagegen setzte Griechenland politisch gleich mit Italien, es sollte keine abhängige Provinz mehr sein, sondern ein eigenständiger Teil des Weltreiches – seines Weltreiches. Beim Beginn des Kanalbaus wünschte der Kaiser explizit, dass *ihm und dem römischen Volk dies zum Heil gereichen möge*.[32]

In diese Überlegungen gilt es auch noch mit einzubeziehen – und dies ist schon den antiken Autoren aufgefallen[33] –, dass Nero zwar Korinth ausgiebigst besuchte, die Peloponnes, die nun *‚Neronesus'* (Insel Neros) heißen sollte – umrundete, Athen und Sparta jedoch mied, Städte, die wie keine anderen das klassische Griechenland repräsentierten. War das von einem Philhellenen zu erwarten? Korinth, die jetzige Hauptstadt von Achaia, war im Jahre 146 v. Chr. von den Römern zerstört worden. An der Stelle der alten griechischen Polis hatte Iulius Caesar im Jahre 44 eine römische *colonia* gründen lassen. Ihre Bewohner waren römische Bürger. In dieser Keimzelle des Römertums im Herzen Griechenlands nahm Nero seinen Aufenthalt, im dortigen Theater verkündete er die Freiheit der Griechen und unmittelbar benachbart begann er sein innovatives und zugleich doch in die Tradition eingebundenes Verkehrsbauprojekt. Griechentum und Römertum sollten miteinander verschmelzen, politisch, verkehrsmäßig, technisch, aber auch kulturell. Das war Neros Botschaft und sie wird auch im Bau seiner Paläste evident, wo römische Technik mit griechischer Ästhetik eine neuartige, geniale

Symbiose eingeht. Das angestrebte Ergebnis war eine ‚Weltkultur' für ein ‚Weltreich' mit einem ‚Weltherrscher'.

Unter dieser Prämisse bekommt auch die Absicht Neros, direkt von Griechenland nach Ägypten weiterzureisen und dort einen Feldzug nach Süden gegen die Äthiopen zu unternehmen, einen Sinn. Die Voraustruppen, eine Abteilung Prätorianer, waren schon unterwegs. Die Reichsgrenzen sollten weiter gerückt, neue Handelsrouten damit erschlossen, ein nur auf römischem Gebiet verlaufender Landweg bis zum Indischen Ozean geschaffen werden. Dies hätte bedeutet, dass die schier unerschöpflichen Schätze Inner- und Ostasiens ungehindert in das römische Reich fließen hätten können – Nero, der Weltpolitiker.

Der Argwohn wächst

Obwohl sich Nero sicherlich zu diesem Zeitpunkt auf der Höhe seines Erfolgs glaubte und daher seine Selbsteinschätzung wohl kaum mehr zu übertreffen gewesen sein dürfte, war er trotz der ihm überall in Griechenland entgegenschlagenden Begeisterungswelle, trotz all seiner ihn umgebenden Schmeichler und Hofschranzen keineswegs völlig blind gegenüber realen Bedrohungen seiner Macht. Bereits kurz nach seiner Ankunft hatte er den so erfolgreichen General Domitius Corbulo zu sich nach Korinth zitiert. Corbulo war ihm in letzter Zeit immer suspekter geworden. Immer wieder war sein Name im Zusammenhang mit Verdächtigen aufgetaucht, die im Zuge der Pisonischen Verschwörung in die Netze der neronischen Häscher geraten waren. Die führende Rolle, die der Schwiegersohn Annius Vinicianus bei dem kurz vor der geplanten Überfahrt nach Griechenland aufgedeckten Komplott gespielt hatte, dürfte dann das Fass zum Überlaufen gebracht haben. Corbulo war gefährlich!

Der General, erfolgsverwöhnt und sich wohl auch keiner Schuld bewusst, noch dazu getäuscht durch eine schmeichelnd freundliche Einladung, reiste bereitwillig nach Korinth. Aber statt der erwarteten Belobigung erfuhr Corbulo seinen Todesbefehl. Sofort war ihm die Aussichtslosigkeit seiner Lage klar. Er zog daher seine Konsequenz und wählte die einzige Alternative, die ihm zu einer schändlichen Verurteilung noch blieb: er stieß sich das Schwert selbst in den Leib.[34] Überhaupt scheint Nero nun zunehmend in den Militärgouverneuren der Provinzen ein latentes Gefahrenpotenzial gewittert zu haben. Sie gehörten dem verhassten Senatorenstand an, waren tatendurstig, nur schwer zu kontrollieren und konnten sich, wenn sie wollten, schnell eine äußerst effektive Kampfmaschinerie dienstbar machen.

Neider gab es in Hülle und Fülle und kaum war das Misstrauen des Kaisers gegenüber den Führungsoffizieren ruchbar geworden, meldeten sich sofort Denunzianten genug, die das Ohr des Kaisers fanden und mehrere verdiente Kommandeure ans Messer lieferten. Zu den Opfern gehörten neben anderen die etwa gleichaltrigen Brüder Rufus und Proculus Publius Sulpicius Scribonius, die seit mehr als 10 Jahren die Rheinarmee kommandierten. Auch sie wurden nach Korinth vorgeladen – wir wissen nicht, was ihnen im Einzelnen vorgeworfen wurde – und fanden dort den Tod.[35]

Der Kaiser kehrt zurück

Mit diesen blutigen Willkürakten spitzte Nero allerdings die Lage im Reich und ebenso in der Reichshauptstadt immer krisenhafter zu. Außerdem drohte wieder einmal die Lebensmittelversorgung Roms zu kollabieren und das durch die grenzenlose Verschwendung des Kaisers – man braucht nur daran zu denken, was alleine der Besuch Tiridates in Rom gekostet hatte – entstandene Finanzloch im Staatshaushalt wurde immer evidenter. Sogar bei den Soldzahlungen an die Soldaten kam es schon zu Engpässen. Vergessen wir auch nicht, dass seit Claudius' Britannienfeldzug kein Kaiser mehr Rom für längere Zeit verlassen hatte. Damals waren es nur wenige Wochen gewesen, nun aber hatte man den Herrscher schon mehr als ein Jahr nicht mehr gesehen.

In Rom wurde die Lage immer instabiler, die Stimmung der Plebs war angespannt und gelegentlich war es bereits zu Unruhen und Gewaltausbrüchen gekommen. Mehrfach schon hatte der Statthalter Neros, der Freigelassene Helius, schriftlich um Hilfe gebeten und den Kaiser aufgefordert, möglichst umgehend in seine Hauptstadt zurückzukehren. Nero hatte nicht reagiert, ein Abbruch seiner Reise hätte überhaupt nicht in seine Vorstellungen gepasst. Jetzt, mitten im Winter 67/68 machte sich der Freigelassene, trotz der Gefährlichkeit der Schiffspassage um diese Jahreszeit, selbst auf den Weg, um die Dringlichkeit seiner Bitten und Klagen zu unterstreichen. Zwar war die Ankunft Helios' äußerst unwillkommen, aber dessen drängendem Bericht und den Hinweisen auf eine weitere angebliche Verschwörung konnte sich der Kaiser beim besten Willen nicht mehr verschließen. Es ist nicht klar, ob Helios den Kaiser bereits zu diesem Zeitpunkt von den sich anbahnenden Unruhen in Gallien unterrichtete oder ob in Rom beziehungsweise der näheren Umgebung neuerlich eine Widerstandsgruppe ruchbar geworden war. Möglicherweise versuchte der Freigelassene aber auch nur, seinem Drängen auf Rückkehr des Herrschers mit der Information über ein Komplott mehr Nachdruck zu verleihen. Glaubhaft war ja eine solche Nachricht durchaus. Jedenfalls hat Helios seine Absicht erreicht: Etwa um die Zeit des Jahreswechsels 67/68 fuhr Nero nach ca. 15-monatiger Abwesenheit wieder nach Italien zurück.

Die Heimkunft war das letzte große Spektakel, die letzte große Show eines begnadeten Selbstdarstellers, bis in die Details inszeniert. Nach der Landung in Puteoli zelebrierte der Kaiser seine Ankunft in der Heimat in vier prunkvollen Prozessionen. Zuerst zog er feierlich in Neapel ein, der Stadt, in der sein Ruhm als Bühnenakteur begonnen hatte und die er auch deswegen so liebte. Diesen *adventus Caesaris* (Ankunft des Kaisers) gestaltete er so, wie es einem griechischen Sieger in den heiligen Agonen zustand. Man riss ein Stück der Stadtmauer nieder und über diese Bresche betrat er, einem Eroberer gleich, die Stadt. Das Gleiche dann in Antium, seinem Geburtsort, zu dem er Zeit seines Lebens eine besondere Affinität bewahrte. Nero hatte sich dort eine neue Villa errichten lassen und das Städtchen in den Rang einer Veteranen-Kolonie erhoben. Die Stadt konnte dadurch einen enormen Prestigegewinn verbuchen und ihre Bewohner kamen in den Genuss einiger rechtlicher Privilegien. Da Nero außerdem für den Ausbau der Hafenanlagen gesorgt hatte, profitierte auch die Wirtschaft der Stadt von ‚ihrem' Kaiser.

Als dritte Stadt, die er besuchte, hatte Nero Alba Longa ausgewählt. Dort, in den Albaner Bergen, besaß er ebenfalls eine ihm sehr liebgewordene Residenz. Und schließlich, zwar erst an vierter Stelle, aber als krönenden Abschluss betrat er dann endlich Rom, den ‚Nabel der Welt'. Selbstverständlich reiste er nicht einfach so in die Hauptstadt, nein, wie auch schon bei den anderen Städten, nahm er Rom förmlich ein. Allerdings vermischte er seinen bühnenreifen Auftritt als griechischer *hieronices*[36], Sieger, noch mit Elementen des traditionellen römischen Triumphs. Bekleidet mit einem purpurnen Gewand und einem mit Sternen bestickten griechischen Mantel fuhr er mit Augustus' Triumphwagen, dem Schimmel vorgespannt waren, durch die niedergerissene Mauer in die Stadt. Auf dem Kopf trug er die olympische Siegeskrone aus einem Olivenzeig, in der Hand den pythischen Lorbeerkranz. Die übrigen Siegerkränze, darunter der Selleriekranz der Isthmien und die aus Efeu gewundene Krone aus Nemea, wurden ihm vorausgetragen, jeweils *mit Inschriften versehen, welche den Ort des Sieges, die über-*

wundenen Gegner und die Gesangsstücke, mit denen er gesiegt hatte, anzeigten, während seine Claqueure dem Wagen wie bei einem Triumph nachschritten unter dem Ruf, sie wären die Augustiani, die Soldaten seines Triumphes. Dann ging der Zug durch einen niedergerissenen Bogen des Circus Maximus, über das Velabrum und das Forum auf den Palatin zum dort befindlichen Apollotempel. Unterwegs wurden überall zu seiner Ehre Opfertiere geschlachtet, die Straßen wiederholt mit Safran besprengt und Singvögel, Kranzbänder und Süßigkeiten ihm zugeworfen. Die heiligen Siegeskränze stellte er in seinem Schlafzimmer rings um sein Bett auf, desgleichen Statuen, welche ihn als Leierspieler zeigten; so ließ er sich auch auf Münzen abbilden.[37]

Das war der Triumphzug eines Künstlers, nicht eines Generals, geweiht Apollon, dem Gott der Musen, nicht Iuppiter Optimus Maximus auf dem Palatin, dem Mächtigen. Begleitet wurde Nero auf seinem Wagen vom bekannten Leierspieler Diodoros, den er überwunden hatte. Nicht nur des Kaisers ,Berufsklatscher' folgten dem Zug, auch die noblen Senatoren, Ritter und Soldaten mussten sich, wie bei einem echten Triumph, in die Prozession einreihen. Die Stadt war festlich geschmückt und die Bevölkerung brachte Ovationen aus:

Heil dir, Olympiasieger, heil pythischer Sieger! Augustus! Augustus! Heil Nero, unserem Hercules! Heil Nero, unserem Apoll! Der einzige Sieger der Großen Tour! Der einzige Eine von Beginn der Zeit! Augustus! Augustus! Göttliche Stimme! Selig, welche dich hören dürfen! So überliefert Cassius Dio[38] die panegyrischen Sprechchöre der begeisterten Menge.

Der triumphale Einzug des Wettkampf-Helden mündete in ein allgemeines Fest. Ohne sich zunächst weiter um die angespannte politische Lage, den eigentlichen Grund seiner Rückkehr, zu kümmern, trat der Kaiser in den nächsten Tagen bei verschiedenen Spielen und Wettbewerben in der Hauptstadt auf. Dabei ließ er sich angeblich sogar mehrmals besiegen, um zu demonstrieren, dass bei seinen Erfolgen in Griechenland auch alles mit rechten Dingen zugegangen war.[39] Nach kurzem Aufenthalt in Rom reiste der Triumphator dann jedoch bald wieder in seine Lieblingsstadt, Neapel, ab.

QUÄLENDES ENDE –
CHAOTISCHER NEUBEGINN

Auch wenn wir in Rechnung stellen, dass der Kaiser noch immer von seinen Erfolgen im Osten ganz berauscht war, dass er überdies glaubte, alle nur irgendwie in Frage kommenden Rivalen beseitigt zu haben und damit fest im Sattel zu sitzen, auch wenn ihm das Volk in Rom und den anderen italischen Städten weiterhin kräftig zujubelte, so ist dennoch kaum zu übersehen, dass das Verhalten des Kaisers nach seiner Rückkehr aus Griechenland der tatsächlichen Lage nicht annähernd entsprach. Man gewinnt den Eindruck, Nero habe zu diesem Zeitpunkt die Realität nur mehr ausschnittsweise wahrgenommen. Er sah nur mehr das, was er sehen wollte. Und das waren seine Erfolge als Künstler, das war der Jubel der Massen, wenn er auf der Bühne stand oder im Zirkus auftrat. Immer mehr schob Nero jegliche politische Verantwortung zur Seite und berauschte sich an den ‚Wichtigkeiten' seiner Welt. Immer weniger war er bereit, aktiv und zielgerichtet die drängenden Probleme in Rom, in Italien und in den Provinzen anzugehen. Wenn überhaupt, dann erschöpften sich seine herrscherlichen Aktivitäten in spontanen Willkürentscheidungen, die ad hoc aufgrund momentaner Stimmungslage und emotionaler Verfassung getroffen wurden, ohne dabei auch nur im Geringsten die Folgen weder für sich noch für seine Untertanen zu bedenken.

Finanznot

Dabei hätte es mehr denn je eines kühlen Kopfes bedurft. Der Berg der Probleme war inzwischen stark angewachsen. Nicht zuletzt trat auch die finanzielle Schieflage des Reiches allmählich immer offener zutage. Die sich nun bereits über beinahe 14 Jahre hinziehende Herrschaft Neros mit all ihren Kapriolen und Extravaganzen hatte Geld gekostet, viel Geld: Großzügige Geld- und Sachschenkungen bei unterschiedlichsten Gelegenheiten, Gewährung von Privilegien für Bürger und Gemeinden im ganzen Imperium je nach Laune und Gusto des Herrschers, immense Kosten für die langjährige umfangreiche Bautätigkeit in und außerhalb Roms, dazu noch die ungeheueren Beträge, die über die Jahre hinweg in die eigenwillige Selbstpräsentation des Herrschers gesteckt worden waren. Man braucht sich nur nochmals die Geldmenge ins Gedächtnis zu rufen, die alleine der Besuch des armenischen Herrschers Tiridates verschlungen hatte: 800 000 Sesterzen täglich für die monatelange Reise des mächtigen Trosses, Geschenke im Wert von 200 Millionen Sesterzen für den parthischen Fürsten, das sind die Summen, die zumindest in unserer Überlieferung aufscheinen. Nun waren die antiken Historiographen zwar alles andere als akkurate Buchhalter und gingen mit Geldangaben sicherlich etwas großzügig um, aber die Größenordnungen dürften schon stimmen. Dass das Loch in den Staatsfinanzen im Laufe der Jahre immer größer geworden war, ließ sich inzwischen kaum mehr verschleiern. Als Vespasian, der als Sieger aus dem turbulenten Vierkaiserjahr 68/69 hervorging, kurz nach seinem Herrschaftsantritt Kassensturz machte, soll er zu dem Schluss gekommen sein, es seien 40 Milliarden Sesterzen notwendig, um die Staatsfinanzen sanieren zu können, eine Summe, die jegliches vorstellbare Maß weit überschritt.[1]

Schon seit geraumer Zeit war Nero weitgehend von seiner großzügigen Politik der Geschenke abgerückt und hatte zumindest gegenüber seinen Untertanen einen harten Sparkurs eingeschlagen. Von einer Abschaffung der Steuern, wie einmal angedacht, war nicht mehr die Rede. Im Gegenteil, spitzfindig wurden laufend neue Abgaben erfunden, um aus der Bevölkerung noch mehr herauszupressen. Vor allem die Bewohner der Provinzen litten schwer unter der enormen Zunahme des Steuerdrucks. Aber nicht nur sie: Lange schon vorbei war auch die Zeit, als der Kaiser Senatorenfamilien, die in einen finanziellen Engpass geraten waren, freigiebig unterstützte. Jetzt ließ er keine Gelegenheit aus, um die ihm zuwider gewordenen Nobilitätsvertreter kräftig zu schröpfen.

Zum Teil glaubte der Herrscher sogar durch ziemlich abstruse Mittel, das Staatssäckel wieder füllen zu können. So war Nero sofort hellhörig geworden, als ihm ein aus Karthago stammender römischer Ritter berichtete, ein Traum habe ihm gezeigt, dass sich auf seinem Landgut eine Höhle befände, in der das Gold vergraben sei, das die sagenhafte Gründerin der nordafrikanischen Metropole, die phönikische Königstochter Dido, aus ihrer Heimatstadt Tyros mitgebracht hatte. In großer Tiefe schlummere dort eine unermessliche Menge an Goldplatten und -barren, ein riesiger Schatz, den man nur zu heben bräuchte. Er, Caesellius Bassus, sei nun unmittelbar nach seinem Traum nach Rom geeilt, um seinem Kaiser von diesem Reichtum zu berichten, der selbstverständlich ihm, Nero, dem Herrscher über das gesamte Imperium, gehöre.

Nero schenkte der phantastischen Erzählung sofort Glauben und schickte, ohne den Wahrheitsgehalt auch nur im Geringsten zu hinterfragen, den Überbringer der Nachricht samt einem Trupp Soldaten und einem Dreiruderer zurück nach Nordafrika, um den Schatz unverzüglich zu bergen. Sehr bald wühlten nicht nur die Soldaten überall auf den Besitzungen des Caesellius Bassus die Erde auf. Die Kunde von den unermesslichen Reichtümern hatte wohl die Runde gemacht und schnell zu einem wahren ‚Goldrush‘ geführt. Von überall kamen Leute herbeigeeilt. Jeder hoffte, als Finder des Schatzes reich belohnt zu werden. Natürlich erwies sich die Sache als ein Reinfall und der Traum vom unerwarteten Goldsegen zerplatzte wie eine Seifenblase. Da half es auch nichts, dass, wie Tacitus schreibt, bei den *Neronia*, die gerade das zweite Mal gefeiert wurden, die auftretenden Dichter und Redner in ihren Werken bereits dem Herrscher damit schmeichelten, dass unter seiner Ägide nicht nur die üblichen Früchte wüchsen und Gold aus Erz erzeugt würde, sondern die Erde eine neue Fruchtbarkeit zeige und aus ihr – von den Göttern gewollt – ungeheure Schätze entsprössen.[2] Einmal abgesehen von diesen Lobhudeleien lässt die ganze Geschichte exemplarisch deutlich werden, wie sehr Realität und Phantastereien im Denken Neros zu einer immer skurrileren Gemengelage verwuchsen. Enttäuscht und wütend über den Misserfolg soll sich der Kaiser angeblich beim Urheber der Schatzträume schadlos gehalten und ihn weitgehend enteignet haben. Zwar hält Tacitus dies für ein Gerücht und berichtet, der glücklose Caesellius hätte aus Verzweiflung schließlich selbst den Tod gesucht[3], aber wenn wir uns vor Augen führen, mit welcher Rücksichtslosigkeit und Skrupellosigkeit Nero inzwischen versuchte, an Geld zu kommen, dann birgt die Annahme der Enteignung durchaus eine gewisse Wahrscheinlichkeit in sich. Denn Konfiskationen waren an der Tagesordnung. Brutal ließ Nero die Familienvermögen der im Zuge der Pisonischen Verschwörung und der sich daran anschließenden Säuberungsaktionen hingerichteten Aristokraten einziehen. Darüber hinaus gab er ein Edikt heraus, dass von den Hinterlassenschaften der Freigelassenen statt der bisher üblichen Hälfte nun fünf Sechstel dem Kaiser vorbehalten sein sollten. Ein besonderer Coup war die Bestimmung, dass der testamentarische Nachlass aller Personen, die sich als ‚undankbar‘ gegenüber dem Kaiser erwiesen hätten, zur Gänze der kaiserlichen Kasse zufallen sollte, das heißt im Klartext: Wer sein Vermögen nicht sowieso schon freiwillig zum größten Teil dem Herrscher vermacht hatte, wurde als ,undankbar' gebrandmarkt und verlor nun alles.

Sehr einträglich war auch die ungeheure Vermehrung der Majestätsprozesse. Dies war leicht zu bewerkstelligen: Man setzte einfach fest, alle Handlungen und Reden, welche ein Denunziant zur Anzeige brächte, sollten nach dem Gesetz der Majestätsbeleidigung behandelt werden – ein Freibrief für Verleumdungen und Denunziationen aller Art. In Folge dieser Gerichtsverfahren und der daraus erwachsenden Enteignungen flossen immense Geldsummen in die kaiserliche Kasse. Angeblich hatte Nero auf diese Weise die Hälfte der Provinz Africa als *bona damnatorum* (Güter der Verurteilten) an sich gebracht, als er sechs senatorische Großgrundbesitzer konfiszieren ließ.[4]

Sueton, der ausführlich über die ,neuen' Methoden der Geldeintreibung berichtet[5], schildert eindrucksvoll, mit welcher Akribie und Spitzfindigkeit Nero versuchte, wirklich aus allem Einnahmen für die staatliche beziehungsweise kaiserliche Schatulle herauszuholen, wobei auch frühere Gunstbeweise nicht unangetastet blieben: *Er forderte auch die Belohnungen zurück, die er den Städten gewährt hatte, die ihm irgendwann einmal Siegeskränze bei einem Wettkampf zuerkannt hatten. Ferner untersagte er den Gebrauch der Amethyst- und Purpurfarbe, stiftete dann jemanden dazu an, am Markttag wenige Gramm davon zu verkaufen und ließ daraufhin die Magazine aller Kaufleute beschlagnahmen. Wie es heißt, soll er sogar eine vornehme Dame, die er, als er einmal öffentlich sang, mit dem verbotenen Purpur gekleidet unter den Zuschauern sah, seinen Prokuratoren angezeigt haben, worauf sie fortgeschleppt und ihr nicht nur das Kleid, sondern auch ihr ganzes Vermögen geraubt wurde.* Nur mehr dem Kaiser und seinen nächsten Verwandten war es erlaubt, den überaus wertvollen, aus der Purpurschnecke mühsam gewonnenen roten Farbstoff zu verwenden. Das Verbot der allgemeinen Verwendung von Purpur erfüllte also neben der beschriebenen Möglichkeit von Strafgelderhebung auch noch den Zweck, den Kaiser bereits durch sein äußeres Erscheinungsbild aus der römischen Adelsgesellschaft herauszuheben. Purpur wurde zum Monopol und damit zum Kennzeichen der kaiserlichen Majestät.

Bei jeder Ämtervergabe wurde es zur freiwilligen Pflicht, dass der neue Amtsinhaber dem Herrscher eine mehr oder weniger üppige Geldsumme ,spendete', Nero hatte keine Skrupel, seine diesbezüglichen Erwartungen klar und deutlich zu formulieren. Und – dies wird dann von Sueton als der sozusagen krönende Abschluss der Geldgier genannt – schließlich schreckte der Kaiser selbst vor den sakralen Kleinodien nicht zurück, plünderte Tempel und Heiligtümer und ließ silberne und goldene Götterfiguren einschmelzen, wobei die Raubzüge nicht auf die Kultplätze fremder Gottheiten beschränkt waren, sondern auch vor den geweihten Stätten der eigenen Religion nicht Halt machten.

Das war die eine Seite von Neros Umgang mit Geld. Sueton führt uns andererseits ebenso drastisch vor Augen, wie verschwenderisch Nero mit Geld und Vermögen umgehen konnte: *Er* (Nero) *lobte und bewunderte seinen Onkel Gaius* (Caligula), *weil er die ungeheuren, von Tiberius hinterlassenen Schätz in so kurzer Zeit verprasst hatte.*[6] Dieser grenzenlosen Verschwendungssucht stand wohl von Beginn an eine ebenso große Gier nach Geld und Besitz gegenüber. Im Laufe der Zeit jedoch glaubte sich der Kaiser wohl auch immer mehr zu seinen räuberischen Maßnahmen gezwungen, weil der Schuldenberg sowohl in der kaiserlichen Schatulle, dem *fiscus*, wie auch der staatlichen Kasse, dem *aerarium*, inzwischen so immens angewachsen war, dass *selbst die Soldzahlungen der Soldaten und die Pensionen der Veteranen ausgesetzt und verschoben werden mussten.*[7]

Die Provinzen hatten noch mehr als die Menschen in Italien oder der Hauptstadt unter dem Druck zunehmender Steuern und Abgaben, willkürlich eingezogener Erbschaften und rapid steigender Zölle zu leiden. Ihre dreiste Ausplünderung und die zunehmende Soldunsicherheit bei den Soldaten ergab eine für den Herrscher äußerst prekäre Mischung, die, sobald ein gewisses Maß überschritten war, sehr schnell zu offenen Revolten und Aufständen, aber auch einer immens gefährlichen Solidarität zwischen Besatzern und Besetzten führte. Kam dazu in einer Provinz noch ein ehrgeiziger Aristokrat als Statthalter und Militärkommandeur, der selbst gewissen Machtgelüsten frönte, so hatte man bald eine kritische Masse, die der kleinste Funke zur Explosion bringen konnte.

Dies war an der Wende des Jahres 67/68 in Gallien der Fall, ohne dass wir die Ursachen sowie auch den Ablauf im Einzelnen festmachen können. In der Provinz *Gallia Lugdunensis* (Hauptstadt *Lugdunum*, heute Lyon), also dem Verwaltungssprengel, der sich vom Genfer See nach Nordwesten bis zur Atlantikküste zog, hieß der Statthalter des Jahres 67 Gaius Iulius Vindex. Er war kein Römer, auch kein Italiker, sondern ein romanisierter Kelte. Als Angehöriger des aquitanischen Königshauses zählte er allerdings zum Hochadel seines Stammes. Vindex' Vater hatte bereits die römische Senatorenwürde erreicht, das heißt die Familie hatte sich nach der Eroberung Galliens durch die Römer schnell mit der Siegermacht arrangiert und war daher bald weitgehend in die römische

Gesellschaft integriert. Trotz dieser sehr intensiven Romanisierung dürfte Vindex' persönliche Beziehung zu den Bewohnern der von ihm verwalteten Provinz enger gewesen sein als dies bei einem Angehörigen eines alten römischen Adelsgeschlechtes je der Fall hätte sein können. Daher war ihm wohl während seines Amtsjahres die Ausbeutung der Provinzialen mit aller Deutlichkeit vor Augen getreten.

Wir wissen nicht, wie viel an eigenem Ehrgeiz noch dazu kam, jedenfalls wandte sich Vindex an seine Amtskollegen in den Nachbarprovinzen und forderte sie brieflich zum Abfall von Nero, diesem nichtswürdigen Tyrannen, auf. Die Mehrheit der angeschriebenen Statthalter war – obwohl sie als römische Aristokraten kaum mehr zu den Nero-Fans gezählt haben dürften – jedoch nicht sofort bereit, sich den Umsturzplänen ihres Kollegen anzuschließen, zumal dieser mit ihnen ja nicht familiär verbunden war, sondern als auswärtiger, ehedem barbarischer Fürstensohn außerhalb des römischen Adels-Netzwerkes stand. Die soziale Not der Provinzialen wie auch die der eigenen Soldaten dürfte die meisten Vertreter der Adelsclique sowieso kalt gelassen haben. So etwas ließ sich ganz gut für etwaige eigene Machtgelüste instrumentalisieren, aber als entscheidender Grund für eine Usurpation lag das außerhalb des Denkhorizontes. Vindex' Kollegen wandten sich daher zunächst einmal von ihm ab, ja sie sandten sogar seine Aufrufe zum Umsturz an die Zentrale in Rom.[8]

Dies waren wohl die Nachrichten, die Helius, der während der Tournee Neros in Rom die Zügel in der Hand hielt, dazu veranlassten, nach Griechenland zu reisen und dort den Princeps nachdrücklich zu bitten, doch nach Hause zurückzukehren. Vindex, der sich von seinen Magistratskollegen und damit auch den ihnen unterstehenden Truppenverbänden weitgehend im Stich gelassen sah, fand dagegen immer mehr Zulauf unter den gallischen Völkerschaften. Dies blieb nicht auf die Grenzen seiner Provinz beschränkt, und bald schlossen sich ihm die Häduer, Sequaner, Vienneser, die am Rhein lebenden Lingonen sowie die Treverer und Belger an. Diese überaus starke Resonanz mag Vindex schließlich dazu bewogen haben, im März 68 tatsächlich zu den Waffen zu greifen und sich gegen Nero zu erheben. Vielleicht terminierte er die Bekanntgabe der offenen Auflehnung bewusst auf die in Rom ja sehr schicksalsträchtigen Iden des März (15. des Monats), um mit dem Datum eine Brücke zum Caesar-Mord im Jahre 44 v. Chr. zu schlagen. Für diese Assoziation spricht, dass auf Münzen, die Vindex prägen ließ, an dieses Ereignis erinnert wurde. Die ersten Nachrichten vom Aufstand in Gallien soll Nero dann am 20. oder 21. März, dem Todestag seiner Mutter, erhalten haben, als er sich gerade in Neapel aufhielt. Möglicherweise ist diese doch sehr erstaunliche zeitliche Koinzidenz aber auch eine Erfindung, um die Schicksalhaftigkeit des Geschehens zu unterstreichen.

Wie bereits angedeutet, hatte sich Nero nach seinem triumphalen Einzug in Rom wieder ausgiebigst seinen Leidenschaften, der Bühne und dem Zirkus, hingegeben und war schließlich in seine Lieblingsstadt Neapel abgereist, ohne auf die politisch brisante Lage auch nur irgendwie einzugehen. Anscheinend glaubte der Herrscher, alleine seine Anwesenheit würde die Situation entspannen und für neue Stabilität sorgen. Ihm war es inzwischen weitaus wichtiger geworden, dass seine Erfolge als Künstler weiterhin anhielten. In dieser Hinsicht tat er alles, damit seine Auftritte beim Publikum positiv aufgenommen wurden. So soll er, damit seine Stimme auch ja geschont würde, seine Appelle und Tagesbefehle nicht mehr selbst gegeben, sondern verkünden haben lassen. Sogar wichtige Ansprachen an seine Soldaten ließ er nur mehr schriftlich verbreiten oder, selbst wenn er anwesend war, von jemandem in seinem Namen vorlesen. Immer wenn er in der Öffentlichkeit präsent sein musste, hatte er angeblich seinen Gesangslehrer dabei, der ihn dazu ermahnen musste, zur Schonung seiner Stimmbänder doch ein Tuch vor den Mund zu halten.[9]

Immer mehr schlüpfte Nero in die Rolle des ehrgeizigen Künstlers und Wettkämpfers und immer weniger schien er sich seiner politischen Verantwortung als Herrscher bewusst zu sein. Die laut geäußerte Überlegung, wenn er als Kaiser nicht mehr reüssiere, könne er ja immer noch seinen Lebensunterhalt als Künstler verdienen[10], bringt diese Entwicklung auf den Punkt. Daher verwundert es auch nicht so sehr, dass Nero zunächst auf die schlechten Nachrichten aus Gallien überhaupt nicht reagierte. Acht Tage lang soll er keines der Schreiben, die aus den Provinzen direkt beziehungsweise über den Senat in Rom an ihn kamen, beantwortet haben. Er ließ nur die dumpfe Drohung hören, dass es den Abtrünnigen schlecht ergehen werde, um sich dann noch mehr und mit größerer Aufmerksamkeit den Wettkämpfen der Athleten zu widmen und dazu seine fachmännischen Urteile und Einschätzungen abzugeben. Bei den Senatoren in Rom entschuldigte er sich brieflich nur dafür, dass er im Moment nicht zu ihnen kommen könne, da seine Stimme heiser sei.[11]

Vielleicht glaubte aber Nero auch, die ganze Sache nicht so ernst nehmen zu müssen, da Vindex nicht über kampfstarke Legionen, sondern nur über sehr eingeschränkte militärische Kräfte verfügte. Die Heeresmacht war an der Rheingrenze konzentriert. Dort standen in den Militärbezirken Ober- und Niedergermanien, die der gallischen Provinz *Belgica* administrativ angegliedert waren, insgesamt sieben Legionen. Bei einer Rebellion im südlichen Gallien würde als Erstes der Kommandeur des nahe gelegenen Obergermaniens mit den ihm unterstellten rund 15 000 Soldaten in den Einsatz geschickt werden – mit Verginius Rufus hatte hier seit dem Jahre 67 einer der Generäle das Kommando inne, auf die sich Nero wirklich verlassen konnte, da sie ihm ihre Karriere verdankten. Aber selbst wenn man das in Rechnung stellt, kann man nicht umhin, das Verhalten des Kaisers alles andere als überlegt und durchdacht zu nennen. Denn die Nachrichten aus Gallien waren keineswegs die einzigen Hiobsbotschaften, die damals zu Nero drangen. Etwa gleichzeitig überbrachten nämlich die kaiserlichen Boten auch aus Nordafrika sehr Beunruhigendes: Dort begann gerade der Kommandeur der afrikanischen Legion, Clodius Macer, sein eigenes Süppchen zu kochen und gegen Nero zu intervenieren – im Übrigen mit tatkräftiger Unterstützung der uns bereits bekannten Calvia Crispinilla, ehedem Hofdame des Kaisers, deren Liebe zur Kunst in Griechenlands Statuenlandschaft arge Lücken hinterlassen hatte.[12] Auch sie hatte sich inzwischen auf die Seite der Nero-Gegner geschlagen.[13]

Macer, der zusätzlich zu der ihm zur Verfügung stehenden Kampftruppe eine weitere Legion in Afrika aushob, die er mit dem aussagekräftigen Beinamen *Liberatrix* (Befreierin) belegte, bezeichnete sich auf Münzen als Statthalter des Senats in der Provinz Africa. Ihm standen nun ganz andere Möglichkeiten als dem Gallier Vindex zur Verfügung, um auf das neronische Regime Druck auszuüben. Es war ein Leichtes, von Afrika aus die gesamte Getreideversorgung der Hauptstadt zu kontrollieren, also auch zu unterbinden. Dies wiederum hätte innerhalb kürzester Zeit zu einem ganz einschneidenden Versorgungsengpass der städtischen Massen geführt. Bereits die ersten Gerüchte, dass das lebensnotwendige Getreide auszubleiben drohe, sorgten für ein Brodeln der römischen Volksseele. Dass der Kaiser sich auch darum nicht zu kümmern schien, sondern ihm die Ankunft eines Lastschiffes aus Alexandria wichtiger war, das allerdings kein Getreide, sondern Sand für die Arena geladen hatte, sollte ihn bei ‚seinem‘ Volk ziemlich in Misskredit bringen.

Schauen wir aber zunächst noch einmal nach Westen. Vindex war bei seinem ersten Aufruf an die Statthalter und Militärbefehlshaber der Nachbarprovinzen, sich gegen Nero zu erheben, zunächst auf Ablehnung gestoßen, etliche hatten – wie bereits angemerkt – das aufwieglerische Schreiben unverzüglich nach Rom weitergemeldet. Nur einer hatte überhaupt nicht reagiert – der Gouverneur der Provinz *Hispania Tarraconensis*. Dort amtierte mit Servius Sulpicius Galba, ein Angehöriger der alten patrizischen Nobilität, der nach langjähriger, erfolgreicher Militärkarriere unter Claudius von Nero, der ihn nicht besonders schätzte, nach Spanien abgeschoben worden war.[14] Galba war bisher darum bemüht gewesen, auf seinem Posten möglichst nicht aufzufallen und hatte es sich, wie man so schön sagt, in seiner Provinz kommod eingerichtet. Andererseits war er, wie er schon mehrfach hatte beweisen können, durchaus loyal gegen seinen kaiserlichen Herren, ohne sich dabei jedoch allzu weit aus dem Fenster zu lehnen und seine eigenen Interessen völlig hintanzustellen. Er hatte den Aufruf des Vindex einfach negiert. Dieses Stillhalten reichte Nero jedoch als Beweis für die Zuverlässigkeit des alten Haudegens nicht aus, außerdem schätzte er Galba anscheinend schon länger aufgrund seines familiären Hintergrundes wie seiner militärischen Erfahrung als latente Gefahr ein. Anders ist es nicht zu erklären, dass der Kaiser, als er von den Unruhen in Gallien hörte, unverzüglich den Befehl gab, Galba zu töten.

Vindex hatte Galba nicht nur wie mehrere seiner Amtskollegen zum Umsturz aufgefordert, sondern dem bereits im fortgeschrittenen Alter von über 70 Jahren stehenden General sogar die Führung der Revolte angetragen. In der Vorstellung Vindex' sollte Galba unmittelbar nach der Beseitigung des jetzigen Kaisers in Neros Fußstapfen treten. Ihm, Vindex, selbst war mit Blick auf seine nichtrömische Abstammung klar, dass er dergleichen Ambitionen gar nicht zu entwickeln brauchte. Er verstand sich auch nicht als Nationalheld mit sozialreformerischem Anstrich, der Gallien von den Römern zu befreien trachtete, wie ihm später mehrfach unterstellt wurde. Alles, was er wollte, war ein <u>anderer</u> Princeps. In seiner Münzprägung propagierte er die Befreiung der Römer von einem Tyrannen. Galba jedoch hatte keine besondere Lust, das Risiko einer möglicherweise scheiternden Rebellion auf sich zu nehmen und dadurch sein Leben, das er so lange ganz gut durch viele Untiefen, die die Herrschernähe so mit sich brachte, gesteuert hatte, leichtfertig aufs Spiel zu setzen. Seine zumindest im Alter eingenommene Lebenseinstellung wird in der angeblich von ihm stammenden Äußerung deutlich, dass niemand wegen seines Nichtstuns zur Rechenschaft gezogen werden könne[15], womit er seinen jahrelangen Müßiggang als spanischer Gouverneur zu rechtfertigen suchte.

Galbas Meinung änderte sich wohl erst, als ihm mehrere Schreiben in die Hände fielen, in denen der Kaiser seine Hinrichtung befahl. Obwohl er einsah, dass ihm nur mehr die Flucht nach vorne blieb, scheint er immer noch gezögert zu haben. Um ja auf Nummer sicher zu gehen, wollte er vor einer eigenen Aktion noch die Stimmung in seiner Provinz ausloten. So inszenierte er in Carthago Nova (Cartagena) ein öffentliches Anprangern des neronischen Regimes. Vor einer große Anzahl Bilder, die Verurteilte und Hingerichtete zeigten, lamentierte ein junger Mann, der auf einer Baleareninsel im Exil lebte, persönlich über sein schweres Schicksal, für das niemand anderer als der Kaiser verantwortlich war. Als Galba nun selbst das Los der willkürlich Verurteilten beklagte und die derzeitige Situation kritisierte, schallten ihm sofort Hoch-Rufe entgegen und die Menge erhob ihn zum Imperator, also zum Herrscher. Jetzt endlich, am 3. April, nach diesem erfolgreichen Probelauf, nahm Galba die ihm von Vindex angetragene Position an. Allerdings immer noch mit gewisser Vorsicht und Zurückhaltung. So erklärte er sich nicht zum neuen Princeps, sondern nur zum *legatus*, also zum Beauftragten des Senats und des römischen Volkes. Gleichzeitig begann er mit der Rekrutierung einer neuen Legion aus Provinzialen, um seine Streitkräfte zu vergrößern. Denn bisher stand ihm nur die *legio VI victrix* unter dem Kommando des T. Vinnius zur Verfügung. Unterstützung bekam er aber jetzt auch von Marcus Salvius Otho, dem alten Zechkumpanen Neros, der ja einige Jahre vorher in das spanische Lusitanien, die Nachbarprovinz der *Tarraconensis*, abgeschoben worden war, weil er als Ehemann von Poppaea Sabina Neros Liebesverhältnis im Wege gestanden hatte.[16] A. Caecina Alienus, der quaestorische Statthalter der dritten spanischen Provinz, *Baetica*, erklärte sich mit Galba solidarisch und wurde von ihm zum Kommandeur der neuen Legion befördert.

Zwischenzeitlich dürfte das Verhalten Neros innerhalb der Senatorenschaft ein immer stärkeres Kopfschütteln hervorgerufen haben. Hatte der Kaiser zunächst auf die Nachrichten aus Gallien überhaupt nicht reagiert, so war er außer sich vor Zorn, sobald in Rom und ganz Italien Flugblätter auftauchten, auf denen ihn Vindex als schlechten Leierspieler bezeichnete, wobei er ihn verächtlich mit seinem Geburtsnamen Ahenobarbus ansprach. Über diese Beschimpfungen glaubte der in seiner Künstlerehre verletzte Nero keinesfalls hinwegsehen zu können. Obwohl er sich schon lange nicht mehr um den Senat gekümmert und die ehrenwerte Versammlung mit zum Teil Tod bringender Missachtung abgestraft hatte, beschwerte er sich nun in einem Brief bitterlich über die Verleumdungen und forderte das Gremium auf, gegen Vindex, diesen Banausen, vorzugehen und ihm, Nero, seine Qualitäten als Künstler explizit zu bestätigen. Schließlich, nachdem die Nachrichten aus Gallien immer bedrohlicher wurden, kehrte Nero endlich nach Rom zurück und rief dort sein *consilium*, den Kronrat, zusammen. Wenn dieses Gremium, das aus den engsten Vertrauten des Princeps bestand, nun glaubte, Nero ergriffe endlich die Initiative und es würden effektive militärische Gegenmaßnahmen beraten, so wurde es sehr bald bitter enttäuscht und ernüchtert. Nach nur kurzer, flüchtiger Lagebesprechung mussten sich die versammelten Honoratioren nämlich anstelle der erwarteten Strategiediskussionen und -planungen weitschweifige Ausführungen des Kaisers über seinen neuen Favoriten unter den Musikinstrumenten, die Wasserorgel, anhören. Dieses Instrument, bei dem der den Ton erzeugende Luftdruck hydraulisch gesteuert wurde, galt als typisches Zirkusinstrument und hatte daher keinen besonders guten Ruf. Schnell wurde klar, dass der römische Kaiser anscheinend selbst in größter politischer Bedrängnis keine anderen Sorgen kannte, als die Frage, wie er sich am besten in der Arena als Musiker profilieren könnte. Er werde bald der Öffentlichkeit seine Künste auf der Wasserorgel vorführen, genauso wie er sich seinem Volk als Flötenspieler, Dudelsackpfeifer und sogar als Balletttänzer präsentieren wolle[17], teilte der Herrscher den Räten mit, die ihn mit weit aufgerissenen Augen, zwischen Unverständnis und Entsetzen schwankend, angestarrt haben dürften. Die getanzten Darbietungen der Pantomimen galten als die am wenigsten renommierte Kunstgattung der Bühne, entsprechend gering war auch das Ansehen der Darsteller.

Wenn wir dem, was uns Sueton über Neros letzte Wochen berichtet, Glauben schenken – und andere Quellen stehen uns kaum zur Verfügung –, dann hatte der letzte Herrscher aus der iulo-claudischen Familie inzwischen den Sinn für die Realität weitgehend verloren. Emotional völlig instabil, schwankte er zwischen extremer Niedergeschlagenheit und völlig wirklichkeitsfremden Wunschvorstellungen. Sobald Nachrichten aus den Provinzen eintrafen, die auch nur den geringsten Hoffnungsschimmer zu erlauben schienen, verfiel er sofort in Feierlaune und gab auf den Gelagen Spottgedichte über Vindex und die anderen abgefallenen Generäle zum Besten. Wobei er den Vortrag, wie Sueton schreibt, mit entsprechenden obszönen Gebärden begleitete.[18] Andererseits brach er bei negativen Botschaften zusammen und lag starr vor Schreck am Boden. Als er vom Abfall Galliens erfuhr, soll er zunächst erwogen haben, alle in Rom befindlichen Gallier hinrichten, den gesamten Senat vergiften und die Hauptstadt in Brand stecken zu lassen.[19]

Ließ die Kunde, der Kaiser habe die Notwendigkeit eines Feldzugs eingesehen, bei manchen Nerogetreuen erneut Hoffnung keimen, so wird auch der ergebenste Anhänger nur mehr fassungslos den Kopf geschüttelt haben, als er kurz darauf hörte, der Kaiser habe, nachdem er die *fasces* (Rutenbündel mit einem Beil), die Zeichen der magistratischen Gewalt, in Empfang genommen hatte, gesagt, sobald er nur erst gallischen Boden erreicht habe, werde er unbewaffnet den Heeren entgegentreten und nichts weiter tun als weinen, worauf er dann, nachdem die Meuterer sicher von Reue ergriffen wären, am folgenden Tag fröhlichen Mutes Siegeslieder vortragen werde, mit deren Komposition er sich schon jetzt beschäftigen müsse.[20]

Trotz dieser phantastisch-naiven Pläne, ergriff Nero im April 68 nun auch tatsächlich Maßnahmen gegen die Aufständischen. Zunächst brachte er den Senat dazu, Galba zum Staatsfeind zu erklären und all seine Besitzungen zu konfiszieren, außerdem ließ er sich zum alleinigen Konsul machen, um die Befehlsgewalt konzentrierter ausüben zu können. Sodann begann er mit den konkreten Vorbereitungen zu einem Kriegszug. Er befahl, dass Einheiten aus Illyricum, Germanien und Britannien, die bereits auf dem Weg nach Osten waren, wohl um an den beabsichtigten militärischen Kampagnen teilzunehmen[21], wieder umkehren und nach Italien marschieren sollten. Aus den in Misenum am Golf von Neapel stationierten Flottensoldaten sowie aus Kräften, die er in der Hauptstadt aushob – darunter angeblich sogar Sklaven –, rekrutierte er eine Legion, der er den geradezu beschwörenden Beinamen *Adiutrix*, die Helferin, gab. Diese Truppen zog er unter dem Kommando des ebenso treuen wie erfahrenen Petronius Turpilianus in Oberitalien zusammen. Dort bildeten sie erstens einen Schutz gegen den aus Gallien zu erwartenden Vormarsch des Vindex, gleichzeitig standen sie aber auch in Wartestellung, um schnell und schlagkräftig in der Offensive eingesetzt werden zu können. Da Kriegführung immer Geld kostete, wurde die stadtrömische Bevölkerung mit einer Zwangsabgabe belegt. Beim Einsammeln der Gold- und Silbermünzen legte Nero besonderen Augenmerk darauf, dass nur prägefrische, wenig gebrauchte Stücke abgeliefert wurden – über den Sinn dieser Bestimmung kann man nur rätseln.

Alles in allem konnte man Neros Maßnahmen dahingehend interpretieren, dass er sich – zumindest in klaren Augenblicken – des Ernstes der Lage durchaus bewusst war. Allerdings dürfte auch bei denjenigen, die noch an ihn glaubten, das Vertrauen eine neuerliche Erschütterung erfahren haben, als sie bemerkten, dass der plötzlich so tatkräftig und entschlossen wirkende Feldherr bei den Vorbereitungen besonderen Eifer dafür an den Tag legte, geeignete Fahrzeuge für den Transport seiner Bühnenapparatur zu requirieren, und er außerdem eine Schar hauptstädtischer Prostituierter als Amazonen mit Streitäxten und Schilden ausrüsten ließ, um sie als schlagkräftiges Kontingent mit ins Feld zu nehmen. Diese Kapriolen ließen die Stimmung in Rom vollends kippen, und immer häufiger sollen Graffiti aufgetaucht sein mit Spottversen wie: „Selbst die Hähne hat er durch sein Singen aufgeweckt." An einer Statue, der man einen Ledersack umgebunden hatte, stand zu lesen: „Was kann ich noch tun, du aber hast den Sack verdient" – gemeint war damit, dass Nero die Leute schon so ausgeplündert hatte, dass sie nur mehr einen leeren Ledersack besaßen, gleichzeitig wusste jeder Römer aber auch, dass Mutter- oder Vatermörder durch Einnähen in einen Sack bestraft würden.[22]

Nero schien völlig die psychische Balance verloren zu haben und wirkte trotz gelegentlichem Aktionismus nach außen wie paralysiert. Dabei wäre lange Zeit eine Wendung der Dinge in eine für den Herrscher positive Richtung möglich gewesen. Hätte der Kaiser seinen Ankündigungen und vorbereitenden Maßnahmen Taten folgen lassen und wäre zu seinen Einsatzkräften geeilt, die am oberitalischen Fluss Po standen und darauf warteten, mit ihm gegen die Aufständischen zu ziehen, so hätte er wohl das Blatt noch wenden können. Noch dazu hatte sich inzwischen der obergermanische General Verginius Rufus mit seinen Truppen, verstärkt um etliche Abteilungen niedergermanischer Legionskräfte, nach Süden in Bewegung gesetzt, um – zumindest schien es so – gegen Vindex, der gerade dabei war, seine Kräfte in Gallien zu sammeln, vorzugehen. Anfang Juni kam es bei Vesontio (Besançon) zur Entscheidungsschlacht zwischen beiden Armeen. Verginius siegte, 20 000 Gallier sollen dabei gefallen sein, und Vindex verübte daraufhin Selbstmord.[23]

Galba war völlig niedergeschlagen, als er von dieser Katastrophe erfuhr, und wurde erneut unsicher, wie er sich verhalten sollte. Jetzt wäre der entscheidende Zeitpunkt für einen tatkräftigen Kaiser da gewesen, um stracks zu seinen Truppen nach Norden zu eilen. Die Chancen, dann die Herrschaft und damit auch das eigene Leben zu retten, wären nicht schlecht gestanden. Aber Nero ließ auch diese Gelegenheit wieder untätig verstreichen und stellte nur Turpilianus einen zweiten Kommandeur, Rubrius Gallus, zur Seite. Dieses Zaudern sollte sich schnell als äußerst folgenschwer erweisen. Unmittelbar nach dem Sieg über Vindex hatten die Truppen des Verginius voller Begeisterung ihren Oberbefehlshaber zum Imperator ausgerufen, waren also bereit, ihn gegen

Nero auf den römischen Kaiserthron zu hieven. Es ist nicht ganz klar, inwieweit Verginius diese ‚spontane‘ Akklamation vorbereitet und herausgefordert hatte. Überhaupt bleibt die Position, die der obergermanische General gegenüber Nero einnahm, für uns etwas unscharf. Es scheint, als habe Verginius vor dem Kampf bereits in Verhandlungen mit Vindex gestanden. Wollte er nur eine verlustreiche Schlacht beider Armeen vermeiden? Oder wollte er mit ihm gemeinsame Sache gegen Nero machen? Die Ausrufung zum Imperator lässt fast Letzteres vermuten. Allerdings lehnte Verginius die ihm von seinen Soldaten angetragene Ehre ab, und zwar mit der Begründung, ein neuer Princeps müsse vom Senat und Volk von Rom bestimmt werden. Verginius war demnach keineswegs mehr ein treuer Parteigänger Neros, sondern wollte bloß nicht als Usurpator sein Leben aufs Spiel setzen. Denn seine Chancen auf den Thron wird er wohl – völlig zu Recht – aufgrund seiner ritterlichen Abstammung als ziemlich gering eingeschätzt haben.

Mit Verginius, der nun abwartete, Nero nicht mehr aktiv unterstützte und sich selbst alle Möglichkeiten offen hielt, war jedenfalls ein weiterer Pfeiler der neronischen Herrschaft weggebrochen. Zusätzlich zu diesem Wackelkandidaten geriet nun auch bei den oberitalischen Truppen die Stimmung immer mehr und augenfälliger ins Wanken. Unter den im Norden Italiens zusammengezogenen Soldaten hegten einzelne Abteilungen, vor allem die vom Niederrhein stammenden Bataver, aufgrund ihrer Herkunft durchaus Sympathien für Vindex. Diese begannen nun, ihre Kameraden zu überreden und auf ihre Seite zu ziehen. Zu allem Schrecken erwies sich noch dazu der Befehlshaber, Turpilianus, auf den Nero blind vertraut hatte, ebenfalls nicht mehr als hundertprozentig zuverlässig. Auch er löste sich immer mehr vom Princeps und nahm eine unentschiedene Haltung ein, möglicherweise verhandelte er sogar mit Galba.[24]

Die letzten Stunden Neros

Als Nero über die neuen Entwicklungen unterrichtet wurde, geriet er vollends in Panik. Es war nicht mehr zu übersehen, seine Anhängerschaft bröckelte immer mehr. Nymphidius Sabinus, Chef der kaiserlichen Garde von Neros Gnaden und derjenige, der gerade zu diesem Zeitpunkt die militärische Gewalt in Rom in den Händen hielt, war jetzt das Trauerspiel leid, das sein Herr und Meister ihm vorführte. Er wechselte die Seiten und begann mit dem Senat in Verhandlungen zu treten, um möglichst viel für sich und die Prätorianer herauszuschlagen. Schließlich hatte die Elitetruppe ihren Wert bei Kaisererhebungen ja bereits mehrfach unter Beweis gestellt. Von seinem ihm gleichrangigen Kollegen im Amt, Ofonius Tigellinus, hören wir zu diesem Zeitpunkt überhaupt nichts. Aber auch er dachte wohl mehr an sich und seine Zukunft als an seinen Herrn, dem er vorher in allem so eilfertig zu Diensten gewesen war. Es finden sich Hinweise, dass er mit Galbas Truppen Kontakt aufgenommen hatte.[25]

Der immer stärker isolierte Princeps sah keinerlei Ausweg und dachte nun nur mehr an Flucht. Unklar bleibt, wohin er sich wenden wollte. Ob zu den Parthern oder zu Galba, aus allen bei Sueton genannten Alternativen tritt die blanke Verzweiflung des Kaisers in gleicher Weise hervor.[26] In Neros Schreibtisch soll sich später eine fertig ausgearbeitete Rede gefunden haben, mit der der einst allmächtige Herrscher vor sein Volk in Rom hatte treten wollen, um es um Vergebung zu bitten und gleichzeitig darum zu flehen, dass man ihm doch wenigstens die Statthalterschaft von Ägypten überlassen sollte – ein erneuter Beweis der Traumtänzerei Neros. Angeblich habe der Kaiser von der Ansprache Abstand genommen, aus Angst, die wütende Menge würde ihn auf dem Weg zum Forum in Stücke reißen.

In seiner Verzweiflung versuchte Nero, seine Gardesoldaten zu überreden, mit ihm zu fliehen und Schiffe für die Überfahrt nach Alexandria fertig zu machen – allerdings ohne Erfolg; immer mehr rückten von ihm ab, immer mehr fand sich der ehemals viel Umjubelte isoliert. Nymphidius Sabinus nützte die Fluchtpläne des Herrschers aus, um den Senat dahin zu bringen, Nero offiziell zum Staatsfeind zu erklären. Am 9. Juni 68 erhob der Senat Galba zum Princeps und verurteilte im gleichen Atemzug Nero zum Tod. Den Prätorianern wurde vom neuen Herrscher ein *donativum*, Geldgeschenk, in Höhe von 7500 Denaren (= 30 000 Sesterzen) in Aussicht gestellt. Dies entsprach dem Zehnfachen des Jahressoldes und war immerhin das Doppelte von dem, was sie beim Herrschaftsantritt Neros erhalten hatten. Damit ließen sich auch die letzten Zweifler und Zauderer, die noch Skrupel gehabt hatten, überzeugen, ihren Eid, den sie einstmals auf Nero geleistet hatten, zu brechen.

In derselben Nacht zogen die wenigen noch wachhabenden Einheiten aus dem Palast ab. Und als Nero, halb wahnsinnig vor Angst, um Mitternacht erwachte, war er bis auf wenige Begleiter völlig allein. Voller Verzweiflung machte er sich auf die Suche nach seinen Freunden. Da er aber niemand fand, kehrte er wieder in sein Schlafgemach zurück. Dort musste er feststellen, dass sogar seine germanische Leibwache inzwischen das Weite gesucht hatte. Auch ihr war ein Geldgeschenk vom neuen Princeps in Aussicht gestellt worden. Die abziehenden Wachen hatten wie die fliehende Dienerschar alles, was nicht niet- und nagelfest war, mitgenommen. Selbst das Döschen fehlte, in dem sich eine Giftampulle befand, die Locusta, mehrmals ja von Nero als Verderben bringende Helferin gebraucht, ihrem Herrn als letzten Dienst ausgehändigt hatte. Als er sich auch dieses Auswegs beraubt sah, soll Nero voller Verzweiflung die Umstehenden gebeten haben, ihm den Todesstoß zu geben. Es fand sich aber niemand. Mit dem Schrei ‚habe ich denn weder einen Freund noch einen Feind‘, stürzte der Kaiser daraufhin aus dem Palast.

Zu den wenigen, die noch in der Umgebung Neros verblieben waren, zählten vor allem einige der Freigelassenen, die von ihm in einflussreiche Stellungen gehoben worden waren, darunter ein gewisser Phaon, der in den letzten Jahren die Finanzen des Reiches verwaltet hatte. Er bot dem alleine gelassenen Herrscher jetzt eine angeblich sichere Zuflucht auf seinem Landgut an, das nordöstlich der Stadt lag. Nur mit dem Notdürftigsten bekleidet, das Gesicht mit der Kapuze eines alten Mantels verhüllt, machte sich Nero mit wenigen Begleitern auf den Weg dorthin. Der Weg führte auf der Via Nomentana am Lager der Garde vorbei. Von dort dröhnten dem Fliehenden die Jubelschrei seiner Soldaten für Galba und die skandierten Verfluchungen seiner eigenen Person entgegen. Von immer neuen Gerüchten aufgebracht, zogen erregte Menschenmassen durch das nächtliche Rom. „Was gibt es Neues von Nero?" „Die verfolgen Nero!" hörte der fliehende, vor Angst schlotternde Princeps aus der Menge. Da Phaon vorgegeben hatte, eine heimliche Flucht des Kaisers zu arrangieren, hatte sich Nero auch überreden lassen, auf unwirtlichen Schleichwegen das Landgut seines Freigelassenen zu erreichen. Dort angekommen, sollte er sich in einer frisch aufgeworfenen Sandgrube verstecken. Nero lehnte mit dem Hinweis ab, er wolle nicht lebendig begraben werden. Der durstige, mit seinem Schicksal hadernde Kaiser trank Wasser aus einer Pfütze und aß verschimmeltes Brot.

Eigentlich blieb in dieser Situation, in der keinerlei Aussicht auf Rettung mehr bestand, einem römischen Aristokraten, der sich auch nur irgendwie dem traditionellen Ehrenkodex unterworfen sah, keine andere Wahl, als seinem Leben selbst ein Ende zu machen. Da der Kaiser anscheinend zu diesem Gedanken selbst nicht mehr in der Lage war, sondern nur mehr verzweifelt vor sich hin schluchzte und jammernd sein Unglück und die Ungerechtigkeit der Welt beschwor, legten ihm seine Begleiter diese Möglichkeit, sein Gesicht zu wahren, nahe. Unter Tränen ergab er sich seinem Schicksal und befahl, dass man ihm ein Grab vorbereite. Immer noch zaudernd rief der ehedem von den Massen gefeierte Schauspieler vor seinem letztem Vorhang aus: „Welch ein Künstler stirbt mit mir" – so zumindest berichtet Sueton, dem wir zwar einen detaillierten, aber an einigen Stellen doch sehr phantastisch klingenden Bericht der letzten Stunden Neros verdanken.[27]

Phaon, dem letztlich auch – wie so vielen – seine eigene Zukunft näher lag, als das Geschick seines Herrn, hatte Nero keineswegs heimlich auf sein Landgut gebracht. Wohl unmittelbar nach der Ankunft war der Aufenthalt des Verurteilten nach Rom gemeldet worden. Und so dauerte es nicht lange, bis eine Abteilung Soldaten anrückte, um den Flüchtigen zu verhaften. Tod nach Art der Vorfahren, so lautete das Urteil. Als man Nero auf seine Nachfrage hin erklärte, er solle dem zufolge nackt mit Ruten zu Tode gepeitscht werden, bäumte er sich noch einmal auf und setzte dazu an, sich mit zwei Dolchen den Tod zu geben. Allerdings brachte er dies immer noch nicht fertig und steckte die Waffen wieder weg. Erst als sich ihm bereits Soldaten näherten, um ihn festzunehmen, nahm er seinen ganzen Mut zusammen und stieß sich mit Unterstützung seines Freigelassenen Epaphroditus einen Dolch in den Hals. Zuvor hatte er sich von den ihn umstehenden Begleitern noch das Versprechen geben lassen, dass es niemandem erlaubt werden sollte, seinen Körper zu schänden, sondern sie dafür zu sorgen hätten, dass sein Leichnam unverstümmelt verbrannt würde. – Kamen ihm dabei seine zahllosen eigenen entsetzlichen Untaten in den Sinn und ließen ihn Arges fürchten? Seinem letzten Wunsch leistete man jedoch Folge. Die Leiche wurde schnell den Flammen übergeben und die Asche von seinen Ammen Egloge und Alexandria aufgesammelt. Zu der kleinen Trauerschar zählte auch Acte, seine große Liebe. Lange Zeit haben wir nichts mehr von ihr gehört, aber anscheinend lebte sie noch immer in der näheren Umgebung des Kaisers und auch ihre Zuneigung scheint echt und dauerhaft gewesen zu sein, was sie mit ihrem letzten Dienst nochmals unter Beweis stellte. Neros Urne wurde in das Familiengrab der Domitier auf dem *mons Pincius* (Pincio) verbracht, wo sie in einem Porphyrsarkophag ihre letzte Ruhestätte fand. Man errichtete für die üblichen Totenopfer einen aufwändigen Altar aus verschiedenen kostbaren Marmorsorten, darunter Steine aus Carrara und von der griechischen Insel Thasos. Immerhin soll das Begräbnis des ‚Staatsfeindes' 200 000 Sesterzen gekostet haben – nicht gerade eine Armenbestattung.

Kampf um die Nachfolge

In Rom war angeblich die Freude riesengroß, als der Tod Neros bekannt wurde. Viele sollen mit der so genannten Freiheitsmütze auf dem Kopf feiernd durch die Straßen gerannt sein. Dabei handelte es sich um eine Kopfbedeckung aus Filz, die ursprünglich zur Tracht verschiedener Völker im östlichen Mittelmeerraum gehört hatte (Phryger-Mütze). Es war üblich, dass römische Sklaven diese Mütze am Tag ihrer Freilassung trugen. Mehr als siebzehnhundert Jahre später wurde die Mütze in der Französischen Revolution zum Freiheitssymbol (Jakobiner Mütze). Immer wieder brach sich aber die aufgestaute Wut der fanatisierten Massen in Gewaltexzessen Bahn. Die Statuen des verhassten Despoten wurden umgestürzt und unter den Trümmern fand mancher Günstling Neros seinen Tod. In Roms Straßen herrschten über Monate hinweg Terror, Angst und Schrecken. Dies änderte sich auch nicht, als im Oktober 68 Sulpicius Galba als neuer Princeps in die Stadt einzog.

Anstatt beruhigend zu wirken, machte sich der neue Herrscher sofort bei allen unbeliebt, da er der Bevölkerung einen drückend harten Sparkurs aufzwang, den Prätorianern ihre versprochene Prämie nicht auszahlte und zwar ständig Disziplin und Ordnung einforderte, sich jedoch weder selbst daran hielt noch fähig war, seine Trabantenschar im Zaum zu halten. Seine Münzen verkündeten Eintracht (*concordia*), wiederhergestellte Freiheit und die Wiedergeburt Roms, die Bevölkerung aber empfand das neue Regime schnell nur als eine Fortsetzung der alten Unterdrückung. Vor allem die Gardesoldaten waren aufgebracht. Sie hatten ihre Bedeutung in puncto Machtübertragung überdeutlich zum Ausdruck gebracht. Ihr Schwenk hatte schließlich für Nero endgültig das Aus bedeutet und nun sollten sie leer ausgehen? Es war schon zu spät, als Galba diesen unverzeihlichen Fehler einsah, zwar wollte er das Geldgeschenk an die Prätorianer dann doch noch auszahlen, aber bereits am 15. Januar 69 wurde er Opfer einer Verschwörung der Gardetruppen.

In den wenigen Monaten von Galbas Herrschaft war aber doch einiges passiert, was das ganze Ausmaß des Desasters offenbar werden ließ, das das Ende der iulo-claudischen Dynastie, das mit Neros Tod eingetreten war, ausgelöst hatte. Es hatte sich gezeigt, dass die Macht, die Herrschaft im Imperium Romanum mit Gewalt auf einen neuen Mann zu übertragen, bei den Soldaten, vornehmlich den Gardetruppen, lag. Der Neue konnte jemand sein, der mit der alten Herrscherdynastie überhaupt nichts zu tun hatte. Der Senat konnte nichts anderes mehr tun, als dem Zwang des Faktischen zuzustimmen.

Jeder, wenn er nur die Zustimmung der Soldaten hatte, konnte also Kaiser in Rom werden. Die Familienbande, über fünf Generationen hinweg, ganz entscheidendes Moment bei der Herrschernachfolge, spielten plötzlich keinerlei Rolle mehr. Da lag das Folgende praktisch auf der Hand:

War es zunächst der Favorit zweier spanischer Legionen gewesen, der zum Imperator erhoben worden war, so fragten sich sehr schnell andere Kampftruppen, ob denn nicht ihr Befehlshaber ebenfalls ‚kaiserwürdig‘ sei. Die Rivalität zwischen den einzelnen Heeresgruppen war der Auslöser dafür, dass die in Germanien stationierten Legionen am 1. Januar 69 Galba den Treueid verweigerten und dafür den Kommandeur der niedergermanischen Legionen Aulus Vitellius – er war von Galba zu den Truppen nach Germanien geschickt worden – zum Kaiser erhoben.

In Rom hatte sich derweil Galba Gedanken über seine Nachfolge gemacht. Da er schon über siebzig war und keine eigenen Kinder hatte, blieb ihm nichts anderes übrig, als zu dem in römischen Adelsfamilien ja keineswegs unüblichen Mittel der Adoption zu greifen. Vielleicht vermochte die Tatsache, dass es die Möglichkeit einer familiären Weiterführung der Herrschaft gäbe, zu helfen, dass sich die Bürgerkriegssituation in Rom beruhigen ließ. Eingedenk dieser Chance adoptierte Galba am 10. Januar 69 den dreißigjährigen zwar gut beleumundeten, aber politisch ziemlich unerfahrenen Gnaeus Calpurnius Piso Licinianus. Mit großer Wahrscheinlichkeit wäre die Etablierung einer neuen Dynastie nicht der verkehrte Weg gewesen, um die aufgeputschte Stimmung zu beruhigen und die politische Lage wieder ins rechte Lot zu bringen. Allerdings war Piso Licinianus nicht der richtige Mann in dieser Stunde. Er hatte keinerlei Charisma, keinen Rückhalt, weder bei den Senatoren noch beim Heer noch bei der *plebs urbana*. Wie sollte er sich da gegen seine Rivalen durchsetzen können? Auf den Posten als Adoptivsohn hatte sich eigentlich ein ganz anderer Hoffnung gemacht: Salvius Otho, einst Jugendfreund Neros, der mit ihm durch die Gassen Roms gezogen war, dann hinderlicher Ehemann von Neros Geliebten Poppaea, den man nach Spanien abschob, und schließlich strammer Parteigänger Galbas, der die Belohnung für seine Treue gerne darin gesehen hätte, als aussichtsreicher Nachfolger des ältlichen Galbas protegiert zu werden. Er war über die Adoption Pisos maßlos enttäuscht und sann auf Rache. Mit großer Wahrscheinlichkeit schürte er die Missstimmung der Prätorianer und verstand es, sie für sich nutzbar zu machen. Als dann Mitte Januar Galba und auch sein Adoptivsohn Piso in den Straßen Roms durch die Hand der Prätorianer ums Leben kamen, rief die Garde ihren

Prätendenten, Otho, zum Kaiser aus. Der Senat musste machtlos zustimmen.

Die Truppen des Vitellius waren über die neuerliche Kaisererhebung über ihre Köpfe hinweg noch erboster und verweigerten Otho jegliche Gefolgschaft. Dazu kam noch, dass der neue Princeps von den Prätorianern erhoben worden war. Diese elitäre Soldatentruppe, die mehr Sold erhielt, bessere Lebensbedingungen in der Hauptstadt genießen konnte und immer gleich in vorderster Linie stand, wenn Geldgeschenke zur Verteilung anstanden, war den gewöhnlichen Legionssoldaten sowieso ein Dorn im Auge.

Vitellius marschierte daher mit seinen Truppen, an die 60000 Mann, Richtung Italien. Ein Vorauskommando hatte bereits die Alpen überquert und traf vor Bedriacum (Cremona) auf die Soldaten Othos. Es kam zur Schlacht und die Truppen Othos wurden besiegt. Obwohl die Niederlage nicht desaströs war, gab sich Otho selbst den Tod, wohl um weiteres Blutvergießen unter den Soldaten zu vermeiden. Der Senat erkannte daraufhin Vitellius als Princeps an, der Mitte April als der bereits dritte Kaiser nach Neros Tod zehn Monate vorher in Rom einzog. Vitellius ernannte in richtiger Einschätzung der Situation zunächst seinen Sohn zum Kronprinzen und versuchte dann seinen Rückhalt dadurch zu stärken, dass er eine Politik des Ausgleichs mit dem Senat betrieb und dies auch durch seine Münzprägung propagierte. Dennoch sollte auch er nicht allzu lange Freude an der Herrschaft haben, denn inzwischen war im Osten des Reiches ein neuer Rivale erwachsen.

Vespasian, der erfahrene General, der von Nero zur Niederschlagung des jüdischen Aufstands nach Iudaea geschickt worden war, hatte sich mit dem Gouverneur von Syrien, Gaius Licinius Mucianus, zusammengetan. Gemeinsam hatten sie den Präfekten von Ägypten auf ihre Seite gebracht. Letzterer war von großer Wichtigkeit, da Ägypten, ähnlich wie Afrika, eine der Kornkammern des Reiches darstellte und für die Versorgung der Hauptstadt eine enorm bedeutsame Rolle spielte. Vespasian hatte zwar im Mai 69 noch dem neuen Princeps Vitellius seinen Treueid geschworen, in Wirklichkeit jedoch zusammen mit Tiberius Iulius Alexander, Statthalter in Ägypten, und Mucianus bereits Pläne gegen den Machthaber in Rom geschmiedet. Im Juli 69 ließ Alexander seine Truppen in Ägypten auf Vespasian schwören und kurz danach wurde dieser auch von den Soldaten in Syrien sowie seinen eigenen Truppen als Imperator begrüßt. Auf seine Seite schlugen sich außerdem die an der Donau stationierten Truppen, die vorher Otho unterstützt hatten, allerdings für die entscheidende Hilfe etwas zu spät gekommen waren.

Nun sollten sie unter ihrem Kommandeur Antonius Primus in Oberitalien warten, bis Mucianus mit seinen syrischen Kontingenten dort ankäme. Dann wollte man gemeinsam gegen die Truppen des Vitellius in Richtung Rom marschieren. Im Oktober 69 kam es bei Cremona zum zweiten Mal in diesem Jahr zur Schlacht römischer Truppen gegen römische Truppen. Nach ausdauerndem Kampf siegten die Truppen Vespasians, nahmen Cremona ein und zerstörten es. Dann zogen sie plündernd weiter nach Rom. Es gelang Vitellius nicht mehr, eine zweite Front aufzubauen, schließlich versuchte er seine Haut durch Verhandlungen zu retten. Die vespasianischen Soldaten kannten jedoch kein Halten mehr. Seit dem 18. Dezember wurde in Rom selbst gekämpft, die Verhältnisse waren chaotisch. Ein Teil des vitellianischen Heeres hatte sich unter der Führung von Flavius Sabinus auf dem Kapitol verschanzt und steckte schließlich den Tempel des Iuppiter Capitolinus in Brand. Damit hatte sie alle Aussicht auf Verhandlungen zunichte gemacht. Nach zwei Tagen Straßenkämpfen fiel Rom, Vitellius wurde verhaftet und von den Truppen Vespasians ermordet. Nur ein paar Tage später sah Rom eine neue Dynastie, die Flavier, als seine Herrscher, Flavius Vespasianus und sein älterer Sohn Titus wurden als Konsuln für das neue Jahr ernannt.

Nun erst, gut eineinhalb Jahre nach dem Selbstmord Neros, kehrte wieder Ruhe in der Hauptstadt ein. 18 Monate lang hatte das Militär die Politik bestimmt, hatten die Kräftezentren an Rhein, Donau und im Osten mit ihrer geballten Militärmacht im gegenseitigen Kampf zu bestimmen versucht, wer in Rom das Sagen haben sollte. In dieser Zeit war aber auch der Versuch unternommen worden, durch Adoption einen gewaltfreien Weg der Nachfolge zu finden. Bei dieser Alternative sollte der Beste, nicht der Stärkste das Geschick des Reiches in die Hand nehmen. Beide Möglichkeiten der Nachfolgeregelung waren Modelle für die Zukunft. Zunächst setze sich die gewaltsame Variante durch, einer der Generäle, die ihren Hut in den Ring geworfen hatten, nämlich derjenige mit dem stärksten Rückhalt, konnte letztendlich das Ringen für sich entscheiden. Dabei spielte auch die Tatsache eine Rolle, dass der Sieger zwei Söhne besaß, also eine dynastische Nachfolge gesichert schien. Wichtig war nur, dass es ihm jetzt gelang, die *auctoritas* der iulisch-claudischen Dynastie, das Sozialprestige, auch auf seine Familie zu übertragen, dann schien die Herrschaft wieder für einige Jahrzehnte gesichert und das politische Schiff ‚Rom' aus den turbulenten Untiefen in sichereres Fahrwasser zu kommen.

DIE FALSCHEN NERONES – ANTIKES NACHWIRKEN

Wie bereits angemerkt, war der Jubel in der Hauptstadt nach dem Tod Neros überschwänglich. Besonders die Mitglieder der römischen Aristokratie dürften alles andere als betrübt darüber gewesen sein, dass der verhasste Despot nun tot war. Über Jahre hinweg war die Angst in jedem Einzelnen von ihnen gewachsen, dass auch er oder nahe stehende Familienmitglieder in die Fänge der Verfolger geraten könnten, wie man es ja immer wieder aus dem Freundeskreis gehört hatte. Bei jedem unangemeldeten Besuch war man zusammengezuckt, jeder Einladung an den Kaiserhof folgte man nur mit größtem Widerwillen und Furcht. Selbst wenn man von Freunden zu einem Gelage gebeten wurde, war es angebracht, zunächst einmal allen Gästen mit großem Misstrauen zu begegnen. Es könnte ja ein Spion darunter sein! Hoch war der Blutzoll gewesen, den die römische Nobilität in den letzten acht bis neun Jahren hatte erleiden müssen. Um so erleichterter war man nun, das alles unbeschadet überstanden zu haben. In manchen Familienclans dürften sich die Befriedigung der Rache und die Freude über die wieder gewonnene Freiheit das Gleichgewicht gehalten haben. Nun war der Tod etlicher Verwandter und Freunde gesühnt. Dem Tyrannen war die gerechte Strafe widerfahren. Endlich konnte man wieder unbeschwert und frei durchatmen.

Auch Teile der *plebs urbana* empfanden den Abgang Neros als Befreiung. Der immer schwerer lastende finanzielle Druck fiel nun weg – so glaubte man zumindest für kurze Zeit. Aber in den niedrigeren Bevölkerungsschichten war das Gefühl insgesamt wohl eher gespalten. Man feierte zwar zunächst ausgelassen und im Rausch der Massen das Ende des Tyrannen mit, aber man hatte auch nicht vergessen, wie großzügig lange Zeit unter der Herrschaft Neros die Geschenke geflossen waren. Mit durchwegs positiver Erinnerung dachte man an die vielen und prächtigen Feste, bei denen immer etwas für die Unterschichten abgefallen war. Das Angebot an Freizeitvergnügungen war noch nie so reichhaltig und breit gefächert gewesen, wie unter diesem Herrscher, der sich doch selber gerne dem Spiel, den Wettrennen und allem, was auch das Leben für den kleinen Mann lebenswert machte, hingab. Er hatte mit ihnen gefeiert, wenn die ‚Grünen' gewonnen hatten, er hatte lamentiert bei Niederlagen. Er hatte sich unter das Volk gemischt und mitgemacht, selbst kleinen Raufhändeln war er nicht aus dem Weg gegangen. Was die Vergnügungen betraf, so war er einer von ihnen gewesen. Die Scherze konnten gar nicht derb, die Bühnenpossen nicht obszön genug sein, er hatte mitgelacht, mitgefeiert und dafür gesorgt, dass immer etwas los war in Rom. Und nun kam dieser griesgrämige Kommisskopf Galba, der nur von Sparen, Disziplin, republikanischen Tugenden und ähnlichem sprach, dabei aber selbst alles andere als spartanisch lebte, der Wasser predigte und selbst nur Wein trank. Wie schön waren doch die Zeiten gewesen, als man den Kaiser noch persönlich im Zirkus sah und zwar nicht im Zuschauerrang, sondern auf der Rennbahn, als er im Bühnenrund des Theaters seine schauspielerischen Höchstleistungen zum Besten gab. Vor Lachen hatte man sich auf die Schenkel geklopft, als der allmächtige Herrscher von seiner eigenen Garde mit Waffengewalt von der Bühne gezerrt wurde, weil der diensthabende Offizier geglaubt hatte, er müsse ihn vor einem Attentat in Schutz nehmen, so lebensecht und überzeugend hatte Nero seine Rolle gespielt. Dieser Heidenspaß war nun vorbei.

Sehr schnell schlug die Freude über den Tod Neros, von der man sich hatte anstecken lassen, bei vielen in Trauer um. Nur wenige Tage nach dem Tod fand man das Grab Neros bereits mit Blumen geschmückt. Diese Atmosphäre der wehmütigen Erinnerung ließ die Gerüchte sprießen. War er denn wirklich tot? Hatte man nicht davon gehört, dass er sich nach Osten absetzen wollte? Vielleicht war die ganze Geschichte um den angeblichen Selbstmord des Kaisers doch bloß von seinen Gegnern erfunden, vielleicht auch von seinen Freunden, um ihn zu schützen? Wer hatte denn tatsächlich den toten Kaiser gesehen? Ein Häufchen Asche, was sagt das schon aus!

Der Senat hatte zwar gleich nach dem Bekanntwerden des Selbstmordes Neros beschlossen, dass das Andenken an den letzten Iulo-Claudier getilgt werde – seine Statuen wurden entfernt, sein Name wurde auf den Inschriften ausradiert –, aber gerade das verstärkte eher noch die rasant um sich greifende Verklärung des Verstorbenen bei den hauptstädtischen Massen. Bereits Otho wagte es nicht mehr, nur schlecht über seinen Vorgänger zu reden. Im Gegenteil, er ließ sich vom Volk sogar mit dem Namen ‚Nero' ehren und errichtete neue Statuen für seinen Vorgänger und dessen Frau Poppaea. Möglicherweise gab es gerade bei ihm auch noch wirklich echte Sympathien für seinen Jugendfreund, mit dem er doch etliche Erinnerungen an gemeinsame Unternehmungen teilte. Und die *domus aurea* war ja als kaiserliche Wohnstätte doch gar nicht so übel. Otho investierte nochmals 50 Millionen Sesterzen, um den Bau voranzutreiben und bewohnte ihn auch selbst. Sogar Vitellius, der zwar den megalomanischen Palastbau als geschmacklos und ohne Stil ablehnte, hielt es für durchaus vorteilhaft, seine Verbundenheit mit Nero zu demonstrieren und ihn als sein Vorbild zu propagieren. Er veranstaltete auf dem Marsfeld eine öffentliche Leichenfeier für seinen Vorvorgänger, an der alle Staatspriester teilnehmen mussten, dabei ließ er sogar Teile des literarischen Œevres des Verstorbenen rezitieren[1]. Ein solcher Künstler, ein solch großer Mann, der schon zu Lebzeiten geradezu übermenschliche Züge an den Tag gelegt hatte, der konnte doch nicht so einfach tot, für alle Zeiten weg sein. Schon kurz nach dem Verschwinden Neros hörte man in der *Subura* und den anderen dicht bewohnten Unterschichtquartieren, der Kaiser lebe in Wirklichkeit noch und habe sich nur vorübergehend seinen Gegnern entzogen. Das Gerücht zog immer weitere Kreise, wie man aus den Worten des spätantiken Kirchenvaters Augustinus[2] erschließen kann: ... *Noch andere sind der Ansicht, er sei nicht getötet, sondern nur beiseite geschafft, damit man glaube er sei tot. Aber er werde lebend und in dem rüstigen Alter, in dem er sich zur Zeit seines vermeintlichen Todes befand* [Nero war zum Zeitpunkt seines Todes erst 32 Jahre alt], *verborgen gehalten, bis er zu seiner Zeit hervorkommen und wieder in seine Herrschaft eingesetzt werde.*[3]

Auf entsprechend großen Widerhall stieß daher die Nachricht, dass der Kaiser in Kleinasien aufgetaucht sei. Dort gab sich noch zur Zeit der Herrschaft Galbas (Juni 68 – Januar 69) ein Mann als Nero aus. Die Herkunft dieses ersten falschen Nero ist nicht eindeutig bestimmbar, möglicherweise handelte es sich um einen Freigelassenen aus Italien oder auch einen Sklaven aus Pontus am Schwarzen Meer, jedenfalls dürfte er der Unterschicht entstammt haben, also dem Teil der Bevölkerung, in dem die Affinität zum echten Nero besonders groß war. Die Tatsache, dass er in seiner äußeren Erscheinung gewisse Ähnlichkeit mit dem Herrscher aufwies und vor allem auch über musikalisches Talent verfügte, ließen ihn echt erscheinen, umso mehr, da die Bereitschaft, Nero wieder zu sehen, entsprechend groß war, also eine positive Erwartungshaltung nur auf die adäquate Erfüllung hoffte. Jedenfalls erhielt der Imitator vor allem aus den Reihen der ‚Outlaws‘ großen Zulauf. Deserteure, entlaufene Sklaven, Unzufriedene jeglicher Art sammelten sich um ihn.

Unter der Prämisse, Nero bereite mit seiner Streitmacht seine glorreiche Rückkehr nach Italien vor, um dort an den Usurpatoren und deren Helfershelfern Rache zu nehmen, zog die Schar raubend und plündernd durch die Provinz Asia und verbreitete bei den reichen Großgrundbesitzern Angst und Schrecken. An der Küste angekommen, bestieg der vorgebliche Nero mit seinen Kumpanen ein Schiff und stach in See. Er wollte sein Unwesen auch auf andere Reichsteile, zunächst Syrien und Ägypten, ausweiten. Allerdings verschlug sie ein Sturm auf eine Insel. Um von dort wieder wegzukommen, versuchte der Betrüger, den von Galba bestellten Statthalter der Provinzen Galatien und Pamphylien, der mit zwei Schiffen in seinen Verwaltungssprengel unterwegs und ebenfalls bei dieser Insel vor Anker gegangen war, für seine Dienste einzuspannen. Dieser durchschaute die Täuschung und ließ den falschen Nero verhaften und hinrichten. Man schnitt ihm den Kopf ab und stellte diesen in Asia und in Rom zur Schau, wie Tacitus schreibt.[4] Allen Leuten sollte damit klar gemacht werden, dass dieser Spuk endgültig vorüber sei.

Aber alle Anstrengungen, das Andenken an den Künstler-Kaiser völlig auszumerzen, waren vergeblich. Die Blumen an seinem Grab waren immer frisch und vor der Rednerbühne auf dem Forum Romanum tauchten immer wieder Bildnisse des jugendlichen Herrschers auf.

Noch viel mehr als im Westen verbanden die Menschen in den östlichen Provinzen des Reiches durchwegs positive Erinnerungen mit Nero. Aufgrund seiner freundlichen Griechenlandpolitik stand Nero bei ihnen stets hoch im Kurs und daher verwundert es auch nicht, dass gerade dort die Erinnerung an ihn so lebendig blieb. Einen zusätzlichen Schub dürfte diese Stimmung erhalten haben, als der knausrige Galba die Geldsummen, die Nero geschenkt hatte, wieder zurückforderte und etwas später dann Vespasian sogar die so feierlich zuerkannten Freiheitsrechte wieder einkassierte und Achaia damit erneut zur abhängigen römischen Provinz machte.[5] Und so geht dem Rhetor Dion von Prusa an der Wende zum 2. Jahrhundert anscheinend ganz leicht der Satz von den Lippen, der uns vielleicht erstaunen mag: ... *wünscht sich doch bis heute jedermann, Nero wäre noch am Leben. Die meisten glauben sogar, dass er noch lebt ...*[6]

Sogar die Parther besetzten die neronische Herrschaft durchaus positiv, trotz der lang dauernden Auseinandersetzungen, die sie mit Nero geführt hatten und die ja doch blutig abgelaufen waren. Letztendlich war aber ihr Einfluss in Armenien gestärkt worden und Nero war seinem parthischen Pendant gegenüber als Herrscher aufgetreten, der auf

Ausgleich bedacht gewesen war. Jedenfalls hielt der König der Könige, Vologaesus I., das Andenken an den römischen Kaiser in Ehren und ließ dies auch angelegentlich einer Gesandtschaft nach Rom zum Ausdruck bringen. Es war also nicht nur Phantasterei, dass Nero in seinen letzten Tagen erwogen hatte, sich nach Parthien zu flüchten. Noch zwei Jahrzehnte nach Neros Tod war die Popularität des Kaisers ungebrochen. Als im Partherreich wiederum ein falscher Nero – sein wirklicher Name war Terentius Maximus – auftrat, fand er dort große Unterstützung. Nur widerwillig soll der Betrüger an Rom ausgeliefert worden sein.[7]

Ganz gegensätzlich zur literarischen Überlieferung prägte damit noch Jahrzehnte nach dem Tode Neros eine durchaus positive Erinnerung an den letzten Herrscher aus der Familie des ersten Princeps, Augustus, das Gedächtnis vieler Menschen. Es scheint, als habe dies sogar bis in die Spätantike fortgewirkt. Als in den Jahren zwischen 340 und 420 die heidnischen Senatoren Roms Bronzemedaillen, so genannte Kontorniaten, zur Eigenpropaganda schlagen ließen, fand auf ihrer Vorderseite neben dem Porträt des *optimus princeps* (besten Kaisers) Trajan auch das Bild Neros seinen Platz. Die Verbindung mit den von ihm so geliebten Zirkusspielen, an die häufig auf den Rückseiten der Münzen erinnert wird, hätte Nero sicherlich mit Befriedigung erfüllt.

Bis in unsere Zeit ist der letzte Herrscher aus dem iulisch-claudischen Haus eine Person geblieben, an der sich die Geister scheiden. Mögen es heute vor allem negative Assoziationen sein, die mit ihm verbunden werden, so dürfte Nero trotzdem die Gestalt sein, die den meisten sofort einfällt, wenn sie nach einem römischen Kaiser gefragt werden. Oder gerade deswegen?

ANHANG

ROM

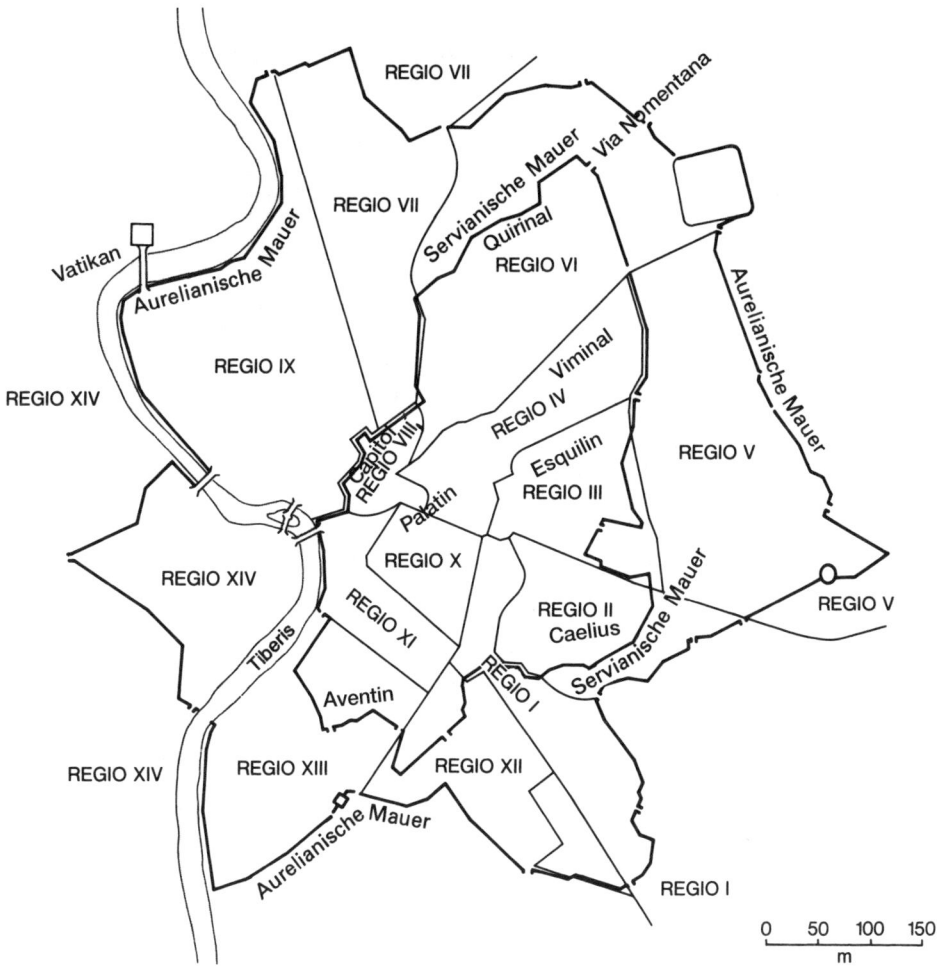

Die vierzehn augusteischen Regionen: I Porta Capena; II Caelemontium; III Isis et Serapis; IV Templum Pacis; V Esquiliae; VI Alta Semita; VII Via Lata; VIII Forum Romanum et Magnum; IX Circus Flaminius; X Palatium; XI Circus Maximus; XII Piscina Publica; XIII Aventinus; XIV Transtiberim

273

Zeittafel

15	Vipsania Agrippina (d. Ä.) bringt im oppidum Ubiorum Iulia Agrippina (Mutter Neros) zur Welt; Vater: Germanicus (Großneffe des Augustus).
19	Germanicus stirbt unter dubiosen Umständen im Osten des Reiches.
28	Gnaeus Domitius Ahenobarbus (Vater Neros) wird auf Geheiß des Tiberius mit Iulia Agrippina (d. J.) verheiratet.
29	Agrippina d. Ä. wird von Tiberius auf die Insel Pandateria verbannt.
33	Agrippina begeht in der Verbannung Selbstmord.
37	Regierungsantritt von Neros Onkel Caligula. Rehabilitierung der Familie Agrippinas. Die drei Schwestern Caligulas, Iulia Livilla, Agrippina und Drusilla, erhalten weitreichende Ehrungen.
37	15. Dezember: Die damals 23-jährige Iulia Agrippina bringt in Antium einen Knaben zur Welt. Er erhält den Namen Lucius Domitius Ahenobarbus (später Nero).
38	Caligulas Lieblingsschwester, Drusilla, stirbt. Neros Großonkel, Claudius, heiratet als 3. Gattin die erst 18-jährige Valeria Messalina.
39	Caligula wird immer unberechenbarer. Agrippina ist angeblich in eine Verschwörung gegen ihren Bruder Caligula verwickelt und wird zusammen mit ihrer Schwester Livilla auf die pontinischen Inseln verbannt. Kurz darauf stirbt auch der Vater Neros; der Kleine kommt zu seiner Tante Domitia Lepida in Pflege.
41	Der Schriftsteller und Philosoph Annaeus Seneca wird nach Korsika verbannt.
41	24. Januar: Verschwörung gegen Caligula, die mit seiner Ermordung durch Praetorianeroffiziere endet. Die Praetorianer rufen Claudius als neuen Kaiser aus. Rehabilitation Agrippinas und Livillas. Agrippina heiratet den reichen Senator C. Sallustius Crispus Passienus.
41	Februar: Britannicus, Sohn Caludius' und Messalinas, wird geboren.
43	Erfolgreicher Britannien-Feldzug des Claudius.
47	800-Jahr-Feier Roms. Erstes Auftreten Neros in der Öffentlichkeit beim ludus Troiae.
48	Messalina wird hingerichtet.
49	Agrippina heiratet ihren Onkel Claudius. Seneca wird aus der Verbannung zurückgerufen und von Agrippina zum Erzieher ihres Sohnes bestellt. Nero wird mit der Tochter des Claudius, Octavia, verlobt. Einrichtung der Provinz Britannia.
50	25. Februar: Claudius adoptiert Nero, der nun den Namen Nero Claudius Caesar Drusus Germanicus führt. Agrippina erhält den ehrenden Beinamen Augusta.

51	Nero erhält die Toga virilis und spricht erstmals im Senat.
	Burrus wird auf Intervention Agrippinas zum Prätorianerpräfekt befördert.
53	Nero wird mir seiner Stiefschwester Octavia verheiratet.
	Die Parther reißen den Einfluss über Armenien an sich.
54	13. Oktober: Claudius fällt einem Attentat zum Opfer.
	Nero wird von den Praetorianern zum Nachfolger erhoben (Nero Claudius Caesar Augustus Germanicus).
	Der neue Kaiser hält eine programmatische Rede vor dem Senat und erweckt bei den Senatoren den Eindruck umfangreicherer Regierungsbeteiligung.
	Der potenzielle Rivale Iunius Silanus wird aus dem Weg geschafft.
	Agrippina, Seneca und Burrus führen weitgehend die Regierungsgeschäfte.
	Der junge Herrscher lässt sich vom Kithara-Star Terpnus auf dem Musikinstrument unterrichten.
54/55	Domitius Corbulo erhält den Befehl, den römischen Einfluss in Armenien wiederherzustellen.
55	Nero nimmt die Titel Pater patriae und Pontifex maximus an.
	Pallas, Vertrauter Agrippinas und Finanzchef, wird entlassen.
	Britannicus stirbt, wahrscheinlich durch Gift.
	Seneca veröffentlicht 'De clementia' als Fürstenspiegel.
	Die Macht Agrippinas beginnt zu bröckeln; Sohn und Mutter entfremden sich zunehmend.
	Nero verliebt sich in die Freigelassene Acte.
56	Nächtliche Eskapaden des jungen Herrschers in Rom.
57	Errichtung eines Amphitheaters auf dem Marsfeld.
58	Poppaea Sabina wird Neros Geliebte.
	Domitius Corbulo beginnt seinen Feldzug gegen Armenien und erobert Artaxata und Tigranokerta.
	Die Römer installieren in Armenien Tigranes V. als Herrscher.
	Der Senat erlässt wegen der militärischen Erfolge in Armenien verschiedene Ehrenbeschlüsse für Nero. Der Kaiser lehnt das Konsulat auf Lebenszeit ab.
59	Ermordung Agrippinas auf Befehl Neros.
	Der Senator Thrasea Paetus verlässt aus Protest gegen den Muttermord die Kurie.
	Nero tritt bei den Iuvenalia erstmals als Kitharöde und Wagenlenker vor eine ausgewählte Öffentlichkeit.
	Errichtung eines Zirkus und eines Theaters (Marsfeld); Bau des Macellum Magnum.
60	Erstmals werden in Rom die Neronia gefeiert.
	Bau einer Thermenanlage auf dem Marsfeld.
61	Aufstand unter der Führung der Häuptlingswitwe Boudicca in Britannien. Sieg Roms über die Aufständischen.
62	Burrus stirbt. Zu Nachfolgern als Prätorianerpräfekten avancieren Ofonius Tigellinus und Faenius Rufus.
	Seneca erbittet die Erlaubnis zum Rückzug ins Privatleben.

Nero lässt sich von Octavia scheiden und sie wenig später ermorden.
Nero heiratet seine langjährige Geliebte Poppaea.
Niederlage Roms bei Rhandeia in Armenien.
Das Verhältnis Neros zum Senat wird deutlich schlechter.
Nach 8-jähriger Absenz setzen die Majestäts-Prozesse wieder ein.
Rubellius Plautus und Cornelius Sulla fallen den Säuberungsaktionen Neros zum Opfer.

63   Corbulo vertritt zum zweiten Mal die Interessen Roms offensiv in Armenien.
Der armenische König Tiridates legt in Rhandeia sein Diadem ab und gelobt eine Reise nach Rom zu Nero.
Der Kaiser sendet eine Erkundungsexpedition nach Nubien.
Neros Freude über die Geburt seiner Tochter Claudia kennt keine Grenzen; sowohl das Kind als auch die Mutter Poppaea erhalten den Beinamen Augusta.
Claudia stirbt allerdings bereits nach wenigen Monaten.

64   19. Juli: Rom brennt.
Christen in Rom werden als Brandstifter beschuldigt und verurteilt.
Beginn der Bauarbeiten für die Domus aurea.

65   Pisonische Verschwörung.
Im Zuge der Aufdeckung des Komplotts kommt es zu umfänglichen Säuberungsaktionen und auch zur Verfolgung anderer oppositioneller Kreise.
Der Philosoph Musonius Rufus wird aus Rom verbannt.
Seneca wird zum Selbstmord gedrängt.
2. Neronia.
Poppaea stirbt an den Folgen eines Fußtritts durch Nero.

66   Petronius und Paetus Thrasea begehen angesichts ihrer drohenden Verhaftung Selbstmord.
Erste Ausschreitungen in Iudaea.
Der armenische Herrscher Tiridates kommt nach Rom.
Nero heiratet Statilia Messalina.
Aufdeckung der vinicianischen Verschwörung.
Der Künstler Nero bricht zu seiner Grand Tour nach Griechenland auf.
Domitius Corbulo wird nach Korinth zitiert und begeht Selbstmord.

67   Nero nimmt an zahlreichen Wettkämpfen in Griechenland teil und erringt insgesamt 1808 Siege.
Nero betraut Vespasian mit dem Oberbefehl im bellum Iudaicum.
Am 28. November beschenkt Nero Griechenland mit der Freiheit.
Beginn des Durchstichs des Isthmus von Korinth.
Ende des Jahres kehrt Nero auf Bitten seines Vertrauten Helius wieder in die Heimat zurück.
Der gallische Statthalter Gaius Iulius Vindex ruft zum Aufstand gegen Nero auf.

68   März: Vindex erhebt sich gegen Nero.
Codius Macer usurpiert in Africa.
April: Sulpicius Galba (Statthalter in Spanien) wird von seinen Truppen

zum Imperator ausgerufen, nennt sich selbst Legat des Senates und Volkes von Rom und wird daraufhin zum Staatsfeind erklärt.

Nero bereitet einen Feldzug gegen Vindex vor.

Juni: Nach der Niederlage bei Vesontio begeht Vindex Selbstmord.

Neros Anhängerschaft bröckelt.

Der Senat erklärt Galba zum Princeps und Nero zum Staatsfeind.

9. Juni oder kurz darauf: Nero flieht, wird verfolgt und begeht Selbstmord.

Oktober: Galba zieht als neuer Herrscher in Rom ein.

69   1. Januar: Aulus Vitellius wird von seinen Truppen zum Imperator ausgerufen.

15. Januar: Galba wird Opfer einer Verschwörung der Gardetruppen.

Die Prätorianer rufen Otho als Kaiser aus.

Schlacht zwischen Vitellius und Otho bei Cremona, Sieg des Vitellius.

April: Vitellius zieht als Herrscher in Rom ein.

Er lässt eine öffentliche Leichenfeier für Nero veranstalten.

Juli: Im Osten putscht Vespasian.

Oktober: In einer weiteren Schlacht bei Cremona siegen die Truppen Vespasians über die Soldaten des Vitellius.

Dezember: Belagerung und Einnahme Roms durch die Verbände Vespasians.

Vitellius wird ermordet.

70   1. Januar: Vespasian und sein Sohn Titus werden als neue Jahreskonsuln ernannt.

Anmerkungen

Der falsche Nero?, S. 7

1 s. S. 11
2 Sueton Nero 51
3 Plin. NH 7, 45
4 ibid. 22, 92
5 s. S. 156–158
6 Quintus Septimius Florens Tertullianus war der erste lateinische christliche Schriftsteller und wirkte an der Wende vom 2. zum 3. Jahrhundert in Karthago
7 Apoc. 13
8 Sib. Or. 4, 119–124; 138–139; 5, 28–34; 137–152; 362 f.
9 Pausanias 7,17,3

Die Familie, S. 11–37

1 Sueton Nero 6
2 Sueton Nero 6
3 geb. nach 45, gest. nach 120 n. Chr.
4 Sueton Nero 1
5 Livius 2,19,4: 499; Dionys. Hal. 6,2: 496
6 Sueton Nero 2
7 Sueton Nero 4
8 Sueton Nero 4
9 Suet. Tib. 76
10 Suet. Cal. 13
11 *patres*, so nannten sich die Senatoren
12 Sueton Cal. 24
13 Plin. NH 7, 45–46
14 Tac. ann. 14,9
15 Sueton Cal. 55
16 Vater des späteren Kaisers, dazu S. 264–266
17 s. S. 103
18 Cass. Dio 59, 21–4–6; Sueton Cal. 39,1 f.; Nero 6, 3
19 Cass. Dio 59, 22, 8; Sueton Cal. 29,1
20 Sueton Claud. 10
21 dazu S. 260 ff.
22 dazu S. 41 ff.
23 Sueton Claud. 26
24 Tac. ann. 11,30–38
25 Tac. ann. 12,1
26 Tac. ann. 12,1
27 s. S. 190 ff.
28 Gaius Inst. I,62

Kindheit und Jugend Neros (bis zum Jahre 54), S. 38–62

1 Sueton Nero 6
2 s. oben S. 15
3 Tac. ann. 12,65
4 Tac. ann. 12,64
5 s. S. 25

6 Seneca ad Polybium de consolatione 13,2. Übersetzung M. Rosenbach
7 Cass. Dio 61,35,3
8 Menippos von Gadara, 3. Jh. v. Chr.
9 Seneca Apokolok. 11,3 f.
10 Sueton Claud. 43
11 Zonaras 11,11
12 Tac. ann. 12, 42
13 Xiphilinos 144 f.
14 Tac. ann. 12,37
15 Tac. ann. 12,27,1
16 Tac. ann. 12,7,3.
17 dazu S. 40
18 Sueton Nero 33

Quinquennium Neronis, S. 63–106

1 Tac. ann. 13,1,1
2 Tac. ann. 14,11
3 Tac. ann. 13,3
4 Sueton Nero 10
5 dazu S. 178; siehe Tac. ann. 14,28; 13,48; 14,17
6 Tac. ann. 13,18,3; Sueton Nero 34,1
7 Tac. ann. 13,5,2
8 Tac. ann. 13,5,2
9 Cass. Dio 61,7,4
10 dazu S. 264 f.
11 Sueton Nero 34
12 Sueton Nero 26
13 Tac. ann. 13,45
14 Plin. NH 37, 50; 33, 140; 11, 238
15 Iuvenal 6, 462
16 Tac. ann. 14,5
17 Tac. ann. 14,8
18 Tac. ann. 14,9
19 Sueton Nero 34
20 Tac. ann 14, 9
21 dazu S. 195 f.
22 Tac. ann. 14,12
23 Liber de Caesaribus 5, 2
24 Amm. Marc. 21, 10, 6
25 Tac. ann. 14,51
26 Tac. ann. 14,22
27 dazu S. 84
28 Tac. ann. 14,53 ff.

Der Künstler, S. 107–129

1 Sueton Nero 10
2 Tac. ann. 13,3
3 Sueton Claud. 41; Tac. ann. 11, 14
4 dazu S. 74 f.
5 O. Seel, Laus Pisonis. Text, Übersetzung, Kommentar, Erlangen 1969; H. Leppin, Die
   laus Pisonis als Zeugnis senatorischer Mentalität, Klio 74, 1992, 221–236.; R. Rilinger,
   Seneca und Nero. Konzepte zur Legitimität kaiserlicher Herrschaft, Klio 78, 1996,
   130–157, v. a. 143

6 dazu S. 185–194
7 Sueton Cal. 3,1
8 Mart. Epigr. 10,50.53
9 Mart. Epigr. 10,74
10 Bankartige Aufschüttung, die mitten durch die Arena lief und sie in zwei Bahnen teilte
11 Sueton Nero 22
12 Sen. ira 2, 21, 5
13 Sueton Vesp. 19
14 Lucilius (iunior) Epigr. 2,1
15 Sueton Nero 52
16 Wahrscheinlich sind damit so genannte Quaternionen gemeint, geheftete Lagen aus jeweils 4 gefalteten Doppelblättern aus Pergament, pro Lage = Buch also 16 Seiten = 6400 Seiten!
17 Tac. ann. 14,15
18 Tac. ann. 14,15
19 Cass. Dio 62,19,2
20 Cass. Dio 62,20,1
21 Tac. ann. 14,15
22 Tac. ann. 14,20
23 Tac. ann. 15, 33–34
24 Tac. ann. 15, 34
25 dazu S. 210–217
26 Sueton Nero 21
27 Tac. ann. 16, 4
28 Tac. ann. 16, 4
29 Sueton Nero 21

Nero und die Provinzen – Außenpolitisches Geschehen, S. 130–158

1 Sueton Claud. 46
2 Sueton Claud. 17, 2
3 Sueton Otho 3
4 Tac. Agricola 14
5 Tac. ann. 14,29,3 – 30,3
6 ann. 14,30,3
7 Tac. Agricola 21
8 Tac. ann. 14,31,3
9 Sueton Nero 18
10 Cass. Dio 62,5,2 – 6,4
11 Tac. Agricola 16,2
12 Tac. ann. 14, 39,2
13 dazu s. S. 181
14 Tac. Ann 15, 25
15 Tac. Hist. 1, 6; Sueton Nero 19; Cass. Dio 63,8,1
16 Plinius NH 6, 40
17 Cass. Dio 63,8,1–2; Plin. NH 6, 181, 184
18 Seneca NQ 6,8,3
19 Plin. NH 6, 184–194
20 Sen. NQ 6,8,4
21 Sueton Nero 35,5.
22 ca. 500–600 kg
23 dazu S. 240
24 s. S. 240

Der Kaiser und die Senatoren – Von der Kooperation zur Opposition, S. 159–199

1 Cass. Dio 61, 3,1
2 Calp. Sic. I, 69–73
3 Sueton Nero 15,1
4 s. dazu S. 197
5 vgl. S. 242
6 Ann. 14, 65
7 Tac. ann. 15, 48
8 Tac. ann. 15, 67
9 dazu S. 100
10 Philosophische Schule, die um 310 v. Chr. von Zenon von Kition gegründet worden war. Benannt nach dem Schullokal, der Stoa Poikile (Bunte Halle) in Athen
11 s. S. 227–232
12 Tac. ann 15,71,1
13 dazu S. 256
14 Tac. ann. 15, 72
15 Tac. ann. 15, 74
16 Tac. ann. 15, 74

‚Panem et Circenses' – Der Kaiser und die *plebs urbana*, S. 200–225

1 dazu S. 81
2 dazu s. S. 114–117
3 s. dazu S. 41 f.
4 Plin. NH 37,45
5 Plin. NH 19,24
6 Martial Epigr. 7,34
7 Tac. ann 14,21,4
8 Plin. NH 31, 41
9 Tac. ann. 14,22
10 dazu s. S. 99
11 Tac. ann. 15, 38 ff.
12 Sueton Nero 38
13 Gaius Inst. 1,33; Ulpian 3,1
14 Tac. ann. 15, 44
15 Tac. ann. 15,44
16 Frontinus 1,20; 2,76, 87
17 Plin. NH 35, 120
18 Plin. NH 34, 45
19 Plin. NH 35, 51
20 Sueton Nero 31
21 Tac. ann. 15, 42
22 Sueton Nero 39
23 Cass. Dio 64,4,1
24 Martial, liber de spectaculis 2

Der siegreiche Nero, S. 226–245

1 dazu s. S. 190
2 dazu S. 52
3 dazu S. 153
4 Plin. NH 30,16
5 Cass. Dio 63,2,4
6 Sueton Nero 13

7 Cass. Dio 63,5,2
8 Cass. Dio 63,6,4
9 dazu S. 196
10 dazu S. 155 f.
11 s. S. 157
12 dazu S. 237
13 dazu s. S. 238
14 Sueton Nero 36
15 Sueton Nero 37
16 dazu s. S. 240
17 Sueton Nero 37
18 s. S. 124
10 Cass. Dio 63, 8
20 Cass, Dio 63, 10
21 Sueton Nero 24
22 Cass. Dio 63,18,2
23 Cass. Dio 63,12,3
24 Tac. Hist. 1,73
25 dazu unten S. 239
26 S. 226
27 Cass Dio 63,13,2; Xiphilinos 177,26 ff.
28 Sueton Nero 28
29 Cass. Dio 62, 29; Sueton Nero 28
30 Dessau, ILS 8794
31 dazu s. S. 157 f.
32 Sueton Nero 37
33 Cass. Dio 63,14,3
34 Cass. Dio 63, 17,5–6
35 Cass. Dio 63,17,3–4
36 Sueton Nero 23
37 Sueton Nero 25
38 Cass. Dio 63, 20, 5–6
39 Cass. Dio 63,21,2

Quälendes Ende – Chaotischer Neubeginn, S. 246–266

1 Sueton Vespasian 16
2 Tac. ann. 16, 2
3 Tac. ann. 16,3
4 Plin. NH 18, 7, 35
5 Sueton Nero 32
6 Sueton Nero 30
7 Sueton Nero 32
8 Plut. Galba 4
9 Sueton Nero 25
10 Sueton Nero 40
11 Cass. Dio 63,26
12 dazu s. 237
13 Tac. Hist. 1, 73
14 s. S. 30
15 Sueton Galba 9
16 dazu S. 85
17 Sueton Nero 54
18 Sueton Nero 42

19 Sueton Nero 43
20 Sueton Nero 43
21 dazu s. 242
22 Sueton Nero 45
23 Plut. Galba 6
24 Cass. Dio 63,27,1a
25 Tac. hist. 1, 72
26 Sueton Nero 47
27 Sueton Nero 47–50

Die falschen Nerones – Antikes Nachwirken, S. 267–271

1 Sueton Vitellius 11
2 A. stammte aus Nordafrika und lebte 354 – 430 n. Chr.
3 Augustinus civ. dei 20,19
4 Tac. hist. 2, 8–9
5 dazu S. 239
6 Dion von Prusa or. 21,10
7 Sueton Nero 57

Literaturauswahl

I. Quellen

Als literarische Hauptquellen zum Leben Neros dienen vor allem die Werke von SUETON (Kaiserbiografien), TACITUS (Annalen, Historien) und CASSIUS DIO (Römische Geschichte), die in zahlreichen Ausgaben und Übersetzungen vorliegen.

Für die hier zitierten Textstellen wurden folgende Übersetzungen zu Grunde gelegt:

C. SUETONIUS TRANQUILLUS, Sämtliche Werke, herausgegeben, übersetzt und erläutert von F. Schön und G. Waldherr, Essen 1987.

CORNELIUS TACITUS, Sämtliche erhaltene Werke, herausgegeben und übersetzt von A. Schaefer, Essen 1983.

CASSIUS DIO, Römische Geschichte, übersetzt von O. Veh, Bd. I–V, Zürich 1985–1987.

II. Sekundärliteratur

BERGMANN, M., Der Koloss Neros, die domus aurea und der Mentalitätswandel im Rom der frühen Kaiserzeit, Winckelmann-Programme Heft 13, Mainz 1994.

BISHOP, J., Nero. The man and the legend, London 1964.

CIZEK, E., L'époque de Néron et ses controverses idéologiques, Leiden 1972.

ECK, W., Die iulisch-claudische Familie: Frauen neben Caligula, Claudius und Nero, in: TEMPORINI-GRÄFIN VITZTHUM, H. (HRSG.), Die Kaiserinnen Roms. Von Livia bis Theodora, München 2002, 103–163.

ELSNER, J., ,Constructing decadence': the representations of Nero as imperial builder, in: ELSNER, J., MARTENS, J. (ED.), Reflections of Nero: Culture, History and Representation, London 1994.

FINI, M., Nero. Zweitausend Jahre Verleumdung. Die andere Biographie, München 1994.

FLAIG, E., Wie Kaiser Nero die Akzeptanz bei der Plebs Urbana verlor, in: Historia 52,3, 2003, 351–372.

FUHRMANN, M., Seneca und Kaiser Nero, Berlin 1997.

GRIFFIN, M.T., Nero. The end of a dynasty, London 1984.

HEIL, M., De orientalische Außenpolitik des Kaisers Nero, München 1997.

HESBERG, H. v., Die Domus Imperatoria der neronischen Zeit auf dem Palatin, in: HOFFMANN, A., WULF, U., Die Kaiserpaläste auf dem Palatin in Rom, Mainz 2004, 59–74.

HOLLAND, R., Nero. The Man behind the Myth, Stroud 2000.

JAKOB-SONNABEND, W., Untersuchungen zum Nero-Bild der Spätantike, Hildesheim 1990.

KNELL, H., Bauprogramme römischer Kaiser, Mainz 2004 (v. a. S. 114–124).

KOLB, F., Rom, München 1995.

LAURENCE, R., Rumours and Communication in Roman Politics, in: Greece & Rome 41, 1994, 62–74.

MALITZ, J., Nero, München 1999.

MALITZ, J., Nero. Der Herrscher als Künstler, in: HARTMANN, A., NEUMANN, M. (HRSGG.), Mythen Europas. Schlüsselfiguren der Imagination. Antike, Regensburg 2004, 145–164.

RILINGER, R., Seneca und Nero. Konzepte zur Legitimation kaiserlicher Herrschaft, in: Klio 78,1, 1996, 130–157.

SCHNEIDER, H., Nero, in: CLAUSS, M. (HRSG.), Die römischen Kaiser, München 1997.

SCHUBERT, CH., Studien zum Nerobild in der lateinischen Dichtung der Antike, Stuttgart 1998.

SEGALA, E., SCORTINO, I., Domus Aurea, Rom 1999.

SHOTTER, D., Nero, London 1997.

WARMINGTON, B.H., Nero. Reality and Legend, London 1981.

YAVETZ, Z., Plebs and princeps, Oxford 1969.

Register

286

Bildnachweis

S.161 oben u. unten, 163 oben: Deutsches Archäologisches Institut, Rom

S. 162 oben: ullsteinbild

S. 162 unten, 167 oben, 169 oben rechts und oben links, 170 oben und unten, 172 oben: Numismatische Bilddatenbank Eichstätt/Lübke und Wiedemann, Stuttgart

S. 163 unten: Staatliche Museen zu Berlin, Antikensammlung/bpk, 2004, Foto: Johannes Laurentius

S. 164 oben und unten, S. 168: *nach Rose, Charles Brian: Dynastic Commemoration and Imperial Portraiture in the Julio-Claudian Period, Cambridge 1997*

S. 165: nach: American Journal of Archaeology, 79, 1975

S. 166: Musei Vaticani, Rom, Neg. XXXIV.25.23

S. 167 unten: akg-images/Erich Lessing

S. 169, 174 unten: Musei capitolini, Rom

S. 171: akg-images/Electa

S. 172 unten, 175 oben und unten, 176: akg-images

S. 173: Autor

S. 174 oben: akg-images/Peter Connolly

S. 273 bearbeitet nach: *Coarelli, Filippo: Rom. Ein archäologischer Führer, Freiburg 1975*

Karte Vorsatz: Peter Palm, Berlin

DIE FAMILIE NEROS

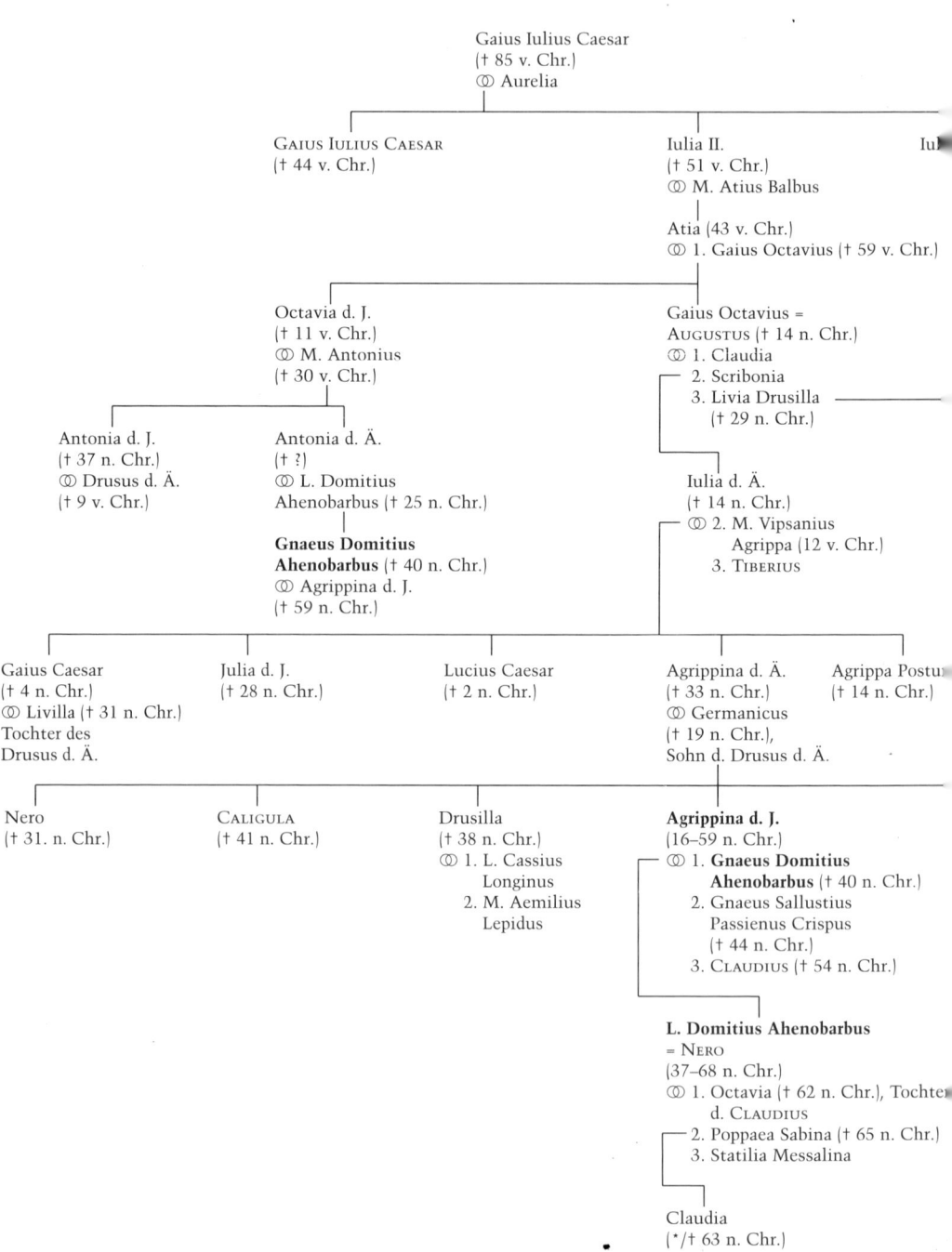

Gaius Iulius Caesar
(† 85 v. Chr.)
ⓜ Aurelia

GAIUS IULIUS CAESAR
(† 44 v. Chr.)

Iulia II.
(† 51 v. Chr.)
ⓜ M. Atius Balbus

Iul

Atia (43 v. Chr.)
ⓜ 1. Gaius Octavius († 59 v. Chr.)

Octavia d. J.
(† 11 v. Chr.)
ⓜ M. Antonius
(† 30 v. Chr.)

Gaius Octavius =
AUGUSTUS († 14 n. Chr.)
ⓜ 1. Claudia
— 2. Scribonia
3. Livia Drusilla ——————
(† 29 n. Chr.)

Antonia d. J.
(† 37 n. Chr.)
ⓜ Drusus d. Ä.
(† 9 v. Chr.)

Antonia d. Ä.
(† ?)
ⓜ L. Domitius
Ahenobarbus († 25 n. Chr.)

Iulia d. Ä.
(† 14 n. Chr.)
ⓜ 2. M. Vipsanius
Agrippa (12 v. Chr.)
3. TIBERIUS

**Gnaeus Domitius
Ahenobarbus** († 40 n. Chr.)
ⓜ Agrippina d. J.
(† 59 n. Chr.)

Gaius Caesar
(† 4 n. Chr.)
ⓜ Livilla († 31 n. Chr.)
Tochter des
Drusus d. Ä.

Julia d. J.
(† 28 n. Chr.)

Lucius Caesar
(† 2 n. Chr.)

Agrippina d. Ä.
(† 33 n. Chr.)
ⓜ Germanicus
(† 19 n. Chr.),
Sohn d. Drusus d. Ä.

Agrippa Postu
(† 14 n. Chr.)

Nero
(† 31. n. Chr.)

CALIGULA
(† 41 n. Chr.)

Drusilla
(† 38 n. Chr.)
ⓜ 1. L. Cassius
Longinus
2. M. Aemilius
Lepidus

Agrippina d. J.
(16–59 n. Chr.)
ⓜ 1. **Gnaeus Domitius
Ahenobarbus** († 40 n. Chr.)
2. Gnaeus Sallustius
Passienus Crispus
(† 44 n. Chr.)
3. CLAUDIUS († 54 n. Chr.)

L. Domitius Ahenobarbus
= NERO
(37–68 n. Chr.)
ⓜ 1. Octavia († 62 n. Chr.), Tochte
d. CLAUDIUS
— 2. Poppaea Sabina († 65 n. Chr.)
3. Statilia Messalina

Claudia
(*/† 63 n. Chr.)